AKTUELLE PROBLEME AUS DEM GESELLSCHAFTSRECHT UND ANDEREN RECHTSGEBIETEN

Festschrift für Walter Schmidt zum 70. Geburtstag am 18. Dezember 1959

überreicht von seinen Freunden

Carl Hans Barz
Ernst Féaux de la Croix
Robert Fischer
Ernst Geßler
Reinhard Goerdeler
Ulrich Klug
Heinz Meilicke
Heinz A. Pinner
Rudolf Reinhardt
Benvenuto Samson
Wolfgang Schilling
Eberhard Schmidt
Rolf Serick
Walter Strauß
Georg Strickrodt
Hans Würdinger

herausgegeben von
Benvenuto Samson

BERLIN 1959

WALTER DE GRUYTER & CO.

VORMALS G. J. GÖSCHEN'SCHE VERLAGSHANDLUNG
J. GUTTENTAG, VERLAGSBUCHHANDLUNG · GEORG REIMER
KARL J. TRÜBNER · VEIT & COMP.

Archiv-Nr. 272859
Satz: Walter de Gruyter & Co., Berlin W 35
Druck: Berliner Buchdruckerei Union GmbH., Berlin SW 61

INHALTSVERZEICHNIS

Recht der Aktiengesellschaften

Dr. WALTER STRAUSS, Staatssekretär des Bundesjustizministeriums, Bonn:
Aktienrecht und Wirtschaftspolitik 3

Professor Dr. RUDOLF REINHARDT, Marbach bei Marburg:
Aktienrecht und Eigentumsordnung 23

Professor Dr. ULRICH KLUG, Mainz:
Die Neuordnung des Bankenstimmrechts 39

Dr. HEINZ MEILICKE, Rechtsanwalt in Bonn:
Fehlerhafte Aufsichtsratsbeschlüsse 71

Recht der Gesellschaften mit beschränkter Haftung

Dr. ROBERT FISCHER, Bundesrichter am Bundesgerichtshof Karlsruhe:
Die personalistische GmbH als rechtspolitisches Problem... 117

Dr. REINHARD GOERDELER, Rechtsanwalt in Frankfurt a. M.:
Probleme der Sachgründung bei einer Reform des GmbH-Rechtes 138

Allgemeines Gesellschaftsrecht

Dr. CARL HANS BARZ, Rechtsanwalt und Notar in Frankfurt a. M.:
Know how als Einbringungsgegenstand 157

Dr. ERNST FÉAUX DE LA CROIX, Ministerialdirigent im Bundesministerium der Finanzen, Bonn:
Inwieweit hilft die Spaltungstheorie gegen die Konfiskation von Mitgliedschaftsrechten? 171

Dr. Wolfgang Schilling, Rechtsanwalt in Mannheim:
Zur Ausübung fremder Gesellschafterrechte im eigenen Namen 208

Professor Dr. Georg Strickrodt, Frankfurt a. M.:
Der Gestaltungsauftrag von Gesellschaftsrecht und Steuerrecht 222

Konzernrecht

Dr. Ernst Gessler, Ministerialdirigent im Bundesjustizministerium, Bonn:
Der Schutz der abhängigen Gesellschaft 247

Professor Dr. Hans Würdinger, Hamburg:
Zur Reform des Konzernrechts 279

Verschiedene Rechtsgebiete

Dr. Heinz A. Pinner, Rechtsanwalt in Düsseldorf/Los Angeles USA:
Zum Problem rückerstattungsrechtlicher Geldansprüche wegen erzwungener Veräußerung von Wertpapieren 297

Professor Dr. Rolf Serick, Heidelberg:
Zur Rechtsnatur des Orderlagerscheines 315

Professor Dr. Eberhard Schmidt, Heidelberg:
Öffentlichkeit oder Publicity? 338

Professor Dr. Benvenuto Samson, Rechtsanwalt in Frankfurt a. M.:
Der Prozeß Sokrates 354

RECHT DER AKTIENGESELLSCHAFTEN

AKTIENRECHT UND WIRTSCHAFTSPOLITIK

Von Walter Strauss

I

In verstärktem Maße gegenüber früheren Perioden sind in den letzten zehn Jahren Gesetzesreformen von größerem Gewicht der öffentlichen Diskussion unterbreitet worden, bevor sie zu Regierungsvorlagen gestaltet wurden. Die Fruchtbarkeit dieses Verfahrens für alle Beteiligten hat sich erwiesen. Dabei sind aber bemerkenswerte Fragen aufgetaucht, die dem Wesen und den Methoden einer solchen Diskussion gelten.

Gesetzesreformen berühren Interessenlagen, besonders in Fällen des wirtschaftsrechtlichen Bereichs. Daß die Stellungnahme zu ihnen von der jeweiligen Interessenlage beeinflußt wird, sollte als selbstverständlich angesehen und nicht gescholten werden. Das ist sogar geboten, um die praktischen Auswirkungen geplanter Änderungen des geltenden Rechts schärfer beurteilen zu können.

Soll aber eine derartige Diskussion zu tragfähigen Ergebnissen führen, so setzt sie eine Verständigung über ihre Spielregeln voraus. Das ist nicht etwa in dem Sinn gemeint, daß die Partner der Diskussion einander als ehrenwerte Personen anerkennen. Darüber dürfte kein Zweifel obwalten. Was vielmehr Gefährdungen ausgesetzt zu sein scheint, ist die Methodik der Diskussion. Sie wird häufig so gehandhabt, daß nicht — wie bei einer echten Diskussion — die verwendeten Argumente zu Ergebnissen führen, sondern daß umgekehrt das gewünschte Ergebnis die Argumente bestimmt. Damit redet man entweder aneinander vorbei oder erweckt das Mißtrauen des Partners gegenüber der geltend gemachten Begründung.

Eric Voegelin hat in seinem Beitrag „Diskussionsbereitschaft" zu dem Sammelwerk „Erziehung zur Freiheit"[1] dargelegt „bis zu welchem Grade die Bereitschaft zu rationaler Diskussion in unserer

[1] ed. *Albert Hunold*, Zürich und Stuttgart 1959 S. 355ff., insbes. S. 366ff.

Gesellschaft abgestorben ist“[2]. Er hat im einzelnen entwickelt, wie die Technik der Diskussionsstörung und Diskussionsverhinderung in der modernen Gesellschaft durchgearbeitet ist. Man lese es bei ihm nach.

Demgegenüber gilt es — namentlich bei Fragen der Gesetzgebung —, die Spielregeln einer echten Diskussion zu bewahren und zu entfalten, wenn anders man den Partner überzeugen will. Sachgerechtigkeit und Wissensgebrauch haben als Elemente jeder rationalen Diskussion auch die Erörterung über Rechtsfragen von einschneidender wirtschaftlicher Tragweite zu beherrschen.

Als diskussionsbehindernder Verstoß gegen die Spielregeln hat sich insbesondere der Gebrauch öffentlichkeitswirksamer Schlagworte erwiesen. Sie blenden und vernebeln zugleich: Durch ihre verkürzende Prägnanz leuchten sie zunächst ein, erst bei näherer Prüfung ergibt sich, daß sie vielfach den Sachverhalt nicht oder nicht vollständig decken oder von einem supponierten andersartigen Sachverhalt ausgehen. Aber — sie sind wirksam.

Unter diesem Aspekt einer Diskussion möchte ich einige Argumente allgemeinen Charakters betrachten, die in der gegenwärtigen Erörterung über eine Aktienrechtsreform ihre Rolle spielen.

II

Entgegen den Befürchtungen von Schmalenbach[3] ist die Aktiengesellschaft nach dem letzten Krieg nicht lange Zeit „außer Dienst“ geblieben. Schon die D-Mark-Eröffnungsbilanzen zeigten eine bemerkenswert gute Verfassung der meisten Gesellschaften. Der Aufschwung der deutschen Wirtschaft nach der Währungsreform war zugleich ein Aufschwung der deutschen Aktiengesellschaften, wie ihn wohl nur wenige für möglich gehalten haben.

Es scheint auf den ersten Blick wieder alles in Ordnung zu sein. Einige neuere Äußerungen zur Aktienrechtsreform spiegeln diesen Schein wider. Während der Deutsche Industrie- und Handelstag in seiner Denkschrift zur Reform des Aktienrechts vom Sommer 1954 noch eine Reform des Aktienrechts für notwendig gehalten hat, um den Kapitalmarkt zu beleben[4], sind in der Einleitung der

---

[2] a. a. O. S. 370.

[3] Zeitschrift f. handelswissenschaftliche Forschung 1949 S. 2.

[4] Deutscher Industrie- und Handelstag, Schriftenreihe Heft 30, Bonn 1954 S. 17.

gemeinsamen Denkschrift der Spitzenverbände der gewerblichen Wirtschaft, unter ihnen auch des Deutschen Industrie- und Handelstags, vom Februar 1959 die Zweifel an der Notwendigkeit einer Reform nicht zu überhören.

Ich will im folgenden nicht versuchen, die Notwendigkeit einer Aktienrechtsreform darzulegen. Ich möchte nur einige Gedanken herausgreifen, die mit der geschilderten Abneigung gegen eine Reform in engstem Zusammenhang stehen.

Während bald nach dem letzten Krieg die Vorstellung Boden gewann, das Unternehmen, insbesondere die Aktiengesellschaft, sei ein in der Wirtschaftsverfassung wurzelndes Gebilde[5], und untersucht wurde, welche Forderungen sich aus der Stellung des Unternehmens in der heutigen Wirtschaftsverfassung für seine rechtliche Gestaltung im einzelnen ergeben[6], wird neuerdings in einzelnen Äußerungen zum Referentenentwurf eines Aktiengesetzes der Gedanke einer Einwirkung von Wirtschaftsverfassung und Wirtschaftspolitik auf das Aktienrecht nachdrücklich abgelehnt. Das Aktienrecht, so wird gesagt, sei privates Vertragsrecht und habe nur Zwecken des Kapitalmarkts zu dienen, aber keiner wirtschaftspolitischen Konzeption[7]. Auch die gemeinsame Denkschrift der Spitzenverbände der gewerblichen Wirtschaft will offenbar das Aktienrecht ängstlich vor wirtschaftspolitischen Einflüssen bewahren, wenn sie allzusehr den Charakter des Aktiengesetzes als eines reinen Organisationsgesetzes betont[8] und wirtschaftspolitische Neutralität des Aktiengesetzes fordert[9]. In diesem Sinne

---

[5] *Ballerstedt*, „Unternehmen und Wirtschaftsverfassung“, JZ 1951 S. 486 (490).

[6] *Raiser*, „Die wirtschaftsverfassungsrechtlichen Fragen der Gestaltung der Unternehmensformen“, Referat auf dem 39. Deutschen Juristentag 1951 in Stuttgart, Verhandlungen des 39. Deutschen Juristentags in Stuttgart 1951, Tübingen 1952 S. B 57ff.; Beschluß dieses Juristentages; Untersuchungen zur Reform des Unternehmensrechts, Bericht der Studienkommission des Deutschen Juristentags Teil I (Berichte der Ausschüsse I und II), Tübingen 1955.

[7] *Muthesius*, Monatsblätter für freiheitliche Wirtschaftspolitik 1958 S. 707 und Zeitschrift für das gesamte Kreditwesen 1958 S. 947f.; *Frentzel*, Industriekurier Nr. 28 v. 21. 2. 1959; Deutscher Industrie- und Handelstag, Tätigkeitsbericht 1958/59 S. 204.

[8] S. 10, ebenso *Münchmeyer* auf der Volltagung des Deutschen Industrie- und Handelstages am 9. 4. 1959 in Essen, Schriftenreihe des Dt. I. u. H. T. Heft 59 „Wettbewerb sichert wirtschaftliche Freiheit“ S. 20.

[9] S. 75.

wird auch eine neuere Glosse im Handelsblatt zu verstehen sein, in der es heißt, ein für unsere Wirtschaft so wichtiges Organisationsgesetz (das Aktiengesetz) dürfte nicht in den Dienst von unausgegorenen wirtschafts- und sozialpolitischen Vorstellungen gestellt werden[10].

Ein geschichtlicher Rückblick zeigt, daß diese Forderungen niemals verwirklicht waren, daß das Aktienrecht vielmehr zu allen Zeiten von den jeweiligen wirtschaftspolitischen Auffassungen geprägt worden ist.

III

In den Anfängen der heutigen Aktiengesellschaft sehen wir uns einer Gesellschaftsform gegenüber, die *Franz Klein* mit Recht als Staatsanstalt bezeichnet hat[11]. Sie wird durch obrigkeitlichenAkt, den Octroi, ins Leben gerufen, der auch die Verfassung der Gesellschaft regelt. Der Staat beaufsichtigt und bevormundet die Gesellschaft in jeder Beziehung. Ja noch mehr, er verleiht ihr Hoheitsrechte und stellt sie in seinen Dienst. Es war die Zeit, in der, wie *Franz Klein* berichtet[12], der schwedische Kanzler Oxenstierna Prospekte mit der Einladung zur Aktienzeichnung versandte, wie heute irgendein Bankhaus, und Ludwig XV. Generalversammlungen präsidierte.

Dieser Zustand, die Aktiengesellschaft als Werkzeug der Handels- und Wirtschaftspolitik des Staates, ergab sich zwangsläufig aus dem Wirtschaftssystem der absolutistischen Staaten. Unter der Herrschaft des Merkantilismus, wie dieses System bezeichnet wird, hatte alles Wirtschaften dem Staat, vor allem dem staatlichen Geldbedarf zu dienen. Es war nach einem wohl etwas beschönigendem Wort von *Sombart* „das letzte großzügige System einer aus Staatsgesinnung erwachsenen, zielbewußten Regelung der wirtschaftlichen Vorgänge“[13].

---

[10] Handelsblatt Nr. 113 v. 22. 7. 1959 S. 5.

[11] *Franz Klein*, Die neueren Entwicklungen in Verfassung und Recht der Aktiengesellschaft, Wien 1904; *Franz Klein*, Die wirtschaftlichen und sozialen Grundlagen des Rechtes der Erwerbsgesellschaften, Berlin 1914; *Karl Lehmann*, Lehrbuch des Handelsrechts, Leipzig 1912; *Karl Lehmann*, Die geschichtliche Entwicklung des Aktienrechts bis zum code de commerce, Berlin 1895.

[12] *Franz Klein*, Die neueren Entwicklungen ... S. 6f.

[13] *Werner Sombart*, Die Ordnung des Wirtschaftslebens, Berlin 1925 S. 58f.

Solange dieser Geist herrschte, brachte auch der Übergang vom Octroi-System zum *Konzessionssystem* keine wesentliche Änderung mit sich. Die Aktiengesellschaft wurde zwar als privatrechtliches Gebilde anerkannt, ihre Entstehung hing aber nach wie vor von einem staatlichen Hoheitsakt, der Konzession, ab, bei der sich der Staat weitgehende Rechte gegenüber der Gesellschaft vorbehielt. Rein rechtlich gesehen, wurde lediglich aus der lex specialis eine lex generalis[14]. Das Einholen der landesherrlichen Genehmigung galt als der schwierigste Teil der Gründung. Die preußischen Regierungsstellen haben, wie *Bösselmann* berichtet, ihre Aufgabe anfangs ziemlich streng genommen, sodaß in der Regel ein Jahr verging, bis die Genehmigung erteilt wurde[15].

IV

In der zweiten Hälfte des 19. Jahrhunderts bahnte sich jedoch ein Wandel an. Der Liberalismus mit seiner Forderung nach „laissez faire" hatte sich allmählich in der Wirtschaft durchgesetzt, zunächst in der Wirtschaftstheorie, dann aber auch in der praktischen Wirtschaftspolitik. Bei den Beratungen des Allgemeinen Deutschen Handelsgesetzbuchs in der Nürnberger Kommission (1856 bis 1861) siegten zwar noch einmal die Anhänger des Konzessionssystems. Es wurde jedoch den Gesetzen der Einzelstaaten freigestellt, vom Genehmigungszwang abzusehen. Hamburg, Bremen, Lübeck, Württemberg, Baden und Oldenburg, später auch Sachsen, machten davon Gebrauch[16]. Außerdem ließen, wie *Bösselmann* jedenfalls für Preußen berichtet, die staatlichen Genehmigungsstellen die Zügel allmählich schleifen. Das Genehmigungsverfahren wurde nicht mehr mit der früheren Gründlichkeit durchgeführt[17]. Der Genehmigungszwang stand im Widerspruch mit der neuen Wirtschaftsgesinnung und verlor daher mehr und mehr seine rechtliche Überzeugungskraft. Außerdem tauchten Zweifel an der Zweckmäßigkeit des Genehmigungszwangs auf. Man fragte, ob die Staatsaufsicht nicht mehr schade als nütze. Sie könne den Kapitalanleger vor den Folgen eigener Unvorsichtigkeit

[14] *Karl Lehmann*, Lehrbuch . . . S. 392f.

[15] *Bösselmann*, Die Entwicklung des deutschen Aktienwesens im 19. Jahrhundert, Berlin 1939 S. 114f.

[16] *Passow*, Die Aktiengesellschaft, 1922 S. 67.

[17] *Bösselmann* a. a. O. S. 116.

und vor Verlusten nicht schützen. Er werde gerade durch die Staatsaufsicht in einer unbegründeten Sicherheit gewiegt.

Den Schlußstrich unter diese Entwicklung zog das *Gesetz betr. die Kommanditgesellschaften auf Aktien und die Aktiengesellschaften vom 11. Juni 1870* (BGBl. des Norddeutschen Bundes S. 375). Es hob den Genehmigungszwang auf. Dieser Schritt war, zusammen mit der Einführung der Gewerbefreiheit durch die Gewerbeordnung vom Jahre 1869[18], eine wirtschaftspolitische Tat ersten Ranges. Ohne dieses Gesetz wäre der wirtschaftliche Aufschwung der Aktiengesellschaften und damit der deutschen Volkswirtschaft überhaupt, der bis zum ersten Weltkrieg, von einzelnen Rückschlägen unterbrochen, anhielt, nicht denkbar gewesen. Ganz bewußt hat man damals das neue Aktiengesetz als Instrument wirtschaftspolitischer Gesetzgebung verwandt. Man wollte den nach Entfaltung drängenden Wirtschaftskräften Raum zur selbständigen Entwicklung geben. Das Bewußtsein von der Bedeutung der Wirtschaftsfreiheit als einer wirtschaftsverfassungsmäßigen Grundentscheidung war durchaus lebendig[19].

Aber eines darf nicht übersehen werden: Der Staat hat zwar im Jahre 1870 auf den Genehmigungszwang für Aktiengesellschaften verzichtet. Es wäre aber ein Irrtum, anzunehmen, daß damit auch das öffentliche Interesse aus dem Aktiengesetz verschwunden sei. Der Gesetzgeber sah es vielmehr als seine Aufgabe an, „im Einklang mit der rechtlichen Natur und der volkswirtschaftlichen Bedeutung der in Rede stehenden Gesellschaften zum Schutz des Publikums gegen Übervorteilung und Täuschung einen geeigneten

[18] Die GewO v. 1869 stellte die Gewerbefreiheit für den gesamten Bereich des Norddeutschen Bundes, seit 1871 des Deutschen Reichs, her. In manchen deutschen Einzelstaaten war sie schon früher verwirklicht worden, am frühesten in Preußen durch das berühmte Edikt v. 9. 10. 1807 (GS 1806/10 S. 170), dessen § 2 die freie Wahl des Gewerbes unter Aufhebung der Zunftrechte einführte, das Gewerbesteueredikt v. 2. 11. 1810 (GS S. 79) und das Gewerbepolizeigesetz v. 7. 9. 1811 (GS S. 263). — Das preuß. ALR von 1794 enthielt keine besonderen Regelungen für AG's. Sie wurden als privilegierte Gesellschaften nach den §§ 22ff. des 6. Titels von Teil II behandelt, bedurften also im Einzelfall eines staatlichen Privilegiums. Erst das preuß. Gesetz über die Aktiengesellschaften vom 9. 11. 1843 (GS S. 341) i. V. m. dem ihm vorausgegangenen Gesetz über die Eisenbahnunternehmungen v. 3. 11. 1838 (GS S. 505) schuf ein allgemeines, ihrer Eigenart Rechnung tragendes Recht der Aktiengesellschaften.

[19] Vgl. *Strauß*, Wirtschaftsverfassung und Staatsverfassung, Tübingen 1952 S. 9.

Ersatz zu schaffen für diejenige Fürsorge, welche bisher in der Form von Konzessionsbedingungen bei der staatlichen Prüfung und Feststellung des einzelnen Statuts geübt wurde"[20]. Er schuf eine Reihe von *Normativbestimmungen*, schrieb vor allem den Aufsichtsrat und die Veröffentlichung der Bilanzen zwingend vor.

V

Die Entwicklung nach 1870 ist allgemein bekannt. Die Gründerzeit ließ die Zahl der in Preußen errichteten Aktiengesellschaften in den drei Jahren von 1871—1873 von 203 auf 843 Gesellschaften emporschnellen[21]. Kein Wunder, daß hierbei Mißbräuche, Aktienschwindel, Spekulationen auftraten. Viele der neu gegründeten Gesellschaften brachen nach kurzer Zeit wieder zusammen. Die berühmte Reichstagsrede von *Lasker* im Jahre 1873 gibt ein anschauliches Bild der Mißstände[22]. Der Gesetzgeber mußte eingreifen. Das *Gesetz betr. die Kommanditgesellschaften auf Aktien und die Aktiengesellschaften vom 18. Juli 1884* (RGBl. S. 123) verschärfte die Normativbestimmungen erheblich. Neue Vorschriften über Gründung, Nachgründung, Sacheinlagen, Haftung der Gründer und Gründergenossen wurden aufgenommen. Schärfere Bilanzvorschriften sollten vor zu hoher Bewertung der Vermögensgegenstände schützen. Die Unterpari-Emission wurde verboten.

Es könnte scheinen, das Aktiengesetz von 1884 habe sich auf rein organisatorische Fragen beschränkt. Ein solches Urteil bliebe aber am äußeren Eindruck haften. „Es darf nicht aus dem Auge verloren werden, daß die Reform wesentlich wirtschaftliche Ziele zu erstreben hat", sagte die amtliche Begründung zum Regierungsentwurf[23]. Das wirtschaftliche Ziel war, das Vertrauen in die Aktie wieder herzustellen und den Aktiengesellschaften einen vermehrten Anteil am Kapitalmarkt dadurch zu sichern, daß auch vorsichtige Kapitalanleger ohne Angst vor Übervorteilung sich an ihnen be-

---

[20] Stenografische Berichte über die Verhandlungen des Reichstags des Norddeutschen Bundes, I. Legislaturperiode Session 1870 Bd. 4 S. 651 (Motive).

[21] Stenografische Berichte über die Verhandlungen des Reichstags 5. Legislaturperiode IV. Session 1884 Bd. 3 S. 237 (Begründung zum Regierungsentwurf).

[22] Stenografische Berichte über die Verhandlungen des Deutschen Reichstags I. Legislaturperiode IV. Session 1873 Bd. I S. 213.

[23] Wie Anmerkung 21.

teiligen. Welche wirtschaftspolitische Bedeutung den neuen Vorschriften beigemessen wurde, zeigt der Beschluß des 12. Deutschen Handelstags (des Vorgängers des Deutschen Industrie- und Handelstages) vom 2. und 3. April 1884. Er warnte vor der Verabschiedung des Gesetzentwurfs, weil „eine sehr bedenkliche Lähmung des Unternehmungsgeistes und des gesamten Volkswohlstandes, somit vor allem eine wesentliche Verschlechterung der Lage der arbeitenden und erwerbenden Klasse zu befürchten" sei[24]. Dieser jeder Grundlage entbehrenden Stellungnahme blieb der Erfolg versagt. Die tatsächliche Entwicklung widerlegte die Schwarzmalerei.

Auch *Franz Klein* hat auf das große wirtschaftspolitische Interesse hingewiesen, das der, um mit seinen eigenen Worten zu sprechen[25], „aus Mißtrauen geborenen, von Verdacht durchtränkten, gegen Mißbrauch gerichteten Gesetzgebung" des Jahres 1884 zugrunde lag. Das Unreelle der Vorgänge schädige zwar in erster Linie den Aktionär. Die gesetzlichen Vorkehrungen hiergegen gewährleisteten daher die Sicherheit der Anlage. Das Recht bekämpfe diese Übel aber zugleich oder vielmehr sogar vorzugsweise deshalb, weil die Institution der Aktiengesellschaft selbst in Mißkredit gerate. Der Schutz des Aktionärs und die Sicherheit der Gläubiger gereichten der Gesellschaft selbst und darüber hinaus der Gesamtheit der Gesellschaften zum Vorteil. Daher seien die Normen, die unmittelbar nur die Kreditfähigkeit der Gesellschaften beträfen, „ins allgemeine gehende volkswirtschaftspolitische Veranstaltungen". Dies alles ergibt sich nach *Franz Klein*[26] aus der Tendenz, Interessen der Volkswirtschaft durch gesellschaftsrechtliche Normen zu realisieren. Und wenn dabei das wirtschaftspolitische Interesse mit den Interessen der Gesellschaft kollidiere, sei man zumeist der Meinung, das öffentliche Interesse habe vorzugehen.

Wie richtig hier *Franz Klein* die Interessenwertung durch den Gesetzgeber gesehen hat, zeigt ein Beispiel aus dem Aktiengesetz von 1884. Der Regierungsentwurf[27] sah zwar ein Verbot der Unter-

---

[24] *Viktor Ring*, Das Reichsgesetz betr. die Kommanditgesellschaften auf Aktien und die Aktiengesellschaften vom 18. 7. 1884, Berlin 1886, Einleitung S. 15.

[25] *Franz Klein*, Die neueren Entwicklungen ... S. 12.

[26] *Franz Klein*, Die wirtschaftlichen und sozialen Grundlagen ... S. 41f.

[27] Stenografische Berichte über die Verhandlungen des Reichstags 5. Legislaturperiode IV. Session 1884 Bd. 3 S. 284f.

pari-Emission bei der Gründung der Gesellschaft vor (Art. 175a, 209a). Bei der Kapitalerhöhung sollte dagegen die Unterpari-Emission nur in den ersten zwei Jahren nach der Eintragung der Gesellschaft verboten werden (Art. 180 g, 215a). Dieses Zugeständnis für den Fall der Kapitalerhöhung wurde mit dem Interesse der Gesellschaft begründet, auch bei einem Stand der alten Aktien unter pari Kapital beschaffen zu können. Die durch den Beschluß des Reichstags vom 24. März 1884 eingesetzte Kommission lehnte jedoch die Unterpari-Emission auch bei der Kapitalerhöhung wegen der damit verbundenen Gefahren (schwindelhaftes Börsenspiel, künstliches Herabdrücken des Kurses, lasche Bilanzaufstellung) ab[28]. Der Reichstag hat sich dem Beschluß der Kommission angeschlossen. Das Verbot der Unterpari-Emission auch bei der Kapitalerhöhung wurde Gesetz. Das öffentliche Interesse überwog das an sich einleuchtende Interesse der Gesellschaft[29].

VI

Bis zur Jahrhundertwende blieb es um das Aktienrecht verhältnismäßig ruhig. Die neuen Vorschriften wurden mit einigen Verbesserungen in das Handelsgesetzbuch vom 10. Mai 1897 (RGBl. S. 219) aufgenommen. Sie haben sich bewährt. Da brachte das Jahr 1901 eine Wirtschaftskrise, die zugleich eine Krise der Aktiengesellschaften war und zu mehreren Zusammenbrüchen führte (Leipziger Bank, Kasseler Trebertrocknung, Helios, Kummer u. a.)[30]. Zu einem gesetzgeberischen Eingreifen führten diese Vorgänge im Gegensatz zur Krise in den Gründerjahren und zur Wirtschaftskrise vom Jahre 1931 nicht, wohl deshalb, weil es sich, volkswirtschaftlich gesehen, nur um eine der „normalen" Krisen im Auf und Ab der Konjunktur handelte und weil die Mehrzahl der deutschen Aktiengesellschaften die Störungen des Wirtschaftslebens gut überstanden, die Verhältnisse bei den meisten Gesellschaften wohl auch in Ordnung waren[31]. Die schweren Mängel in der Geschäftsfüh-

[28] Stenografische Berichte über die Verhandlungen des Reichstags 5. Legislaturperiode IV. Session 1884 Bd. 4, Berlin 1884 S. 1016.

[29] Zur Interessenlage vgl. auch *Düringer-Hachenburg*, Das Handelsgesetzbuch III. Bd., Mannheim—Berlin—Leipzig 1932, Anm. 5 zu § 184.

[30] *Schmalenbach*, Die Aktiengesellschaft, Köln und Opladen 1950 S. 31; *Franz Klein*, Die neueren Entwicklungen . . . S. 29; *Schmölder*, Konjunkturen und Krisen, Hamburg 1955 S. 14.

[31] *Rehm*, Gutachten für den 28. Deutschen Juristentag, Verhandlungen des 28. Deutschen Juristentages, 1. Band (Gutachten), Berlin 1905 S. 20f.

rung, die durch die Krise bei einigen Gesellschaften ans Tageslicht kamen, brachten jedoch die Reformer auf den Plan. Man nahm vor allem den Aufsichtsrat aufs Korn[32]. Es entstand die „Aufsichtsratsfrage“[33], die dann auch auf dem 28. Deutschen Juristentag in Kiel in aller Breite erörtert wurde[34].

Nicht ganz so stark beachtet wurde eine andere Erscheinung, die durch den Zusammenbruch der Elektrizitätsgesellschaft Helios in Köln offenbar wurde und die für die spätere Entwicklung des Aktienrechts nicht ohne Bedeutung geblieben ist[35]. Diese Gesellschaft hatte Jahre hindurch gute Dividenden gezahlt und zwar, wie sich nachträglich herausstellte, aus den Buchgewinnen ihrer Lieferungen an verschiedene Tochtergesellschaften, die sich später als unrentabel und zahlungsunfähig erwiesen. Die Verbindung mehrerer Gesellschaften zu einem Konzern hat hier Wirkungen gezeigt, mit denen das auf die Einzelbilanz abgestellte Denken nicht mehr fertig wurde. Uns ist der Vorgang heute als das Problem der Zwischengewinne im Konzern bekannt, das der Referentenentwurf eines Aktiengesetzes in § 289 Abs. 2 zu lösen versucht.

VII

Der *erste Weltkrieg* hat zwar die Aktiengesellschaften in den Dienst der Kriegswirtschaft gestellt, das Aktienrecht selbst aber auf die Dauer nicht unmittelbar berührt. Heute wissen wir aber, daß der mittelbare Einfluß des Krieges auf die Entwicklung des Aktienrechts nicht gering war. Die Herrschaft des Staats über das Wirtschaftsleben, geboren aus der Notwendigkeit des Krieges, förderte den Gedanken, daß der Staat überhaupt die Aufgabe habe, in das Wirtschaftsleben einzugreifen, wenn das Interesse der All-

---

[32] *Franz Klein*, Die neueren Entwicklungen ... S. 30ff.

[33] *Rießer*, Zur Aufsichtsratsfrage, Berlin 1903 (Festgabe für Koch S. 203); *Stier-Somlo*, Die Reform des Aufsichtsrats der Aktiengesellschaft, ZHR 53, 20 (1903).

[34] Verhandlungen des 28. Deutschen Juristentages, 3. Bd. (stenografische Berichte), Berlin 1907 S. 221ff.

[35] *Flechtheim*, Gutachten für den Untersuchungsausschuß (Ausschuß zur Untersuchung der Erzeugungs- und Absatzbedingungen der deutschen Wirtschaft), Verhandlungen und Berichte des Unterausschusses für allgemeine Wirtschaftsstruktur (I. Unterausschuß), 3. Arbeitsgruppe, Wandlungen in den wirtschaftlichen Organisationsformen, 1. Teil, Wandlungen in den Rechtsformen der Einzelunternehmungen und Konzerne, Berlin 1928 S. 34ff.

gemeinheit dies fordere[36]. Wenn nach dem ersten Weltkrieg, wie nachher zu zeigen sein wird, die Ideen des Liberalismus allmählich abbröckelten und das Ende des „laissez faire" verkündet werden konnte, so ist diese Entwicklung auch auf den mittelbaren Einfluß des Krieges zurückzuführen.

Für die Zeit des Krieges und die Zeit unmittelbar nachher mußte sich freilich auch das Aktienrecht selbst vorübergehende Eingriffe gefallen lassen. Die heute kaum mehr bekannte Bundesratsverordnung vom 2. November 1917 (RGBl. S. 987) unterwarf die Gründung von Aktiengesellschaften mit einem Grundkapital von mehr als 300 000 Mark, die Kapitalerhöhung und die Ausgabe von Genußscheinen der staatlichen Genehmigung. Diese teilweise Rückkehr zum Konzessionssystem wurde nicht nur damit begründet, daß jede störende Konkurrenz von den Kriegsanleihen ferngehalten werden solle, was zu verstehen gewesen wäre, sondern auch damit, daß während der Aufbauzeit nach dem Krieg das Kapital in richtige Bahnen gelenkt werden müsse[37]. Das Aktienrecht sollte auch im Frieden als wirtschaftspolitisches Instrument dienen. Aufgehoben wurde der Genehmigungszwang wieder durch die Verordnung vom 9. Oktober 1920 (RGBl. S. 1718).

Ein weiterer Vorgang aus der damaligen Zeit betraf die stillen Reserven. *Rosendorff* hatte noch im Jahre 1917 den Standpunkt der Rechtsprechung vertreten, daß stille Reserven immer dann unzulässig wären, wenn sie willkürlich gebildet worden seien, wobei Willkür schon dann anzunehmen sei, wenn die Gegenstände absichtlich unter ihren Wert angesetzt würden, mochte dies auch zur Stärkung des Unternehmens notwendig sein[38]. Diesen Standpunkt unterzog ein Jahr später *Pinner* einer eingehenden Kritik[39]. Er räumte ein, daß der Wortlaut des Gesetzes *Rosendorff* recht gebe, meinte aber, das Ergebnis stehe mit den wirtschaftlichen Bedürfnissen, wie sie sich durch die ungeheure Industrialisierung ergeben hätten, nicht in Einklang. Im Krieg hätten sich die stillen Reserven als unentbehrlich erwiesen und ebenso unentbehrlich seien sie für

---

[36] *Bondi*, Neue Wege des Aktienrechts, Wien und Leipzig 1933 S. 9, während des Krieges schon *Walther Rathenau*, Vom Aktienwesen, Berlin 1917, und Die neue Wirtschaft, Berlin 1918.

[37] *Passow*, Die Aktiengesellschaft, 1922 S. 73.

[38] *Rosendorff*, Die stillen Reserven der Aktiengesellschaften, Berlin 1917 S. 52.

[39] *Pinner*, Beiträge zum Aktienrecht, Berlin 1918 S. 25ff.

die Aufbauarbeit nach dem Krieg. *Pinner* entwickelte dann die allgemeine Formel, stille Reserven wären zulässig, soweit sie notwendig seien, um das Unternehmen für die Zukunft solide und widerstandsfähig zu erhalten und gegen zu erwartende Gefahren zu stärken. Es ist bekannt, daß das Reichsgericht neun Jahre später diese Formel im wesentlichen übernommen hat[40].

Ich erwähne diesen Vorgang einmal, weil seine Wirkungen bis in den Referentenentwurf eines Aktiengesetzes reichen (§ 151 Abs. 2), ferner, weil er zeigt, daß wirtschaftliche Strömungen nicht nur über die Gesetzgebung, sondern auch über Rechtslehre und Rechtsprechung in das Aktienrecht eindringen können, ein Verfahren, auf das auch *Klausing* hingewiesen hat[41]. Es erscheint mir daher durchaus angebracht, wenn auch in neuester Zeit versucht wird, aktienrechtliche Auslegungsfragen unter „spezifisch wirtschaftsverfassungsrechtlichen Gesichtspunkten" zu lösen[42].

VIII

Die Not der Nachkriegszeit konnte nicht ohne Einfluß auf das Aktienwesen bleiben. Der Kapitalmangel der deutschen Wirtschaft zwang die Juristen, darüber nachzudenken, was von Gesetzes wegen geschehen könnte, um diesem Mangel abzuhelfen. Gestaltet in einer Zeit großer Kapitalfülle, konnte sich das deutsche Aktienrecht mit wenigen Vorschriften über die Kapitalerhöhung begnügen. Es hatte keinen Anlaß, darüber hinaus den Gesellschaften reichhaltigere Formen der Kapitalbeschaffung zur Verfügung zu stellen. Jetzt aber war der Körper der Aktiengesellschaften „abgemagert und ausgehungert und das Kleid aus den achtziger Jahren schlottert um ihn herum und paßt ihm weder oben noch unten"[43]. Das Thema „Empfehlen sich Änderungen der Gesetzgebung zur Erleichterung der Kapitalbeschaffung für Aktiengesellschaften ?" auf dem 33. Deutschen Juristentag 1924 in Heidelberg war daher von trauriger Aktualität. Die beiden Referenten, *Flechtheim* und *Hachenburg*, ließen keinen Zweifel an der großen Finanznot der Gesellschaften und schlugen vorübergehende Erleichterungen bei der Erhöhung des Grundkapitals vor[44]. Die Un-

[40] RGZ 116, 119.

[41] *Klausing*, Reform des Aktienrechts, Berlin-Wien 1933 S. 34.

[42] *Harold Rasch*, Deutsches Konzernrecht, Köln-Berlin 1955 S. 123ff.

[43] *Heilbrunn*, Zur Reform des Aktienrechts, Berlin 1930 S. 2.

[44] Verhandlungen des 33. Deutschen Juristentages, Berlin-Leipzig 1925 S. 385ff.

terpari-Emission sollte zugelassen werden, wenn der Fehlbetrag aus ausgewiesenen Gewinn oder vorhandenen Rücklagen gedeckt ist, und die bedingte Kapitalerhöhung zur Gewährung von Umtauschrechten an Gläubiger von Darlehen und Anleihen sollte eingeführt werden. Der Juristentag stimmte beiden Referenten zu. Zwei Jahre später, auf dem 34. Deutschen Juristentag 1926 in Köln, war jedoch die Lage bereits verändert. Den Gesellschaften ging es inzwischen wieder etwas besser, die größte Kapitalnot war offenbar vorüber, wie *Solmssen* und *Geiler* auf diesem Juristentag berichteten[45]. Daher fanden die Forderungen nach neuen, dem anglo-amerikanischen Recht angeglichenen Formen der Kapitalbeschaffung keinen großen Anklang mehr. Die durch den Beschluß dieses Juristentages eingesetzte Kommission hat es dann allerdings in ihrem Bericht für wünschenswert gehalten, die Kapitalisierungsmöglichkeiten der Aktiengesellschaft reicher auszugestalten, und die bedingte Kapitalerhöhung sowie Vorzugsaktien ohne Stimmrecht vorgeschlagen. Am Verbot der Unterpari-Emission wollte sie jedoch festhalten[46].

Nur eine oberflächliche Betrachtung könnte annehmen, daß dieses Suchen nach neuen Formen der Finanzierung allein das Wohl der einzelnen Gesellschaft im Auge gehabt habe. Es war vielmehr getrieben von der Sorge um die deutsche Volkswirtschaft überhaupt. Um dies zu erkennen, braucht man nur die Ausführungen von *Flechtheim* auf dem 33. Deutschen Juristentag zu lesen, in denen er anschaulich die volkswirtschaftlichen Folgen der Kapitalarmut darlegte[47].

Auf die anderen Strömungen in dem reichhaltigen Schrifttum der zwanziger Jahre zur Aktienrechtsreform möchte ich nicht näher eingehen. Sie wurden aus den verschiedensten Quellen gespeist. Hervorzuheben ist, daß eine Reihe von Vorschlägen der starken Zunahme der Unternehmenszusammenfassungen, der „wichtigsten und entscheidendsten Strukturänderung, die die Wirtschaft der Gegenwart gegenüber der Vorkriegszeit aufweist“[48], Rechnung tragen wollte.

---

[45] Verhandlungen des 34. Deutschen Juristentages, 2. Band (Stenografische Berichte), Berlin und Leipzig 1927 S. 686, 762.

[46] Bericht der durch den 34. Deutschen Juristentag zur Prüfung einer Reform des Aktienrechts eingesetzten Kommission, Mannheim-Berlin-Leipzig 1928 S. 11ff.

[47] Verhandlungen des 33. Deutschen Juristentages ... S. 386.

[48] Ausschuß zur Untersuchung der Erzeugungs- und Absatzbedingungen der deutschen Wirtschaft, Verhandlungen und Berichte des Unteraus-

Wesentlicher scheint es mir, auf die allmähliche *Veränderung der wirtschaftspolitischen Ideen* hinzuweisen, die sich in den zwanziger Jahren vollzog. Ich habe diese Entwicklung schon bei den Bemerkungen über die Bedeutung des ersten Weltkriegs angedeutet. Sie ist durch die Abkehr vom Liberalismus gekennzeichnet[49]. Die Eingriffe des Staates in das Wirtschaftsleben mehrten sich. Der Staat sah sich veranlaßt, der durch Krieg und Inflation erschütterten Wirtschaft zu helfen. Man beobachtete, daß die Ideen des Liberalismus die versprochene Harmonie des Wirtschaftslebens nicht gewährleisten konnten. *Keynes* traf genau den Geist der Zeit, als er im Jahre 1926 das Ende des „laissez faire" verkündete[50]. Ein bestimmtes wirtschaftspolitisches System entwickelte sich allerdings noch nicht. Die Maßnahmen der Wirtschaftspolitik flossen, wie *Sombart* richtig bemerkt hat, nicht aus einer obersten leitenden Idee, sondern boten das Bild einer Stilmischung: Die Wirtschaftspolitik bekannte sich zum Prinzip der freien Konkurrenz, schreckte aber vor einer weitgehenden Regelung des Wirtschaftslebens nicht zurück[51]. Es begann, um mit *Walter Eucken* zu sprechen, „die Wirtschaftspolitik der Experimente"[52].

Im Schrifttum zur Reform des Aktienrechts hat dieser Wandel mannigfaltigen Niederschlag gefunden. Besondere Bedeutung erlangte der Gedanke, das Unternehmen sei ein eigenes Rechtsgut, das der Staat zu schützen habe, notfalls auch unter Zurücksetzung der Interessen der Aktionäre. Dieser Gedanke, der insbesondere auf *Rathenau* zurückgeht[53], führte dann zu dem viel bewunderten und viel gescholtenen Begriff des „Unternehmens an sich"[54].

---

schusses für allgemeine Wirtschaftsstruktur (I. Unterausschuß), 3. Arbeitsgruppe, Wandlungen in den wirtschaftlichen Organisationsformen, 3. Teil, Wandlungen in der aktienrechtlichen Gestaltung der Einzelunternehmen und Konzerne, *Generalbericht*, Berlin 1930 S. 64.

[49] *Walter Eucken,* Grundsätze der Wirtschaftspolitik, Bern-Tübingen 1952 S. 55; *Schneider,* Wirtschaftstheorie, Entwicklungen und Wandlungen, FAZ Nr. 157 v. 11. 7. 1959 S. 5.

[50] *J. M. Keynes,* Das Ende des Laissez-Faire, 1926 (ein Vortrag, den *Keynes* an der Friedrich-Wilhelms-Universität in Berlin gehalten hatte).

[51] a. a. O. S. 61, auch *Strauß,* a. a. O. S. 11f.

[52] a. a. O.

[53] *Walther Rathenau,* Vom Aktienwesen, Berlin 1917.

[54] Vgl. auch *Gieseke,* Das Wesen der Kapitalgesellschaft, in Beiträge zum Handels- und Wirtschaftsrecht, Sonderveröffentlichung von Rabels Zeitschrift, 1950 S. 627f.

Ohne an dieser Stelle diesem unscharfen und in seiner jeweils gewollten Bedeutung noch nicht genügend erforschten Begriff nachzugehen, läßt sich als allgemeines Kennzeichen der damaligen wirtschaftspolitischen Auffassung festhalten, daß der Staat seine konkreten Vorstellungen von der Ordnung des Wirtschaftslebens durch verstärkte Eingriffe in die Rechtsordnung durchsetzte. Die darin liegende Aktualisierung des öffentlichen Interesses war für das kommende Aktienrecht von entscheidender Bedeutung.

IX

Der im Jahre *1930* vom Reichsjustizministerium veröffentlichte *Entwurf eines Gesetzes über Aktiengesellschaften und Kommanditgesellschaften auf Aktien* versuchte, den zahlreichen Reformwünschen gerecht zu werden. Auf Einzelheiten brauche ich nicht einzugehen. Für den Gegenstand dieser Untersuchung ist lediglich die Grundhaltung des Entwurfs von Bedeutung. Die erläuternden Bemerkungen des Entwurfs weisen auf die Wandlung der Wirtschaftsstruktur, die Veränderung des Wirtschaftslebens und die soziale Umschichtung hin und erklären dazu: „Diese wirtschaftlichen und gesellschaftlichen Gärungen sind mit elementarer Macht über die für ruhige, einfache, jetzt überholte Verhältnisse bestimmten Rechtsvorschriften hinweggegangen. Das Recht als Ordnung des Lebens ist im Begriff, sich den neuen Lebensformen anzupassen“. Weiter heißt es: „Darauf kommt es an, der gesunden Fortentwicklung neuer wirtschaftlicher Gestaltung im Interesse des Wiederaufstiegs der heimischen Volkswirtschaft den Weg zu bereiten, andererseits aber auf die unausbleiblichen Kämpfe um die Herrschaft in der Aktiengesellschaft mäßigend einzuwirken und die Vorkehrungen zum Schutze gefährdeter, berechtigter Interessen zu verstärken. Dabei ist zunächst an die Interessen der Aktionärsminderheiten zu denken, aber nicht nur an diese. Der allgemeine, dem Recht jeder Kulturnation geläufige Rechtssatz, daß Verwaltung fremden Vermögens zur Rechenschaft verpflichtet, gilt auch für die Großunternehmungen der Gegenwart im Verhältnis zur Gesamtheit der Staatsbürger. In diesen Unternehmungen ist Volksvermögen in so gewaltigem Maße zusammengeballt, daß das Volk als Ganzes ein dringendes, berechtigtes Interesse daran hat, über das Ergebnis der Verwaltung soweit unterrichtet zu werden, als es das Wohl des Unternehmens gestattet“.

Ich zitiere diese Sätze wörtlich, um den verstärkten Einbruch des öffentlichen Interesses in das Aktienrecht anschaulich zu machen. Ein Schwerpunkt dieser Entwicklung liegt, wie schon das Zitat erkennen läßt, in der Rechnungslegung der Gesellschaft. Daß die angeführten Sätze in diesem Punkt keine leeren Worte waren, zeigt das Studium des Entwurfs selbst. Zum erstenmal im deutschen Recht waren ein ausführlicher Inhalt des Geschäftsberichts (§ 110), eine eingehende Gliederung der Jahresbilanz (§§ 113, 114, 116) und der Gewinn- und Verlustrechnung (§§ 115, 116), vor allem aber die jährliche Prüfung des Jahresabschlusses durch unabhängige Prüfer (§§ 118—125) vorgeschrieben. Uns erscheint dies heute als etwas Selbstverständliches. Daß es aber damals etwas umwälzend Neues war, kann man erkennen, wenn man liest, wie abfällig sich noch der Bericht der durch den 34. Deutschen Juristentag eingesetzten Kommission zur Bilanzgliederung geäußert hatte[55]. Ich greife dieses Gebiet auch deshalb heraus, weil es zum Hauptteil der im Jahre 1931 durch die Wirtschaftskrise erzwungenen Teilreform des Aktienrechts wurde.

Die im Interesse der gesamten Volkswirtschaft liegende ausreichende Versorgung der Gesellschaften mit Kapital wollte der Entwurf durch die Einführung der bedingten Kapitalerhöhung zur Gewährung von Umtausch- und Bezugsrechten (§§ 157—166), des genehmigten Kapitals (§§ 171—177) und der Vorzugsaktien ohne Stimmrecht (§§ 97—101) sicherstellen.

Dem Entwurf ist leider keine ruhige Behandlung beschieden gewesen. Gerade als er im Jahre 1931 der Reichsregierung zur Beschlußfassung vorgelegt werden sollte, brach die „Nordwolle" zusammen[56]. Andere Unternehmen folgten. Im Juli 1931 mußte eine der großen deutschen Aktienbanken ihre Schalter schließen. Das gesamte Wirtschaftsgebäude wurde erschüttert[56a]. Die Reichsregierung sah sich vor die Notwendigkeit gestellt, sofort einzugreifen, um die deutlich zu Tage getretenen Mißstände auf dem Gebiet des Aktienwesens zu bekämpfen. Da — glücklicherweise — ein fertiger Entwurf eines neuen Aktiengesetzes vorlag, war die Versuchung groß, ihn als Ganzes sofort im Weg der Notverordnung in Kraft zu setzen. Staatsrechtliche Gründe standen diesem Verfahren

[55] a. a. O. S. 35.

[56] *Schlegelberger-Quassowski-Schmölder*, Verordnung über Aktienrecht, Berlin 1932 Vorwort.

[56] *Rolf E. Lüke*, Von der Stabilisierung zur Krise, Zürich 1958 S. 287 ff.

entgegen. Man wollte nicht das ganze, auf die Dauer berechnete Aktiengesetz auf den staatsrechtlich überforderten Artikel 48 der Reichsverfassung stützen. Die Reichsregierung beschloß daher, die besonders vordringlichen Vorschriften aus dem Entwurf herauszunehmen und sie vorab in Kraft zu setzen. Dies geschah durch die *Verordnung* des Reichspräsidenten *über Aktienrecht, Bankenaufsicht und über eine Steueramnestie vom 19. September 1931* (RGBl. I S. 493).

Der Schwerpunkt dieser Reform lag auf dem Gebiet der Rechnungslegung. Die bereits erwähnten Vorschriften über Inhalt und Prüfung des Jahresabschlusses und des Geschäftsberichts wurden Gesetz. Die Zusammensetzung des Aufsichtsrats wurde geregelt. Die Bestimmungen über den Erwerb eigener Aktien wurden erheblich verschärft. In der Bankenkrise hatte sich nämlich herausgestellt, daß verschiedene Banken eigene Aktien in großer Zahl angehäuft hatten[57].

Die Kausalität zwischen der Wirtschaftskrise und den Vorschriften über Aktiengesellschaften und Kommanditgesellschaften auf Aktien vom 19. September 1931 läßt keinen Zweifel darüber, daß diese Vorschriften vorwaltend wirtschaftspolitischen Charakter trugen. Dies zeigt auch schon der Zusammenhang, in den sie gestellt wurden. Sie bilden den ersten Teil der Notverordnung, die in einem zweiten Teil die Bankenaufsicht in Deutschland eingeführt und in einem dritten Teil eine Steueramnestie durch Erwerb steuerfreier Reichsbahnanleihen angeordnet hat. Ein ganzes Bündel wirtschaftspolitischer Maßnahmen war in dieser Notverordnung zusammengefaßt, wobei der enge Zusammenhang zwischen dem ersten und dem zweiten Teil besonders deutlich ist.

Der Vorgang lehrt aber noch ein Weiteres. Die Wirtschaftspolitik nimmt nicht nur Einfluß auf den Inhalt aktienrechtlicher Normen, sondern bestimmt bisweilen auch entscheidend den Zeitpunkt ihrer Einführung. Es gibt Dringlichkeitsstufen. Manche Vorschriften müssen unter dem Druck der wirtschaftlichen Verhältnisse alsbald in Kraft gesetzt werden. Auf diese Erscheinung wollte ich hinweisen, da wir auch heute wieder neben der großen Aktienrechtsreform eine sog. „kleine Aktienrechtsreform" haben[58], die

---

[57] *Düringer-Hachenburg* a. a. O., Einleitung S. 60 Anm. 44.

[58] Entwurf eines Gesetzes über die Kapitalerhöhung aus Gesellschaftsmitteln und über die Gewinn- und Verlustrechnung, BTDrucks. 416; Entwurf eines Gesetzes über steuerrechtliche Maßnahmen bei Erhöhung des Nennkapitals aus Gesellschaftsmitteln, BTDrucks. 417.

von der Bundesregierung für so vordringlich gehalten wird, daß sie noch vor der großen Aktienrechtsreform den gesetzgebenden Körperschaften vorgelegt wurde.

Neben der Verordnung über Aktienrecht wurden unter dem Einfluß der Wirtschaftskrise noch andere gesetzgeberische Maßnahmen getroffen, die auf das Aktienrecht einwirkten, z. B. die Vorschriften über die Kapitalherabsetzung in erleichterter Form, die als 5. Teil Kap. II der Dritten Verordnung des Reichspräsidenten zur Sicherung von Wirtschaft und Finanzen und zur Bekämpfung politischer Ausschreitungen vom 6. Oktober 1931 (RGBl. I S. 537) veröffentlicht wurden. Ich hebe diese Vorschriften hervor, weil sie entgegen der damaligen Meinung[59] nicht nur eine vorübergehende Maßnahme zur Sanierung der seinerzeit notleidenden Gesellschaften blieben, sondern mit nicht wesentlich verändertem Inhalt Eingang in das Aktiengesetz gefunden haben (§§ 182—191).

X

Nach dem Umsturz im Jahre 1933 schien es zunächst so, als sollte dieses Jahr auch einen Wendepunkt in der Geschichte des deutschen Aktienwesens bilden. Sofort erhoben sich Stimmen, die eine völlige Neuordnung, eine Beseitigung der Anonymität der Aktiengesellschaft und die Haftung des Vorstands für Gesellschaftsschulden forderten. Man trug sich sogar mit dem Gedanken, die Aktiengesellschaft als typische Rechtsform des verhaßten Kapitalismus zu beseitigen. Die Niederschriften des Ausschusses für Aktienrecht der Akademie für deutsches Recht geben ein anschauliches Bild, wie die Angriffe radikaler Schwärmer mit Erfolg abgewehrt wurden[60]. Auch der ernüchternde Vortrag des damaligen Reichsbankpräsidenten und beauftragten Reichswirtschaftsministers Schacht auf der 9. Vollsitzung der Akademie für deutsches Recht[61] dürfte dazu beigetragen haben, daß das Aktiengesetz vom Jahre 1937 nicht den großen Bruch mit der Vergangenheit bildete. Viele Änderungen beruhen auf den vor 1933 geleisteten Vorarbeiten. Das gilt vor allem für die neuen Finanzierungsformen, die Vorzugsaktie ohne Stimmrecht, das bedingte und das genehmigte

---

[59] *Klausing* a. a. O. S. 15f.

[60] Vgl. vor allem den Bericht über die Sitzung am 10. 2. 1934, an der der Beauftragte des „Führers" für Wirtschaftsfragen, *Keppler*, teilnahm.

[61] *Schacht*, Die Deutsche Aktienrechtsreform, Berlin 1935.

Kapital. Aber auch die Ausschaltung der Hauptversammlung von der Geschäftsführung ist nicht in erster Linie auf das nationalsozialistische Führerprinzip, sondern auf das Studium der tatsächlichen Verhältnisse in Deutschland und des ausländischen, insbesondere des angelsächsischen Rechts zurückzuführen, wenn es auch sein mag, daß diese Konzentration der Geschäftsführung in den Händen des Vorstands der nationalsozialistischen Befehlswirtschaft sehr gelegen kam[62].

Abschließend kann man sagen, daß es dem Nationalsozialismus nicht gelungen ist, im Aktiengesetz vom Jahre 1937 das Aktienrecht seinen krausen Vorstellungen über die beste Wirtschaftsverfassung anzupassen.

In Sondergesetzen griff der Nationalsozialismus allerdings ziemlich ungeniert in das Gesellschaftsrecht ein. Ich will nur ein Gebiet erwähnen, weil es sich um Maßnahmen handelt, die sich wie ein roter Faden durch die ganze nationalsozialistische Zeit hindurchziehen. Ich meine die Maßnahmen zur Begrenzung der Dividendenausschüttung. Es begann mit dem Kapitalanlagegesetz vom 29. März 1934 (RGBl. I S. 295) und führte über das Anleihestockgesetz vom 4. Dezember 1934 (RGBl. I S. 1222) zur Dividendenabgabeverordnung vom 12. Juni 1941 (RGBl. I S. 323). Unter dem Vorwand ethischer Forderungen (niemand soll sich bereichern) wurde hier ein Teil des Gewinnes der Aktiengesellschaften den Aktionären vorenthalten und der Politik des Reichs dienstbar gemacht, zunächst der Ankurbelung der Wirtschaft, dann der Aufrüstung und schließlich der Kriegswirtschaft.

XI

Der geschichtliche Rückblick hat gezeigt, daß zu allen Zeiten die jeweilige Wirtschaftspolitik tiefe Spuren im Aktienrecht hinterlassen hat. Nicht diejenigen sind daher Romantiker, die auch heute wieder fordern, das Aktienrecht müsse sich in unsere Wirtschaftsverfassung einfügen, sondern die, deren Ideal ein von den wirtschaftlichen Strömungen der Zeit unberührtes Aktienrecht ist. Wie irreal diese Vorstellung ist, sollte schon ein Blick in die wirtschaftlichen Zusammenhänge zeigen. Die Aktiengesellschaften sind der beziehungsreichste Teil der Volkswirtschaft. Von ihnen gehen die kräftigsten Impulse auf den Kapitalmarkt, aber auch auf

[62] *Joachim Kahl*, Macht und Markt, Berlin 1956 S. 146.

den Arbeitsmarkt, die Produktion und die Verteilung aus. Die großen Wirtschaftskrisen haben das immer wieder bestätigt. Fast stets waren es große Aktiengesellschaften, deren Zusammenbruch die übrige Wirtschaft mit sich riß. Und dieses Gebilde, eng verflochten mit allen Zweigen der Volkswirtschaft, soll für die Wirtschaftspolitik „unberührbar" sein? Das erscheint schon rein praktisch unmöglich. Wenn es richtig ist, daß das Gesellschaftsrecht mehr als andere Rechtsgebiete auf außerrechtlichen, wirtschaftlichen und sozialen Grundlagen beruht und daher in besonderem Maße der Einwirkung dieser außerrechtlichen Seinselemente ausgesetzt ist[63], so trifft dies in erster Linie auf die Aktiengesellschaft zu.

Die theoretische Grundlage dieser Erkenntnis sehe ich in dem Gedanken der *Interdependenz* aller wirtschaftlichen Erscheinungen, den uns besonders *Walter Eucken* vor Augen geführt hat[64]. Der Gedanke birgt freilich mehr in sich als die bloße Rechtfertigung von wirtschaftspolitischen Einwirkungen auf das Gesellschaftsrecht. Er besagt zugleich, daß solche Einwirkungen nicht punktuell, nicht ohne Zusammenhang mit den sonstigen wirtschaftspolitischen Maßnahmen erfolgen dürfen, sondern von einer die gesamte Wirtschaftsverfassung beherrschenden einheitlichen Vorstellung getragen sein müssen[65]. Dieser Forderung muß auch das neue Aktiengesetz gerecht werden. Sie hält sich ebenso fern von einem wirklichkeitsfremden Dogmatismus wie von einem die Gesamtzusammenhänge verkennenden Pragmatismus, zwei Gefahren, denen — so entgegengesetzt sie sein mögen — unsere Zeit besonders ausgesetzt ist.

---

[63] *Geiler*, Die wirtschaftliche Methode im Gesellschaftsrechts, Gruchot's Beiträge 68 S. 598.

[64] a. a. O. S. 11, 282ff., 304ff., 332ff.

[65] Über die Interdependenz von Wirtschaftsverfassung und Staatsverfassung vgl. *Strauß*, a. a. O. S. 6f.

AKTIENRECHT UND EIGENTUMSORDNUNG

Von Rudolf Reinhardt

I. In der Diskussion über das Aktienrecht und die Aktienrechtsreform wird immer wieder auf das Eigentum und die Eigentumsordnung hingewiesen, um gewisse Thesen zu belegen oder bestimmte Forderungen zu begründen. Dabei finden sich häufig zwei äußerlich sehr verschiedene, innerlich aber doch in enger Beziehung zueinander stehende Ansichten:

1. So stößt man bisweilen auf den kritisch gemeinten Hinweis, daß die moderne Aktiengesellschaft zu einer Spaltung zwischen „formellem" Eigentum und Verfügungsmacht, Substanz und Herrschaftsbefugnissen geführt habe[1]. Nicht selten wird damit die Forderung verbunden, die Lücke durch eine „dritte Kraft" auszufüllen.

2. Kaum minder häufig versucht man[2], aus der Eigentumsordnung und gerade unter Hinweis auf die Eigentümerstellung die Position des Aktionärs innerhalb des Organismus der Aktiengesellschaft zu stärken und für ihn oder die Hauptversammlung aus dem Eigentum konkrete Rechte abzuleiten.

Es scheint deshalb erforderlich, diesem oft zitierten Verhältnis von Aktienrecht und Eigentumsordnung einmal nachzugehen und ganz grundsätzlich zu überlegen, was an diesen Thesen richtig ist. Dabei sollen sich unsere Überlegungen hier auf den Modellfall der Aktiengesellschaft beschränken, an der eine Vielzahl von Aktio-

---

[1] Vgl. etwa *Bayer*, Wirtschaftsgestaltung, Berlin 1958, S. 186; *Renner*, Die Rechtsinstitute des Privatrechts und ihre soziale Funktion, Tübingen 1929, S. 43ff.; *Ritschl*, Die Grundlagen der Wirtschaftsordnung, Tübingen 1954, S. 67; *Schumpeter*, Kapitalismus, Sozialismus und Demokratie, 2. Aufl., München 1950, S. 288f.; und eine Vielzahl von gewerkschaftlichen Veröffentlichungen.

[2] Vgl. etwa die Stellungnahme zum Referentenentwurf eines Aktiengesetzes der Deutschen Schutzvereinigung für Wertpapierbesitz e. V. 1959, S. 8ff.

nären mit annähernd gleichen Rechten beteiligt ist. An diesem Modellfall läßt sich am besten zeigen, welche Verwirrung mit der Berufung auf das Eigentum oft angerichtet wird, und welches der richtige Kern dieses Hinweises ist.

II. 1. a) Schon an dieser Stelle muß mit aller Deutlichkeit gesagt werden, daß unmittelbare Schlüsse aus der Institution des Sacheigentums im Sinne von § 903 BGB auf die Rechte des Aktionärs nicht möglich sind. Das elementar einfache Verhältnis einer Person zu einer Sache, so wie wir es im Sacheigentum vorfinden, muß sich notwendig von dem Verhältnis unterscheiden, das einen Aktionär als Mitglied der Korporation mit dem von dieser Korporation betriebenen Unternehmen verbindet.

b) Daß andererseits im Aktienrecht ebenso wie im Sacheigentum ein und dasselbe Grundprinzip, nämlich das der privaten Initiative und Verantwortung, Ausdruck findet, folgt im Grunde schon daraus, daß dieses Ordnungsprinzip sich in allen Institutionen des Privatrechts manifestiert.

c) Aber die Verknüpfung von Aktienrecht und Eigentumsordnung ist doch eine noch engere. Im Sacheigentum wie in der Mitgliedschaft des Aktionärs finden wir bestimmte Formen einer Zuordnung von Vermögensgegenständen oder Vermögenskomplexen an einzelne Personen: Im Sacheigentum in der Form der unmittelbaren Zuordnung eines konkreten Vermögensstückes (der Sache), in der Mitgliedschaft die mittelbare Zuordnung eines Vermögensinbegriffes, vorzugsweise eines Unternehmens.

d) Es erscheint deshalb im Sinne einer Aufhellung der Situation erforderlich, diesen Beziehungen zwischen Eigentumsordnung und Mitgliedschaft bei der AG nachzugehen; das bedeutet: Wir müssen versuchen festzustellen, wie es sich mit den Zuordnungsfragen bei der AG eigentlich verhält. Indem man die Mitgliedschaft als Zuordnungsform versteht, stellt man einerseits die Verbindung zwischen Aktienrecht und Eigentumsordnung her, und findet man andererseits die Unterschiede zwischen mitgliedschaftlicher Zuordnung und Sacheigentum.

2. a) Bei jeder Form der Zuordnung eines Vermögensgegenstandes oder eines Vermögensinbegriffes — bei der Zuordnung einer einzelnen Sache ebenso wie bei der Zuordnung eines Unternehmenskomplexes — stellen sich drei Fragen: (1) die Zuordnung der Substanz selbst, (2) die Zuordnung des Nutzens, der Erträge dieser Substanz und (3) die Zuordnung der Dispositionsbefugnisse

hinsichtlich der Substanz und der Erträge. Nur in der einfachsten und elementaren Form des unmittelbar ausgeübten Sacheigentums wird der Gegenstand unter allen drei Aspekten ein und derselben Person zugeteilt; dafür, daß dies nicht notwendig so ist, finden wir in unserem Recht eine Vielzahl von Beispielen: Dem Verpächter z. B. bleibt die Substanz zugeordnet, die Erträge stehen dagegen dem Pächter zu; danach sind auch die Dispositionsbefugnisse aufgeteilt. Der gesetzliche Vertreter etwa hat die Herrschaftsbefugnisse, Substanz und Erträge stehen dem Vertretenen zu. Alle nur denkbaren Kombinationen sind hier möglich. Dies darf allerdings nicht darüber hinwegtäuschen, daß die Zuordnung von Herrschafts- oder Nutzungsrechten an einen Dritten — von ganz wenigen Ausnahmen abgesehen — stets auf dem Willen des Eigentümers beruhen muß, daß der Eigentümer derjenige ist, der bestimmen kann, wem Herrschaftsrechte oder Erträge zustehen sollen. Es zeigt dies aber zugleich, daß die Möglichkeit des Auseinanderfallens von Rechten an der Substanz, Rechten am Ertrag und Dispositionsbefugnissen nicht nur mit unserer Eigentumsordnung vereinbar ist, sondern als Ausdruck der Privatautonomie geradezu ein konstituierendes Element unserer Eigentumsordnung darstellt.

3. a) Auch im Aktienrecht wird man sonach die Frage nach der Zuordnung der Substanz, der der Erträge und der Dispositionsbefugnisse zu stellen haben. Diese Frage gewinnt hier aber ihre besondere Note dadurch, daß die Zuordnungsprobleme ihre konkrete Lösung durch das Medium des Gesellschaftsrechts finden. Die Mitgliedschaft einfach unter den Aspekten des Sacheigentums sehen zu wollen, hieße gerade das unbeachtet lassen, was sie von dem Sacheigentum unterscheidet. Eine solche Methode müßte zu falschen Vorstellungen und Ergebnissen führen. Man vereinfacht die Dinge allzusehr, wenn man die aktienrechtliche Gestaltung des Zuordnungsproblems nur als eine Kombination von Zuordnungselementen deutet, die uns vom Sacheigentum her bekannt sind, insbesondere also der Übertragung von Dispositionsbefugnissen in der Form der Stellvertretung und der Aufteilung der Sachherrschaft auf mehrere Berechtigte nach der Art der Bruchteilsgemeinschaft. Man kann daher unsere Frage sinnvoll nur stellen, wenn man von der gesellschaftsrechtlichen Gesamtkonzeption der Aktiengesellschaft und der Mitgliedschaft ausgeht, innerhalb derer die Vermögenszuordnung ja nur eine — nicht einmal stets aktuelle — Teilfrage ist.

Prüfen wir nun, welches diese besondere gesellschaftsrechtliche Konzeption der Aktiengesellschaft und der Mitgliedschaft ist, so ergibt sich als erstes und wichtigstes Element die gemeinsame freiwillige Unterwerfung unter den selbstbestimmten Zweck und die durch diesen Zweck bedingte Organisation. Die privatautonome Zwecksetzung ist das dominierende Moment in der Struktur aller Gesellschaftsformen. Bei der Aktiengesellschaft erhält diese Zweckbestimmung ihre besondere Prägung dadurch, daß wenigstens im Prinzip (wenn auch nicht notwendig) der Zweck des Zusammenschlusses das Betreiben eines Erwerbsunternehmens ist, so daß die durch den Zweck bestimmte Organisation mit einer Vielzahl Beteiligter den Anforderungen gerecht werden muß, die sich aus dem Betrieb eines solchen Unternehmens ergeben. Bei der Frage nach der aktienrechtlichen Zuordnung, mit anderen Worten nach der „Eigentümer"-Stellung des Aktionärs, muß man deshalb davon ausgehen, daß Objekt dieser Zuordnung das einem bestimmten Zweck gewidmete Vermögen, und zwar in aller Regel ein Erwerbsunternehmen, ist. Mit dem zweckbestimmten Zusammenschluß oder der nachträglichen Beteiligung an einem solchen Zusammenschluß schaffen sich die Mitglieder einen gesonderten, eben diesem Zweck gewidmeten und untergeordneten Dispositionsbereich, und es entstehen damit auch gesonderte, man kann hinzufügen, differenziertere, Dispositions- und Nutzungsbefugnisse, die eben von der konkreten Zweckbestimmung beherrscht werden. Für das Verhältnis des Mitgliedes zu dem Unternehmen wird entscheidend die Erfüllung der Aufgaben, die sich aus dem gemeinsamen Zweck ergeben.

Gesetzespolitisch ergibt sich daraus die Forderung

(1) nach dem Ausbau eines Organismus dergestalt, daß er dem ins Auge gefaßten Zweck bestmöglich dienen kann und

(2) nach dem Ausbau der Stellung des Einzelnen, die seinen Interessen, seiner Leistungsfähigkeit und den allgemeinen Ordnungsprinzipien entsprechend die Trägerschaft am Ganzen angemessen zum Ausdruck bringt.

b) Es wurde schon gesagt, daß sich auf diese Situation die Vorstellungen vom Sacheigentum nicht einfach übertragen lassen, vor allem nicht in dem Sinne, daß die Stellung des Mitgliedes mit der vollen Herrschaftsgewalt eines Sacheigentümers ausgestattet sein müsse[3]. Das würde im Grunde nichts anderes bedeuten, als daß die AG eigentlich, d. h. wenn sie in den Rahmen unserer Eigentumsordnung hineinpassen sollte, mehr die Form einer — allerdings dann aktionsunfähigen — OHG mit beschränkter Haftung als die einer Kapitalgesellschaft annehmen müßte. In Wahrheit geht es darum, jene Ordnungsprinzipien, die hinsichtlich der schlichten Sachherrschaft im Eigentum Ausdruck finden, auf den Tatbestand des zweckorientierten gesellschaftsrechtlichen Zusammenschlusses richtig anzuwenden.

Dafür gibt es nun allerdings kein einheitliches Schema, ebensowenig wie es keinen einheitlichen Typus „der" Gesellschaft gibt. Die Gestaltungsformen des Sacheigentums als schlechthin für alle Zuordnungsformen verbindlich zu erklären, hieße schon die Vielfalt der Ordnungsformen und Ordnungselemente im Gesellschaftsrecht verkennen. Maßgeblichen Einfluß haben stets die jeweiligen Bedürfnisse und Ziele, denen mit dem Zusammenschluß besonders gedient werden soll. Schon die Bestimmung dieser Ziele oder der Anschluß an sie ist, wie gesagt, erster und, wie ich hinzufügen möchte, wichtigster Ausdruck privatautonomer Gestaltung. Der Gesetzgeber hat es lediglich als seine Aufgabe angesehen, dem einzelnen die Möglichkeit der Wahl zwischen verschiedenen Gesellschaftstypen zu eröffnen und die Grundstruktur dieser Typen im positiven Recht festzulegen, zum Teil im Wege der Schaffung zwingenden, zum Teil auch nur dispositiven Rechts. Die reibungslose Abwicklung des Rechtsverkehrs und der Schutz der Gläubiger und Mitglieder spielen dabei eine besondere Rolle.

Dem Einzelnen steht es daher frei, etwa einen Typus zu wählen, bei dem die persönliche Mitarbeit bei der Durchführung der selbstgesetzten Aufgaben die Regel ist, er kann statt dessen aber auch einen Typus wählen, der solche Mitarbeit nicht fordert, weil ein anderes Ziel, nämlich das der Kapitalsammlung für Aufgaben mit größerem Finanzbedarf im Vordergrund steht. Gerade im letzteren Falle — dessen Prototyp die AG ist — wird man von dem Gesellschafter, der meist gar nicht die Gelegenheit zu eigener aktiver Mitarbeit sucht, und dem meist auch der nötige Sachverstand fehlt, nicht mehr an Mitwirkung fordern, als er sinnvollerweise leisten kann. Andererseits bedarf nun gerade dieser Zusammenschluß

[3] Eine Forderung, mit der übrigens die weitere Folge verbunden wäre, daß dort, wo dieser Zustand nicht erreicht wird, eine Aushöhlung der Eigentumsordnung vorliegen würde.

einer inneren Stabilität, die sein erfolgreiches Auftreten nach außen verbürgt und insofern eine gewisse Unabhängigkeit von dem einzelnen Mitglied voraussetzt. Wenn die Kapitalsammlungsfunktion gerade dadurch besser erfüllt werden kann, daß es dem Inhaber einer Aktie ermöglicht wird, diese nach Belieben an der Börse wieder zu verkaufen, so muß man zwar diese Möglichkeit, die mit einer Lockerung der Zugehörigkeit zur Gesellschaft verbunden ist, eröffnen, man muß dann aber gleichzeitig auch dafür Sorge tragen, daß der Bestand der Gesellschaft und ihre Aktionsfähigkeit davon nicht berührt werden.

c) Alle diese Umstände und Zusammenhänge wirken sich notwendig auch auf das Verhältnis zwischen dem Aktionär und „seinem" Unternehmen aus. Denn die richtige Anwendung der Ordnungsprinzipien unserer Eigentumsordnung auf das mitgliedschaftliche Zuordnungsverhältnis heißt nichts anderes als die den besonderen Umständen und Verhältnissen angemessene — hier also die durch die Zweckunterordnung bestimmte — Zuordnung von Substanz, Erträgen und Dispositionsbefugnissen an den Aktionär.

III. 1. Verhältnismäßig einfach und den meisten gut vertraut ist die reine *Substanzzuordnung* in ihrer aktienrechtlichen Ausprägung. Die AG ist, damit sie ihre Zwecke erfüllen kann, mit eigener Rechtspersönlichkeit ausgestattet, und sie wird auf diese Weise unabhängig vom einzelnen Mitglied zum Rechtssubjekt. Bedingt durch den Zweck und die Funktion der AG finden wir hier also eine mittelbare, nämlich durch die rechtlich selbständige juristische Person vermittelte Zuordnung der Substanz an den Aktionär. Die Sachsubstanz selbst wird unmittelbar der AG zugeordnet, sie ist der eigentliche Eigentümer; die mittelbare Zuordnung an den Aktionär erfolgt über die Mitgliedschaft und die Rechte aus dieser Mitgliedschaft. Daß es sich aber hier um eine echte Substanz-Zuordnung handelt, findet beredten Ausdruck gerade in jüngster Zeit auch in Deutschland in den Börsenkursen. Sie zeigen, daß für die Bewertung der Aktie mehr und mehr Substanz-Überlegungen und nicht Ertrags-Überlegungen bestimmend wurden[4].

2. a) Sehr viel komplizierter stellt sich die aktienrechtliche *Zuordnung der Dispositionsbefugnisse über die Substanz* dar, die viel-

---

[4] Die Rendite der meisten Aktien ist inzwischen so, daß unter Ertragsgesichtspunkten eine Anlage in Obligationen und selbst auf Sparkonten lohnender wäre!

leicht im ersten Augenblick der Eigentümerstellung des Aktionärs als des Trägers des Unternehmens nicht ganz gerecht zu werden scheint. In Wahrheit zeigt dieses Bild, sobald man ihm etwas genauer nachgeht, nichts anderes als eine angemessene Differenzierung der Dispositionsbefugnisse. Der Aktionär will die unternehmerische Initiative bewußt nicht selbst — auch nicht gemeinsam mit den anderen Aktionären — ausüben, sondern sich mit der Stellung dessen begnügen, der durch die Übernahme einer Aktie einen Splitterbetrag des risikobehafteten Kapitals aufbringt, und der sich eine nach dem Kapitalanteil bemessene Mitwirkung nur an gewissen Grundentscheidungen und an der Auswahl der handelnden Organe vorbehält.

Dabei müssen für die Aufteilung und Zuordnung der Dispositionsbefugnisse, wie wir gesehen haben, vor allem zwei Überlegungen entscheidend sein: Einmal die Anwendung allgemeiner Ordnungsprinzipien, insbesondere also des Grundsatzes der privaten Initiative und Verantwortung, und zum anderen der Gedanke der — freiwilligen — Unterordnung unter den gemeinsamen Zweck. Nur ausgehend von diesen Überlegungen läßt sich überhaupt eine Zuordnung der Dispositionsbefugnisse finden, die sowohl die bestmögliche Erreichung des Zweckes verbürgt wie auch zu einem angemessenen Ausgleich der Interessen aller Beteiligten — wozu auch die Gläubiger der Gesellschaft gehören — führt. Es wäre ein schlechter Dienst am Aktionär und an der AG, wenn man entgegen dieser Einsicht dem Aktionär z. B. die Stellung eines OHG-Gesellschafters verschaffen möchte: Die dafür erforderliche Initiative könnte er nicht aufbringen und die entsprechende Verantwortung nicht tragen; die Folge müßte ein Versagen des ganzen Organismus sein, der die AG als Institution diskreditieren würde. Es bedeutet dies auch keineswegs eine Geringschätzung der Fähigkeiten des Aktionärs; aber ganz abgesehen davon, daß der größte Teil der Aktionäre diese Lasten wohl gar nicht auf sich nehmen möchte, zahlt man den Vorstands- und auch den Aufsichtsratsmitgliedern nicht umsonst ansehnliche Vergütungen. Die Führung eines Unternehmens, und zwar gerade die wichtigen unternehmerischen Entscheidungen, erfordern nun einmal ganz besondere Voraussetzungen und sind nicht jedermanns Sache.

So einleuchtend diese Grundkonzeption ist, so sehr bedarf es nun aber noch der Überlegung, wie man sie im einzelnen realisieren kann.

Hier begegnen uns nun zwei verschiedene Formen, in denen sich die Zuordnung von Dispositionsbefugnissen vollzieht. Die erste betrifft die Art der Mitwirkung des einzelnen Aktionärs an der Willensbildung der AG: Mit der Mitgliedschaft verbindet sich nicht wie in der Personalgesellschaft ein eigenes an die Person als solche geknüpftes Bestimmungsrecht des Aktionärs (im Sinne der Selbstorganschaft des Gesellschafters). Träger dieses Bestimmungsrechts ist vielmehr die als selbständiges Willensorgan ausgestaltete Hauptversammlung. Sie repräsentiert die Gesamtheit der Aktionäre, und jeder Aktionär hat nur die Möglichkeit, durch Abstimmung bei der Bildung des Mehrheitswillens mitzuwirken. Die Ausübung der Dispositionsbefugnisse des Aktionärs ist also nur eine mittelbare, auf das Quentchen seines Aktienbesitzes beschränkte![5]

Das zweite der sich in diesem Zusammenhang ergebenden Zuordnungsprobleme betrifft die Aufteilung der Funktionen auf die einzelnen Organe der Gesellschaft und insbesondere die ausschließliche Zuständigkeit des Vorstandes für alle Fragen der Geschäftsführung (§ 70 AktG, E § 71). Auch der tiefere Sinn dieser Funktionsverteilung und differenzierten Gliederung der Dispositionsbefugnisse scheint bisweilen verkannt zu werden. Das geltende Recht geht davon aus, daß dem Aktionärswillen in der Hauptversammlung die wesentlichen Entscheidungen über die Existenz der Gesellschaft und die Veränderung der Existenzgrundlagen überlassen bleiben. Es hat den Mehrheitswillen auch für geeignet gehalten, die Mitglieder des repräsentativen Kontrollorgans, des Aufsichtsrats, zu wählen. Es hat dagegen um der Erreichung des gemeinsamen Zweckes willen die Geschäftsführung einem besonderen, sachverständigen Organ übertragen, weil nun einmal die Gesamtheit der Aktionäre, d. h. die Mehrheit in der Hauptversammlung, für diese Aufgaben ungeeignet erscheint. Das mag bei einem Idealverein normalen Typs oder bei einer kleineren eingetragenen Genossenschaft oder auch GmbH noch anders sein; für die Aktiengesellschaft scheint dieser Weg der einzig richtige. Denn jede andere Lösung würde notwendig die Gefahr in sich bergen, daß es zu Fehl-

---

[5] Auch dort, wo nach unserem Aktienrecht einstimmige Beschlüsse erforderlich sind, bedeutet dies nur, daß entsprechend einem allgemeinen Grundsatz niemandem Rechte gegen seinen Willen entzogen werden können, wie denn auch in all diesen Fällen genau genommen nicht so sehr Einstimmigkeit gefordert wird, als vielmehr die Zustimmung derjenigen, die einseitig benachteiligt werden sollen.

entscheidungen kommt oder Entscheidungen nicht rechtzeitig und vielleicht auch nicht diskret genug getroffen werden, was zur Folge hätte, daß nicht nur die schutzwürdigen Interessen der Geschäftspartner der Gesellschaft und gegebenenfalls auch einer opponierenden Minderheit geschädigt würden, sondern daß darüber hinaus auch die Institution der Aktiengesellschaft in ihrer Funktionsfähigkeit beeinträchtigt würde und wichtige Aufgaben unerfüllt blieben. Vor allem ist es aber auch ein Irrtum, anzunehmen, daß die unmittelbare Zuordnung von Befugnissen stets und notwendig besser oder richtiger sei als die mittelbare; und wo immer die Interessen Dritter im Spiele sind, darf man sich auch nicht auf das vielleicht freiheitlichste aller Rechte berufen, nämlich auf das Recht, auf eigene Kosten Dummheiten zu machen!

Einen mittelbaren Ausdruck hat diese besondere Ausgestaltung der Dispositionsbefugnisse des Aktionärs auch in Hinblick auf die Sozialbindung seiner Rechte gefunden. Sie wirkt sich im Rahmen der Gesamtorganisation mehr dahin aus, daß der Aktionär ein bestimmtes Verhalten der leitenden Organe zu dulden hat, als daß von ihm selber Aktivität in dieser Hinsicht verlangt wird (vgl. § 70 AktG, E § 71).

Das eigentliche Problem liegt deshalb nicht so sehr darin, ob die Befugnisse des Aktionärs oder der Hauptversammlung sich auch auf die laufenden Dispositionen im Rahmen der Geschäftsführung erstrecken sollten — was man sicher nicht als zwingendes Gebot oder auch nur adaequate Gestaltung aus unserer Eigentumsordnung ableiten kann —, sondern wie man den in der Stimmabgabe liegenden Dispositionsbefugnissen des Einzelnen in grundlegenden Fragen denjenigen Spielraum lassen und diejenige Wirksamkeit verleihen kann, die als Gegengewicht gegen die mit der Geschäftsführung und der laufenden Kontrolle beauftragten Organe erforderlich sind.

b) Eine Frage, der in diesem Zusammenhang besondere Bedeutung zukommt, ist die des Auskunftsrechts des Aktionärs. Die Zubilligung eines Auskunftsrechts ist die logische Konsequenz der geschilderten Differenzierung und Aufteilung der Dispositionsbefugnisse. Sowohl unter dem Gesichtspunkt, daß andere Organe Verfügungen treffen, die unmittelbar die Interessen des Aktionärs berühren, wie auch unter dem, daß er selbst schwerwiegende Entscheidungen zu treffen hat, muß dem Aktionär ein Recht auf Information zustehen. Das Auskunftsrecht ist — von der anderen

Seite her gesehen — zugleich Teil der Rechenschaftslegung der von den Aktionären beauftragten Verwaltung. Auskunftsrecht und Publizität dienen so gleichermaßen der Offenlegung der Verhältnisse, beiden sind aber wiederum durch den Zweck des Zusammenschlusses gewisse Grenzen gesetzt. Es gibt Entscheidungen innerhalb des Lebens einer AG, die in ihren Motiven und Zielen oder in ihren Einzelheiten nicht allen Mitgliedern offengelegt werden können, soll ihr Erfolg nicht in Frage gestellt werden. Das schwierige Problem, wo diese Grenze zu ziehen ist, soll hier nicht untersucht werden; die Tatsache, daß bei einem im Wettbewerb stehenden Erwerbsunternehmen nicht alle Entscheidungen der Geschäftsführung publiziert werden können, ist im vorliegenden Zusammenhang das entscheidende Faktum.

c) Bietet so schon die gesetzliche Regelung eine differenzierte, aber, wie wir gesehen haben, durchaus sinnvolle Gestaltung der Zuordnung von Dispositionsbefugnissen an den Aktionär, so haben sich in der Praxis noch weitere Differenzierungen entwickelt, die vielleicht den besten Beweis dafür liefern, daß keineswegs nur die unmittelbare Zuordnung von Dispositionsbefugnissen mit unserer Eigentumsordnung vereinbar ist, sondern eine freiheitliche Eigentumsordnung sich gerade durch eine Vielzahl differenzierter Zuordnungsformen auszeichnet, unter denen der Berechtigte wählen kann. Gemeint ist hier die Einschaltung sachverständiger Vertreter, die die Rechte und Interessen des Aktionärs für diesen wahrnehmen. In gewisser Hinsicht ergibt sich bereits aus den Publizitätspflichten eine sachverständige Hilfe für den Aktionär, indem nämlich die Allgemeinheit an der Beurteilung des Unternehmens, seiner Leitung und seiner Leistungen teilnimmt. Insbesondere die Durchleuchtung der Verhältnisse in der Fachpresse kann dem Aktionär so manchen Anhaltspunkt und Hinweis bieten.

Sachverständiger Hilfe kann sich der Aktionär aber auch bei der Ausübung seiner Rechte unmittelbar bedienen. Er ist nicht wie der Gesellschafter einer OHG oder KG oder Genossenschaft gezwungen, seine Rechte in der Hauptversammlung selbst auszuüben, sondern kann sich eines Vertreters bedienen und auch von allen anderen Möglichkeiten der Ermächtigung Dritter Gebrauch machen. Wir sind gewohnt, diese Möglichkeiten in erster Linie unter dem Gesichtspunkt zu betrachten, daß hier Gefahrenquellen für den Aktionär liegen; und unter diesem Zeichen steht immer wieder die Diskussion über das Depotstimmrecht der Banken.

Man sollte aber nicht vergessen, daß in der Möglichkeit, die Aktionärsinteressen durch Sachverständige vertreten zu lassen, ein wichtiges Moment der Aktivierung der Aktionärsrechte liegt. Darüber hinaus scheint mir die moderne Entwicklung dahin zu gehen, daß neben den Banken andere Vertreter der Aktionäre, nicht zuletzt Interessenverbände, in der Hauptversammlung in Erscheinung treten, ganz zu schweigen von der Bedeutung, die der Entwicklung des Investment-Sparens auch in diesem Zusammenhang zukommt. Alle diese Möglichkeiten können mißbraucht werden, aber jede von ihnen eröffnet auch einen neuen Weg, das Element aktiver Teilnahme des Aktionärs am Geschick der Gesellschaft gerade dort zu vergrößern, wo es auf einen größeren Sachverstand ankommt.

d) Eben diese Möglichkeit, sich bei der Ausübung seiner Befugnisse in der Hauptversammlung vertreten zu lassen, eröffnet eine weitere, in der jüngsten Zeit diskutierte Frage: ob nämlich der Aktionär stets oder doch unter gewissen Umständen in Erscheinung treten muß, wenn er seine Rechte selbst oder durch einen Dritten ausüben will. Aus gesellschaftsrechtlichen Erwägungen heraus wird man diese Frage jedenfalls nicht vorbehaltlos bejahen können. Daß niemand verpflichtet ist zu sagen, was für Aktien er hat, ist insofern selbstverständlich; aber auch für die Ausübung von irgendwelchen Rechten aus diesen Aktien müssen die allgemeinen Grundsätze unseres Privatrechts Anwendung finden: Das heißt, daß zwar der Vertreter den von ihm Vertretenen angeben muß, daß im übrigen aber jedenfalls bei der Inhaberaktie die Innehabung des Papiers auch zur Ausübung der Rechte legitimiert und eine Offenlegung nur dort gefordert werden kann, wo diese notwendig erscheint, um einen Mißbrauch und insbesondere die Umgehung gesetzlicher Vorschriften zu verhindern. Aus der Aktie oder dem Aktienrecht ein besonderes „Recht auf Anonymität" ableiten zu wollen, müßte auf Bedenken stoßen; es ist andererseits nicht ersichtlich, warum man gerade bei der Aktie von sonst allgemein geltenden Regeln über die Privatsphäre abweichen sollte. Die steuer- und wirtschaftsrechtlichen Probleme der Offenlegung von Beteiligungen sind besonders gelagert.

3. Betrachten wir schließlich die dritte *Zuordnungsfrage*, nämlich die der *Erträge*, so finden wir auch hier wieder eine besondere, durch den Gesellschaftszweck bedingte Gestaltung. Daß diese Erträge letztlich dem Aktionär zustehen, ist nicht zweifelhaft;

problematisch ist allein, ob sie ihm in Form einer Barausschüttung zugute kommen sollen oder durch die Wertsteigerung seiner Beteiligung über die Bildung von Rücklagen und vor allem, wem die Entscheidung über diese Möglichkeiten zustehen soll.

Die ganze Argumentation, die von der Frage ausgeht, inwieweit die Entscheidung über die Gewinnverwendung eine Geschäftsführungsmaßnahme darstellt oder nicht, trifft im Grunde nicht den Kern der Sache. Sicher ist in gewisser Hinsicht die Bildung von Rücklagen eine Maßnahme der Geschäftsführung. Mit dem gleichen Recht, mit dem man sie deshalb dem Vorstand überlassen will, kann man sie aber als Maßnahme der Finanzierung zur Zuständigkeit der Hauptversammlung rechnen. Der Fehler in dieser Argumentation liegt darin, daß man hier die Zuordnung der Dispositionsbefugnisse über die Substanz gleichsetzt mit der Zuordnung der Entscheidungsbefugnis über die Erträge dieser Substanz.

Ebensowenig wie aus Überlegungen zur Geschäftsführung kann man auch hier einfach aus dem Gedanken des Eigentums heraus eine Lösung entwickeln. Sicher entspricht es unserer Eigentumsordnung, *daß* der Ertrag dem Aktionär zugeordnet wird, offen bleibt aber damit die Frage, *wie* er ihm in der konkreten gesellschaftsrechtlichen Situation zugeordnet werden soll. Auch hier muß man deshalb auf die spezifisch aktienrechtliche Zweckbindung zurückgreifen. Der Konflikt besteht hier nicht, wie es manchmal geschildert wird, zwischen den Interessen des Aktionärs und denen des „Unternehmens an sich". Das „Unternehmen an sich" ist überhaupt keine dem Aktionär gegenüber selbständige Größe. Der Konflikt besteht also darin, ob die Erträge (als ausgewiesener Gewinn) in den freien Dispositions-Bereich des Aktionärs gelangen sollen oder (als Rücklage) in denjenigen Bereich, der durch die Zweckbindung beschränkt ist, in dem also der Aktionär seine Initiative nur in der differenzierten Form des Gesellschaftsrechts ausüben kann. Wenn man meint, „das Recht zur Feststellung des Jahresabschlusses ist deshalb das Grundrecht derjenigen, die ihr Kapital der Gesellschaft anvertraut haben und als Eigentümer an der Substanz des Unternehmens beteiligt sind"[6], so beachtet man nicht genügend, daß die Aktionäre ihr Kapital zu einem ganz bestimmten Zweck zur Verfügung gestellt haben, und der Rahmen ihrer Dispositionsbefugnisse durch das gemeinsame Ziel begrenzt

---

[6] Denkschrift I der Schutzvereinigung für Wertpapierbesitz, S. 12.

wird, diesen Zweck bestmöglich zu erreichen. Sicher kann es vorkommen, daß die Verwaltung bei den Entscheidungen über die Erträge die wohlverstandenen Interessen des Aktionärs nicht genügend beachtet, und hiergegen muß das Gesetz einen Schutz bieten. Ganz allgemein sollte man sich aber davor hüten, das Atypische zur Norm zu erheben und wegen der Gefahr eines gelegentlichen Mißbrauchs eine generelle Regelung zu treffen, die von diesen Mißbrauchsfällen ausgeht. Sachgerecht erscheint der Weg, dem Aktionär die Möglichkeit der Anfechtung der von Vorstand und Aufsichtsrat festgestellten Bilanz zu geben, wie der Referentenentwurf das vorsieht[7], oder auch strengere Bewertungsvorschriften zu erlassen[8].

Sinnvoll erscheint für die Gesamtlösung, was sich in der Diskussion über die Aktienrechtsreform abzuzeichnen beginnt, daß nämlich dem Vorstand die Entscheidung über die Verwendung des Gewinnes überlassen bleibt, soweit dies zur Erhaltung und Entwicklung des Unternehmens erforderlich ist, daß darüberhinausgehende Beträge aber der Disposition der Aktionäre in der Hauptversammlung unterliegen. Wer sein Kapital zum Zwecke des Betriebes eines Erwerbsunternehmens zur Verfügung stellt, kann wohl kaum Einwendungen dagegen erheben, daß alles getan wird, was erforderlich ist, um die Erhaltung und Entwicklung dieses Unternehmens zu sichern.

4. Es war der Sinn dieser Untersuchung, den besonderen Charakter der Zuordnungsprobleme in der Aktiengesellschaft einmal darzustellen und auf dieser Grundlage die wahren Beziehungen des Aktienrechts zur Eigentumsordnung aufzudecken, gleichzeitig dadurch Kurzschlüssen entgegenzuwirken, die sich aus einer falschen Sicht der Dinge oft allzuleicht einschleichen. Der Weg zur Aktivierung der Initiative des Aktionärs führt eben in eine ganz andere Situation, als sie uns beim Sacheigentum begegnet. Im Aktienrecht bedarf es besonderer Veranstaltungen zur Lösung der Zuordnungsprobleme. Es läßt sich dabei nicht leugnen, daß wir es im Aktienrecht mit einer bewundernswert geschlossenen Konzeption der Aufteilung und des Zusammenfügens von Dispositionsbefugnissen zu tun haben, die aber schließlich doch irgendwie auf den Aktionär als Träger des Unternehmens zurückführen[9].

---

[7] E §§ 230, 240.

[8] E § 151.

[9] Vgl. *Otto v. Gierke*, Genossenschaftstheorie 1887 S. 319.

Das Bild der Lage wäre aber nicht vollständig, wenn an dieser Stelle nicht noch auf eine Erscheinung hingewiesen würde, die für das Ganze charakteristisch ist. Die hier geschilderte Lösung der Zuordnungsprobleme in der AG läßt erkennen, daß es zwar sehr verschiedene und sehr wirkungsvolle Mittel der Aktivierung der Interessen und der Initiative des Aktionärs gibt, daß das Gesetz auch bestrebt ist, soweit wie möglich davon Gebrauch zu machen, daß aber dennoch ein nicht geringer Bereich übrigbleibt, in dem der Aktionär als aktives, sei es auch nur kontrollierendes, Element praktisch ausfällt. So gibt es z. B., wie wir schon sahen, Grenzen der Auskunftspflicht und deshalb Dinge, über die das Mitglied einer AG nie völlig aufgeklärt werden kann. Dennoch ist jeder Aktionär zur Abstimmung aufgerufen. Das gilt ähnlich für Wahlakte, z. B. bei Besetzung des Aufsichtsrats. Nur in seltenen Fällen wird hier der Aktionär aus eigener Kenntnis der Persönlichkeiten urteilen können. Erst die Erfahrung ermöglicht es, vielleicht später konkrete Schlüsse zu ziehen und mit der Bestätigung oder dem Entzug des Vertrauens die eigene Grundentscheidung aufrechtzuerhalten oder zu revidieren. Darüber hinaus bleibt dem Aktionär als letzter Ausdruck seiner Initiative, gegen die auch ein Mehrheitsbeschluß der Hauptversammlung nichts ausrichten kann, die Freiheit, stets seine Mitgliedschaft unter börsenmäßigen Bedingungen, d. h. unter Auszahlung des Marktpreises der Aktie, aufzugeben. Da die Verwaltung stets bestrebt sein wird, eine solche Flucht aus der Aktie zu verhindern, wird sie umso gewissenhafter ihre Aufgaben zu erfüllen suchen. Vom Standpunkt des einzelnen Aktionärs ist die Möglichkeit einer Aufgabe der Mitgliedschaft allerdings mit dem Nachteil verbunden, daß sie bei begründetem Mißtrauen meist mit erheblichen Kursverlusten verbunden ist und dadurch praktisch an Gewicht sehr einbüßt.

In dem geschilderten Rahmen bleibt für den Gesetzgeber dann nur der Weg eines von ihm selbst gewährten Interessenschutzes. Wo der Aktionär nicht aus eigener Initiative seine Interessen wahren kann, muß der Gesetzgeber ihn vor dem Mißbrauch der Entscheidungsgewalt derer möglichst sichern, denen die Mehrheit der Aktionäre das Vertrauen geschenkt hat. Bestimmungen über die Haftung von Vorstand und Aufsichtsrat gehören hierhin, aber auch Bestimmungen, die den Rahmen willkürlichen Handelns in der Geschäftsführung abstecken. Das gilt z. B. für alle Regeln über die Erhaltung des Grundkapitals, nicht zuletzt für die über die

Rechnungslegung. Auch an die Bestimmungen über den Minderheitenschutz und die Sicherstellung von Sonderrechten gegen Mehrheitsbeschlüsse ist hier zu denken.

Aber auch diese Bestimmungen lassen notwendigerweise noch ein weites Feld von Ermessensentscheidungen, denen der einzelne Aktionär lediglich mit Vertrauen oder Zweifeln begegnen kann, in denen er aber selbst nicht entscheidend mitzusprechen vermag. Hier gilt es zu erkennen, daß es eben auch in der AG keinen Perfektionismus gibt. Das dann noch verbleibende Risiko ist ein unabwendbares, in der Sache selbst liegendes. Wer sich für die AG entscheidet, kann das Risiko des begrenzten Sachverstandes nicht ganz ausschließen.

Diese Überlegungen dürfen allerdings nicht dazu verleiten, es gewissermaßen als die Regel anzusehen, daß zwischen Aktionär und Verwaltung eine mehr oder weniger offene Gegnerschaft bestehe, und daß beide typisch entgegengesetzte Interessen verträten, so daß es das A und O einer Aktienrechtsreform sein müsse, den Aktionär gegen die „Übermacht der Verwaltung" zu schützen. Man kann sicher davon ausgehen, daß in der überwiegenden Mehrzahl der Entscheidungen, die von Vorstand und Aufsichtsrat getroffen werden, ein solcher Interessengegensatz gar nicht besteht. Auch dort, wo ein scheinbarer Konflikt offen zu Tage tritt, wird es oft so sein, daß tatsächlich die Verwaltung auf Grund ihrer größeren Sachkenntnis und ihres besseren Überblicks durchaus die wohlverstandenen Interessen des Aktionärs im Auge hat. In dem Leitartikel einer großen Tageszeitung[10] fand sich kürzlich der sehr zutreffend erscheinende Hinweis, daß die große Menge der Aktionäre in den Hauptversammlungen heute eine durchaus gemäßigte Einstellung an den Tag lege. Ihr Interesse an Opposition gehe nicht so weit, daß sie nicht im Ergebnis meist der als sachverständig anerkannten Verwaltung zustimme.

So bleibt als Ergebnis unserer Untersuchungen, die am Modellfall der AG mit Streubesitz angestellt wurden, daß auch die zuletzt erörterten Erscheinungen den Gesamteindruck nicht verändern sondern nur in einer Richtung ergänzen können: Mit der Lösung der Zuordnungsprobleme in der AG verbindet sich in hervorstechendem Maße der Gedanke treuhänderischer Verantwortung der leitenden Organe für die ihnen anvertrauten Interessen.

[10] *Materne*, Oppositionsfreudige Aktionäre, in: Frankfurter Allgemeine Zeitung, Nr. 203 v. 3. 9. 1959.

Dieser Gedanke wird sich umso mehr in den Vordergrund schieben, als Konflikte aus verschiedener Machtverteilung unter den Aktionärsgruppen erwachsen und die Problemlage komplizieren. Aber auch die von mehreren oder einem Großaktionär beherrschte AG hat es mit den gleichen Zuordnungsproblemen zu tun. Insofern ändert sich an der Grundkonzeption und ihrem Verhältnis zur Eigentumsordnung nichts Entscheidendes. Aber mit der Veränderung der Machtverhältnisse treten neue Schutzbedürfnisse, insbesondere solche der Minderheit, auf, denen der Gesetzgeber Rechnung tragen muß[11]. Aber auf diesen Typus der AG soll, wie schon eingangs gesagt, an dieser Stelle im Hinblick auf den begrenzten Zweck der Betrachtungen nicht näher eingegangen werden.

---

[11] Vgl. dazu *Reinhardt*, „Aktienrecht in einer freiheitlichen Wirtschaftsordnung" in: Tagungsprotokoll Nr. 9 der Aktionsgemeinschaft Soziale Marktwirtschaft, S. 97ff., insbes. S. 108ff.

DIE NEUORDNUNG DES BANKENSTIMMRECHTS

Von Ulrich Klug

In der Diskussion über die Reform der Aktienstimmrechtsausübung durch die Banken, wie sie im Referentenentwurf eines Aktiengesetzes (E 1958) vorgeschlagen wird, haben sich die Fronten geklärt. Die Argumente lassen sich gut überblicken, zumal sie, von weniger wichtigen Varianten im einzelnen abgesehen, nicht so zahlreich sind, als man zunächst vielleicht vermuten möchte[1]. Infolgedessen scheint es angebracht zu sein, eine Klärung der wichtigsten Folgerungen, die in Betracht kommen, zu versuchen.

I. Die Vorschläge für eine Neuregelung des Bankenstimmrechts enthält § 126 E 1958.

Mit dem Ziel, den Willen der Aktionäre bei der Ausübung ihrer Stimmrechte durch eine Bank besser als seither zur Wirkung kommen zu lassen, wird dort allen Kreditinstituten verboten, das Stimmrecht für ihnen nicht gehörige Inhaberaktien auf Grund einer Stimmrechtsermächtigung im eigenen Namen auszuüben. Statt dessen soll die Stimmabgabe durch ein Kreditinstitut nur noch im fremden Namen auf der Basis einer jederzeit widerruflichen schriftlichen Vollmacht

---

[1] Vgl. als Stellungnahmen zum E 1958 u. a.:

G. Beine, „Die Reform des Depotstimmrechts unter besonderer Berücksichtigung der Kostenfragen" in: Die Aktiengesellschaft, Jg. 1959, S. 179—183.

Bundesverband der Deutschen Industrie, Bundesverband des Bankgewerbes u. a., „Gemeinsame Denkschrift zum Referentenentwurf eines Aktiengesetzes", Köln-Bonn 1959, S. 31—37.

Deutsche Schutzvereinigung für Wertpapierbesitz e. V., „Stellungnahme zum Referentenentwurf eines Aktiengesetzes", Düsseldorf 1959, S. 12—14 und 49—51.

U. Eckardt, „Das Depotstimmrecht nach dem Referentenentwurf eines Aktiengesetzes" in: Das Wertpapier, Jg. 1958, S. 588—591.

H. Klose, „Der Referentenentwurf eines Aktiengesetzes in der Sicht des Vorstandes der Schutzvereinigung für Wertpapierbesitz" in: Die Aktiengesellschaft, Jg. 1959, S. 85—89.

erfolgen können, die vor jeder Hauptversammlung gleichzeitig mit der Bitte um Weisungen neu eingeholt werden muß, wobei dem Aktionär jeweils die Vorschläge der Verwaltungsträger, etwaige Gegenanträge von Aktionären und eigene Vorschläge des Kreditinstitutes mitzuteilen sind. Sendet der Aktionär die unterschriebene Vollmacht ohne Weisungen zurück, dann ist das Kreditinstitut grundsätzlich befugt, nach Maßgabe seiner eigenen, dem Aktionär mitgeteilten Vorschläge abzustimmen. Soll das Stimmrecht jedoch auf der eigenen Hauptversammlung des bevollmäch-

---

Ph. Möhring, „Das Bankenstimmrecht im Referentenentwurf eines Aktiengesetzes" in: Der Betriebs-Berater, Jg. 1958 S. 1177—1181.

V. Muthesius, „Überfordertes Aktienrecht" in: Zeitschrift für das gesamte Kreditwesen, Jg. 1958, S. 947—950 (mit Hinweis auf „Um das Depotstimmrecht" [ohne Verf.-Angabe] ebenda S. 908—909).

W. Pohle, „Zur Neuordnung des Aktienrechts" in: Die Aktiengesellschaft, Jg. 1959, S. 117—120.

F. Schaeffer, „Die Aktienrechtsreform und ihre Probleme" in: Der Betriebs-Berater, Jg. 1958, S. 1253—1259.

R. Schupp, „Übersicht über die Hauptthemen des Referentenentwurfs zur Aktienrechtsreform in Gegenüberstellung zum geltenden Recht und den Reformvorschlägen führender Wirtschaftsinstitutionen" in: Die Aktiengesellschaft, Jg. 1959, S. 2—7.

W. Vallenthin, „Die Stimmrechtsausübung durch Banken (sogenanntes Depotstimmrecht)" in: Die Aktiengesellschaft, Jg. 1959, S. 149—152.

Und als frühere Stellungnahmen vgl. u. a.:

Arbeitsgemeinschaft der Schutzvereinigungen für Wertpapierbesitz, „Denkschrift zur Reform des Aktienrechts", Düsseldorf 1952.

E. Boesebeck, „Rechtliche und soziologische Betrachtungen zur Aktienrechtsreform" in: Der Volkswirt, Jg. 1954, Nr. 38, S. 11—15, und Nr. 39, S. 12—16.

Bundesverband des privaten Bankgewerbes (E. V.), „Denkschrift zur Reform des Aktienrechts", Köln 1958.

Deutscher Industrie- und Handelstag, „Ergebnisse der bisherigen Beratungen zur Reform des Aktienrechts", Bonn 1958.

Deutsche Schutzvereinigung für Wertpapierbesitz e. V., „Depotstimmrecht nicht reformbedürftig?" in: Das Wertpapier, Jg. 1958, S. 228—229.

C. E. Fischer, „Das Depotstimmrecht der Banken und die Reform des Aktiengesetzes" in: Zeitschrift für handelswissenschaftliche Forschung, Jg. 1958, S. 28—45.

H. Linhardt, „Wider das Depotstimmrecht der Banken" in: Die Aktiengesellschaft, Jg. 1958, S. 169—176.

H. Meilicke, „Das Minderheitenproblem im Aktienrecht" in: Vorträge des 12. Deutschen Betriebswirtschafter-Tages, Berlin 1958, S. 204—220.

W. Vallenthin, „Die Ausübung von Aktionärsstimmrechten durch Banken" in: Die Aktiengesellschaft, Jg. 1958, S. 204—208.

tigten Kreditinstitutes ausgeübt werden, genügt das Schweigen des Aktionärs nicht. Es bedarf in diesem Sonderfall einer ausdrücklichen Weisung zu den Gegenständen der Tagesordnung. Nur wenn sie vorliegt, ist die Stimmabgabe rechtswirksam.

Mit Rücksicht auf das Bankgeheimnis bleiben die Vollmachtsurkunden beim Kreditinstitut. Sie brauchen der Gesellschaft nur vorgelegt zu werden, wenn ein Beschluß der Hauptversammlung angefochten worden ist und es für die Anfechtung erheblich ist, ob das Kreditinstitut ordnungsgemäß bevollmächtigt war.

Eine Weitergabe des Stimmrechts durch eine Untervollmacht erlaubt der Entwurf einem Kreditinstitut nur in zwei Ausnahmefällen: erstens dann, wenn das Kreditinstitut am Ort der Hauptversammlung keine Niederlassung hat und die Vollmacht das Recht zur Untervollmacht ausdrücklich vorsieht, und zweitens dann, wenn es sich um die Unterbevollmächtigung von eigenen Angestellten handelt. In diesem zuletzt genannten Fall braucht die Vollmacht das Recht zur Unterbevollmächtigung nicht ausdrücklich vorzusehen.

Für Namensaktien, die ihnen nicht gehören, können Kreditinstitute das Stimmrecht nur auf Grund einer schriftlichen Vollmacht und, wenn sie als Aktionär im Aktienbuch eingetragen sind, nur auf der Basis einer schriftlichen Ermächtigung ausüben. Für die Vollmacht und die Ermächtigung gilt das für die Vollmacht bei Inhaberaktien Bestimmte entsprechend (§ 126 IV E 1958).

Zur Verhinderung von Umgehungen der neuen Vorschriften über das Bankenstimmrecht hat § 126 V E 1958 diese auf die Stimmrechtsausübung durch Geschäftsleiter und Angestellte eines Kreditinstitutes ausgedehnt, soweit es sich um Aktien handelt, die sich im Depot des betreffenden Instituts befinden.

Unter der Voraussetzung, daß das Kreditinstitut die Aktien eines Aktionärs in Verwahrung genommen und daß es außerdem ihn oder einen anderen Aktionär um Weisungen für die Ausübung des Stimmrechts gebeten hat, besteht ein Kontrahierungszwang (§ 126 VI E 1958). Danach ist das Kreditinstitut verpflichtet, den Auftrag eines Aktionärs zur Stimmrechtsausübung anzunehmen, selbst wenn er ihm unangenehm sein sollte.

II. Das auf diesen Vorschlag des Referentenentwurfs bezügliche Für und Wider kann in rechtstheoretische und rechtspraktische Argumente aufgegliedert werden.

1. In *rechtstheoretischer* Hinsicht geht es vor allem um folgende Überlegungen:

a) Für die Erschwerung der Stimmrechtsausübung durch die Banken i. S. des § 126 E 1958 — wobei unter Banken hier und im folgenden stets Kreditinstitute i. S. des Kreditwesengesetzes und des E 1958 gemeint sind — soll es sprechen, daß sich die Banken bei der Ausübung des Stimmrechts ihrer Kunden in der Regel in einem *Interessenwiderstreit* befinden. Dabei ist nicht nur gemeint, daß dies erfahrungsgemäß häufig so sei, sondern daß dies infolge der unterschiedlichen Zweckrichtungen, wie sie im deutschen Aktienrechtssystem vorausgesetzt seien, schon *aus rechtslogischen Gründen* so sein müsse. Man ist versucht zu sagen, daß diese Auffassung davon ausgehe, es liege eine Art „zwangsläufiger Parteiverrat" vor, weil die Banken gleichzeitig zwei Kunden, nämlich der Aktiengesellschaft und ihrer Verwaltung einerseits und dem Aktionär als Depotkunden der Bank andererseits dienen müßten. Auffälligerweise scheint übrigens meistens angenommen zu werden, daß dieser „notwendige" Interessenkonflikt zu einem „Parteiverrat" gegenüber dem Aktionär führt, während es unter der angegebenen Voraussetzung, ihre Richtigkeit einmal unterstellt, immerhin ebenso leicht sein könnte, daß sich die Verwaltung einer Aktiengesellschaft durch die Ausübung des Stimmrechts im Interesse der Depotkunden von der ihr vielleicht sonst geschäftlich nahestehenden Bank benachteiligt sieht.

Für den angeblich zwangsläufigen Interessenkonflikt werden verschiedene Begründungen angegeben:

aa) Nach *Linhardt*[2] sind die für die Aktionärvertretung hauptsächlich in Frage kommenden Banken grundsätzlich an größeren Unternehmen als an mittleren oder kleineren Betrieben interessiert. Dies soll auf der mit der gegenwärtigen wirtschaftlichen Situation zusammenhängenden gegenseitigen Abhängigkeit zwischen Großbetrieb und Bank beruhen und dazu führen, daß die Banken stets die Interessen der Verwaltung der Aktiengesellschaft und nicht diejenigen ihrer Depotkunden wahrzunehmen gezwungen sind.

Es leuchtet ohne weiteres ein, daß dies lediglich eine empirische Behauptung ist, die auf konkrete wirtschaftliche Verhältnisse hinweist und infolgedessen — selbst wenn sie richtig sein sollte —

---

[2] a. a. O. S. 174—176.

von den möglichen Änderungen dieser letztgenannten abhängt. Über einen rechtslogischen Zwang zur Interessenkollision ist damit nichts ausgesagt.

bb) Sodann wird von *Linhardt* darauf hingewiesen, daß der Interessenwiderstreit unvermeidbar sei, weil es unmöglich wäre, von einem einheitlichen Interesse des Aktionärs zu sprechen. Fast jeder Aktionär habe ein anderes Interesse. Als Beispiel wird der Unterschied zwischen den Interessen des Spekulanten einerseits und des individuellen Daueraktionärs andererseits erwähnt. Ferner wird darauf hingewiesen, daß der Daueraktionär seinerseits wiederum als Mittelständler, Handwerker, Händler und Industrieller im allgemeinen ein jeweils verschiedenes Interesse habe. Gegensätzliches Interesse soll vor allem dort vorliegen, wo der eine Aktionär Lieferant und der andere Abnehmer der Gesellschaft ist usw. Die Auffassung der Banken, daß sie die ihnen übertragenen Stimmrechte im Interesse der Aktionäre ausüben, sei lediglich eine Fiktion[3].

Bei dieser Argumentation handelt es sich in der Tat nicht nur um den Hinweis auf Erfahrungsphänomene, denn es wird auf eine grundsätzliche erkenntnistheoretische Schwierigkeit hingewiesen. Indessen sind diese Bedenken so allgemein, daß sie für die hier diskutierte Frage keine weiteren Schlußfolgerungen zulassen. Erkenntnisgrenzen gibt es immer, wenn es um die Ermittlung einer Interessenlage geht. Das ändert aber nichts daran, daß rechtliche Entscheidungen unter Berücksichtigung der Interessen notwendig sind. Dafür genügt es, wenn in sorgfältiger Abwägung eine mittlere Linie zwischen den sich widerstreitenden Interessen verfolgt wird. Wie *Vallenthin* richtig bemerkt, fallen Sonderwünsche daher nicht entscheidend ins Gewicht[4]. Ihre Berücksichtigung kann nicht Aufgabe der Banken bei der Ausübung des Stimmrechtes sein. Man kann vielmehr erwarten, daß ein Aktionär, der beispielsweise als Lieferant der Gesellschaft besondere Ziele verfolgt, sein Stimmrecht in der Hauptversammlung selbst ausübt, und erfahrungsgemäß pflegen derartige Aktionäre die Hauptversammlung in der Tat selbst zu besuchen. Übrig bleibt bei diesem Einwand allerdings die Überlegung, daß beim Normalfall, wo also eine Vielzahl von Aktionären zu vertreten ist, die Nivellierung der einzelnen

[3] *Linhardt*, a. a. O. S. 175.
[4] a. a. O. (1958) S. 207.

Interessen mit der Anzahl der Aktionäre zunimmt. Bei den großen sog. Publikumsgesellschaften wird das Aktionärsinteresse daher zu einem recht abstrakten Begriff. Zugleich ergibt sich durch die große Zahl der Gesellschafter, daß ein unmittelbarer Einfluß des einzelnen auf die Unternehmensführung kaum noch möglich ist. Man müßte, falls man diese Situation als einen Mißstand ansieht, die Aktiengesellschaft — wie *Vallenthin* richtig schreibt — besser abschaffen. Beim Bankenstimmrecht ist der Hebel auf jeden Fall falsch angesetzt. Wer hieraus Bedenken herleitet, verkennt, daß diese sich dann nicht gegen die Stimmrechtsausübung seitens der Banken richten, sondern gegen das Institut der Aktiengesellschaft als solcher.

cc) Ein zwangsläufiger Interessenwiderstreit soll sich sodann dort ergeben, wo die Bank der betreffenden Aktiengesellschaft als Kreditgeberin gegenübertritt. Wäre das richtig, dann würde daraus zwar nicht zu folgern sein, daß die Interessenkollision in allen Fällen der Stimmrechtsausübung für den Depotkunden, wohl aber in einem verhältnismäßig häufig vorkommenden Sonderfall zwangsläufig eintritt. Die Unausweichlichkeit der Interessenkollision soll sich in diesen Fällen daraus ergeben, daß die kreditgewährende Bank nur daran interessiert sein könne, daß sich das Unternehmen durch innere Reservenbildung stärke und so wenig wie möglich Gewinne ausschütte, damit die Kreditwürdigkeit der Gesellschaft wachse[5]. Ein solches Interesse der Bank liegt sicherlich in vielen Fällen vor. Nicht einzusehen ist aber, daß die Aktionärsinteressen dem zwingend entgegenstehen sollen, denn die Kreditwürdigkeit setzt in erster Linie Rentabilität und Liquidität der Gesellschaft voraus. Beides liegt aber zugleich im wohlverstandenen Interesse des Aktionärs, denn an der Verhinderung von Gewinnausschüttungen kann der Bank nur so lange gelegen sein, als die Gesellschaft zu kämpfen hat. Sobald sich die Verhältnisse stabilisiert haben, ist die Bank durchaus nicht mehr an der Selbstfinanzierung der Gesellschaft interessiert, weil diese damit als Kreditnehmer im Laufe der Zeit wegfallen würde. Hinzu kommt, daß eine vernünftige Dividendenpolitik den Bankinteressen am Wertpapiergeschäft entspricht.

Meistens wird übersehen, daß ein etwaiger Interessenwiderstreit schon durch die aktienrechtliche Struktur entschieden ist, denn

---

[5] *Fischer*, S. 35, 36; *Linhardt*, S. 174; *Meilicke*, S. 206.

bei Zahlungsschwierigkeiten geht der Gläubiger dem Aktionär ohnehin vor[6]. Ein Aktionär, der sich beim Erwerb seiner Aktien der Gesellschaft gegenüber wie ein Darlehensgeber „fühlt", verkennt die rechtliche und wirtschaftliche Situation. Er hat offensichtlich eine falsche Geldanlageform gewählt und hätte besser Obligationär werden sollen[7].

dd) Ähnlich liegt es auch bei der Behauptung, daß Interessenkonflikte unvermeidlich seien, wenn eine Bank bei einer Kapitalerhöhung gleichzeitig als Übernehmer von Aktien und als Vertreter ihrer Depotkunden auftritt. Da die Bank die Aktien nicht im Portefeuille behalten will, sondern in der Regel die Absicht hat, diese gewinnbringend weiter zu veräußern, ist sie ebenso wie der Aktionär an einem günstigen Ausgabekurs interessiert. Andererseits müssen unter Abwägung der verschiedensten Gesichtspunkte marktgerechte Bedingungen für die Aktienemission ermittelt werden. Es kann also keine Rede davon sein, daß die Interessen der Bank hinsichtlich des Bezugsverhältnisses und des Bezugskurses denjenigen der Aktionäre zwangsläufig widersprechen müssen.

Hieran ändert auch das Provisionsinteresse[8] der Bank nichts Wesentliches, denn dies könnte in der Regel den Schaden nicht ausgleichen, der durch eine wegen eines ungünstigen Kurses sich ergebende Unverkäuflichkeit der Aktien hervorgerufen würde[9].

ee) Überzeugend hat *Vallenthin*[10] dargelegt, daß auch bei Abfindungs- und Umtauschangeboten keineswegs Interessenkonflikte entstehen müssen, da es sich hierbei um eine Auseinandersetzung zwischen den Aktionären der beiden Gesellschaften handelt, wobei ein zu niedriges Angebot zu Lasten der Aktionäre der passiv beteiligten und ein zu hohes Angebot zu Lasten der Aktionäre der anbietenden Gesellschaft gehen würde. Die beteiligten Banken sind daher grundsätzlich nur an einem gerechten Ausgleich interessiert, wobei die Provisionsfrage wegen der relativen Geringfügigkeit der hier in Betracht kommenden Beträge nicht ins Gewicht fallen dürfte. Oft wird die Angemessenheit des Kurses durch Wirtschaftsprüfergutachten gestützt. Dies soll den Interessen der von

---

[6] *Vallenthin* (1959) S. 151.
[7] Vgl. hierzu die treffenden Hinweise von *Muthesius*, S. 948.
[8] *Meilicke* S. 207.
[9] Vgl. *Vallenthin*, (1959) S. 151.
[10] (1959) S. 151.

den Banken vertretenen Aktionären dann widersprechen, wenn dieses Gutachten von Treuhandgesellschaften angefertigt wird, die den Banken nahestehen. Das würde jedoch nur dann zutreffen können, wenn den betreffenden Prüfern ein kriminelles Verhalten unterstellt werden könnte. Selbst wenn es sich um Treuhandgesellschaften handelt, die mit den Banken durch Beteiligungen oder auf sonstige Weise verbunden sind, so bleibt der betreffende Wirtschaftsprüfer nach den geltenden Bestimmungen zur Objektivität verpflichtet und haftet hierfür. Hinzu kommt, daß die Beteiligung von Banken an Treuhandgesellschaften damit zusammenhängt, daß die Banken im Rahmen ihres Kreditgeschäftes an der Einschaltung von streng objektiv urteilenden Wirtschaftsprüfern selbst interessiert sind. Die Verbindungen dienen also keinem irgendwie gearteten Bedürfnis für Manipulationen, sondern einem volkswirtschaftlich gerechtfertigten Zweck. Es kann also keine Rede davon sein, daß die erwähnten Gutachten über die Angemessenheit der Abfindungs- und Umtauschkurse unter den erwähnten Voraussetzungen prinzipiell bedenklich wären.

ff) Auch wenn die das Stimmrecht ihrer Depotkunden ausübende Bank gleichzeitig Hausbank der betreffenden Gesellschaft ist, besteht kein Anlaß, von einem notwendigen Interessenwiderstreit zu sprechen. Gerade in dieser Funktion ist die Bank ebenso wie der Aktionär an der Rentabilität und Liquidität der Gesellschaft interessiert, denn nur unter dieser Bedingung ist die Hausbank-Funktion auf die Dauer ein ertragreiches Geschäft für die Bank.

Falls eine Bank, die sich noch nicht in der Stellung einer Hausbank befindet, diese Geschäftsposition erstrebt, so braucht dies ebensowenig zwangsläufig zu einer Interessenkollision zu führen, da sie sich selbst schädigen würde, wenn sie versuchte, dies durch die Genehmigung von gesellschaftsschädlichen Hauptversammlungsbeschlüssen zu erreichen.

Das gleiche gilt für die Fälle, in denen sich die Hausbankverbindung bis zum Aufsichtsratsmandat verdichtet. Es ist unrealistisch, hier einen zwangsläufigen Interessenkonflikt annehmen zu wollen. Das Gegenteil ist richtig. Die Vertretung der Bank im Aufsichtsrat ermöglicht eine besonders gute Kontrolle der Geschäftsgebarungen und dient daher den Interessen der Depotkunden in besonderem Maß.

gg) Daß bei all dem in der wirtschaftlichen Wirklichkeit Interessenkollisionen vorkommen *können*, wird durch das Gesagte selbstverständlich nicht widerlegt[11]. Ein Gefahrenmoment bleibt bestehen. Das wäre aber von rechtstheoretischer Bedeutung nur dann, wenn es für die Stimmrechtsausübung durch die Banken charakteristisch sein würde. Das ist indessen nicht der Fall, denn die Gefahr des Interessenwiderstreites entsteht in *allen* Fällen bei einer Ausübung des Stimmrechts auf Grund von Vollmachten oder Ermächtigungen. Ob dieses Risiko bei Banken größer ist, das ist kein rechtstheoretisches, sondern ein rechtspraktisches Problem, auf das im folgenden zurückzukommen sein wird.

b) Im Gegensatz zu der Frage des Interessenkonflikts beim Bankenstimmrecht sind die mit dem Gleichheitsgrundsatz des Art. 3 des Grundgesetzes zusammenhängenden verfassungsrechtlichen Bedenken gegenüber einer Sonderregelung des Bankenstimmrechts von erheblicher rechtstheoretischer Bedeutung.

Ihnen kann man nicht, wie dies *Schaeffer*[12] zu tun versucht, mit dem Hinweis darauf begegnen, daß es sich um einen „üblichen Einwand" handele. Sicherlich ist es richtig, daß der Gesetzgeber in vielen Fällen mit dem Hinweis auf den Gleichheitsgrundsatz angegriffen wird. Das sollte aber nicht dazu führen, in jedem Fall vorschnell über dieses Argument hinwegzugehen. Man wäre sonst versucht zu sagen, daß es sich hier um eine „übliche Replik" handele. Beim Bankenstimmrecht sollte der Einwand ernster genommen werden. Vor allem geht *Schaeffers* rhetorische Frage, ob man den wirtschaftlich wesentlichen Unterschied zwischen der Stimmrechtsausübung durch eine Großbank einerseits und durch einen bekannten Opponenten andererseits leugnen wolle, am Kern vorbei, denn mit Recht hatte *Möhring*[13], der den Einwand, daß der Vorschlag des Referentenentwurfs im Widerspruch zum Gleichheitsgrundsatz stehe, wohl als erster formuliert hat, bereits darauf hingewiesen, daß eine Ungleichheit sicherlich dort vorliege, wo eine Einzelperson die Stimmrechte anderer Aktionäre nur gelegentlich ausübt. Dieser Fall steht also gar nicht ernstlich zur Debatte. Dagegen bleibt die Behauptung bedeutungsvoll, daß eine Diskriminierung der Banken gegenüber solchen Einzelper-

---

[11] Vgl. *Eckardt*, S. 588; *Deutsche Schutzvereinigung für Wertpapierbesitz*, S. 12; *Vallenthin* (1959) S. 151.

[12] S. 1257.

[13] S. 1178, 1179.

sonen oder Organisationen vorliegt, welche die Stimmrechtsausübung gewerblich betreiben. Ihnen steht die freie Rechtsgestaltungsmöglichkeit offen, da sogar die Stimmrechtsermächtigung im Referentenentwurf nicht allgemein untersagt ist[14].

Auffällig ist es in diesem Zusammenhang, daß § 9 des Gesetzes über Kapitalanlagegesellschaften vom 16. 4. 1957 es diesen Instituten gerade zur Pflicht macht, die Stimmrechte der in ihrem Fond befindlichen Aktien wahrzunehmen[15].

Sowohl in rechtlicher wie in wirtschaftlicher Hinsicht liegt hier bei den entscheidenden Faktoren eine Gleichheit vor, die vom Gesetzgeber nach Art. 3 GG berücksichtigt werden muß. Dies würde sich praktisch sehr schnell zeigen, wenn sich auch in Deutschland nach amerikanischem Vorbild sog. voting trusts bilden würden. Darauf, daß es hierzu wegen der Kosten nicht so leicht käme, sollte sich der Gesetzgeber, der eine Aktienrechtsreform auf weite Sicht plant, nicht zu sehr verlassen. Es könnte sich sehr rasch ergeben, daß sich finanzstarke Gruppen an der Stimmrechtsausübung interessiert zeigen. Dergleichen könnte sogar einmal einer Regierung wirtschaftspolitisch erwünscht sein. Der Hinweis auf ein mögliches Interesse der Gewerkschaften im Rahmen der Ausgabe von Volksaktien liegt nahe[16]. Im übrigen ist es denkbar, daß im Zuge der Internationalisierung des Kapitalmarktes ausländische voting trusts auf deutschen Hauptversammlungen mit Stimmrechtsermächtigungen auftreten. Das Gleichheitsprinzip fordert, daß hier niemand bevorzugt oder benachteiligt wird.

c) Als rechtstheoretisch bedeutsames Argument ist ferner die Überlegung zu berücksichtigen, daß § 126 E 1958 das wichtige, unser Privatrecht beherrschende *Prinzip der Vertragsfreiheit* in zwei Hinsichten stark einschränkt:

aa) Den Banken wird die Möglichkeit genommen, sich bei der Übernahme der Stimmrechte ihrer Depotkunden des Rechtsinstitutes der Ermächtigung zu bedienen.

Dies ließe sich dann rechtfertigen, wenn die wirtschaftliche und rechtliche Situation in diesen Fällen einen bestimmten Vertragstyp erfordern würde. Der Nachweis hierfür ist indessen bisher

---

[14] *Eckardt*, S. 591.

[15] Vgl. hierzu den Hinweis der Zeitschrift für das gesamte Kreditwesen, Jg. 1958, S. 909.

[16] Vgl. den interessanten Hinweis auf Ereignisse in amerikanischen Hauptversammlungen bei *Boesebeck*, Heft Nr. 38, S. 14.

noch nicht erbracht. Insbesondere greift die Überlegung, es komme darauf an, zu verhindern, daß es nicht zu erkennen ist, ob eigene oder fremde Stimmrechte wahrgenommen werden, nicht durch, da dies schon im geltenden Aktienrecht trotz der Möglichkeit von Ermächtigungen durch § 110 AktG sichergestellt ist. Auch der Hinweis darauf, daß der Wille der Aktionäre besser als bisher in den Hauptversammlungen zur Geltung kommen soll, vermag die vorgeschlagene Einschränkung der Gestaltungsfreiheit für eine bestimmte Gruppe von Beteiligten — nämlich für die Banken — nicht hinreichend zu begründen, denn das gleiche Problem würde auch bei anderen Personen oder Instituten, die das Stimmrecht für Dritte ausüben und die nach dem Referentenentwurf in der Vertragsgestaltung frei sind, auftreten können. Die Vorschriften des § 126 E 1958 lassen somit keine Gesichtspunkte erkennen, nach denen es als notwendig erscheint, den Banken im Gegensatz zu anderen Beteiligten einen bestimmten Vertragstyp vorzuschreiben.

bb) Der im § 126 VI E 1958 vorgesehene Kontrahierungszwang für die Banken hängt hiermit eng zusammen. Eine so einschneidende Regelung ließe sich nur rechtfertigen, wenn die Banken bei der Stimmrechtswahrnehmung eine Monopolstellung innehätten. Der bloße Hinweis, daß der Aktionär geschützt werden müsse, genügt für einen derart schwerwiegenden Eingriff nicht. Weder besitzen die Banken jenes Monopol noch ist der Aktionär in diesem Zusammenhang schutzbedürftig. Es bleibt ihm immer unbenommen, eine andere Bank oder sonstige in Betracht kommende Dritte mit der Stimmrechtsausübung zu betrauen. Für den Fall, daß die Depotbank zu spät erklärt, daß sie den Auftrag zur Stimmrechtsausübung nicht annehmen wolle oder den ihr bereits erteilten Auftrag zu spät zurückgibt, dürfte der Aktionär durch den sich dann ohne weiteres ergebenden Schadensersatzanspruch, sei es aus Vertrag, sei es aus culpa in contrahendo, sei es aus unerlaubter Handlung oder einem sonstigen Gesichtspunkt, hinreichend gedeckt sein. Es ist also nicht einzusehen, warum die Banken unsachlichen Opponenten, Querulanten usw. als willenloses Werkzeug ausgeliefert werden sollen. Hinzu kommt, daß Mißbräuche in der bisherigen Praxis noch nicht zu beobachten waren, und daß die Banken im Hinblick auf den Wettbewerb und mit Rücksicht auf ihre allgemeinen Interessen am Wertpapiergeschäft sich kaum dazu bereitfinden werden, willkürlich mit dem Depotkunden umzuspringen.

d) Wenig überzeugend wirkt es, wenn die vorgeschlagene Abschaffung der Stimmrechtsermächtigung damit begründet wird, daß dieses Institut trotz seiner Bewährung in der Praxis *rechtsdogmatisch* schon immer etwas „dunkel" geblieben sei[16a], denn zunächst fehlt es an Hinweisen, worin die rechtsdogmatische Dunkelheit hier bestehen soll, und außerdem widerspricht dieser Annahme die Tatsache, daß der Referentenentwurf das Institut der Ermächtigung selbst benutzt, und zwar in den §§ 120 II und 126 IV E 1958. In Wahrheit hat sich die Stimmrechtsermächtigung als ein Sonderfall der Legitimationszession seit langem bewährt, ohne daß sich eine Unklarheit des Rechtsbegriffes hätte erkennen lassen, wenn man von den grundsätzlichen Grenzschwierigkeiten, die sich bei fast allen Rechtsbegriffen einstellen, die somit zu keiner Sonderbehandlung des Rechtsinstitutes der Ermächtigung Anlaß bieten, einmal absieht[17]. Sucht man Parallelen, so könnte man neben anderen Fällen der bereits genannten Legitimationszession auf die wirtschaftlich so wichtige Möglichkeit der vertraglichen Einräumung der Befugnisse zur Benutzung eines fremden Namens als einen solchen Fall der sinnvollen Abspaltung eines Sonderrechtes hinweisen. Außerdem hat man es der modernen Methodenlehre, wie sie vor allem in den Bereichen der exakten Wissenschaften betrieben wird, zu danken, wenn man heute mehr als früher weiß, wie frei der Gesetzgeber in der Konstruktion von Rechtsbegriffen in Wirklichkeit ist[18]. Im Aktienrecht ergeben sich zudem wegen seiner abstrakten Struktur in diesem Zusammenhang sicherlich größere Möglichkeiten als in anderen gesellschaftsrechtlichen Bereichen[18a].

Gegen die Notwendigkeit, die Stimmrechtsermächtigung abzuschaffen, spricht sodann das Ergebnis der vorgeschlagenen Regelung. Es ändert sich nicht einmal die Optik[19]. Die Aktionäre werden — wie bisher — mit Rücksicht auf das Bankgeheimnis nicht genannt, und daß die Bank die Stimmrechte nicht aus

---

[16a] *Eckardt*, S. 589.

[17] Vgl. *K. Engisch*, Die Idee der Konkretisierung in Recht und Rechtswissenschaft, 1953, S. 237ff., insbes. S. 284—289; ders., Einführung in das juristische Denken, 2. Aufl. (1959), S. 106ff., insbes. S. 108, 109.

[18] Vgl. *U. Klug*, Juristische Logik, 2. Aufl. (1958), § 8 Definitionstheorie, insbes. S. 94 und S. 98, 99.

[18a] So auch *Möhring*, S. 1178.

[19] Vgl. u. a. *Möhring*, S. 1178; *Vallenthin* (1959), S. 152.

eigenen Aktien wahrnimmt, ist im gegenwärtigen Verfahren ebenfalls schon zu erkennen, da in dem Teilnehmerverzeichnis nach § 110 AktG stets auf die Tatsache des sog. Fremdbesitzes hinzuweisen ist.

Ein Vorteil der Regelung im Referentenentwurf soll es schließlich noch sein, daß nur die Aktionäre und nicht wie nach geltendem Recht allein die Banken — soweit eine Stimmrechtsermächtigung vorliegt — zur Erhebung der Anfechtungsklage berechtigt sind[20]. Hier ist die augenblickliche Rechtslage in der Tat reformbedürftig. Man wird aber *Möhring*[20a] darin beipflichten müssen, daß es zur Beseitigung dieses Nachteils nicht erforderlich wäre, das Rechtsinstitut der Stimmrechtsermächtigung gänzlich abzuschaffen. Es würde nur einer kurzen Ergänzung im Gesetz bedürfen, um dem Aktieneigentümer auch die Möglichkeit zur Anfechtungsklage zu geben.

e) Von erheblicher Bedeutung ist die Regelung der Stimmrechtsausübung in der eigenen Hauptversammlung der Bank. Schon oft ist darauf hingewiesen worden, daß die Ausübung der Stimmrechte der eigenen Depotkunden hier zu einer Art Selbstentlastung der Bankverwaltung führen kann. Obwohl im Schrifttum die Möglichkeit der Depotstimmrechtswahrnehmung im eigenen Haus überwiegend verneint wird[21], hat die Praxis diese Bedenken in vielen Fällen nicht geteilt. Unter diesen Umständen ist eine neue Regelung sicherlich angezeigt, zumal manche Banken, wie verlautet, schon jetzt dazu übergegangen sind, in gewissen Fällen die Stimmrechte der Depotkunden in der eigenen Hauptversammlung durch vertrauenswürdige Dritte (Notare usw.) ausüben zu lassen, soweit sich dies unter Wahrung des Bankgeheimnisses einrichten ließ. So anerkennenswert es ist, daß der Referentenentwurf nach einer Lösung gesucht hat, die es den Banken ermöglicht, das Stimmrecht ihrer Depotkunden auszuüben, da es üblich ist, daß die Bankaktionäre wegen des schon durch den Erwerb der Aktien erwiesenen besonderen Vertrauens zur Bank diese Aktien in der Regel im Depot des betreffenden Institutes verwahren, so fraglich bleibt es, ob das vorgeschlagene Verfahren das gesteckte Ziel wirklich erreicht. § 126 II E 1958 sieht vor, daß die Banken

[20] *Eckardt*, S. 589.

[20a] S. 1179.

[21] *Eckardt*, S. 591; *Gadow-Schmidt*, Anm. 40 zu § 114 AktG; *Schlegelberger-Quassowski* (1939), Anm. 25 zu § 114 AktG.

das Stimmrecht ihrer Depotkunden nur dann auf der eigenen Hauptversammlung ausüben können, wenn die betreffenden Aktionäre ihnen eine ausdrückliche Weisung zu den Gegenständen der Tagesordnung gegeben haben. Das bloße Bevollmächtigen bei gleichzeitigem Stillschweigen auf die Frage nach den Weisungen genügt also nicht. Das hat zur Folge, daß all diejenigen Depotkunden, die der Bank keine ausdrückliche Weisung erteilen, stimmrechtslos werden. Damit ist die Gefahr einer unerwünschten Verödung der Hauptversammlung gerade bei den Aktienbanken im besonderen Maß heraufbeschworen. Der Ausweg über die Bevollmächtigung von Bankangestellten ist durch § 126 V E 1958 ausdrücklich verstellt. Die Übertragung der Stimmrechtsausübung auf unbeteiligte Dritte läßt sich mit der Wahrung des Bankgeheimnisses kaum vereinen. Der Vorschlag des Entwurfes befriedigt daher wenig[22].

2. Hinsichtlich der *Rechtspraxis* spielen in der Diskussion um die Reform des Bankenstimmrechts vor allem folgende Überlegungen eine Rolle:

a) In erster Linie wird immer wieder darauf hingewiesen, daß die *Gefahr einer Interessenkollision* naheliegt. Es wird zwar nicht behauptet, daß dies aus rechtstheoretischen Gründen immer so sein müsse (s. o.), aber die Ansicht, daß diese Gefahr in der Praxis eine erhebliche Rolle spiele, wird oft wiederholt. Die Frage, ob hierdurch der Gesetzgeber zum Einschreiten gezwungen wird, hängt davon ab, ob es sich hierbei nur um die bereits erwähnten, für alle Vertretungsverhältnisse grundsätzlich bestehenden Gefahren eines Interessenwiderstreites handelt, oder ob dieses Kollisionsrisiko bei der Ausübung der Stimmrechte durch die Banken erhöht ist. In diesem Zusammenhang genügt es nicht, lediglich allgemeine Erwägungen anzustellen. Es muß nach Tatsachen Ausschau gehalten werden. Dabei stellt sich rasch heraus, daß bisher wenig beweiskräftiges empirisches Material vorgelegt worden ist. So fallen etwa die von *Fischer* zitierten Beispiele bis auf eins, das weiter unten noch näher behandelt werden wird, in die Zeit vor 1937, mithin in die Periode vor dem Erlaß des jetzt geltenden Aktiengesetzes[23]. Desgleichen enthält die temperamentvolle Philippika von *Linhardt*

---

[22] Ebenso u. a. Gemeinsame Denkschrift des *Bundesverbandes der Deutschen Industrie* u. a., S. 37; *Möhring*, S. 1180.

[23] S. 34 und S. 36.

wider das Depotstimmrecht keine konkreten Angaben, sondern nur allgemeine Thesen, die deshalb schon oben unter II 1a erörtert wurden. Das ausführlichste Material hat *Meilicke*[24] vorgelegt. Nach seiner Auffassung sollten sich Interessenkonflikte vor allem da ergeben, wo die Depotbank bei der in Betracht kommenden Aktiengesellschaft im Aufsichtsrat vertreten ist, Hausbankfunktionen ausübt, Kredite gewährt, bei Kapitalerhöhungen mitwirkt und Abfindungen sowie Umtäusche bankmäßig abwickelt. Die Argumentation läßt erkennen, daß in diesen Fällen der Interessenwiderstreit mehr oder weniger zwangsläufig sein soll. Es wurde deshalb hierzu schon unter II 1a Stellung genommen. Übrig bleiben danach aus dem Rechtstatsachenstoff, den *Meilicke* vorgelegt hat, noch drei Konfliktsfälle:

aa) Eine Verletzung der Interessen der Depotkunden wäre es in der Tat, wenn die Stimmrechtsausübung über die Festsetzung eines zu niedrigen Ausgabekurses bei einer Kapitalerhöhung für die Begünstigung einer von der Bank beherrschten Investmentgesellschaft eingesetzt würde[25]. Allerdings müssen die Aktionäre selbst bei dieser Konstellation nicht immer geschädigt sein, denn der niedrige Kurs kann für sie ebenfalls einen Vorteil darstellen.

bb) Vertritt ein und dieselbe Bank verschiedene Aktiengattungen — etwa zugleich Vorzugs- und Stammaktien —, die sich in den Händen von verschiedenen Depotkunden befinden, so wird man *Meilicke*[26] ebenfalls darin zustimmen müssen, daß sich hier eine Interessenkollision ergeben kann, wenn über einen Antrag abzustimmen ist, der die eine Aktiengattung auf Kosten der anderen bevorzugt oder benachteiligt. Eine korrekte Bank wird in diesem Fall die Stimmrechte durch verschiedene Personen vertreten lassen.

cc) Schwierigkeiten können sich schließlich noch bei Satzungsänderungen ergeben, wenn es sich um die Beseitigung von Bestimmungen handelt, die den Minderheitsaktionären durch das Erfordernis qualifizierter Mehrheiten größeren Einfluß auf die Hauptversammlungsbeschlüsse gewähren, und die Bank Stimmrechte solcher Minoritätsaktionäre vertritt[27]. Immerhin muß von Fall zu Fall geprüft werden, ob die Kleinaktionäre hier wirklich geschädigt

---

[24] S. 205ff.
[25] *Meilicke*, S. 208.
[26] S. 212.
[27] *Meilicke*, S. 215/216.

werden, denn ein Minderheitenschutz der geschilderten Art braucht nicht in jedem Fall ein Vorteil zu sein. Es könnte beispielsweise so liegen, daß ein Konkurrent der Gesellschaft über derartige Minoritätsvorschriften zu einem für das Unternehmen schädlichen Einfluß kommen kann. Zudem können sich ungeschickte Satzungen mit Bestimmungen, die zu besonderer Schwerfälligkeit der Hauptversammlung führen, auf den Handelswert der betreffenden Aktien ungünstig auswirken.

dd) Diesen drei von *Meilicke* erwähnten Fällen ist als weiterer konkreter Vorfall das von *Fischer* berichtete Vorkommnis bei einer mittleren Aktiengesellschaft der Textilbranche hinzuzufügen[27a]. Diese Gesellschaft hatte außerordentliche Gewinne aus Auslandsaufträgen in Höhe von nahezu der Hälfte des Aktienkapitals mehrere Jahre bei ihren beiden Hausbanken, deren Leiter zugleich Mitglieder des Aufsichtsrates dieser Gesellschaft waren, nur als täglich fällige Gelder mit 1% angelegt, obwohl diese Beträge in jenem Zeitraum weder für den laufenden Betrieb noch für Investitionsvorhaben benötigt wurden. Eine Oppositionsgruppe, die 20% der Stimmen vertrat, beanstandete dies, wurde aber mit den Depotstimmen und zugleich mit Stimmen aus bankeigenen Aktien überstimmt, obwohl die Beanstandung sachlich unwidersprochen geblieben war. Unter der Voraussetzung, daß der Sachverhalt zutreffend wiedergegeben ist, hat hier in der Tat ein Interessenwiderstreit vorgelegen, der zuungunsten der Aktionäre gelöst wurde. Allerdings darf bezweifelt werden, ob sich dabei überhaupt ein für die Rentabilität und insbesondere für die Dividendenpolitik fühlbarer Schaden ergeben hat. Zur Ermittlung der Größenordnung des der Gesellschaft entgangenen Gewinns darf jedenfalls nicht einfach von der Marge zwischen Soll- und Habenzinsen der Bank ausgegangen werden. Maßgebend kann allein der Unterschied zwischen dem von den Banken gewährten Zinssatz für das täglich fällige Geld und den damals gültigen, mit dem Landeszentralbankdiskontsatz gekoppelten Zinssätzen für Fest- und Kündigungsgelder sein. Damit aber schrumpft der von der Opposition nach den Angaben von *Fischer* errechnete Sachschaden auf etwa ein Drittel zusammen.

ee) In den vorerwähnten vier Fällen können zweifellos Interessenkonflikte gegeben sein, die unter der Voraussetzung des Zutreffens der angegebenen Umstände die Interessen der Depotkun-

---

[27a] S. 36, 37.

den gefährden würden. Indessen darf hier nicht vorschnell verallgemeinert werden. Insbesondere läßt sich mit derartigen Möglichkeiten die Notwendigkeit eines gesetzgeberischen Eingriffs, der sich nur gegen die Banken richtet, nicht begründen. Derartige Vorfälle können sich bei allen Vollmachts- und Ermächtigungsverhältnissen ergeben. Die benachteiligten Aktionäre sind doppelt gesichert. Ihnen stehen Schadenersatzansprüche zu, und außerdem dürfte das Verhalten bei der Stimmrechtsausübung in derartigen Fällen den Straftatbestand der Untreue, sei es in der allgemeinen Form des § 266 StGB oder sei es als aktienrechtliche Untreue gemäß § 294 AktG, erfüllen.

b) Im übrigen sprechen vor allem folgende Beobachtungen aus der Rechtspraxis gegen das häufige Auftreten echter Konflikte:

Das begreifliche Interesse der Aktionäre an höheren Dividenden wird von den Banken durchaus geteilt. Durch ständige Erhöhung ihrer eigenen Dividendenausschüttungen sind sie den übrigen Unternehmen mit gutem Beispiel vorangegangen.

Aktionäre mit besonderem Interesse an einer Opposition gegenüber den Vorschlägen der Verwaltung sind in den Hauptversammlungen in der Regel selbst aufgetreten. Dadurch sind die Banken gar nicht erst in die Gefahr einer zwiespältigen Haltung gekommen.

Außerdem wird man *Boesebeck* darin zustimmen müssen, daß die Aktionäre die Erfahrung gemacht haben, daß die unter dem Einfluß der Banken stehenden Aktiengesellschaften, insbesondere dann, wenn die Bank im Aufsichtsrat vertreten ist, im allgemeinen gut geleitet sind, wobei nicht zuletzt die staatliche Bankenaufsicht nach dem Kreditwesengesetz ins Gewicht fällt und daß dies allein auf den Aktionär beruhigend wirkt[27b].

Nicht zuletzt aber spricht eine auffällige Tatsache, auf die im Schrifttum bisher noch nicht deutlich genug hingewiesen worden ist, dafür, daß Interessenkonflikte und sich daraus ergebende Schädigungen der Depotkunden in der Praxis keine wesentliche Rolle spielen, nämlich die Beobachtung, daß keine nennenswerten Schadensersatzprozesse von Depotkunden oder gar Strafverfahren im Zusammenhang mit der Stimmrechtsausübung durch die Banken bekanntgeworden sind.

[27b] Heft 38, S. 14; es überrascht, daß *Fischer*, der *Boesebeck* zitiert, den Hinweis auf die Bankenaufsicht weggelassen hat, obwohl bereits die amtliche Begründung zu § 114 des geltenden Aktiengesetzes den Hinweis auf die Bankenaufsicht für wichtig gehalten hat.

c) Gegen die derzeitige Rechtslage bezüglich der Stimmrechtsausübung durch die Banken wird immer wieder eingewandt, daß hier einem *Machtmißbrauch* Vorschub geleistet wird. Näher substantiiert werden diese Vorwürfe allerdings kaum. Daß sie erwogen werden müssen, ist nicht zu bestreiten. Wichtig ist es aber, sich in diesem Zusammenhang von emotionalen Argumenten fernzuhalten, und man kann *Muthesius*[28] nur zustimmen, wenn er bemerkt, daß ein Grillparzer-Zitat[29] wenig zur Erhellung der Zusammenhänge beiträgt. Wollte man auf diesem Wege fortfahren, könnte schließlich noch der bekannte amerikanische Lyriker *Ezra Pound*, nach dessen Ansicht die Banken mehr oder weniger an allem Unheil dieser Welt schuld sind, als Kronzeuge in Anspruch genommen werden.

Wer über den Mißbrauch wirtschaftlicher Macht durch das Bankenstimmrecht spricht, meint in der Regel allgemeinere wirtschaftspolitische Probleme, die weniger mit dem Bankenstimmrecht als mit der Rolle der Banken in der modernen Wirtschaft überhaupt zusammenhängen. Indessen ist es wenig sinnvoll, wirtschaftspolitische Fernziele mit so speziellen Rechtsinstituten, wie dem Bankenstimmrecht, verwirklichen zu wollen. Es sollte in diesem Zusammenhang genügen darauf hinzuweisen, daß die Banken nicht daran interessiert sind, sich die Möglichkeiten für eine erfolgreiche wirtschaftliche Betätigung selbst zu zerstören. Sie sind in gleicher Weise an großen wie an kleinen und mittleren Betrieben interessiert. Entgegenstehende Ansichten beruhen zumeist auf einer unzulässigen Vereinfachung komplizierter wirtschaftlicher Zusammenhänge. Von einer irgendwie absolut genommenen Tendenz der Banken zur Förderung von Konzernbildungen kann keine Rede sein; soweit sich in der Wirtschaftspraxis eine Neigung zu Zusammenschlüssen zeigt, hängt dies sicherlich nicht mit dem Bankenstimmrecht, sondern mit wichtigeren wirtschaftlichen Faktoren, insbesondere mit der die Konzerne begünstigenden Steuergesetzgebung zusammen.

Im übrigen hat *Vallenthin* mit Recht darauf hingewiesen, daß der Einfluß, den die Banken in der meistens nur einmal im Jahr stattfindenden Hauptversammlung auf die Aktiengesellschaft ausüben, überschätzt wird, zumal in den Hauptversammlungen großer

---

[28] S. 949.
[29] vgl. *Linhardt*, S. 171.

Gesellschaften andere Banken gleichzeitig anwesend sind. Soweit die Banken einen Einfluß ausüben, ist hierfür die ständige alltägliche geschäftliche Zusammenarbeit weit wichtiger. Nicht zuletzt beruht die Überschätzung des Einflusses der Banken auf einer eigentümlichen Unterschätzung der Selbständigkeit der Unternehmensleitungen[30].

d) In diesem Zusammenhang soll das sog. „*Ausleihen*" von Stimmrechten unter den Banken besonders bedenklich sein. § 126 I E 1958 geht davon aus, daß die Übertragung des Stimmrechtes der Depotkunden von der Depotbank auf ein anderes Kreditinstitut nur dann berechtigt ist, wenn es sich um eine Depotbank handelt, die am Ort der Hauptversammlung keine Niederlassung hat[31]. Das ist in keiner Weise einleuchtend. Sind einer Bank, die am Hauptversammlungsort eine Niederlassung unterhält, nur wenig Stimmrechte aus kleinen Aktienposten übertragen, so wäre es unvernünftig und formalistisch, wenn man es diesem Institut verbieten würde, für die Wahrnehmung dieser wenigen Stimmrechte ein anderes Institut einzuschalten, damit auf diese Weise eine qualifizierte Personalkraft für wichtigere Aufgaben eingesetzt werden kann. Bei größeren Aktienposten findet ohnehin schon aus Konkurrenzgründen kein Ausleihen statt. Das übersehen alle diejenigen, die praxisferne Vorstellungen von kunstvoll herbeigeführten Stimmrechtszusammenballungen haben[32]. Soweit sich hier bei der Handhabung der Stimmrechtsausübung nach dem geltenden Recht formale Schwierigkeiten ergeben, sind die Banken durch die 1955 bekanntgegebenen Erläuterungen zu den Bankenverbandsgrundsätzen von 1952 auf das Erforderliche hingewiesen worden.

Inwiefern die Weiterübertragung der Stimmrechte einen Vertrauensmißbrauch darstellen soll[33], ist nicht ersichtlich. Der Depotkunde darf darauf vertrauen, daß seine Bank, wenn sie die Stimmrechte nicht selbst ausüben kann, ein vertrauenswürdiges anderes Institut einschaltet.

e) Ferner wird behauptet, daß die Ausübung des Bankenstimmrechts zu einer *Verödung der Hauptversammlungen* geführt habe. Wer das annimmt, verkennt die Tatsachen. Aktionäre,

---

[30] Vgl. hierzu die treffenden Ausführungen von *Vallenthin* (1959) S. 150.
[31] Vgl. hierzu *Eckhardt*, S. 591.
[32] Vgl. *Vallenthin* (1959), S. 150/151.
[33] So *Linhardt*, S. 171 und 172.

die eine Daueranlage suchen, werden im Interesse eines Risikoausgleiches ihre Anlagen in der Regel streuen. Damit hängt es zusammen, daß die meisten Depotkunden über so kleine Aktienposten verfügen, daß es unwirtschaftlich wäre, zu jeder Hauptversammlung zu fahren. Die im Interesse des Kapitalmarktes liegende große Streuung, die durch die Volksaktien noch gesteigert wird, muß daher zwangsläufig zu der beanstandeten Verödung der Hauptversammlungen führen. Daran würden selbst die in USA gelegentlich vorkommenden freien Bahnfahrten[34] grundsätzlich ebensowenig etwas ändern können wie die beliebten Eisbeinessen bei Brauereiaktiengesellschaften und andere Belebungsversuche mehr. Das Bankenstimmrecht ist hierfür nicht die Ursache, wie *Fischer*[35] und *Linhardt*[36] meinen, sondern die zwangsläufige Folge, wenn man nicht auf die Stimmrechtsausübung zahlreicher Aktionäre verzichten will. Das Nichterscheinen in der Hauptversammlung ist somit im allgemeinen kein Symptom für eine Gleichgültigkeit der Depotaktionäre, sondern lediglich die Folge der tatsächlichen Gegebenheiten und ein Beweis für das Vertrauen in die korrekte Stimmrechtsausübung der Depotbank. Die Hoffnung, hieran dadurch etwas zu ändern, daß man den Aktionär häufiger anschreibt, ist illusorisch. Auf welche Beobachtungen *Schaeffer*[37] die These stützt, bei den entflochtenen Gesellschaften habe sich eine Schreibfreudigkeit der Aktionäre gezeigt, ist nicht bekannt. Die Bankerfahrungen sprechen dafür, daß das Gegenteil richtig ist[38]. Wie wirklichkeitsfern die hierauf gerichteten Hoffnungen des Referentenentwurfs sind, zeigen die täglichen Beobachtungen sowohl der Banken wie auch der Gesellschaften selbst. So berichtet der Justitiar einer Aktiengesellschaft mit über 15000 Aktionären, der die gesamte Korrespondez mit den Aktionären in seiner Abteilung führt, daß durchschnittlich im Jahr mit nicht mehr als lediglich 15 Aktionären Briefe gewechselt werden.

f) Immer wieder fällt es den Beobachtern von Hauptversammlungen auf, daß *die Banken in der Regel ihre Stimmen für die Vorschläge der Verwaltung abgeben.* Darin etwas anders zu sehen als die Bestätigung der Tatsache, daß die Führung der Aktien-

---

[34] *Boesebeck*, Nr. 38, S. 14.
[35] S. 32.
[36] S. 176.
[37] S. 1257.
[38] Vgl. *Vallenthin* (1959) S. 152.

gesellschaft normalerweise nicht zu beanstanden ist, würde bei der Vielzahl der deutschen Aktiengesellschaften auf die durch nichts gerechtfertigte Annahme einer merkwürdigen globalen Verschwörung zwischen den Vorständen und den Banken hinauslaufen. Ließen sich hier wirklich echte Mißstände beobachten, so würde sich das sehr schnell in den Börsenkursen spiegeln.

Außerdem ist zu berücksichtigen, daß diejenigen Aktionäre, die opponieren wollen, ohnehin dazu neigen, ihre Stimmrechte selbst auszuüben. Infolgedessen ist es keine Fiktion, wenn gesagt wird, daß die von den Banken ausgeübten Stimmrechte diejenigen sind, welche die Gruppe der im Einverständnis mit der Verwaltung sich befindenden Aktionäre repräsentieren. Die nach der rechtlichen Struktur der Aktiengesellschaften erforderliche Kontrolle durch die Aktionäre ist damit keineswegs ausgeschaltet oder verneint. Da die Bank und die Aktionäre in gleicher Weise an einem Florieren der Gesellschaft interessiert sind, würde sich ein Kreditinstitut selbst schädigen, wenn es bei beobachteter Mißwirtschaft kritiklos die ihm übertragenen Stimmrechte zugunsten der Verwaltungsvorschläge ausüben würde.

Wenn gelegentlich darauf hingewiesen wird, daß manche aus den Bankkreisen kommenden Hauptversammlungsvorsitzenden gegenüber opponierenden Kleinaktionären nicht die nötige Geduld aufbrächten, so besagt dies sicher nicht, daß den Banken eine Kontrolle der Verwaltung durch die Aktionäre unerwünscht ist. Hier geht es um das Klima der Hauptversammlungen, dessen Pflege kein Problem der Regelung des Bankenstimmrechtes ist, — womit nicht gesagt ist, daß bei der Leitung der Hauptversammlungen in der Praxis nichts zu verbessern wäre.

g) Eine Frage der Rechtspraxis ist es sodann, ob es möglich ist, den Willen der Aktionäre in den Hauptversammlungen dadurch besser zur Geltung zu bringen, daß die Banken verpflichtet werden, sich mehr *Weisungen* von den Aktionären zu holen. Die Hauptversammlungen und die Kontrolle der Verwaltung sollen dadurch legitimierter und konkreter werden. Insbesondere soll das im § 126 II E 1958 vorgesehene Junktim zwischen Vollmachtserteilung und Weisung die Aktionäre „mitteilsamer“ machen. Die oben angeführten Erfahrungstatsachen zeigen jedoch, daß diese Hoffnungen enttäuscht werden müssen. Es kann nicht erwartet werden, daß die Verknüpfung von Vollmacht und Weisung zu einer ausdrücklichen Stellungnahme des Depotkunden führt, denn daran, daß dem Aktionär in der Regel die erforderliche Sachkenntnis fehlt, daß er ferner darauf vertraut, daß seine Depotbank schon die richtige Entscheidung treffen wird und daß er grundsätzlich nicht bereit ist, sich die Zeit für den erforderlichen Briefwechsel zu nehmen, ändert sich nichts. Von einer namhaften Bank, die Erhebungen veranstaltet hat, die sich auf einen Tätigkeitsbereich erstrecken, der etwa ein Fünftel der Bundesrepublik ausmacht, ist zu hören, daß im Jahre 1958 etwa 72% der Depotkunden eine allgemeine Stimmrechtsermächtigung erteilt haben; bei Hauptversammlungen am Platze haben nur 2—3% der Depotkunden, bei Hauptversammlungen, die auswärts stattfanden, nur vereinzelte Kunden die Ausstellung von Stimmkarten beantragt; der Gesamtdurchschnitt beträgt etwa 1%. Von den Depotkunden, die keine allgemeine Stimmrechtsermächtigung erteilten, haben auf die Bitte um Weisungen nur etwa 37% geantwortet; von denjenigen Kunden, die eine allgemeine Stimmrechtsermächtigung erteilt haben, antworteten noch nicht einmal 1%.

Wenn außerdem darauf hingewiesen wird, das Schweigen des Aktionärs erhalte durch das erwähnte Junktim mehr Gewicht[39], so ist dem entgegenzuhalten, daß dieses Argument nur dann durchgreifen würde, wenn es für die Bedeutung des Schweigens des Aktionärs allein auf die allgemeinen Rechtsgrundsätze über die Bedeutung des Schweigens im Rechtsverkehr überhaupt ankäme. Im vorliegenden Fall wirken sich jedoch zusätzlich die seit Jahren üblichen Usancen im Verkehr zwischen der Bank und ihren Depotkunden aus. Daraus ergibt sich, daß die bisher schon aus dem Schweigen herzuleitende Zustimmung des Depotkunden ebenso substantiiert ist. Die Tatsache, daß die Vollmacht im geltenden Recht schon früher unterzeichnet wurde, vermag nichts Entscheidendes an der Tatsache zu ändern, daß das Schweigen auf die Bitte um Weisungen dem bestehenden Vertrauensverhältnis entsprechend die Zustimmung zu den Vorschlägen der Bank für die Stimmrechtsausübung enthält. Es ist nicht einzusehen, warum die Tatsache, daß dem Weisungsbrief die Aufforderung zur Vollmachtserteilung beigefügt ist, dazu führen soll, daß der Depotkunde sich die Weisungsbitte genauer ansieht, als käme sie in einem Brief ohne Vollmachtsformular. Eine andere Auffassung wird den psychologischen Tatsachen und der Lebenserfahrung kaum gerecht.

[39] So *Eckardt*, S. 590, 591.

Schon nach dem geltenden Recht muß die Bank die ihr übertragenen Stimmrechte — wie gesagt — im Interesse der Aktionäre ausüben. Das ergibt im Fall des Schweigens des Depotkunden keinen größeren Ermessensspielraum als im Rahmen der im § 126 E 1958 empfohlenen neuen Regelung, denn auch dort hat die Bank nach Maßgabe des § 665 BGB[40] — wie bisher — zu prüfen, ob die sich in der Hauptversammlung etwa ergebenden neuen Umstände eine Abweichung von der dem Depotkunden angekündigten Verfahrensweise bei der Ausübung des Stimmrechts erforderlich machen.

h) Daß die Vorschläge des Referentenentwurfs bei den Banken zu einem erhöhten *Arbeitsaufwand* und damit zu größeren *Kosten* führen, ist unbestritten. Nur hinsichtlich der Frage, ob diese Nachteile sich in Kauf nehmen lassen oder ob sie so wesentlich sind, daß die Vorschläge überhaupt nicht mehr als praktikabel erscheinen, gehen die Meinungen auseinander. Während man zunächst geneigt war, die sich hier ergebenden Schwierigkeiten für überwindbar zu halten, hat sich inzwischen bei genauerer Durchleuchtung der tatsächlichen Gegebenheiten gezeigt, daß die Erhöhung des Arbeitsaufwandes und der Kosten außerordentlich groß ist. Die Zweifel an der Praktikabilität des Vorschlages sind dadurch sehr ernst geworden.

aa) *Beine*[41] hat ausgerechnet, daß die Einhaltung der vorgeschlagenen Bestimmungen technisch kaum möglich ist. Die von ihm genannten Zahlen sind in der Tat sehr eindrucksvoll, wenn man bedenkt, daß sich die Hauptversammlungen auf einen verhältnismäßig kurzen Zeitraum in der ersten Hälfte des Jahres zusammendrängen, daß während der meisten in Betracht kommenden Wochen durchschnittlich etwa 15 Hauptversammlungen täglich abgehalten werden und daß die Regionalbanken im Durchschnitt 100000 und die Großbanken im Durchschnitt 500000 Depotposten zu betreuen haben. Die erstgenannten Institute werden mit zusätzlichen Kosten von mehreren 100000 DM und die Großbanken mit Kostenerhöhungen um 1—2 Mill. DM zu rechnen haben, wobei noch nicht berücksichtigt ist, daß sich die Schwierigkeiten und die Kosten bei weiterer Verbreitung der Volksaktien erheblich steigern werden.

---

[40] Vgl. *Eckardt,* S. 591.
[41] S. 181.

bb) Bezüglich des erforderlichen Arbeitsaufwandes lassen sich die Angaben von *Beine* schon durch eine Überschlags-Testrechnung ergänzen, ohne daß auf die Einzelheiten betriebswirtschaftlicher Analyse, die den Rahmen der vorliegenden Untersuchung überschreiten würde, näher eingegangen werden müßte: Ausgegangen sei von der letzten Hauptversammlung der Preußag. Dort waren rund 210000 Aktionäre vertreten[42]. 90% aller Stimmen wurden durch die Banken ausgeübt[43]. Geht man davon aus, daß der gleiche Prozentsatz — also 90% — der Aktionäre ihre Stimmrechte den Banken übertragen haben, so ergibt sich, daß die Banken rund 189000 Aktionäre zu betreuen hatten. Bei niedriger Schätzung dürften davon auf eine Großbank etwa 40000 Aktionäre entfallen. Nach dem § 126 E 1958 müssen die Vollmachten vor jeder Hauptversammlung eingeholt werden. Rechnet man mit einem Zeitaufwand von nur einer Minute für die Bearbeitung der Vollmacht, wobei die Fälle des Eingehens und des Ausbleibens der Vollmacht, da beide einen Arbeitsaufwand hervorrufen, gleich behandelt werden, so ergibt sich eine Gesamtarbeitszeit von 40000 Minuten, das sind 666 Stunden oder 83 achtstündige Arbeitstage. Soll das Pensum in 6 Tagen erledigt werden, dann müssen in diesem Zeitraum 14 Personen bei gleichbleibender Arbeitsintensität in jeder Minute eine Vollmachtsbearbeitung abschließen. Die Bedeutung dieser Zahlen wird unterstrichen, wenn man weiter bedenkt, daß in dieser Angelegenheit mindestens zum Teil besonders qualifizierte Kräfte eingesetzt werden müssen. Im übrigen ist die Einheit von einer Minute sicher zu klein gegriffen. Geht man von zwei Minuten aus, kommt man zu dem Ergebnis, daß bereits 28 Personen 6 achtstündige Arbeitstage lang für die Erledigung der Vollmachten für die Hauptversammlung einer einzigen Aktiengesellschaft tätig sein müssen. Diese Rechnung hat selbstverständlich nur einen sehr groben Annäherungswert. Eine genauere Analyse ergibt voraussichtlich wesentlich ungünstigere Ergebnisse. Es wäre dringend erwünscht, wenn insoweit noch Experten Untersuchungen anstellen würden.

cc) Im übrigen darf nicht außer acht gelassen werden, daß die Internationalisierung des Kapitalmarktes ständig Fortschritte macht. Es ist daher zu bedenken, daß die Vorschläge des Referentenent-

---

[42] *Beine*, S. 181 Anm. 13.
[43] *Frankfurter Allgemeine Zeitung* vom 7. 7. 1959.

wurfes bei ausländischen Depotkunden auf noch größere Schwierigkeiten stoßen[44].

III. Auf Grund der verschiedenen im Vorstehenden behandelten rechtstheoretischen und rechtspraktischen Überlegungen sind für die Neuregelung des Bankenstimmrechts sehr unterschiedliche Vorschläge, teils vor der Herausgabe des Referentenentwurfs, teils nachher, gemacht worden.

1. Einen sehr weitgehenden Eingriff in das geltende Verfahren stellen die Vorschläge von *Fischer*[45] dar:

a) Um die Gesellschaften zu zwingen, sich mehr um ihre Aktionäre zu kümmern und dabei eine erhöhte Publizität zu entwickeln, soll nach dem Vorbild des französischen Aktienrechts ein sog. „Quorum" vom Gesetzgeber in der Weise verlangt werden, daß bei einer Reihe wichtiger Beschlußfassungen die Hauptversammlung nur dann beschlußfähig ist, wenn mindestens 60 oder 75% der Aktien stimmberechtigt vertreten sind. Falls dieses Quorum nicht erreicht wird, dann muß innerhalb einer zwingend vorgeschriebenen Frist von etwa 4 Wochen eine zweite Hauptversammlung mit derselben Tagesordnung einberufen werden. Diese ist dann ohne Rücksicht auf die Präsenz beschlußfähig.

b) Zur Vermeidung von Interessenkollisionen soll § 101 VII AktG (bzw. § 110 VII E 1958) dahingehend abgeändert werden, daß die in den vorangehenden Absätzen der genannten Bestimmungen geregelte Schadensersatzpflicht gerade auch dann gilt, „wenn gesellschaftsfremde Sondervorteile durch Stimmrechtsausübung im eigenen oder fremden Namen verfolgt werden". *Fischer* verspricht sich hiervon eine selektive Einschränkung des Bankendepotstimmrechts, denn in manchen Fällen würden nach seiner Meinung die Banken die Wahrnehmung des Stimmrechts aus Depotaktien unter diesen Umständen ablehnen müssen, weil eine Ausübung dieser Stimmrechte durch ihre Direktoren oder Angestellten einen schadensersatzpflichtigen Fall der Erlangung gesellschaftsfremder Sondervorteile bedeuten würde.

c) Neben diesen beiden Vorschlägen für den Gesetzgeber empfiehlt *Fischer* schließlich noch eine Ergänzung der Grundsätze des

---

[44] Ebenso *Deutsche Schutzvereinigung für Wertpapierbesitz e. V.*, (1959) S. 50.

[45] S. 38ff.

Bundesverbandes des privaten Bankgewerbes e. V. von 1952, durch die Hinzufügung folgenden Schlußabsatzes unter Nr. 7:

„Die Bank wird die Ermächtigung zur Ausübung des Stimmrechtes aus Depotaktien im Einzelfall dann zurückgeben und den Kunden entsprechend rechtzeitig vor einer Hauptversammlung benachrichtigen, wenn es sich um Aktien einer AG handelt, der die Bank einen Kredit in Höhe von mehr als ... DM gewährt hat, die bei der Bank laufend Depositeneinlagen von mehr als ... DM unterhält oder die über die Bank sämtliche Zahlungsvorgänge als sog. „Hausbank" abwickelt.

Fischer ist der Meinung, daß die Bank in den genannten drei Fällen (als Kreditgeber, als Empfängerin hoher Einlagen und als Hausbank) nicht in der Lage ist, die Stimmrechte im Interesse der Aktionäre wahrzunehmen.

Den Vorchlägen von *Fischer* kann jedoch aus nachstehenden Gründen nicht gefolgt werden:

Zu a) Die Erschwerung der Beschlußfähigkeit der Hauptversammlung ist nicht dazu geeignet, wesentlich mehr Aktionäre dazu zu bewegen, an der Hauptversammlung persönlich teilzunehmen, denn an der entscheidenden Tatsache, daß eine solche Teilnahme für den Kleinaktionär schon aus Kosten- und Zeitgründen nicht in Betracht kommt, wird durch die Einführung des sog. „Quorum" selbstverständlich nichts geändert. Man würde nur erreichen, daß sich die Banken besonders intensiv um die Übertragung der Stimmrechte bemühen, damit der Gesellschaft die in der Regel erheblichen Mehrkosten einer zweiten Hauptversammlung erspart werden.

Zu b) Die empfohlene Verschärfung des § 101 VII AktG (bzw. des § 110 VII E 1958) würde die Freiheit der Ausübung des Stimmrechts und damit eines für die Hauptversammlung gültigen aktienrechtlichen Grundprinzips gefährden. Gerade die Sicherung der freien Willensbildung ist der gesetzgeberische Grund für die Einführung des § 101 VII AktG gewesen[46]. Im übrigen übersieht der Vorschlag, daß die Freiheit der Ausübung des Stimmrechts ohnehin keine schrankenlose ist. Sie wird einmal durch die sich aus § 197 II AktG (bzw. § 230 II E 1958) ergebende Anfechtungsmög-

---

[46] Vgl. *Schlegelberger-Quassowski*, Anm. 13 zu § 101 AktG sowie *Baumbach-Hueck*, 10. Aufl., Anm. 7 zu . 101 AktG.

lichkeit und zum anderen durch die aus § 826 BGB herzuleitenden Schadensersatzansprüche begrenzt[47].

Zu c) Unrealistisch und deshalb abzulehnen ist der Ergänzungsvorschlag für die Grundsätze des Bundesverbandes, denn er geht zunächst einmal, wie bereits oben dargelegt wurde, von der nicht zutreffenden Voraussetzung aus, daß sich bei Kreditgewährung, Einlagenhaltung und Hausbanktätigkeit zwangsläufig Interessenkonflikte ergeben. Ferner geht dieser Vorschlag von der ebenfalls durchaus nicht zwingenden Annahme aus, daß die Bank dort, wo sich ausnahmsweise ein Interessenkonflikt ergibt, nicht in der Lage sei, das Stimmrecht trotz der ausdrücklich übernommenen Verpflichtung im Interesse der Aktionäre auszuüben. Schließlich würde die vorgeschlagene Regelung mit dem Bankgeheimnis nicht zu vereinen sein. Sollte sich die Bank wirklich einmal nicht in der Lage sehen, das Stimmrecht im Interesse ihres Depotkunden auszuüben, dann müßte sie es ohnehin schon deshalb zurückgeben, weil sie sich verpflichtet hat, das Stimmrecht in jedem Fall im Interesse des Aktionärs zu verwenden.

2. Auch *Meilicke* empfiehlt einschneidende Änderungen[47a]:

a) Die Banken sollen verpflichtet werden, die Namen und Anschriften der von ihnen vertretenen Aktionäre für das Teilnehmerverzeichnis bekanntzugeben.

b) Eine Bank, die während der letzten fünf Jahre zu irgendeinem Zeitpunkt Hausbank der Gesellschaft war oder sich an einer Emission von Aktien oder Obligationen beteiligt hat oder im Aufsichtsrat vertreten ist, soll für die Stimmrechtsausübung als unfähig angesehen werden.

c) Eine Bank, die Stimmrechte ihrer Depotkunden in der Hauptversammlung ausgeübt hat, soll während der darauffolgenden fünf Jahre der Gesellschaft keinen Kredit geben und sich an keiner Emission beteiligen dürfen.

d) Es soll verboten werden, daß gleichzeitig ein und dieselbe Bank das Stimmrecht aus verschiedenen Aktiengattungen ausübt, wenn sich die Interessen der betreffenden Aktiengattungen widersprechen.

e) Die Bestimmungen über den Parteiverrat sollen auf die Stimmrechtsausübung ausgedehnt werden.

---

[47] *Schlegelberger-Quassowski* sowie *Baumbach-Hueck* ebenda.
[47a] S. 216.

Gegen diese Vorschläge ist jedoch geltend zu machen:

Zu a) Das Bankgeheimnis ist von so großer wirtschaftlicher Bedeutung, daß seine Durchbrechung auch die Aktionäre schädigen würde. *Meilicke* gibt zudem nicht an, welche Schäden durch die bisherige Berücksichtigung des Bankgeheimnisses hervorgerufen sein sollen und welche Vorteile sich aus der Nennung der Aktionäre ergeben würden.

Zu b und zu c) Die Verwirklichung dieser Vorschläge würde zu planwirtschaftsähnlichen Eingriffen und einem Überhandnehmen bürokratischer Kontrollen in einem solchen Umfang führen, daß an eine Verwirklichung dieses Gedankens wohl kaum ernsthaft gedacht werden kann. Im übrigen liefe er praktisch auf das Verbot des Bankenstimmrechtes hinaus. Das widerspricht aber der von *Meilicke* vertretenen Ansicht, daß das sog. Depotstimmrecht nur beschränkt, nicht aber abgeschafft werden soll.

Zu d) Diese Beschränkung ist überflüssig, da schon nach geltendem Recht die gleichzeitige Vertretung von Aktiengruppen mit widerstreitenden Interessen unzulässig ist. Dagegen ist nicht einzusehen, warum nicht verschiedene Bankangestellte die verschiedenen Gruppen gesondert vertreten sollten. Ein solches Verfahren wird auch sonst in Frage kommen, wenn etwa einzelne Depotkunden voneinander abweichende Weisungen für die Ausübung des Stimmrechtes gegeben haben. Hier kann den divergierenden Interessen bei der Stimmrechtsausübung ohne Schwierigkeiten entsprochen werden.

Zu e) Der Straftatbestand des Parteiverrats von Rechtsanwälten ist auf eine so spezielle mit der Justiz zusammenhängende Situation gemünzt, daß er sich auf wirtschaftliche Vorgänge der hier in Betracht kommenden Art nicht übertragen läßt. Außerdem reicht die Strafbarkeit der Untreue gemäß § 266 StGB für die Erfassung von Fällen, wie sie *Meilicke* offenbar vorschweben, aus.

3. Die *Deutsche Schutzvereinigung für Wertpapierbesitz* hält § 126 E 1958 für wenig praktikabel[48]. Ihr Alternativentwurf sieht die Beibehaltung der bisherigen Ermächtigung vor. Sie empfiehlt außerdem, die Bankenverbandsgrundsätze über die Einholung von Weisungen in das Gesetz zu übernehmen. Im übrigen soll das Gesetz einen Schadensersatzanspruch für den Fall gewähren, daß die Bank das Stimmrecht nicht im Interesse des Aktionärs aus-

---

[48] S. 12—14 und S. 49—51.

geübt hat. Für die Verteilung der Beweislast in einem solchen Prozeß wird vorgeschlagen, anzuordnen, daß die Bank die Einhaltung der erforderlichen Sorgfalt nachzuweisen hat.

Der Vorteil dieser Vorschläge ist im Gegensatz zu den Vorschlägen von *Fischer* und *Meilicke* die Rücksichtnahme auf die Erfordernisse der Praxis. Nicht erforderlich dürfte die Übernahme einer besonderen Bestimmung zur Regelung der Schadensersatzansprüche sein, denn diese Ansprüche ergeben sich auch ohne ihre ausdrückliche Anerkennung im Aktiengesetz bereits aus den allgemeinen Regeln des Vertragsrechts sowie des Rechts der unerlaubten Handlungen.

Bei dem Vorschlag hinsichtlich der Beweislastregelung ist zu bedenken, daß sich hier möglicherweise unerfreuliche Konsequenzen bei Querulantenprozessen ergeben könnten. Außerdem wird die Bedeutung dieser Prozeßrechtsfrage wohl überschätzt. Die allgemeinen Regeln der Zivilprozeßordnung sind so ausgewogen, daß gerichtliche Entscheidungen, die allein auf den Beweislastregeln und ihrer Auswirkung beruhen, selten sind. Ein Aktionär, der zur Beweisführung nicht in der Lage ist, kann die Vernehmung seines Beweisgegners über § 445 ZPO jederzeit beantragen. Hinzukommt, daß die Regeln über den Beweis des ersten Anscheins, die sog. Umkehrung der Beweislast usw., eine ausreichende Handhabe für die Wahrung der berechtigten Interessen des Aktionärs bieten.

4. In der *Gemeinsamen Denkschrift zum Referentenentwurf eines AktG*, die der Bundesverband der deutschen Industrie, der Bundesverband des privaten Bankgewerbes, die Bundesvereinigung der deutschen Arbeitgeberverbände, der Deutsche Industrie- und Handelstag und der Gesamtverband der Versicherungswirtschaft vorgelegt haben[49] und in den Stellungnahmen von *Möhring*[50], *Pohle*[51] und *Vallenthin*[52], die mit der Denkschrift im wesentlichen übereinstimmen, wird vorgeschlagen:

a) Für den Fall, daß der Gesetzgeber die Stimmrechtsermächtigung, die von den Genannten nach wie vor als beste Lösung angesehen wird, bei den Banken oder generell verbietet, soll die Vollmacht abstrakt ausgestaltet werden, damit die Frage, ob der Bevollmächtigte nach den Weisungen seines Vollmachtgebers gehandelt

[49] S. 31 ff.
[50] S. 1181.
[51] S. 118—119.
[52] (1959) S. 152.

hat, eine Frage des Innenverhältnisses bleibt. Hierdurch soll im Interesse der Rechtssicherheit verhindert werden, daß Hauptversammlungsbeschlüsse unter Bezugnahme auf die Innenverhältnisse angefochten werden. Unter der Voraussetzung, daß sich der Gesetzgeber indessen entschließen sollte, die Stimmrechtsermächtigung doch nicht zu untersagen, empfiehlt *Möhring*, auch dem Inhaber der Aktien die Möglichkeit zur klageweisen Ausübung des Anfechtungsrechtes zu geben[53].

b) Sodann wird im Gegensatz zum Entwurf vorgeschlagen, die Vorausbeschaffung der Vollmacht für einen Zeitraum von 12 bis 15 Monaten zu gestatten. Daneben können die Banken verpflichtet werden, ihre Depotkunden vor jeder Hauptversammlung um Weisungen zu bitten, jedoch mit der Maßgabe, daß bei entsprechender Formulierung der Anfrage das Schweigen als Zustimmung zu den Vorschlägen der Bank ausgelegt werden darf. Es sollte mithin das Junktim zwischen Vollmacht und Weisung wegfallen.

c) Die im § 126 E 1958 vorgesehenen Sonderbestimmungen für die Abstimmung in der Hauptversammlung der Kreditinstitute sollen gestrichen werden.

d) Das gleiche gilt für den Kontrahierungszwang, den § 126 VI E 1958 vorsieht.

e) Zur Vermeidung eines dem Gleichheitsgrundsatz widersprechenden Sonderrechtes für die Banken halten die Genannten es für erforderlich, die Neuregelung der Stimmrechtsausübung in allgemeiner, jeden, der Stimmrechte für andere wahrnimmt, bindenden Form vorzunehmen. Sondervorschriften könnten allenfalls insoweit vorgesehen werden, als sie für die Wahrung des Bankgeheimnisses notwendig sind.

IV. Auf Grund der Übersicht über das Für und Wider dürfte sich ergeben, daß den zuletzt genannten Vorschlägen, abgesehen von einigen im folgenden erwähnten Abweichungen, im großen und ganzen zugestimmt werden kann. Die Begründung hierfür ist aus dem oben zu den einzelnen rechtstheoretischen und rechtspraktischen Argumenten Ausgeführten unschwer abzuleiten. Als Ergebnis sei daher festgehalten:

1. Ganz allgemein ist zunächst einmal an ein bedeutungsvolles Grundprinzip des modernen Rechtsstaates zu erinnern, das der Gesetzgeber — aus psychologisch leicht verständlichen Gründen —

---

[53] S. 1179.

gern ein wenig aus dem Auge verliert, nämlich an den fundamentalen Grundsatz: In dubio pro libertate. Daß der Gesetzgeber, falls die Rechtslage oder die Tatsachen zweifelhaft und nicht eindeutig entscheidbar sind, verpflichtet ist, von einem regelnden Eingriff abzusehen, sich also im Zweifel für die Offenhaltung der freien Gestaltungsmöglichkeiten zu entscheiden hat, das sollte heute eine Selbstverständlichkeit sein. Es sei deshalb darauf verzichtet, auf die Zusammenhänge dieser Maxime mit den Thesen der Rechtsphilosophie, wie sie etwa auf der Basis der Erkenntnisse von *Kant* darzustellen wären, hier näher einzugehen. Auch Vertreter der *Naturrechtstheorie* hätten hierzu sicherlich manches zu sagen. Da man indessen von den rechtsstaatlichen Intentionen des Gesetzgebers ausgehen darf, sei dieser die Grundlagen unserer Rechtsordnung regulierende Aspekt lediglich kurz ins Bewußtsein gerufen. Es ist jedenfalls immer ein Zeichen von Staatsklugheit, wenn ein Gesetzgeber auf zu weitgehende Eingriffe verzichtet. Die Reglementierung ist das leichtere Geschäft.

2. Das völlige Verbot der Stimmrechtsausübung durch die Banken fordert heute niemand mehr. Selbst diejenigen, welche — wie *Fischer*, *Linhardt* und *Meilicke* — die stärksten Bedenken äußern, gehen nicht so weit.

3. Die Vorschriften über die Stimmrechtsausübung sind so allgemein zu fassen, daß sie sich nicht nur auf Kreditinstitute, sondern auf alle, die gewerblich oder gewohnheitsmäßig Stimmrechte in Hauptversammlungen ausüben, erstrecken. Es ist also eine *Generalisierung* der Stimmrechtsausübungsreform anzustreben. Für den *Kontrahierungszwang* des § 126 VI E 1958 ist dann zwangsläufig kein Raum mehr.

4. Gegen die Beibehaltung des Rechtsinstitutes der *Ermächtigung* als solches lassen sich keine durchgreifenden Gründe angeben. Mit Recht hat daher der Entwurf im § 120 II die Stimmrechtsermächtigung generell als zulässig vorausgesetzt. Glaubt der Gesetzgeber gleichwohl, den Kreditinstituten diese Rechtsgestaltungsmöglichkeit nehmen zu müssen, dann ist auf jeden Fall die abstrakte Ausgestaltung der Vollmacht anzustreben, damit die Rechtssicherheit nicht durch schwer überschaubare Anfechtungsmöglichkeiten, die sich auf das Innenverhältnis beziehen, gefährdet wird.

5. Im Interesse der Rechtspraxis sollte es dabei bleiben, daß die *vorherige*, von der Anberaumung einer Hauptversammlung unabhängige *Einholung* der Ermächtigung oder Vollmacht ausreichend

ist. Außerdem wäre es zweckmäßig, die mögliche Geltungsdauer von 15 Monaten auf mindestens 36 Monate zu erhöhen, damit sichergestellt ist, daß die Stimmrechtsausübung in mindestens drei Hauptversammlungen möglich ist. Die Vorbilder im schweizerischen und schwedischen Recht sollten in diesem Zusammenhang ins Gewicht fallen. Eine solche Fristverlängerung erscheint insbesondere dann als vertretbar, wenn die vorherige Einholung von Weisungen vor jeder Hauptversammlung vorgeschrieben wird. Der Erhöhung des Arbeits- und Kostenanfalls auf der einen steht damit eine Vereinfachung auf der anderen Seite als Äquivalent gegenüber.

6. Bei Berücksichtigung des unter 5. Gesagten kann es hinsichtlich der Einholung von *Weisungen* bei dem Vorschlag des § 126 II Satz 1 E 1958 verbleiben. Dagegen ist für die eigene Hauptversammlung des Kreditinstitutes die Möglichkeit vorzusehen, das Stimmrecht des Depotkunden im Falle seines Schweigens dadurch zu erhalten, daß das Institut verpflichtet wird, bei dieser Sachlage einen Notar zu ermächtigen. Das Bankgeheimnis wäre dann einerseits durch die Verschwiegenheitspflicht des Notars und andererseits durch die sich aus § 120 II E 1958 ergebende Möglichkeit gesichert, zum Teilnehmerverzeichnis nur die Tatsache des Fremdbesitzes, nicht aber die Namen der Aktionäre anzugeben.

7. Im Falle der Beibehaltung der Stimmrechtsermächtigung ist im Gesetz klarzustellen, daß auch der ermächtigende Aktionär *anfechtungsklageberechtigt* ist.

8. Die mit dem Ort der Hauptversammlung zusammenhängenden Einschränkungen bezüglich der *Unterbevollmächtigung* (§ 126 I E 1958) sollten gestrichen werden.

9. Anhangsweise sei noch vorgeschlagen, die *Schutzbestimmung* des § 363 Nr. 3 E 1958 nicht als Straftatbestand, sondern als Ordnungswidrigkeit auszugestalten, denn es dürfte sich hier kaum um eine Frage des Kriminalstrafrechts, sondern vielmehr um einen typischen Fall des Verwaltungsunrechts handeln[54]. Zugleich ist damit einer Einschränkung des Nebenstrafrechts gedient, — ein Ziel, das sich der Strafgesetzbuchentwurf 1959 II ebenfalls gesteckt hat. Dafür ist die Neufassung des allgemeinen Untreue-Tatbestandes, die dazu führen wird, daß der Tatbestand der aktienrechtlichen Untreue (§ 357 E 1958) wegfallen kann, ein gutes Beispiel.

---

[54] Vgl. zu dieser Unterscheidung *Eb. Schmidt*, Das neue westdeutsche Wirtschaftsstrafrecht, 1950, S. 20, 21 und S. 39ff.

FEHLERHAFTE AUFSICHTSRATSBESCHLÜSSE

Von Heinz Meilicke

GLIEDERUNG

A. Einleitung: Die Zuständigkeiten des Aufsichtsrats.
B. Die Verfassung des Aufsichtsrats.
C. Mängel des Aufsichtsratsbeschlusses.
D. Der Nichtbeschluß.
E. Der nichtige AR-Beschluß.
I. Mangelhaftes Beschlußverfahren.
1. Die Einladung zu einer AR-Sitzung.
2. Mitteilung der Tagesordnung.
3. Die Form der Beschlußfassung.
4. Beschlußfähigkeit.
5. Fehlende Stimmberechtigung.
a) Mitstimmen Unbefugter.
b) Vornahme eines Rechtsgeschäfts mit dem AR-Mitglied oder mit ihm als Vertreter für einen Dritten.
c) Stimmberechtigung stellvertretender AR-Mitglieder und Ersatzmitglieder.
d) Stimmberechtigung Geschäftsunfähiger und beschränkt Geschäftsfähiger.
e) Stimmbindungsverträge.
f) Stimmabgabe nach Weisung.
aa) Ergebnisübernahmeverträge.
bb) Arbeitnehmer nach Weisung der Gewerkschaft.
6. Anfechtung der Stimmabgabe.
7. Mangelnde Aufklärungsbeschlüsse des AR als Nichtigkeitsgrund für Sachbeschlüsse.
a) Inhalt dieses Frage- und Auskunftsrechtes.
b) Nichtvorlage von Unterlagen an den AR.
aa) Vollständige Angabe der Bezüge des Vorstands.
bb) Unterlagen über den Wert von Tochtergesellschaften.
cc) Vorenthaltung von Unterlagen an AR-Mitglieder, die Wettbewerber sind.
c) Ordnungsgemäße Diskussion.

II. Der Inhalt des AR-Beschlusses verletzt Gesetz oder Satzung.
1. Fehlende Zuständigkeit des AR.
a) Weisungen an den Vorstand.
b) Zustimmung zu unzulässigen Geschäften des Vorstands.
c) Unzulässige automatische Verlängerungsklausel bei Vorstandsbestellungen.
d) Die Übertragung der Befugnis an den AR zur Festsetzung von Bezügen.
2. Unzulässige Bestellung von AR-Mitgliedern zu Vorstandsmitgliedern.
3. Sondervorteile an einige Aktionäre.
4. Verdeckte Vorteilsgewährungen an Aktionäre.
5. Verteilung der AR-Tantieme.
6. Genehmigung von Beiträgen an politische Parteien.
7. Nachträgliche Zustimmung für genehmigungsbedürftige Geschäfte des Vorstands durch den AR.
8. Beschlüsse des AR auf Unterlassung der Auskunftserteilung an Aktionäre.
9. Beschlüsse auf Zusammenlegung von Aufsichtsräten.
10. Der Beschluß auf Billigung des Jahresabschlusses.
11. Beschluß des AR auf Genehmigung eines Abkommens mit mit den Gewerkschaften auf Mitwirkung bei der Geschäftsführung aus Anlaß der Umwandlung von Tochtergesellschaften.

F. Verletzung von Ordnungsvorschriften.

G. Der Beschluß auf Übertragung entscheidender Befugnisse an einen Aufsichtsratsausschuß.

H. Wirksambleiben eines fehlerhaften AR-Beschlusses nach außen.

J. Die Geltendmachung der Mängel des AR-Beschlusses.
I. Kläger kann jedes Vorstandsmitglied, jedes AR-Mitglied oder ein Aktionär sein.
1. Vorstandsmitglied.
2. Das einzelne AR-Mitglied.
3. Der einzelne Aktionär.
II. Beklagte ist die Gesellschaft.
III. Das Urteil des Gerichts geht auf Feststellung der Unwirksamkeit des AR-Beschlusses.
IV. Die Urteilswirkungen.

A. Einleitung: Die Zuständigkeiten des Aufsichtsrats

Der Aufsichtsrat (AR) einer Aktiengesellschaft (AG) ist nach geltendem Recht vornehmlich Organ zur Überwachung der Geschäftsführung des Vorstandes (§ 95 (1) AktG), gelegentlich wird er auch als Geschäftsführer und gesetzlicher Vertreter tätig (§§ 95 (4) (5), 80, 97, 199 (2) AktG). Das Aktiengesetz räumt ihm im einzelnen folgende Zuständigkeiten ein:

I. Zur Regelung seiner eigenen inneren Ordnung:

§ 92 (1)	AR *wählt* aus seiner Mitte einen Vorsitzer und mindestens einen Stellvertreter.
§ 92 (4)	AR *bestellt* aus seiner Mitte einen oder mehrere Ausschüsse.
§ 95 (2) S. 1	AR *verlangt* einen Bericht über die Angelegenheiten der Gesellschaft.
§ 95 (3)	AR *sieht ein* und *prüft* die Bücher und Schriften der Gesellschaft.

II. Im Verhältnis zum Vorstand:

§ 75	AR *bestellt* Vorstandsmitglieder und *widerruft* Bestellung.
§ 71 (3) S. 2	AR *bestimmt* die Vertretungsbefugnis der Vorstandsmitglieder.
§ 74	AR *setzt* Beschränkungen der Vertretungsbefugnis des Vorstandes *fest*.
§ 78 (1)	AR *sorgt* für ein angemessenes Verhältnis des Gesamtbetrags der Vorstandsbezüge.
§ 78 (2) S. 1	AR *setzt* Vorstandsbezüge angemessen *herab*.
§ 77 (3) S. 2	AR *sorgt* für angemessenes Verhältnis der Gewinnbeteiligung der Vorstandsmitglieder.
§ 77 (2) S. 3	AR *läßt* Nicht-Absetzung von Gewinnteilen bei der Gewinnbeteiligung der Vorstandsmitglieder *zu*.
§ 80 (1)	AR *stimmt* der Kreditgewährung an Vorstandsmitglieder ausdrücklich *zu*.
§ 79	AR *willigt* in den Betrieb eines Handelsgeschäfts und in den Wettbewerb von Vorstandsmitgliedern *ein*.

III. Im Interesse der Gesellschaft und der Aktionäre:

§ 95 (5) S. 2	AR *stimmt* bestimmten Arten von Geschäften des Vorstands *zu*.
§ 84 (4) S. 4	AR *billigt* Handlungen des Vorstands.
§ 97 (2)	AR *klagt* gegen Vorstandsmitglieder.
§ 125 (2)	AR *erklärt sich* dem Vorstand gegenüber über den Jahresabschluß.
§ 125 (3)	AR *billigt* den Jahresabschluß und *entscheidet* sich ggf. für eine Feststellung durch die HV.
§ 96	AR *prüft* den Jahresabschluß und *berichtet* darüber an die HV.
§ 95 (4)	AR *beruft* die HV.
§ 106 (4) S. 1	AR *entspricht nicht* dem Verlangen auf Einberufung einer HV.
§ 118 (4)	AR ist vor Bestellung von Sonderprüfern *zu hören*.
§ 136 (4)	AR *beantragt* die Bestellung der Abschlußprüfer.
§ 136 (2)	AR *erhebt Widerspruch* gegen die Auswahl der Abschlußprüfer.
§ 206 (2)	AR *beantragt* die Bestellung oder Abberufung von Abwicklern.
§ 145 (1)	AR ist *befugt*, die Fassung der Satzung zu *ändern*.

§ 171	AR *stimmt* den Bedingungen der Aktienausgabe bei genehmigtem Kapital *zu*.
§ 172 (2)	AR *stimmt* einer Aktienausgabe gegen Sacheinlage bei genehmigtem Kapital *zu*.
§ 97 (1)	AR *vertritt* die Gesellschaft bei Vornahme von Rechtsgeschäften mit den Vorstandsmitgliedern.
§ 199 (2)	AR *vertritt* die Gesellschaft bei der Anfechtungsklage.

IV. Durch Bestimmung in der Satzung, auch wenn nicht im Gesetz vorgesehen, z. B.:

Zustimmung des AR zur Ausgabe von Schuldverschreibungen.
Zustimmung des AR zur Form der Aktien und Schuldverschreibungen.
Festsetzung einer Geschäftsordnung durch den AR für sich oder für den Vorstand.
Bestimmung des Orts der HV durch den AR.
Zustimmung des AR zur Übertragung von Vorzugsaktien oder nicht voll eingezahlten Aktien.
Bestimmung eines Mitgliedes des AR zum Vorsitzer in der HV.
Bestimmung der Dividendenzahlstelle durch den AR.

Der AR äußert seinen Willen, im Rahmen der bezeichneten Aufgabengebiete tätig zu werden, durch *Beschlüsse* (§§ 89, 92 (2) (3) AktG, vgl. auch § 80 (1) S. 5), also durch zusammengefaßte, im Wege der Abstimmung (Abgabe von Einzelstimmen) herbeigeführte Willensäußerungen. Diese Beschlüsse haben — abgesehen von den Geschäftsführungs- und Vertretungsberechtigungen, die durch Ausführungsgeschäfte des AR selbst in die Tat umgesetzt werden — keinerlei Außenwirkung; sie beziehen sich vielmehr auf das Innenleben der Gesellschaft, auf das innere Rechtsverhältnis zum Vorstand und zur Hauptversammlung (HV). In diesem Bereich liegt das Schwergewicht der Tätigkeit des AR.

Im Gegensatz zu diesen *Sachbeschlüssen* stehen die sog. *Ordnungsbeschlüsse* des AR, die mit ihrer Fassung und sofortigen Ausführung in einer AR-Sitzung bereits erledigt sind, beispielsweise Regelung der Redezeit, der Reihenfolge der Abstimmung, Vertagung, also die Entschließungen über Vorschläge zur Geschäftsordnung. Derartige Beschlüsse, auch sofern sie mit Fehlern behaftet sind, erledigen sich im Augenblick ihrer Ausführung. Sind sie fehlerhaft gewesen, so können sie sich auf die Rechtswirksamkeit der vom AR gefaßten Sachbeschlüsse, die sich mit den Gegenständen der Tagesordnung befassen, auswirken. Ein Ordnungsbeschluß, dem auch in seinen etwaigen Mängeln selbständige Bedeutung beikommt, ist hingegen eine Entschließung des AR, die als *Geschäftsordnung des AR*[1] für die Dauer bestimmt ist. Ein solcher Beschluß steht für den Fall, daß er mit Fehlern behaftet ist, einem Sachbeschluß gleich.

Alles Tätigwerden und sämtliche Verlautbarungen des AR im Außen- wie im Innenverhältnis — mit dem Vorsitzenden des AR als Sprecher, nicht als Vertreter[2] — setzen, um rechtliche Wirkungen zu erzeugen, ausnahmslos einen *wirksamen AR-Beschluß* voraus, sei es als vorherige oder als nachfolgende Zustimmung[3].

Das AktG gibt auf die Frage, wie ein solcher *wirksamer AR-Beschluß zustande kommt*, ob ein AR-Beschluß nichtig oder anfechtbar sein kann, keine Antwort; es hat in seinen §§ 92—94 einige wenige Bestimmungen über die innere Ordnung des AR getroffen, diese innere Ordnung jedoch nicht erschöpfend geregelt. Das Schweigen des AktG läßt nun nicht den Schluß zu, daß AR-Beschlüsse der Nichtigkeit oder Anfechtbarkeit bei Fehlern und Verstößen gegen Gesetz oder Satzung entzogen seien.

B. Die Verfassung des Aufsichtsrats

Der AR-Beschluß hat mit den Beschlüssen anderer gesellschaftsrechtlicher Kollegien (HV der AG; Gesellschafterversammlung der GmbH; Mitgliederversammlung des e. V.) gemeinsam den abstrakten Vorgang der Willensbildung durch Abstimmung („*sozialrechtlicher Gesamtakt*"), unterscheidet sich aber — wie auch der Beschluß des mehrgliedrigen Vorstands — von jenen dadurch, daß Tätigwerden und Stimmrecht des AR nicht Ausfluß einer *Mitgliedschaft* (vgl. § 112 AktG), sondern einer durch *Wahl* (§ 87 (1) Satz 1 AktG) erworbenen Stellung als unabhängiges Organ ist. Für die HV einer AG ist nun in §§ 105ff. AktG ausführlich das Beschlußverfahren beschrieben, während seine Mängel und das

---

[1] Die Möglichkeit, daß sich der AR eine solche Geschäftsordnung gibt, ist allg. anerkannt, vgl. *Schmidt*, Großkomm. AktG, 2. Aufl., § 92 Einl. KG JW 39, 162 betr. Satzungsbestimmung über telefonische Abstimmung, vgl. § 15 (3) der früh. IG-Satzung: „Der AR kann seine eigene Geschäftsordnung festsetzen". Auch § 9 (1) der Casella-Satzung; § 11 Frankona-Satzung; § 16 (2) Busch-Jäger-Satzung.

[2] Vgl. RG HRR 35, 1477; betr. Handlungsfähigkeit des AR; auch RG 66, 369 betr. Unterlassung einer Ladung zu einer AR-Sitzung.

[3] RG 90, 207; betr. rechtzeitige Auslegung der der HV zu unterbreitenden Vorlagen.

Verfahren zu ihrer Geltendmachung in §§ 195ff. AktG niedergelegt sind[4]. Die besondere, ins einzelne gehende Ausgestaltung dieser Regelung spricht gegen ihre allgemeine entsprechende Übertragung auf Beschlüsse des AR. Neben den §§ 92—94 AktG muß deshalb die „Verfassung" des AR aus dem allgemeinen Zivilrecht hergeleitet werden. Die einzige passende Regelung des geltenden Rechts befaßt sich innerhalb des Vereinsrechts des BGB (§§ 21 bis 54 BGB) mit der Verfassung des Vereinsvorstandes (§§ 28 I, 32, 34 BGB). § 32 (1) BGB bestimmt:

„Die Angelegenheiten des Vereins werden, soweit sie nicht von dem Vorstand oder einem anderen Vereinsorgane zu besorgen sind, durch Beschlußfassung in einer Versammlung der Mitglieder geordnet. Zur Gültigkeit des Beschlusses ist erforderlich, daß der Gegenstand bei der Berufung bezeichnet wird. Bei der Beschlußfassung entscheidet die Mehrheit der erschienenen Mitglieder.

§ 34 bestimmt:

Ein Mitglied ist nicht stimmberechtigt, wenn die Beschlußfassung die Vornahme eines Rechtsgeschäfts mit ihm oder die Einleitung oder Erledigung eines Rechtstreits zwischen ihm und dem Vereine betrifft.

Diese Regelung gilt unmittelbar, wenn auch nur ergänzend für den AR einer AG.

§ 6 (2) HGB versteht unter „Verein" auch die handelsrechtlichen Formen des Vereins[5]; in gleicher Weise gehören zu den Vereinen, deren Zweck auf wirtschaftliche Geschäftsbestätigung gerichtet ist, im Sinne des § 22 BGB auch die handelsrechtlichen Formen dieser Vereine[6]; unbestritten fallen unter beide Bestimmungen auch die Aktiengesellschaften.

Weder im HGB noch im AktG, noch im EGAktG ist ein allgemeiner Ausschluß der Bestimmungen des BGB für die Regelung des Rechts gesellschaftsrechtlicher Kollegien angeordnet. Art. 2 I EGHBG bestimmt ausdrücklich, daß in Handelssachen — und das Aktienrecht gehört dazu, wie seine frühere Regelung im HGB und § 3 AktG, wonach die AG als Handelsgesellschaft gilt[7], beweisen — die Vorschriften des BGB nur insoweit zur Anwendung kommen, als im HGB (bzw. jetzt im AktG) nichts anderes bestimmt ist. Nach § 18 (2) EGAktG treten die Bestimmungen des AktG an die Stelle der aufgehobenen Vorschriften aus dem HGB, soweit in Reichsgesetzen — und damit auch im EGHGB — auf Vorschriften des HGB verwiesen ist.

---

[4] Ähnlich für die Gesellschafterversammlung der GmbH in § 75 GmbGH und entspr. Anwendung der aktienrechtlichen Vorschriften; auch § 51 GenG für die Versammlung der Genossen.

[5] KGJ 42 A 165 betr. Beschlußfähigkeit des AR.

[6] RG 57, 93/95; KGJ 23 A 105/108, beide betr. Anwendung des Vereinsrechts auf GmbH.

[7] KGJ 23 A 105.

Damit gilt das Vereinsrecht subsidiär für die Abstimmung des AR, was vom Reichsgericht und vom Kammergericht in ständiger Rechtsprechung vertreten worden ist[8].

Diese „Verfassung" des AR, die sich sonach gesetzmäßig aus den §§ 92—94 AktG und den §§ 28 I, 32, 34 BGB ergibt, läßt sich weitgehend durch die Satzung der AG oder durch eine Geschäftsordnung, die sich der AR selbst gibt[9], oder aus der Praxis von Beschlußkörperschaften, wie sie z. B. in der Geschäftsordnung des Deutschen Bundestages[10] ihren Niederschlag gefunden hat, ergänzen; sie ist auch abänderbar, soweit nicht zwingende gesetzliche Vorschriften entgegenstehen. Satzungsverstöße stehen hinsichtlich der eintretenden Rechtsfolgen Gesetzesverstößen gleich.

C. *Mängel des Aufsichtsratsbeschlusses*

Beschlüsse können in verschiedenen Beziehungen fehlerhaft sein:

(1) Es beschließt eine Versammlung, die nicht das zuständige Organ ist; dann handelt es sich weder rechtlich noch tatsächlich um einen Organbeschluß, sog. *Nichtbeschluß* (unten D).

(2) Es beschließt eine Versammlung, die das zuständige Organ ist, unter Verletzung zwingender Vorschriften; dann handelt es sich um einen Organbeschluß in tatsächlichem Sinne, nicht aber um einen Beschluß im Rechtssinne, sog. *nichtiger Beschluß* (unten E).

(3) Es beschließt die zuständige Versammlung unter Verletzung nachgiebiger Vorschriften; dann handelt es sich um einen Beschluß nicht nur in tatsächlichem, sondern auch im Rechtssinne, mag sich dieser Beschluß auch durch Anfechtung in einen nichtigen Beschluß verwandeln lassen, sog. *anfechtbarer Beschluß*.

(4) Es beschließt die zuständige Versammlung unter *Verletzung* von sog. *Ordnungsvorschriften*; dann handelt es sich um einen rechtsbeständigen Beschluß (unten F).

Ist bei AR-Beschlüssen eine Unterscheidung zwischen Nichtigkeit (2) und Anfechtbarkeit (3) rechtlich möglich? Im Gegensatz

---

[8] RG in JW 04, betr. Verzicht auf Sonderrechte durch einen Aktionär (§ 35 BGB) und 167, betr. Anwendung des § 31 BGB auf GmbH; KG in OLG 4, 256; KGJ 23 A 105, 34 A 55 betr. Anwendung des Vereinsrechts auf AG und 42 A 165; KG in DR 38, 2044/2045; *Gierke* Arch. bürgR 19, 132; *Schlegelberger-Quassowski* § 1, (3) und § 92 (1); vgl. auch KG in DNotZ 40 40, 319, Mitteilung der TO an AR-Mitglieder, das die bisherige Rechtsprechung abschwächt und eine entsprechende Anwendung des § 28 I BGB bejaht.

[9] Siehe Fn. 1.

[10] Geschäftsordnung des Deutschen Bundestages vom 28. 1.1952 BGBl. II S. 389.

zum Recht der HV unterscheidet die „Verfassung“ des AR nicht zwischen nichtigen (§ 195 AktG) und anfechtbaren (§ 197 AktG) Beschlüssen. Die Anfechtbarkeit eines Gesamtbeschlusses, die nicht mit der Anfechtbarkeit der einzelnen zum Beschluß führenden Stimmabgabe zu verwechseln ist, ist in ihrer rechtstechnischen Ausgestaltung eine für Beschlüsse der HV getroffene Sonderregelung und läßt sich als spezielle handelsrechtliche Regelung nicht im Wege der Analogie auf das Recht des AR, das durch § 28 (1) BGB[11] bürgerlich-rechtlich beeinflußt ist, übertragen[12].

Im Vereinsrecht und damit im Recht des AR sind Beschlüsse, die auch nur gegen nachgiebige Bestimmungen des Gesetzes oder der Satzung verstoßen, nicht etwa anfechtbar, sondern nichtig, sobald sich auch nur ein Befugter auf die Nichtigkeit beruft und damit den Beschluß angreift[13].

Das RG führt noch in seiner Entscheidung vom 9. 10. 1914[14] aus, daß den Mitgliedern rechtsfähiger Personenvereine und Gesellschaften die Anfechtungsklage — das ist hier eine Klage auf Feststellung der Nichtigkeit[15] — gegen gesetz- oder statutenwidrige Beschlüsse der Vereinsorgane in der Rechtsprechung stets zugestanden worden sei und keiner weiteren Begründung bedürfe. Ein Mitglied des Vereinsorgans selbst — hier des AR — kann sich damit erst recht auf die Nichtigkeit eines Beschlusses berufen. *Bei den AR-Beschlüssen ist mithin nicht zwischen Nichtigkeit und Anfechtbarkeit in dem oben dargelegten Sinne zu unterscheiden.*

Ist ein AR-Beschluß gültig, dann ist er es unumstößlich; ist er nichtig, dann bedarf es der bloßen Geltendmachung; ein Zwischenstadium wie bei der Anfechtbarkeit (oben 3) gibt es nicht.

Bei einer Nichtigkeit wegen Verletzung nachgiebiger Gesetzes- oder Satzungsvorschriften muß schon in der Versammlung oder unverzüglich danach ein Widerspruch — das ist die Berufung auf die Nichtigkeit — erhoben werden. Wird ein solcher Wider-

---

[11] § 28 (1) BGB lautet: Besteht der Vorstand aus mehreren Personen, so erfolgt die Beschlußfassung nach den für die Beschlüsse der Mitglieder des Vereins geltenden Vorschriften der §§ 32, 34.

[12] Art. 75 Schweizer ZGB und Art. 23 des italienischen codice civile lassen auch die Anfechtung von Beschlüssen im Vereinsrecht zu.

[13] *Staudinger* 10.Aufl. BGB § 32, 21.

[14] RG 85, 311 ff.

[15] *Staudinger* aaO.

spruch trotz Kenntnis der Umstände nicht erhoben, so dürfte darin eine *Verwirkung des Widerspruchsrechtes* liegen. Dies fordert der Rechtsfriede; das ist für HV-Beschlüsse in § 198 (1) AktG ausdrücklich geregelt und wird auch für Beschlüsse der Gesellschafterversammlung der GmbH anerkannt.

D. Der Nichtbeschluß

Ein AR-Beschluß setzt voraus, daß überhaupt der AR einer AG einen Beschluß gefaßt, nämlich einen zumindest äußerlich als freie Entschließung des AR einer bestimmten AG gekennzeichneten Maßnahme getroffen hat.

I. Hierzu ist zunächst erforderlich, daß eine *Sitzung des AR* (§ 94 (1) S. 2 AktG) stattgefunden hat[16]. Eine Versammlung von Personen, die sich als AR gebärdet, ohne es zu sein (etwa weil die Wahl ungültig war), z. B. weil mehr Mitglieder als die gesetzliche oder satzungsmäßige Höchstzahl (§ 86 AktG) gewählt wurden [16a] oder die AR einer anderen Gesellschaft (z. B. der Holding) ist, ist nicht AR und kann demgemäß keinen AR-Beschluß fassen.

Dies gilt auch von einer *Gruppe von Mitgliedern des AR* einer bestimmten AG, die sich versehentlich oder absichtlich ohne Wissen der anderen Mitglieder des AR zu Sitzung und Beschlußfassung nach interner Einladung zusammenfindet. Wird auch nur ein einziges Mitglied des AR nicht eingeladen, dann handelt es sich nicht um eine AR-Sitzung (vgl. auch unten E I 1). Es gehört zum Wesen eines Kollegiums, daß seinen sämtlichen Mitgliedern Gelegenheit zur Mitwirkung bei der Beschlußfassung gegeben wird. Ohne Rücksicht auf die sog. Ursächlichkeit der Stimmabgabe (unten E I g) kommt auf diese Weise nicht ein Beschluß der Körperschaft des AR, möge er sich auch so nennen, sondern nur ein rechtlich wirkungsloser Beschluß der Gesamtheit der anwesenden AR-Mitglieder, selbst bei genügender Präsens und genügender Stimmenzahl, zustande[17]. Zum Beschluß des AR-Ausschusses siehe unten G.

II. Zu einem AR-Beschluß ist weiter erforderlich, daß in einer Sitzung von AR-Mitgliedern *im Wege der Abstimmung beschlossen* wird. Dabei kommt es nicht darauf an, ob etwa nicht mit der erforderlichen Mehrheit abgestimmt worden ist. Der Abstimmungs-

[16] Vgl. KG in JW 39, 162.
[16a] *Baumbach* § 86, 2. A.; *Schlegelberger-Quassowski* § 86 (6).
[17] RG 66, 371/372.

vorgang in seinen Ja-, Nein- und Enthaltungsstimmen, in seiner allgemeinen willensbestimmten Stellungsnahme zum Gegenstand der Beschlußfassung[18], ist Willensentscheidung und damit Beschluß[19]. Ist überhaupt nicht abgestimmt worden, haben sich alle AR-Mitglieder nicht nur der Stimme, sondern überhaupt der Stellungnahme enthalten, dann liegt kein Beschluß vor. Auch setzt das AktG für den AR eine ausdrückliche Stimmabgabe voraus; eine stillschweigende Beschlußfassung ist damit ausgeschlossen[20]. Ferner ergeht kein Beschluß, wenn die AR-Mitglieder etwa unter absolutem Zwang handeln; denn ein Beschluß, der nicht nur Schein ist, setzt eine zumindest äußerlich freie Willensbetätigung voraus.

E. Der nichtige AR-Beschluß

Ein nichtiger Beschluß ist äußerlich ein Beschluß (Entschließung berechtigter Personen), entbehrt aber, weil er gegen Gesetz oder Satzung verstößt, rechtlicher Folgen, ist mithin zwar tatsächlich, aber rechtlich nicht vorhanden[21]. Die Nichtigkeit eines AR-Beschlusses kann sich ergeben

a) aus seinem Zustandekommen (Beschlußverfahren),

b) aus seinem Inhalt, der auch durch Motive und Zweck bestimmt wird.

I. Mangelhaftes Beschlußverfahren

Der AR hat einen gültigen Beschluß nur dann gefaßt, wenn die Versammlung seiner Mitglieder gehörig berufen, die Sitzung ordnungsgemäß durchgeführt und die Abstimmung einwandfrei erfolgt ist[22].

1. Die Einladung zu einer AR-Sitzung (Berufung) erfolgt durch das nach dem Gesetz, der Satzung oder der Geschäftsordnung zuständige Organ in der jeweils rechten Form. Gesetzlich berufen zur Einladung ist der Vorsitzer des AR kraft seiner Stellung (§ 94 (1) AktG) oder — bei seiner Verhinderung — sein Stellvertreter. Der Vorsitzer des AR kann jedoch diese Befugnis, die auch eine rein technische Obliegenheit zum Inhalt hat, auf den Vorstand übertragen, nachdem er eine Sitzung mit einer be-

[18] *Duden* BB 50, 803.

[19] *Hueck*, Anfechtbarkeit, 52.

[20] BGH 10,194;

[21] Vgl. *Hueck* aaO. 26;

[22] Vgl. KG in DNotZ 40, 319; *Staudinger* § 32 (7).

stimmten Tagesordnung angesetzt hat[23]. Dies ist kein Verstoß gegen § 95 (6) AktG, wonach die AR-Mitglieder ihre Obliegenheiten nicht durch andere Personen ausüben lassen können. Überließe der Vorsitzer des AR hingegen dem Vorstand nicht nur die technische Ausführung der Einladung, sondern auch die sachliche Entschließung über das Abhalten einer AR-Versammlung mit einer bestimmten Tagesordnung selbst, so handelte es sich um die Einladung zu einer Versammlung durch einen Unbefugten; in einer solchen Versammlung kann kein gültiger AR-Beschluß gefaßt werden. § 14 S. 1 der Preußag-Satzung

> „Der Aufsichtsrat wird vom Vorsitzenden oder in dessen Auftrag vom Vorstand ... einberufen"

setzt für den Fall des Auftrags an den Vorstand eine eigene Entschließung des Vorsitzenden des AR voraus. Die Einladung muß an jedes einzelne Mitglied des AR ergehen. Wird auch nur ein Mitglied leichtfertig oder absichtlich nicht eingeladen, dann kommt ein AR-Beschluß in der Sitzung nicht zustande (oben D I).

Natürlich müssen *Ort und Zeit der Versammlung* das Erscheinen der AR-Mitglieder ermöglichen. Wird absichtlich ein ungewöhnlicher oder ungeeigneter Ort oder eine ungewöhnliche und ungeeignete Zeit gewählt und damit das Mitstimmen nicht nur unbequemer AR-Mitglieder verhindert, so kommt es nicht zu einem AR-Beschluß (oben D I), weil die Abgabe der Stimme keinem Mitglied schwerer gemacht werden darf als irgendeinem anderen[24]. Werden sonst die Grenzen der Satzung oder der Geschäftsordnung über Ort und Zeit der Versammlung überschritten oder enthält die Einladung eine entsprechende Bestimmung, die nur schwer durchzuführen ist, so wird man einen gefaßten Beschluß als wirksam ansehen müsse, wenn *alle Mitglieder* des AR *erschienen* sind und sich kein Widerspruch gegen die Beschlußfassung erhoben hat; denn Ort und Zeit einer AR-Versammlung, ob sie nun durch die Satzung, die Geschäftsführung oder durch die Einladung bestimmt werden, interessieren nur die AR-Mitglieder selbst, nicht aber dritte Personen oder gar die Öffentlichkeit[25]. Erhebt sich in einer solchen Versammlung jedoch ein berechtigter Widerspruch, so handelt es sich um eine Berufung auf die Nichtigkeit eines etwa gefaßten Beschlusses, die die Verwirkung (oben C) ausschließt.

---

[23] KG in NotZ 40, 319.
[24] *Schmidt-Meyer-Landrut*, Großkomm. AktG, 2. Aufl.
[25] Vgl. *Staudinger* § 32, 8; KG DNotZ 1940, § 319 (320).

Ist in der Satzung oder der Geschäftsordnung eine *Berufungsfrist* vorgesehen, so führt die Fristversäumung nur dann zu einem gültigen AR-Beschluß, wenn keines der vollzählig erschienenen AR-Mitglieder Widerspruch erhebt[26].

Wird die vorgesehene *Form der Berufung* nicht beachtet, so führt dies zur Nichtigkeit eines in der Versammlung gefaßten Beschlusses. Schreiben die Satzung oder die Geschäftsordnung beispielsweise eingeschriebenen Brief vor, so reicht ein einfacher Brief selbst dann nicht, wenn das einzuladende AR-Mitglied ihn erlangt hat. Im übrigen ist neben der Schriftform, sofern die Satzung oder die Geschäftsordnung das vorsehen, Einberufung des AR durch mündliche, fernmündliche oder drahtliche Mitteilung (vgl. § 14 S. 2 der Preußag-Satzung „nur in dringenden Fällen"; das ist empfehlenswert; auch § 11 (2) der Schieß-Satzung), auch durch Fernschreiben zulässig. Die Einladung ist zweckmäßig an die *letzte bekannte Anschrift* der Mitglieder des AR zu richten (§ 12 S. 2 der Aschinger-Satzung), um eine ordnungsgemäße Berufung des AR zu gewährleisten. Verstöße führen zur Nichtigkeit von Beschlüssen.

2. Die Mitteilung der Tagesordnung („Angabe des Gegenstandes", § 32 I (2) BGB) muß in der Einladung, gleichgültig, in welcher Form sie sich vollzieht, auch in Eilfällen, enthalten sein. Dieser für das Vereinsrecht und für die HV der AG in § 108 (1) AktG geregelte Grundsatz gilt auch für die Mitteilung der Tagesordnung einer AR-Sitzung[27]. Die AR-Mitglieder müssen in die Lage versetzt werden, die Notwendigkeit und Zweckmäßigkeit ihres Erscheinens in der Sitzung pflichtgemäß zu beurteilen und sich auf die zu behandelnden Fragen vorzubereiten[28]. Das Kammergericht[29] schränkt diesen Satz im Zuge der von ihm neuerdings vertretenen entsprechenden Anwendung der §§ 28 (1), 32 BGB dahin ein, daß eine entsprechende Anwendung da ihre Grenze finde, wo sie aufhöre, durch die Bedürfnisse des Aktienrechts erfordert zu werden. Dazu wird u. a. auf die enge Verbindung der Mitglieder des AR verwiesen. Dem ist — abgesehen von der rechtstechnischen Behandlung — entgegenzuhalten, daß § 28 (1) BGB, als sich auf den Vorstand des Vereins beziehend, eine viel engere

[26] Vgl. *Staudinger* § 32, 9; KG „Recht" 06, 1074 Nr. 2472

[27] Vgl. *Schmidt-Meyer-Landrut*, Großkomm. AktG, 2. Aufl.

[28] Vgl. KG in JW 34, 2161; OLG Celle in OLG 3, 430.

[29] DNotZ 40, 319 und oben Fn. 8; *Teichmann-Koehler*, 3. Aufl. AktG § 92, 3.

Bindung der Vorstandsmitglieder voraussetzt, als es beispielsweise in den großen Mitbestimmungs-Aufsichtsräten der Fall sein mag. Gerade hier erscheint es notwendig, die Arbeitnehmervertreter ausführlich mit dem Gegenstand der Verhandlung vertraut zu machen. Verstöße gegen die Pflicht zur Ankündigung der Tagesordnung führen deshalb ausnahmslos zur Nichtigkeit von etwaigen in der Versammlung gefaßten Beschlüssen. Eine Ankündigung von einzelnen Punkten der Tagesordnung „soweit tunlich", wie in § 9 Nr. 4 der Casalla-Satzung genügt deshalb als Voraussetzung zu einer gültigen Beschlußfassung nicht.

Findet im Anschluß an eine ordentliche HV, an der teilzunehmen die AR-Mitglieder berechtigt sind (§ 102 (2) AktG), eine Sitzung des AR statt, in der Beschlüsse gefaßt werden sollen, so bedarf es auch hierzu einer Ankündigung der Tagesordnung. § 10 (2) der Schieß-Satzung, wonach es hier keiner besonderen Einladung bedarf, läßt die Fassung gültiger AR-Beschlüsse in einer solchen Sitzung nicht zu. Heißt es hingegen (wie in § 11 der Satzung der Elektrische Licht- und Kraftanlagen AG), daß der AR alljährlich im Anschluß an eine ordentliche HV in einer Sitzung, zu der es einer besonderen Einladung nicht bedarf, aus seiner Mitte einen Vorsitzer und einen Stellvertreter wählt, so ist die Tagesordnung dieser Sitzung auf die Dauer in zulässiger Weise festgelegt; andere, nicht angekündigte Beschlüsse dürfen aber auch in einer solchen Satzung nicht gefaßt werden.

3. Die Form der Beschlußfassung. Das AktG sieht zwei Formen der Beschlußfassung durch den AR vor: in einer *mündlichen Verhandlung* (Sitzung) oder durch *schriftliche Stimmabgabe* (§ 92 (2) (3) AktG); im letzten Falle jedoch nur dann, wenn kein Mitglied des AR diesem Verfahren widerspricht. Widerspruch eines Mitgliedes macht mithin die „schriftliche" Beschlußfassung unzulässig und einen etwa gefaßten Beschluß nichtig. Auch die Satzung kann nichts anderes bestimmen. Es ist auch möglich, beide Abstimmungsverfahren miteinander zu verbinden. *Telephonische Abstimmung* führt nicht zu einem AR-Beschluß[30], kann auch

---

[30] KG in JW 39, 162 mit zust. Anm. von *Groschuff*; KG in DR 39, 718; KG in DJ 38, 2044; *Herbig* in DJ 38, 2046; *Schmidt/Meyer-Landrut* Groß-komm.AktG, 2.Aufl. § 92, 11; *Schlegelberger-Quassowski* § 92, 33; abweichend: *von Godin* § 92, 6 und DJ 38, 2045; *Hildebrandt* DFG 39, 5 und ZAG 57, 5, der die telefonische Abstimmung als mündliche Abstimmung ansieht, die das Gesetz mit keinem Worte ausschließe.

nicht durch Satzung oder Geschäftsordnung des AR zugelassen werden[31].

Mündliche Beschlüsse eines Kollegiums setzen, wie sich aus §§ 92 II, 94 I AktG folgern läßt, Sitzungen (Versammlungen) mit der Möglichkeit zum Verhandeln, zur Aussprache und zur Stellung von Fragen voraus. Die Möglichkeit des Abhaltens einer mündlichen Verhandlung durch telephonische Konferenzschaltung, verbunden mit Fernsehen, technisch nahe bevorstehend, dürfte hingegen zulässig sein. Statthaft ist des weiteren *telegraphische Abstimmung*[38] und *Abstimmung über Fernschreiber*; beides sind Formen der schriftlichen Stimmabgabe, bei denen sich der Stimmende der Person nach feststellen läßt.

4. Die Beschlußfähigkeit des AR. Von den Mehrheitserfordernissen für eine Entschließung des AR ist seine Beschlußfähigkeit zu unterscheiden. Sie bildet die unumgänglich notwendige Voraussetzung einer jeden Entschließung des AR, die wirksam sein soll, und ist nunmehr nach Bereinigung einer sehr umstrittenen Frage durch das Gesetz vom 15. 7. 1957 — BGBl. I 714 — in § 89 AktG ausdrücklich geregelt. Hiernach ist der AR — mangels besonderer Bestimmung durch die Satzung oder durch das Gesetz — nur beschlußfähig, wenn die Hälfte der satzungs- oder gesetzmäßigen, mindestens aber drei Mitglieder an der Abstimmung teilnehmen. Der Beschlußfähigkeit steht nicht entgegen, daß dem AR weniger Mitglieder als die für seine Zusammensetzung durch Gesetz oder Satzung festgestellte Zahl oder die Anteilseigner- und Arbeitnehmervertreter nicht im vorgeschriebenen Verhältnis angehören. Damit hat sich das Gesetz dafür entschieden, daß auch ein unvollständiger AR wirksam beschließen kann[39]. Verstöße gegen die gesetzmäßige oder satzungsmäßige Mindestzahl der zu einer Beschlußfassung erforderlichen AR-Mitglieder führen zur Nichtigkeit des Beschlusses[40]. Die Satzung kann

---

[31] KG JW 39, 162. [32—37] fehlen.

[38] KG in BankArch. 38, 433; KG JW 38, 1824; betr. Zulässigkeit der telegrafischen Abstimmung im AR einer AG; *Seipp* NJW 54, 1833f.; *Schmidt*, Großkomm. AktG 1939, § 92, 11; *Schlegelberger* § 92, 33. § 11 IV der Schieß-Satzung läßt telegrafische Abstimmung „nur in dringenden Fällen" ausdrücklich zu, wenn nicht ein Mitglied unverzüglich diesem Verfahren widerspricht.

[39] *Unglaube* ZAG 57, 169.

[40] Vgl. BGH 4, 228; *Baumbach*, Aktiengesetz, 10. Aufl. § 89, 2. A. und § 92, 3. A.

nicht bestimmen, daß weniger als drei AR-Mitglieder zu einer Beschlußfassung ausreichen; eine entsprechende Satzungsbestimmung ist ebenso nichtig wie ein Beschluß eines etwa zweiköpfigen AR. Besteht der AR also nur aus drei Mitgliedern, so müssen sie alle an einer Beschlußfassung teilnehmen, wenn es zu einem gültigen Beschluß kommen soll.

5. Fehlende Stimmberechtigung. Ein Aufsichtsratsbeschluß setzt voraus, daß die abstimmenden Teilnehmer der AR-Sitzung stimmberechtigt sind.

a) Nicht stimmberechtigt ist ein Unbefugter, der überhaupt nicht AR-Mitglied ist oder nicht bzw. nicht mehr als solches tätig sein darf, weil sein Mandat ruht[41] oder nach § 87 (1) S. 2 AktG erloschen ist oder weil etwa die Wahl zum AR nicht ordnungsgemäß war[42]. Wird die Wahl eines Aufsichtsratsmitgliedes im Wege der Anfechtungsklage für nichtig erklärt oder hat das Aufsichtsratsmitglied mehr als 10 — ein Bankier mehr als 20 — AR-Sitze (§ 86 (2) S. 2 AktG), so sind die Stimmen der betreffenden AR-Mitglieder, auch wenn sie vor Nichtigkeitserklärung der Wahl abgegeben sind, wie die Stimme eines Unbefugten zu behandeln. Die Stimme eines Unbefugten ist aber rechtlich wirkungslos.

Auch ein Arbeitnehmer aus dem eigenen Betrieb im AR (§ 76 (2) S. 3 BVG), während eines legitimen gewerkschaftlichen Streiks, darf nicht stimmen, weil in dieser Zeit sein Mandat ruht[43]. Das gleiche gilt, wenn ein solcher Arbeitnehmer aus dem Betrieb ausscheidet, z. B. in Pension geht.

b) Nicht stimmberechtigt ist ein AR-Mitglied, wenn der zu fassende Beschluß die Vornahme eines Rechtsgeschäfts mit ihm, auch als Vertreter eines andern, einen ihm für sich selbst oder von ihm als Vertreter für einen Dritten geltend gemachten Anspruch und die Einleitung oder Erledigung eines Rechtsstreits zwischen ihm und der Gesellschaft betrifft. Die §§ 34, 181 BGB, die sachlich dem § 114 V AktG, dem § 43 III GenG und dem § 47 IV GmbHG entsprechen und Ausfluß eines all-

---

[41] BGH 12, 327ff.

[42] *Schmidt/Meyer-Landrut*, Großkomm.AktG § 86 Anm. 11 wollen gleichwohl die Handlungen des AR-Mitgliedes als wirksam ansehen, wofür aber m. E. das Gesetz keinen ausreichenden Anhalt bietet.

[43] OLG München ZAG 57, 15; hierzu *Radke* NJW 56, 1581.

gemeinen Grundsatzes sind, sind nicht nur sinngemäß, sondern unmittelbar anzuwenden[44], wobei § 34 BGB nicht durch die Satzung oder durch die Geschäftsordnung des AR ausgeschlossen werden kann.

§ 40 BGB erklärt den § 28 I BGB und damit den § 34 BGB zwar als abdingbar; aber gerade im AR haben — ähnlich wie im Vereinsvorstand — die einzelnen Stimmen erhöhte Bedeutung etwa gegenüber den Stimmen der Aktionäre in der HV. § 40 BGB schließt daher — sachlich nicht gerechtfertigt — über § 28 I BGB den § 34 BGB zu Unrecht aus[45] und dürfte als gesetzgeberisches Versehen zu werten sein.

Die Vornahme eines Rechtsgeschäfts mit einem AR-Mitglied selbst wird selten in Betracht kommen. Aber die Vorschrift trifft m. E. praktisch vor allem die Fälle, in denen ein AR-Mitglied gleichzeitig gesetzlicher Vertreter des Vertragsgegners der AG ist oder diese beherrscht. Der Vertragsgegner soll, wie das Reichsgericht[46] ausgesprochen hat, nicht Richter in eigener Sache sein[47]. Es dürfen deshalb nicht die gesetzlichen Vertreter des Vertragsgegners im AR mitstimmen, obwohl vom Wortlaut des § 34 BGB dieser Fall nicht gedeckt ist, noch darf mitstimmen ein AR-Mitglied, das den Vertragsgegner der AG wirtschaftlich entscheidend beherrscht, z. B. alleiniger Anteilseigner des Vertragsgegners ist.

Ist beispielsweise dem Vorstand die Ermächtigung erteilt, „das Kapital gegen Geld- und Sacheinlagen bis zur Höhe von *X* DM mit Zustimmung des AR zu erhöhen und das Bezugsrecht der Aktionäre ausgeschlossen", dann übernimmt häufig die Hausbank der Gesellschaft zu einem bestimmten Bezugskurs die neuen Aktien. Die Vorstandsmitglieder der Hausbank, die im AR der ausgebenden Gesellschaft sitzen, dürfen in diesem Falle bei dem Zustimmungsbeschluß des AR nicht mitwirken, vgl. §§ 169 (3), 171 (1) Satz 2 AktG.

Wenn im AR Mitglieder einer Hausbank sitzen und bei einer Aktien- oder Obligationenemission die vom Vorstand verlangte Bankenprovision des übernehmenden Bankenkonsortiums geneh-

---

[44] *Schmidt/Meyer-Landrut*, Großkomm. AktG 1959 A 20, zu § 92; *Baumbach* § 92, 3. B; *Staudinger* § 34, 8; vgl. auch *Mestmäcker* 250; abweichend *Redding*, NJW 56, 48, der § 242 BGB als Anknüpfungspunkt ansieht und § 34 BGB auch nicht sinngemäß anwenden will.

[45] *Staudinger* § 28, 6.

[46] Bd. 146, S. 391.

[47] Vgl. auch *Scholz* 2. Aufl. Anm. 18 zu § 47 GmbHG mit früherer einschränkender Rechtsprechung.

migt wird, an dem die Hausbank beteiligt ist, so ist m. E. ebenfalls das Stimmrecht des betreffenden Bankenvertreters ausgeschlossen[48].

Andere Interessenwiderstreite als die in §§ 34, 181 BGB vorgesehenen hindern hingegen ein Mitstimmen im AR nicht, z. B. Mitstimmen bei eigener Wahl[49].

Die Stimme eines vom Stimmrecht ausgeschlossenen Mitglieds ist rechtlich wirkungslos und damit nichtig.

c) Nicht stimmberechtigt ist ein stellvertretendes AR-Mitglied[50] oder ein Ersatzmitglied des AR, für dessen Tätigkeit die Voraussetzungen (Verhinderung oder Wegfall eines ordentlichen AR-Mitgliedes) fehlen[51]. Solche Stimmen stehen deshalb den Stimmen von Unbefugten gleich. Ähnlich verhält es sich mit der Stimme eines *Bevollmächtigten*, der in eigener Person kraft Vollmacht für ein AR-Mitglied stimmt. Nach § 95 (6) AktG können die AR-Mitglieder ihre Obliegenheiten, also auch ihr Stimmrecht, nicht durch andere ausüben lassen. Nun kann es nach § 93 (3) AktG die Satzung zulassen, daß nicht dem AR angehörende Personen von AR-Mitgliedern schriftlich ermächtigt werden können, an AR-Sitzungen teilzunehmen und *schriftliche Stimmabgaben der AR-Mitglieder* zu überreichen. Hier handelt es sich nicht um die Tätigkeit eines Bevollmächtigetn, sondern um diejenige eines *Boten*, der die schriftlich abgegebene Stimme des AR-Mitgliedes, also eine fremde Stimme, ohne eigene Stellungnahme, auch ohne Recht zu einer eigenen Stellungnahme, überbringt. Die Satzung hat im Rahmen des § 93 (3) AktG einen gewissen Spielraum; sie kann auch bestimmen, daß nur AR-Mitglieder, etwa im Falle der Verhinderung anderer AR-Mitglieder, deren Stimme überbringen dürfen. Beispiel: § 15 II Preußag-Satzung:

„Ein AR-Mitglied, das verhindert ist, an einer AR-Sitzung teilzunehmen, ist berechtigt, seine Stimme durch ein anderes AR-Mitglied zu bestimmten

---

[48] Interessant ist in diesem Zusammenhang die vom Bundesrechnungshof aufgeworfene Frage, ob ein Bundes- oder Länderminister im AR einer bundes- oder ländereigenen AG sitzen darf, deren Prüfung ihm nach § 111 der Reichshaushaltsordnung obliegt, vgl. *Vialon*, Haushaltsrecht, 2. Aufl. Anm. 10 zu § 11 Reichshaushaltsordnung; *Golz*, Öffentliche Verwaltung 1959, S. 757.

[49] Vgl. RG 104, 186.

[50] Vgl. LG Stuttgart NJW 56, 716; auch *Kohler* NJW 55, 205.

[51] *A. M. Schmidt/Meyer-Landrut*, Großkomm. zum AktG Anm. 4 zu § 86.

Tagesordnungspunkten auf Grund einer schriftlich festgelegten Weisung abgegen zu lassen."

Bedenken erregt an dieser Formulierung „seine Stimme ... auf Grund einer schriftlich festgelegten Weisung abgeben zu lassen". Das Gesetz verlangt eindeutig die Überreichung einer schriftlichen Stimmabgabe des nicht erschienenen AR-Mitglieds und nicht etwa eine schriftliche Weisung (gebundene Vollmacht), die durch einen eigenen Willensakt des Boten erst in die Tat umgesetzt wird. Man wird deshalb an der Rechtsgültigkeit der Regelung in der Preußag-Satzung zweifeln müssen. Einwandfrei ist hingegen § 9 Nr. 5 der Casella-Satzung[52]:

„Die Mitglieder des AR können, sofern sie selbst verhindert sind, an der Sitzung teilzunehmen, ihre schriftliche Stimmabgabe durch andere AR-Mitglieder in der AR-Sitzung überreichen lassen. § 93 Abs. 3 AktG bleibt unberührt."

d) Nicht stimmberechtigt sind Mitglieder des AR, die geschäftsunfähig oder beschränkt geschäftsfähig sind. Solche Stimmen stehen denen von Unbefugten gleich.

e) Stimmbindungsverträge von AR-Mitgliedern — die obligatorische Verpflichtung, im AR in einer bestimmten Weise abzustimmen — sind mit der Stellung eines AR-Mitglieds schlechthin nicht vereinbar. In einem Ausschuß des „Bundesverbandes des privaten Bankgewerbes" ist kürzlich im Hinblick auf die Aufnahme von Schuldscheindarlehen u. a. folgender Antrag gestellt worden:

„Die dem Bundesverband des privaten Bankgewerbes (e. V.) angeschlossenen Institute sollen gebeten werden, die bindenden Erklärung abzugeben, ... in den Aufsichtsräten, in denen sie durch ihre Vorstandsmitglieder oder Teilhaber vertreten sind, gegen die Aufnahme derartiger Schuldscheindarlehen zu stimmen und dies zu Protokoll zu geben."

Eine solche Vereinbarung wäre Grundlage für einen gröblichen Mißbrauch des AR-Mandats; denn der AR soll unabhängig von außenstehenden Personen und Institutionen entscheiden. Diese Entscheidungsfreiheit sichert das Gesetz z. B. dadurch, daß es eine Vorstandswahl nur auf fünf Jahre zuläßt (§ 75 I 1 AktG), damit der AR alle fünf Jahre veranlaßt wird, „sich in einer verantwortlichen Beratung über die Weiterbeschäftigung des Vorstandes schlüssig zu werden"[53]; weiter dadurch, daß eine Person

[52] Ähnlich § 10/IV Satzung der *Busch-Jäger*-Dürener Metallw.
[53] BGH 10, 187/195.

nicht mehr als zehn AR-Sitze, Bankiers nicht mehr als 20 AR-Sitze[54], innehaben dürfen (§ 86 (2) AktG), was außergesellschaftliche Einflüsse und Vereinheitlichungen verhindern soll. Der AR hat kraft seiner Funktion die Interessen der Anteilseigner und Arbeitnehmer gegenüber dem verwaltenden Vorstand zu wahren; um diese Aufgaben *unabhängig* erfüllen zu können, dürfen seine Mitglieder auch nicht Mitglieder des Vorstandes sein (§ 90 (1) AktG)[55]. Aus §§ 95 (6), 93 (3) AktG folgt weiter, daß ein AR-Mitglied sein Stimmrecht nur persönlich und nicht durch andere ausüben lassen kann.

f) Stimmabgabe nach Weisung. Wenn die Ausübung eines Stimmrechts nicht an einen anderen übertragen werden kann, ist auch eine Verpflichtung nicht möglich, nach fremder Weisung zu stimmen. Dies wäre eine Umgehung der strengen gesetzlichen Regelung des § 95 (6) AktG und des § 86 (6) AktG, nähme den AR-Mitgliedern ihre Unabhängigkeit und Eigenverantwortlichkeit und begründete u. U. ihre Haftung aus §§ 99, 101 (2) AktG.

aa) In *Ergebnisübernahmeverträgen* findet sich häufig eine Klausel etwa folgenden Inhalts[56]:

„*Erin* handelt von Beginn ihrer Geschäftstätigkeit ab ausschließlich nach dem einheitlichen Willen von *Gelsenkirchener Bergwerks AG* und *August Thyssen-Hütte*".

Diese aus steuerlichen Gründen eingeführte Klausel (Eingliederung einer Tochtergesellschaft auf organisatorischem Gebiet) ist m. E. *aktienrechtlich* unwirksam. Der AR der Tochtergesellschaft — im vorliegenden Falle *Erin Bergbau AG* — kann aktienrechtlich nicht den Weisungen der beiden Muttergesellschaften unterworfen werden. Ein auf Weisung der Muttergesellschaften gefaßter Beschluß, z. B. auf Bestellung eines bestimmten Herrn zum Vorstandsmitglied, wäre nichtig[57].

bb) Gleiches gilt für die *Arbeitnehmer im AR*; weder ihr Arbeitgeber noch die Gewerkschaft haben ein Recht, auf ihre Tätigkeit

---

[54] § 18 Erste AktG DVO.

[55] *Mestmäcker* 80, 89.

[56] Vgl. Ergebnisübernahmevertrag zwischen *August-Thyssen-Hütte*, *Gelsenkirchener Bergwerks AG* und *Erin-Bergbau-AG*.

[57] Im Rahmen des Mitbestimmungsrechts haben bereits *Müller-Lehmann*, Komm. zum Mitbestimmungsrechtsgesetz Bergbau und Eisen Anm. 24 zu § 21 Mitbestimmungsges. darauf hingewiesen, daß der steuerliche Begriff der Unterordnung im Rahmen des Organverhältnisses bei Unternehmen des Eisen- und Kohlenbergbaues nicht mehr voll erfüllt werden kann.

im AR Einfluß zu nehmen und sie zu veranlassen, in einem bestimmten Sinne zu stimmen[58].

Stimmt ein AR-Mitglied auf Grund einer solchen unzulässigen Weisung, dann beeinträchtigt das die Rechtsgültigkeit seiner Stimme. Dies führt zu Nichtigkeit der Stimme.

g) Folgen des Mitstimmens eines Nichtberechtigten. Allen Fällen des Mitstimmens eines Unbefugten ist es gemeinsam, daß sie jeweils zunächst nur eine einzelne Stimmabgabe betreffen. Es ist nun nicht so, daß die Stimme des Nichtberechtigten einfach nicht beachtet wird und man im übrigen den Beschluß isoliert betrachtet; dies widerspräche dem Abstimmungsergebnis als Gesamtakt. Obzwar die nichtige Stimme nicht mitzählt, hat sich für diese Fälle allgemein der Grundsatz herausgebildet, daß die fehlende Stimmberechtigung einen gefaßten Beschluß nicht ungültig macht, wenn die Stimme des Nichtberechtigten für das Ergebnis nicht in Betracht kommt, also die vorgeschriebene Mehrheit auch ohne diese Stimme erreicht worden wäre, der Nichtberechtigte mithin anders als die befugten Mitglieder gestimmt hat oder ein Routinebeschluß gefaßt worden ist, an dessen Notwendigkeit und Zweckmäßigkeit kein ernstlicher Zweifel bestehen konnte, sog. *fehlende Ursächlichkeit,* der Beschluß also nicht auf dem Mangel beruht[59]. Nach diesem Grundsatz tritt jedenfalls Nichtigkeit des gefaßten Beschlusses dann ein, wenn die Stimme des Nichtberechtigten den Ausschlag geben hat, also eine Mehrheit sonst nicht erreicht worden wäre, oder auch, wenn beispielsweise im Falle des § 34 BGB der Beschluß zugunsten des rechtswidrig mitstimmenden AR-Mitglieds ausfiel[60]. In der neueren Rechtsentwicklung[61] ist dieser Grundsatz — ausdrücklich für den Fall des Mitstimmens fremder Personen im AR oder eines AR-Mitglieds, das zur Ausübung seines Amtes nicht befugt war — dahin modifiziert worden, daß der Beschluß durch das Mitstimmen des Nichtberechtigten nicht etwa nur durch dessen bloße Stimmabgabe herbeigeführt sein kann (Mehrheit gerade durch diese Stimme), sondern auch dadurch, daß die Stimmabgabe der stimmberechtigten AR-Mitglieder für sich schon eine Mehrheit erreicht, aber

[58] Vgl. BAG in NJW 58, 38.
[59] RG std. Rspr. u. a. RG 108, 325; 110, 197.
[60] Vgl. *Staudinger* 10. Aufl. § 34, 6.
[61] BGH 12, 327ff.

durch das Mitstimmen des Unbefugten in sonstiger Weise beeinflußt worden ist. Diese durchaus zu billigende Erweiterung der Ursächlichkeit der Stimmabgabe des Nichtberechtigten läßt sich ganz allgemein für alle Fälle des Mitstimmens eines Nichtberechtigten verwerten; sie bedeutet (BGH a. a. O.):

„Es liegt im Wesen einer gemeinschaftlichen Willensbildung mehrerer Personen, daß sich in der Regel die Willensbildungen der einzelnen Teilnehmer — je nach der Persönlichkeit in mehr oder minder starkem Umfang — wechselseitig zu beeinflussen pflegen.“

Dies gilt in besonders starkem Maße beim AR, bei dem die Beschlußfassung in einem kleinen Gremium auf Grund mündlicher Beratung und Aussprache erfolgt. Ist es deshalb dem Nichtberechtigten gelungen, die Mehrheit der übrigen (befugten) Mitglieder des AR zu einer Stimmabgabe in bestimmter Richtung zu bewegen, so ist der gefaßte Beschluß nichtig, weil er (auch) auf dem Mitstimmen des Nichtberechtigten beruht.

6. Anfechtung der Stimmabgabe. Von der Stimmabgabe eines Nichtberechtigten, die stets nichtig ist, ist die Stimmabgabe eines befugten AR-Mitgliedes zu unterscheiden, die von dem AR-Mitglied wegen Irrtums oder arglistiger Täuschung nach §§ 119, 123 BGB angefochten worden ist. Die Stimmabgabe im AR, rechtlich nicht anders zu beurteilen als die Stimmabgabe in den übrigen privatrechtlichen Kollegien, deren Anfechtung anerkannt ist[62], kann als Willenserklärung wirksam mit der Folge ihrer Nichtigkeit angefochten werden. In einem solchen Falle wirkt sich die Nichtigkeit der Stimmabgabe genauso aus als habe ein Nichtberechtigter gestimmt, und es ist auch hier stets zu fragen, ob der gefaßte Beschluß durch die „vernichtete Stimme“ herbeigeführt oder beeinflußt worden ist. Es bestehen keine Bedenken, den oben dargelegten erweiterten Grundsatz der Ursächlichkeit auch hier anzuwenden. Hat z. B. das irrende oder getäuschte AR-Mitglied die anderen AR-Mitglieder bewogen, in einem bestimmten Sinne zu stimmen, so ist der gesamte Beschluß in jedem Falle nichtig, wenn der Irrende oder Getäuschte seine Stimme wirksam anficht, auch wenn mit den Stimmen der anderen Mitglieder schon eine Mehrheit erreicht war. Die *Anfechtungserklärung* ist an den Vorsitzer des AR als Versammlungsleiter zu richten. Das AR-Mitglied, das noch in der Sitzung seinen Irrtum

[62] BGH LM 197 AktG Nr. 1; RG 115, 385; 142, 123; *Staudinger* § 32, 22b; *Hueck* 119; *Küster* 72.

oder die Täuschung bemerkt, ist im Interesse der Gesellschaft zu sofortiger Anfechtung verpflichtet; eine spätere Anfechtung wird man im Interesse der Gesellschaft und der Klarheit der Rechtslage nur so lange noch als zulässig erachten können, als der AR-Beschluß noch nicht ausgeführt ist[63].

In den Zusammenhang der Fehler bei der Stimmabgabe gehört auch der Fall, daß sich ein AR-Mitglied *irrtümlich für nicht stimmberechtigt* hält (weil er sich etwa als Partei nach § 34 BGB ansieht) oder von dem AR-Vorsitzer bzw. den übrigen AR-Mitgliedern für nicht stimmberechtigt gehalten wird und deshalb bei einer Beschlußfassung nicht mitwirkt. Hier spielt die Frage nach der Ursächlichkeit überhaupt keine Rolle; ein etwa gefaßter Beschluß ist kein AR-Beschluß, weil nicht der AR, wie es erforderlich ist, sondern lediglich eine Mehrzahl von AR-Mitgliedern beschlossen hat. Der tatsächlich gefaßte Beschluß hat selbst bei genügender Präsens und genügender Stimmenzahl nicht die Eigenschaft eines AR-Beschlusses (oben D).

7. Mangelnde Aufklärungsbeschlüsse des AR als Nichtigkeitsgrund für Sachbeschlüsse. Die sachgerechte Ausübung des Stimmrechts in einem Kollegium bringt das Recht des Mitglieds mit sich, sich vor der Stimmabgabe durch *Fragen* zu unterrichten, *Auskunft* zu verlangen und eine *Aussprache* mit den anderen Mitgliedern zu pflegen[64]. Ein ordnungsmäßiger AR-Beschluß setzt voraus, daß den AR-Mitgliedern, insbesondere der Minderheit, diese Rechte nicht unzulässig beschnitten werden.

a) Der Inhalt dieses Frage- und Auskunftsrechtes läßt sich von der Funktion des AR als überwachendes Organ (§ 95 (1) AktG) her bestimmen. Eine Überwachung schließt die Prüfung in sich, ob die Geschäftsführung des Vorstandes wirtschaftlich und zweckmäßig ist. Eine solche Prüfung setzt voraus, daß der AR die Geschäftspolitik im ganzen zuverlässig kennt. Die AR-Mitglieder müssen deshalb mit der Unternehmensführung eng vertraut sein. Ihr Recht, vom Vorstand einen Bericht über die Angelegenheiten der Gesellschaft einschließlich ihrer Beziehungen zu einem Konzernunternehmen zu verlangen (§ 95 (1) S. 2 AktG), reicht hierzu nicht aus[65]. Das Informationsrecht des einzelnen

---

[63] *Staudinger* § 32, 22b.
[64] *Staudinger* § 32, 18;
[65] *Mestmäcker* 88.

AR-Mitgliedes ist in § 95 (2) (3) AktG erheblich eingeschränkt; lediglich der AR, also das Kollegium mit Mehrheitsbeschluß, kann einen Bericht verlangen, die Bücher und Schriften der Gesellschaft einsehen; ein von einem einzelnen AR-Mitglied verlangter Bericht ist dem AR, dem Kollegium zu erstatten; ein Recht des Einzelmitglieds — ohne Auftrag durch den AR — zur Einsicht in die Bücher und Unterlagen der Gesellschaft besteht nicht.

Zu unterscheiden von diesen Unterlagen, die den Geschäftsbetrieb der Gesellschaft angehen, sind die *Unterlagen der inneren Verwaltung des AR*, also die Protokolle über die AR-Sitzungen (§ 92 [2] AktG) nebst ihren Anlagen. Diese Unterlagen unterliegen überhaupt nicht der Verfügung des Vorstandes nach § 95 (1) AktG; sie dürfen ohne weiteres von jedem Mitglied des AR eingesehen werden. Dies gilt auch von den Protokollen über die Sitzungen früherer Aufsichtsräte und insbesondere auch von den Protokollen über Ausschußsitzungen [65a].

Nach § 139 (2) AktG ist dem Vorstand und dem AR ein *Wirtschaftsprüferbericht* vorzulegen, den in Erweiterung des § 95 (1) AktG auch die einzelnen AR-Mitglieder einsehen dürfen[66]. Auf Verlangen ist ihnen aber auch eine *Abschrift* des Berichts auszuhändigen; denn bei einer etwaigen Regreßklage nach §§ 99, 84 (2) S. 2 AktG ist eine solche Abschrift zum Nachweis der Sorgfalt eines ordentlichen und gewissenhaften Geschäftsmannes erforderlich. Auch läßt sich eine pflichtmäßige Überprüfung des Berichts nicht durch bloße Einsicht ausführen.

b) Wenn nun die zu einer Urteilsbildung erforderlichen Unterlagen dem einzelnen AR-Mitglied nicht vorliegen, kann dieses nach § 95 (1) AktG beim AR beantragen, daß die entsprechenden Unterlagen sämtlichen AR-Mitgliedern vorgelegt, evtl. die erforderlichen Ermittlungen von einzelnen AR-Mitgliedern oder Wirtschaftsprüfern oder anderen Sachverständigen angestellt werden. Wird ein solcher Antrag abgelehnt und ist dadurch das betreffende AR-Mitglied nicht in der Lage, seine Stimme sachgerecht abzugeben, so ist der AR-Beschluß, der in der Sache selbst ergeht, nichtig.

aa) Bei der Beschlußfassung über den Bericht des AR (§§ 96, 125 (5) S. 2 AktG) an die HV hat der AR zu prüfen, ob die gesamten Bezüge des Vorstandes im Geschäftsbericht (§ 128 Ziff. 7 AktG) richtig angegeben sind. Hierbei sind nicht nur die Bar-

---

[65a] Niederschriften von AR-Sitzungen sind nach Auffassung der Finanzverwaltungen der Länder den Betriebsprüfern auf Verlangen zur Einsicht vorzulegen; BdF-Erlaß v. 10. 6. 1959, DIE AKTIENGESELLSCHAFT 1959 S. 290.

[66] *Baumbach* § 139, 2; *Schmidt* in Großkomm. § 139, 5; *Schlegelberger-Quassowski* § 139, 6.

bezüge und die für das betreffende Geschäftsjahr gemachten anteiligen Pensionsrückstellungen[67], sondern auch der Wert der Sachbezüge, z. B. der Wohnung, der Kohlendeputate, Zurverfügungstellung eines Wagens für die Ehefrau usw. anzugeben. Hat der AR eine Pauschalabrechnung von Reisespesen und Bewirtungsspesen zugelassen, so ist auch dies im Geschäftsbericht anzugeben, weil in diesem alle Nebenleistungen jeder Art aufzuführen sind. Das einzelne Aufsichtsratsmitglied kann im AR die Vorlage der hierfür erforderlichen Unterlagen einschließlich der Abmachung mit dem Vorstandsmitglied verlangen, und wenn dem Verlangen nicht entsprochen wird, liegt eine mangelnde Aufklärung vor, die den gefaßten Sachbeschluß nichtig macht.

bb) Sollen die Anteile einer Tochtergesellschaft verkauft werden, so sind die Umsätze, die Betriebsabrechnungsbogen, die Kostennachkalkulation, die Vermögensteuererklärungen und -veranlagungen, die Körperschaftsteuererklärungen und -veranlagungen vom AR auf Verlangen eines AR-Mitgliedes durch Beschluß anzufordern, denn nur wenn das einzelne AR-Mitglied diese Unterlagen kennt, kann es sich über die Angemessenheit des erzielten Preises für die Anteile der Tochtergesellschaft ein Bild machen.

cc) Kürzlich wurde in der HV der *Deutschen Eisenhandel* AG[68] erklärt, daß AR-Mitglieder, die die Großaktionäre *Flick-Gruppe*, *Salzgitter-Konzern* und *Ilseder Hütte* vertreten, auf Grund einer seit 1929 bestehenden Vertragsklausel keine Einzelergebnisse der Konzerngesellschaften vorgelegt erhalten dürften. Das ist dort eingeführt worden, weil diese Großaktionäre selbst eigene Eisenhandel-Gewerkschaften haben, die im Wettbewerb mit der *Deutschen Eisenhandel AG* stehen.

Mir erscheint es bedenklich, daß auf diese Weise die AR-Mitglieder, die ja auch die Interessen der freien Aktionäre wahrzunehmen haben, keinen vollen Einblick in die Geschäfte des Unternehmens erlangen können. M. E. kann jedes AR-Mitglied verlangen, daß der AR diese Ergebnisse, z. B. bei der Beschlußfassung über den Jahresabschluß, sich vorlegen läßt, und durch „vertragliche Vereinbarungen", ja nicht einmal durch eine Satzungsbe-

---

[67] Vgl. *Meilicke*, „Das Minderheitenproblem im Aktienrecht" in „Dynamische Betriebsführung" Deutscher Betriebswirte-Verlag GmbH 1959, S. 218.

[68] Frankfurter Allgemeine Zeitung vom 30. September 1959, Nr. 226.

stimmung kann dieses Aufsichtsrecht dem eine entsprechende Überwachungspflicht gegenübersteht, abbedungen werden. Die hier bestehende Interessenkollision läßt sich nur durch Zwischenschaltung von neutralen AR-Mitgliedern (Rechtsanwälten, Notaren, Wirtschaftsprüfern, Bankiers) aus der Welt schaffen.

c) Die AR-Sitzungen müssen ferner eine ordnungsgemäße Diskussion gewährleisten. Es hat auf Verlangen jedes einzelnen AR-Mitgliedes eine Aussprache stattzufinden.

Der Vorsitzende erteilt das Wort, die Reihenfolge der Redner wird er bestimmen können[69], aber grundsätzlich das Wort in der Reihenfolge zu erteilen haben, in der Wortmeldungen eingehen. Zur Geschäftsordnung wird außerhalb der Reihe das Wort zu erteilen sein. Die Rede darf grundsätzlich nicht zeitlich beschränkt werden. Der Vorsitzer kann AR-Mitglieder, wenn sie vom Verhandlungsgegenstand abschweifen, zur Sache verweisen[70], er wird auch die Art der Abstimmung bestimmen können.

Ein Antrag auf Schluß der Debatte darf nur gestellt werden, wenn der Verhandlungsgegenstand erschöpft ist.

Wird eine sachgerechte Erörterung unmöglich gemacht und erhebt ein AR-Mitglied nach Überstimmen zur Sache Widerspruch, so wird der Sachbeschluß nichtig sein (oben C). Ob der AR-Vorsitzer ein Mitglied wegen gröblicher Verstöße gegen die Ordnung aus dem Saal verweisen kann[71], erscheint zweifelhaft. Wer jedenfalls auf eine mangelhafte Verhandlung die Nichtigkeit eines AR-Beschlusses gründen will, muß die Nichtigkeit gegen den Sachbeschluß geltend machen (oben A), und eine Rüge sollte zur Vermeidung einer Verwirkung sofort in der Sitzung oder unmittelbar im Anschluß an die Sitzung schriftlich erhoben werden.

II. Der Inhalt des AR-Beschlusses verletzt Gesetz oder Satzung

Ergaben sich die bisherigen Erörterungen aus Fehlern im Beschlußverfahren (Zustandekommen des Beschlusses), so kann ein AR-Beschluß auch nichtig sein, wenn er ordnungsgemäß zustande

[69] § 33 der Geschäftsordnung des Deutschen Bundestages.
[70] § 40 der Geschäftsordnung des Deutschen Bundestages.
[71] § 42 der Geschäftsordnung des Deutschen Bundestages.

gekommen ist, aber durch seinen Inhalt, der auch durch Motive und Zweck bestimmt sein kann, mit zwingenden Gesetzes- oder Satzungsbestimmungen in Widerspruch steht[72].

1. Fehlende Zuständigkeit des AR. Das AktG weist dem AR ganz bestimmte Befugnisse zu, die im einzelnen aufgezählt sind (oben A.) und die, von wenigen Ausnahmen abgesehen, das innere Leben der Gesellschaft betreffen. Darüber hinaus kann die Satzung dem AR noch Aufgaben zuweisen, soweit sie sich mit dessen Überwachungspflicht vereinbaren lassen. Beschlüsse, die diese Kompetenz des AR überschreiten, sind nichtig.

a) Gibt der *AR dem Vorstand Weisungen*, selbst wenn die Geschäftsführung des Vorstandes mit Recht zu beanstanden ist, so ist der „Weisungsbeschluß" nichtig und hat keinerlei Wirkungen, weil der AR nach dem Gesetz keine Weisungsbefugnis an dem Vorstand hat. Auch die Satzung kann dem AR eine solche Befugnis nicht einräumen[73], weil sonst die Eigenverantwortlichkeit des Vorstandes aufgehoben würde.

b) Stimmt der AR *Geschäften des Vorstands* zu, zu deren Vornahme dieser nicht berechtigt ist, dann ist der AR auch zur Abgabe einer Zustimmung nicht zuständig, ja, er darf noch nicht einmal zustimmen, wenn er seine Sorgfaltspflichten nicht verletzen will. Kann beispielsweise die Satzung dem Bundesrechnungshof Einsichts- und Prüfungsrechte bei einer Gesellschaft mit Mehrheitsbeteiligung des Bundes (vgl. §§ 48, 113 Reichshaushaltsordnung) gewähren und fehlt im konkreten Falle eine solche Satzungsvorschrift (Zuständigkeit der HV!), dann kann nicht etwa der Vorstand mit Zustimmung des AR solche Rechte gewähren; denn Vorstand und AR können keine gesellschaftsrechtlichen Rechte begründen, die nach § 19 (1) AktG der HV im Wege der Satzungsänderung vorbehalten sind.

c) Unzulässige automatische Verlängerungsklausel bei Vorstandsbestellungen. Ein Vorstandsmitglied darf nur auf die Dauer von 5 Jahren bestellt werden, § 25 (1) S. 1 AktG. Eine Klausel, daß sich der Anstellungsvertrag um jeweils 5 Jahre verlängert, es sei denn, daß er von dem Mitglied oder der AG mindestens 6 Monate vor Ablauf gekündigt wird, ist unzulässig[74]. In-

---

[72] Vgl. *Hueck* 70; *Staudinger* § 32, 21.

[73] *Baumbach* § 86, 1; *Mestmäcker* 80 oben und 88; *Schlegelberger-Quassowski* § 95, 4; abweichend *von Godin-Wilhelmi* § 95, 1.

[74] BGH 10, S. 195.

folgedessen ist ein AR-Beschluß, der eine solche automatische Verlängerungsklausel genehmigt, ebenfalls unzulässig, weil sie dazu führen würde, daß der AR vor Ablauf der 5-Jahresfrist die erforderliche verantwortliche Entscheidung nicht zu treffen braucht.

d) Die Übertragung der Befugnis an den AR zur Festsetzung von Bezügen. Dem AR kann m. E. nicht die Befugnis übertragen werden, die Bezüge seiner Mitglieder festzusetzen. Die mir vorliegende Satzung einer deutschen AG enthält folgende Bestimmung:

„Übernehmen Mitglieder des Aufsichtsrats in dieser Eigenschaft eine außerordentliche Tätigkeit im Interesse der Gesellschaft, so kann ihnen hierfür durch Beschluß des AR eine besondere Vergütung bewilligt werden."

Diese Bestimmung erscheint mir unzulässig. Wenn ein AR-Mitglied eine besondere Tätigkeit in seiner Eigenschaft als AR-Mitglied entfaltet, so kann die Vergütung durch die HV oder durch Satzungsbestimmungen festgelegt werden. Eine Übertragung der Festsetzung an den AR halte ich für unzulässig. Im Schrifttum[75] wird die Zulässigkeit einer solchen Satzungsbestimmung aus einer Entscheidung des Reichsgerichts[76] hergeleitet. Diese zum HGB ergangene Entscheidung hat aber eine derartige Bestimmung keineswegs als zulässig erachtet, sondern den AR-Beschluß auf Sondervergütung schon deshalb, weil überhaupt keine Sonderarbeit geleistet worden war, als unzulässig behandelt. Bei einem Aktienkapital von 60 000,— RM und Handelsunkosten von 10 025,— RM betrugen die AR-Bezüge 10 450,— RM! Die Gewährung von AR-Vergütungen durch den AR an eines seiner Mitglieder erscheint mir deshalb unwirksam, weil hierfür allein die Zuständigkeit der HV gegeben ist.

2. Unzulässige Bestellung von AR-Mitgliedern zu Vorstandsmitgliedern. AR-Mitglieder können — außer für einen begrenzten Zeitraum (§ 90, 2 AktG) — nicht zu Vorstandsmitgliedern bestellt werden. Wird gleichwohl ein AR-Mitglied zum Vorstand bestellt, dann ist nicht nur die Bestellung als solche[77], sondern auch der entsprechende AR-Beschluß (§ 75 AktG) wegen Gesetzesverletzung nichtig.

---

[75] Vgl. *Schmidt/Meyer-Landrut*, Großkomm.AktG 1959, Anm. 18 zu § 98.
[76] Vgl. JW 1932, 721.
[77] Vgl. *Baumbach* § 90, 2.

3. Sondervorteile an einige Aktionäre. Der AR darf keine Genehmigung zu Geschäften erteilen, durch die gesellschaftsfremde Sondervorteile zum Schaden der Gesellschaft oder ihrer Aktionäre einem Dritten zugewendet werden.

Wie in dem Fall *Minimax AG*[78] entschieden ist, darf der Vorstand die Ermächtigung zur Ausgabe neuer Aktien nicht zum Schaden der Gesellschaft mißbrauchen und nicht Aktien zu einem besonders günstigen Bezugskurs an ihm genehme Erwerber abgeben. Ein AR-Beschluß, der auf Grund des § 171 (1) S. 2 AktG einem solchen unzulässigen Kapitalerhöhungsbeschluß des Vorstandes zustimmt, ist unwirksam.

4. Verdeckte Vorteilsgewährungen an Aktionäre. Nichtig sind auch Beschlüsse des Aufsichtsrats, durch die Sonderzuwendungen an einzelne Aktionäre genehmigt werden, selbst wenn ein Schaden für die Gesellschaft sich nicht nachweisen läßt.

Vor einiger Zeit erwarb die Deutsche Bank aus der Hand des Hamburger Reeders *Schuchmann* ein Paket von *Hapag*-Aktien. Hierüber berichtete *Das Wertpapier* 1958 S. 550 wie folgt:

„Da *Schuchmann* die Aktien zum Teil auf Kredit erworben hat und sein Geld zur Erlangung der Hapag-Majorität für einen großen Zeitraum zinslos anlegen mußte (die Hapag zahlte bisher keine Dividende), dürfte der Gewinn, den *Schuchmann* erzielen konnte, nicht erheblich gewesen sein. Er hat deshalb auch Zugeständnisse gefordert und erhalten, die der Bugsierreederei- und Bergungs-AG zugute kommen werden, deren Anteile sich im Besitz der Familie *Schuchmann* befinden. Von der Hapag-Tochtergesellschaft Lütgen & Reimers übernahm er den Schleppbetrieb und vergrößerte damit seinen Anteil am Hamburger Schleppergeschäft auf 55%. Ferner kam es mit der Hapag zum Abschluß langfristiger Charterverträge für die von *Schuchmann* auf Rechnung der Bugsierreederei gebauten Schiffe."

Hätte der AR der Hapag einen Beschluß gefaßt, dieses zu genehmigen, so wäre dieser Beschluß m. E. nichtig gewesen. Die Gesellschaft darf nicht bei Aktientransaktionen zwischen ihren Aktionären dem Veräußerer oder dem Erwerber irgendwelche Sonderzuwendungen gewähren, selbst wenn die Gegenleistung angemessen gewesen sein sollte. Aktiengeschäfte zwischen Aktionären dürfen nicht mit Geschäften zwischen der Gesellschaft und dem abgebenden oder veräußernden Aktionär gekoppelt werden. Dadurch werden Sondervorteile an einen bestimmten Aktionär unter Bevorzugung gegenüber den anderen Aktionären gewährt. AR-Be-

[78] BGH Bd. 21, S. 354 (357).

schlüsse, die das genehmigen, sind nichtig. Das läuft auf die Schaffung eines Sonderrechts für den betreffenden Aktionär hinaus und verletzt den Grundsatz der gleichmäßigen Behandlung aller Aktionäre.

Auch anläßlich von *Restitutionsvergleichen* dürfen an Aktionäre, die seinerzeit im Zuge der Arisierung Aktien aus jüdischer Hand erworben haben, keine Sonderzuwendungen aus dem Geschäftsvermögen gemacht werden[79]. AR-Beschlüsse, die dies genehmigen, sind unwirksam.

In der Praxis wird das damit begründet, daß solche Zuwendungen auch im Interesse der Gesellschaft liegen. So wurde bei einem Restitutionsvergleich der Aktionäre eine Zuwendung der AG an die arisierenden Aktionäre damit begründet, daß dadurch die Aktien wieder an der Börse handlungsfähig wurden, die Emissionsfähigkeit der Gesellschaft wieder hergestellt wurde. M. E. sind solche Sonderzuwendungen an einzelne Aktionäre, auch wenn sie gleichzeitig im Interesse der Gesellschaft liegen sollten, grundsätzlich nicht zulässig, weil der Grundsatz der gleichen Behandlung aller Aktionäre verletzt wird. Würde man es genügen lassen, daß *auch* ein Gesellschaftsinteresse vorliegt, so würden z. B. bei einem Zusammenbruch eines Großaktionärs Beträge zur Stützung des Großaktionärs von der AG aufgewendet werden können, weil sonst die Kreditfähigkeit der AG leiden würde.

AR-Beschlüsse, die solche Sonderzuwendungen an einzelne Aktionäre genehmigen, sind m. E. nichtig.

5. Verteilung der AR-Tantieme. In zahlreichen Satzungen deutscher AG finden sich etwa folgende Bestimmungen:

„Die Mitglieder des AR erhalten neben dem Ersatz ihrer baren Auslagen eine über Unkostenkonto zu verbuchende Vergütung von .... DM. Über die Verteilung dieses Betrages unter seinen Mitgliedern beschließt der Aufsichtsrat.“

Der Verteilungsbeschluß muß alle Mitglieder gleich behandeln, es können z. B. nicht geringere Vergütungen für die Arbeitnehmervertreter als für die Arbeitgebervertreter vorgesehen werden[80]. Zulässig ist es nur, für den AR-Vorsitzer und seinen Stellvertreter eine höhere Vergütung vorzusehen.

---

79 *Der Betrieb* 1957, S. 1085, Nr. 45.

80 Vgl. *Schmidt/Meyer-Landrut*, Großkomm. AktG Anm. 6 zu § 98.

Werden die übrigen AR-Mitglieder ungleich behandelt, so ist der AR-Beschluß wegen Verstoßes gegen den Gleichheitsgrundsatz nichtig.

6. Genehmigung von Beiträgen an politische Parteien. AR-Beschlüsse, die Zuwendungen an politische Parteien genehmigen, sind m. E. nichtig, weil die Gesellschaft grundsätzlich keine Befugnis hat, Gewinne zu Zuwendungen an politische Parteien zu verwenden[81].

7. Nachträgliche Zustimmung für genehmigungsbedürftige Geschäfte des Vorstandes durch den AR. Gewisse Geschäfte des Vorstandes sind zustimmungsbedürftig. So dürfen Vorstandsmitglieder nicht als PHG einer anderen Handelsgesellschaft ohne Einwilligung des AR (Einwilligung = vorherige Zustimmung im Sinne von § 183 BGB) tätig sein. Verletzen sie diese Obliegenheit, so werden sie schadensersatzpflichtig[82].

Beispiel: Ein Vorstandsmitglied, das in einem Unternehmen der Nahrungsmittelindustrie tätig ist, ist PHG eines Handelsgeschäftes in Stahlerzeugnissen.

Der AR kann nicht nachträglich die Genehmigung mit Wirkung für die Vergangenheit erteilen. Ein solcher Beschluß würde nichtig sein; denn er liefe entgegen § 84 (4) AktG darauf hinaus, daß auf Schadensersatzansprüche verzichtet würde.

Wenn die Satzung oder ein AR-Beschluß bestimmte Arten von Geschäften von seiner Zustimmung abhängig gemacht hat (§ 95 (5) S. 2 AktG) und der Vorstand nicht vor Abschluß des zustimmungsbedürftigen Geschäftes sich der Zustimmung des AR versichert, so macht er sich schadensersatzpflichtig. Auch hier ist gelegentlich *nachträglich* die Zustimmung vom AR erteilt worden.

Beispiel: Dem Vorstand ist gestattet worden, ein Haus für ein Vorstandsmitglied für 150000 DM zu bauen. Der Bauaufwand betrug 300000 DM!
Diese Überschreitung wurde nachträglich vom AR genehmigt.

Da der AR einen entstandenen Schadensersatzanspruch durch die Genehmigungserteilung nicht aus der Welt schaffen kann — hierzu bedarf es der Zustimmung der HV —, ist der Genehmigungsbeschluß nichtig.

8. Beschlüsse des AR auf Unterlassung der Auskunftserteilung an Aktionäre. § 112 des AktG regelt das Auskunfts-

[81] Vgl. *Meilicke* NJW 1959, S. 409.

[82] Großkomm. AktG *Schmidt/Meyer-Landrut*, Anm. 5 zu § 79.

recht des Aktionärs gegenüber der Gesellschaft. Die Bestimmung sagt nicht, ob nur der Vorstand oder auch der AR auskunftspflichtig ist[83]. Nach meiner Auffassung hat der AR, wie dies in früherer Auflage auch *Adler-Düring-Schmaltz*, Anm. 85 zu § 128, angenommen haben, Auskunft gegenüber dem einzelnen Aktionär zu erteilen, soweit es sich über die Rechtsbeziehungen der Gesellschaft zu den Vorstandsmitgliedern, insbesondere über Abfindungen an ausgeschiedene Vorstandsmitglieder handelt, was ja bekanntlich im Falle *Rhein-Ruhr-Phönix* bei dem Ausscheiden der Herren *Goergen* und *Bender* streitig geworden ist.

Ein Beschluß des AR, eine solche Auskunft nicht zu erteilen, ist nichtig und entlastet die einzelnen AR-Mitglieder nicht von ihrer Auskunftspflicht.

9. Beschlüsse auf Zusammenlegung von Aufsichtsräten. In der Praxis ist es vorgekommen, daß die AR zweier AG, die von dem selben Mehrheitsaktionär beherrscht wurden, gewissermaßen als Vorstufe zur Verschmelzung beschlossen, daß die AR beider AG nur zusammen tagen sollten. Ein solcher Beschluß über die gemeinsame Abhaltung von Sitzungen steht mit § 93 (1) S. 1 AktG in Widerspruch, wonach Personen, die weder dem AR noch dem Vorstand angehören — mit Ausnahme von Sachverständigen und Auskunftspersonen — an den AR-Sitzungen nicht teilnehmen sollen. Obwohl es sich um eine Sollvorschrift handelt, ist der generelle Beschluß, gemeinsam die Aufsichtsräte tagen zu lassen, m. E. nichtig; denn dadurch wird die freie Aussprache zwischen den Mitgliedern des AR der einzelnen AG ganz wesentlich beeinflußt. Die in solchen Gemeinschaftssitzungen gefaßten Sachbeschlüsse sind deshalb unwirksam.

10. Der Beschluß auf Billigung des Jahresabschlusses. Der vom Vorstand mit Billigung des AR festgestellte Jahresabschluß ist nach § 202 AktG nur nichtig, wenn er „ausschließlich oder überwiegend zum Schutz der Gläubiger oder sonst im öffentlichen Interesse gegebene Vorschriften" verletzt, so daß z. B. die Nichtpassivierung einer Schuld, etwa einer Pensionsverbindlichkeit den Jahresabschluß nichtig machen kann.

---

[83] Für Auskunftspflicht des Vorstandes Großkomm. AktG 1939 *Walter-Schmidt*, Anm. 2 zu § 112 AktG, *Schlegelberger-Quassowski*, 2. Aufl., Anm. 3 zu § 112 AktG, *Adler-Düring-Schmaltz*, Rechnungslegung und Prüfung der AG, 3. Aufl., Anm. 155 zu § 128.

Immer aber setzt der Jahresabschluß einen *wirksamen Billigungsbeschluß* des AR voraus und die nichtordnungsgemäße Mitwirkung des AR bei der Feststellung des Jahresabschlusses begründet seine Nichtigkeit. Wenn deshalb das Beschlußverfahren des AR (oben I) Fehler hat und dadurch der Billigungsbeschluß nichtig ist, ist der Jahresabschluß nicht festgestellt.

11. Beschluß des AR auf Genehmigung eines Abkommens mit den Gewerkschaften auf Mitwirkung bei der Geschäftsführung aus Anlaß der Umwandlung von Tochtergesellschaften.

Die *Ilseder Hütte* — ähnlich die *Klöckner-Werke AG* und die *Hoesch AG* — hat anläßlich der Umwandlung von Tochtergesellschaften auf sich, wodurch die Arbeitnehmer-AR bei den umgewandelten Tochtergesellschaften und der Arbeitsdirektor für die umgewandelten Tochtergesellschaften entfielen, mit den Gewerkschaften vereinbart, daß bei den aus den Tochtergesellschaften entstandenen Betriebsteilen Beiräte gewählt würden, die nach den Vorschriften des Mitbestimmungsgesetzes teils vom Vorstand der *Ilseder Hütte*, teils von Arbeitnehmerseite (Gewerkschaften und Arbeitnehmerschaft des Betriebes) ernannt würden. Auf den Beirat sollen die Vorschriften der §§ 92, 93, 94 und 99 AktG sinngemäß Anwendung finden. Der Beirat kann Bericht von den für den betreffenden Betriebsteil zuständigen Vorstandsmitgliedern verlangen, und der Arbeitsdirektor für den betreffenden Betriebsteil kann nicht gegen die Mehrheit der Stimmen der Arbeitnehmervertreter im Beirat bestellt oder abberufen werden. Diese Vereinbarung ist bis zum 30. Juni 1969 abgeschlossen worden und bedurfte der Zustimmung des *AR* der *Ilseder Hütte*.

Wenn der *AR* der *Ilseder Hütte* diese Vereinbarung genehmigt haben sollte, so ist der Beschluß m. E. nichtig, weil der Vorstand eine solche Vereinbarung aktienrechtlich nicht abschließen konnte. Der Vorstand kann sich nicht verpflichten, Arbeitsdirektoren nur mit Zustimmung der Mehrheit der Arbeitnehmervertreter im Beirat zu bestellen und abzuberufen, noch kann der Vorstand die Verpflichtung übernehmen, daß eines seiner Mitglieder Berichte an den Beirat nach denselben Grundsätzen wie für den AR zu erstatten hat. Der Vorstand hat nach § 70 (1) AktG *unter eigener Verantwortung* die Gesellschaft zu leiten, und er darf bei der Ausübung dieser Verantwortung sich nicht an die vertragliche Zustimmung der Arbeitnehmervertreter im Beirat binden lassen. Auch halte ich es für unzulässig, daß der Vorstand, der nach pflichtgemäßem Ermessen mit Angestellten einen Arbeitsvertrag abzuschließen und sie notfalls zu entlassen hat, die Ausübung seines Ermessens vertraglich an die Zustimmung Dritter bindet. Das würde darauf hinauslaufen, daß ein Arbeitsdirektor, der unfähig ist oder die Gesellschaft schädigt, vom Vorstand nicht entlassen werden darf.

Ein etwaiger Beschluß des *AR* der *Ilseder Hütte* auf Zustimmung zu dieser Vereinbarung ist m. E. unwirksam.

F. Verletzung von Ordnungsvorschriften

Neben der Verletzung zwingender Verfahrensvorschriften und der Bestimmungen über den Inhalt von AR-Beschlüssen gibt es auch Verstöße gegen Vorschriften, die zur „Ordnung" von AR-Beschlüssen erlassen worden sind, die sich aber weder auf das Zustandekommen noch auf den Inhalt von AR-Beschlüssen auswirken. Solche Verstöße haben deshalb niemals die Unwirksamkeit von AR-Beschlüssen zur Folge, sie begründen u. U. jedoch eine Haftung der AR-Mitglieder, regelmäßig des Vorsitzers des AR, der die Ordnungsvorschriften zu beachten hat.

I. Nach § 92 (2) AktG soll über die Verhandlungen und Beschlüsse des AR eine *Niederschrift* angefertigt werden, die der Vorsitzer des AR oder sein Stellvertreter zu unterzeichnen hat. Die Niederschrift muß nicht nur die Beschlüsse, sondern auch die Verhandlungen des AR wiedergeben, was für die Beurteilung der aufgewendeten Sorgfalt wichtig ist[84]. Die Nichtbeachtung führt zu einer Ersatzpflicht des AR-Vorsitzers.

II. Nach § 94 (3) AktG soll der AR in der Regel einmal im Kalendervierteljahr einberufen werden; einmal im Kalenderhalbjahr muß er jedoch einberufen werden. In dieser Regelung ist sowohl eine Ordnungsvorschrift als auch eine zwingende Vorschrift enthalten. Gleichwohl führen Verstöße nicht zur Nichtigkeit von AR-Beschlüssen, da das Unterlassen der notwendigen AR-Sitzungen nur ein Haftungstatbestand ist.

---

[84] Bemerkungen des Bundesrechnungshofs zur Haushaltsführung der Jahre 1954-1956 wiedergegeben nach Handelsblatt 20./21. 12. 1957.

G. Der Beschluß auf Übertragung entscheidender Befugnisse an einen Aufsichtsratsausschuß

In der Praxis spielt die Übertragung von Befugnissen des AR an Ausschüsse aus seiner Mitte eine große Rolle, die als „Arbeitsausschuß", „Sonderausschuß", „Präsidium des AR" oder unter einer anderen Bezeichnung geführt werden. Es fragt sich, wie weit der AR seine Befugnisse wirksam auf einen aus seiner Mitte gebilligten Ausschuß übertragen kann.

Nach § 92 (4) AktG kann der AR „aus seiner Mitte einen oder mehrere Ausschüsse bestellen, namentlich zu dem Zweck, seine Verhandlungen und Beschlüsse vorzubereiten und die Ausführung der Beschlüsse zu überwachen".

Die Begründung zum AktG führt hierzu aus, daß es „grundsätzlich zulässig sein wird", den Ausschüssen neben der rein vorbereitenden und ausführenden Tätigkeit in bestimmtem Umfange auch entscheidende Befugnisse des Aufsichtsrats zu übertragen, mögen diese auf Gesetz oder Satzung beruhen[85]. Seitdem wird es im Anschluß an die amtliche Begründung als allgemeine Ansicht angenommen, wie es *Walter Schmidt*[86] formuliert hat, daß der Aufsichtsrat auf seine Ausschüsse entscheidende Befugnisse übertragen kann[87]. Von dieser Übertragungsmöglichkeit werden aber in Anlehnung an die Entscheidung des Reichsgerichts JW 1924 S. 1144, 11 die „handelsrechtlichen Mindestbefugnisse"

Überwachung des AR,
Einberufung der HV,
Prüfung des Jahresabschlusses,
Entscheidung über den Jahresabschluß,
Gewinnverteilungsvorschlag

ausgenommen, wobei aber die Reichweite der „handelsrechtlichen Mindestbefugnisse" wiederum Anlaß zum Streit bieten.

Godin-Wilhelmi[88] lassen sogar eine Übertragung aller Rechte und Pflichten des AR auf einen Ausschuß zu. Die Rechtsprechung hat bisher ausdrücklich zu der Frage nicht Stellung genommen,

---

[85] Zitiert nach *Schlegelberger-Quassowski* 3. Auflage Anm. 38, zu § 92 AktG.

[86] Großkomm. AktG 1939 Anm. 26 zu § 92.

[87] *Schmidt/Meyer-Landrut* in Großkomm. AktG 1959 Anm. 26 zu § 92; *Schlegelberger-Quassowski* 3. Auflage Anm. 40 zu § 92; *Baumbach-Hueck* 9. Auflage 5 B zu § 92; *Ritter* Anm. 6 zu § 92 mit Einschränkungen.

[88] 2. Auflage § 92, 7.

jedoch scheint der Bundesgerichtshof[89] die Übertragung entscheidender Befugnisse an einen AR-Ausschuß als zulässig vorauszusetzen.

Da die Übertragungsmöglichkeit nach § 92 (4) AktG aus dem Gesetz nicht klar ersichtlich ist, haben zahlreiche AG den AR durch eine Satzungsbestimmung ermächtigt, entscheidende Befugnisse auf einen AR-Ausschuß zu übertragen, z. B.:

§ 20 der Münchener Rück:
„Der AR ist befugt, zur besonderen fortlaufenden Wahrnehmung seiner Obliegenheiten einzelne seiner Mitglieder zu delegieren.
Die Befugnisse der Delegierten bestimmen sich nach der vom AR festgesetzten Instruktion . . .

§ 12 II der Aschinger-Satzung:
„Der AR ist berechtigt, die ihm zustehenden Befugnisse teilweise einem engeren Ausschuß zu übertragen (Arbeitsausschuß)."

§ 12 I 2 der Schieß-Satzung:
„Einem AR-Ausschuß können auch entscheidende Befugnisse des AR übertragen werden."

Vorsichtiger formuliert Conti-Gas in § 17 (1) Satz 2 ihrer Satzungen:

„Dem Präsidium oder anderen vom AR bestellten Ausschüssen können Befugnisse des AR übertragen werden, soweit nicht die gesetzlichen Vorschriften die alleinige Zuständigkeit des gesamten AR zwingend vorschreiben."

Von Bedeutung ist die Übertragung entscheidender Befugnisse vor allem für die Bestellung und Abberufung von Vorstandsmitgliedern, für die Regelung der Vorstandsverträge, für die Kreditgewährung an Vorstandsmitglieder, für die Gewährung von Abfindungen an ausscheidende Vorstandsmitglieder, wie sie in der Öffentlichkeit beim Ausscheiden des Herrn *Goergen* aus dem Vorstand von Rheinrohr-Phönix erörtert worden sind, sowie die Erteilung der Zustimmung zu bestimmten Arten von Geschäften (§ 95 5 AktG). *Ritter*[90] hat nun bereits 1939 richtig darauf hingewiesen, daß der AR nicht ausschließlich einem Ausschuß einen Teil seiner Befugnisse übertragen kann. Es ist *keine Kompetenzabschiebung und Zuschiebung* zulässig, wie sie im öffentlichen Recht bei der Delegation eintritt[91]. Der AR kann also jederzeit die von

---

[89] Bd. 20, 244.
[90] AktG 2. Aufl., § 92, Anm. 6.
[91] Vgl. *Heinrich Triepel*, Delegation und Mandat im öffentlichen Recht 1942, S. 23.

ihm übertragenen Befugnisse wieder selbst ausüben. Die Übertragung von entscheidenden Befugnissen auf einen AR-Ausschuß befreit auch nicht die übrigen AR-Mitglieder von den ihnen obliegenden Pflichten. Jedes AR-Mitglied kann deshalb an den Sitzungen eines Ausschusses grundsätzlich teilnehmen, § 93 (2), auf jeden Fall hat es das *Recht, Einsicht in die Niederschriften der Sitzungen der Ausschüsse zu nehmen,* es kann jederzeit im AR beantragen, daß dieser eine an den AR-Ausschuß übertragene Angelegenheit an sich zieht. Er ist sogar im Rahmen seiner Verantwortlichkeit als AR-Mitglied verpflichtet, in die Tätigkeit der AR-Ausschüsse Einblick zu nehmen. Deshalb kann auch nicht in einer Geschäftsordnung des AR mit Wirkung für alle künftigen AR-Mitglieder die Übertragung entscheidender Beschlüsse wirksam festgelegt werden. Sie gilt jeweils nur für den AR in der Besetzung, in der er die Übertragung beschlossen hat.

Wenn man mit der herrschenden Meinung annimmt, daß die handelsrechtlichen Mindestbefugnisse nicht übertragen werden können, so umfassen diese m. E. auf jeden Fall die Bestellung und Abberufung von Vorstandsmitgliedern und die Festlegung der Vorstandsverträge. Die Entscheidung des Reichsgerichts JW 1924, 1144 betraf einen Fall, in welchem die Befugnisse zur Bestellung des Vorstands und zur Erteilung von Prokuren durch Statutenänderung dem AR, dem auch Betriebsratsmitglieder angehörten, fortgenommen wurde. Nach damaligem Recht hatte das Statut zu bestimmen, wie der AR bestellt wird, vgl. § 182 (1) Ziff. 4 HGB. Nach dem AktG hat aber der AR die gesetzliche Kompetenz zur Bestellung des Vorstandes, sie ist also jetzt Mindestbefugnis des AR geworden, die nicht durch die Satzung dem AR fortgenommen werden kann.

Nach dem Aktiengesetz vom 30. Januar 1937 sind dies die wichtigsten Befugnisse des AR.

Es ist mir aber überhaupt zweifelhaft, ob das geltende Recht die Übertragung entscheidender Befugnisse an einen AR-Ausschuß zuläßt. Der Grundsatz „delegatus non potest delegare" gilt auch hier. Man kann m. E. nicht aus § 92 (4) AktG das Recht des AR zur Übertragung entscheidender Befugnisse an Ausschüsse herauslesen. Die Hervorhebung in § 92 (4) AktG „namentlich zu dem Zweck" und der Hinweis „seine", nämlich des AR, „Beschlüsse" deuten nur auf Hilfsaufgaben des Ausschusses, nicht aber auf eine Vertretung oder gar eine Ersetzung in entscheidenden Befugnissen des AR hin. Überdies ist es ein ganz allgemeines Kennzeichen von „Ausschüssen", daß sie nur vorbereitend, unterstützend und beratend tätig werden (z. B. Ausschüsse der gesetzgebenden Körperschaften); es liegen keine Anhaltspunkte dafür vor, daß der Gesetzgeber des AktG den Ausschüssen nach § 92 (4) AktG eine weitergehende Befugnis einräumen wollte. Der Gesellschafterausschuß einer OHG[92], sofern man ihn als zulässig erachtet, läßt sich nicht zum Vergleich heranziehen, weil die AR-Mitglieder durch Wahl zu ihrer Organstellung kommen. Mit Recht weist *Samson*[93] darauf hin, daß alle Rechte, die das Gesetz dem AR in seiner Gesamtheit gewährt, unentziehbar und auch nicht auf einen Ausschuß übertragbar sind; lediglich diejenigen Befugnisse des AR sind übertrgabar, deren Ausübung durch einzelne Mitglieder des AR oder durch Dritte das Gesetz selbst ermöglicht (§ 95 (3) AktG) oder die über das Gesetz hinaus durch die Satzung dem AR übertragen werden. Im amerikanischen Recht, das einen Board of Directors kennt, wird übrigens der Standpunkt vertreten[94]:

> "that a board of directors cannot confer upon others the power to discharge duties imposed upon them which involve the exercise of judgment and discretion, except in the transaction of the ordinary busines of the corporation, unless authorized so to do by the charter."

Damit ist eine Übertragung von entscheidenden Befugnissen des AR auf einen Ausschuß nicht möglich, die „dem Aufsichtsrat" durch Gesetz zugewiesen sind, z. B. die Befugnisse in §§ 75, 77 (2), 95 (1) (2) (4), 96, 97, 125 usw.

Die Ausschüsse können Beschlüsse des AR vorbereiten, z. B. mit einem Kandidaten für einen Vorstandsposten vorbereitende Besprechungen führen, sie können an Hand von Büchern und Schriften Berichte des Vorstands prüfen, sie können Kassenstürze vornehmen. Darüber hinaus steht aber nach geltendem Recht die Entscheidungsbefugnis dem AR als solchem zu, und auch durch Satzungsbestimmungen kann an dieser gesetzlichen Kompetenzverteilung nichts geändert werden. Das ist von besonders großer Bedeutung geworden, seit Arbeitnehmervertreter im AR tätig sind, deren Mitwirkung sonst durch Übertragung entscheidender Befugnisse auf einen AR-Ausschuß einfach illusorisch gemacht werden könnte. Nur solche Befugnisse, die die Satzung zusätzlich

---

[92] Vgl. RG LZ 14, 1030.

[93] ZAG 57, 73.

[94] Ballantine on Corporations 1946, S. 134.

zu den gesetzlichen Befugnissen dem AR übertragen darf, z. B. die Zustimmung zu gewissen Rechtsgeschäften des Vorstandes, können einem Ausschuß übertragen werden.

Ganz unzulässig erscheint es, einen sogenannten *einköpfigen AR-Ausschuß* zu bilden, was übrigens bereits in der Begründung zum Aktiengesetz gesagt wird. Dieser neuerdings als zulässig erachtete Rechtsmißbrauch[95] verstößt — worauf *v. Gierke*[96] zu Recht hinweist — nicht nur gegen den Sprachgebrauch, wonach ein Ausschuß eine Mehrheit von Personen ist, sondern auch gegen das AktG, das in §§ 95 (3) 92 (4) zwischen „einzelnen Mitgliedern" des AR und dem „Ausschuß" deutlich unterscheidet und das dem Tätigwerden des AR eine Kollegialverfassung gegeben hat.

Nach meiner Auffassung sind deshalb Beschlüsse des AR auf Übertragung entscheidender Befugnisse an einen aus einem Teil seiner Mitglieder gebildeten Ausschuß nichtig. Entsprechend sind alle entscheidenden Beschlüsse des Aufsichtsratsausschusses, solange sie nicht vom Aufsichtsrat gebilligt werden, nicht wirksam.

H. Wirksambleiben eines fehlerhaften AR-Beschlusses nach außen

Ist ein AR-Beschluß nichtig, so kann er auch im Außenverhältnis nicht aufrechterhalten werden. *Schmidt/Meyer-Landrut*[97] teilen die Auffassung, daß fehlerhafte AR-Beschlüsse nichtig sind, meinen aber, daß Amtshandlungen eines ungültig gewählten AR ähnlich den Rechtswirkungen einer faktischen Gesellschaft nach außen wirksam bleiben.

Hiergegen habe ich Bedenken. M. E. sind die Amtshandlungen eines ungültig bestellten AR auch nach außen unwirksam. Soweit natürlich fehlsame Beschlüsse des AR in das Handelsregister eingetragen sind — z. B. die Bestellung eines Vorstandsmitgliedes —, sind dessen Rechtsgeschäfte mit gutgläubigen Dritten nach § 15 HGB der Gesellschaft gegenüber wirksam. Im übrigen sind Anfechtungs- und Nichtigkeitsklagen gegen die Wahl eines AR nach § 199 (5) AktG im *Bundesanzeiger* und sonstigen Gesellschaftsblättern bekanntzumachen.

Der Jahresabschluß, den ein unwirksam gewählter AR gebilligt hat oder der durch einen fehlerhaften AR-Beschluß gebilligt ist,

---

[95] *Frels* ZAG 57, 9 und 58, 232.

[96] ZAG 57, 75.

[97] Großkommentar zum AktG 1959 A. 20a zu § 92.

ist unwirksam. Der Gewinnverteilungsbeschluß braucht deshalb nicht ohne weiteres hinfällig zu werden, es sei denn, daß der Reingewinn, dessen Ausschüttung beschlossen worden ist, nicht vorhanden gewesen ist.

J. Die Geltendmachung der Mängel des AR-Beschlusses

Der Streit über rechtliche Mängel des AR-Beschlusses ist im ordentlichen Prozeß zu klären. Die Wirksamkeit eines AR-Beschlusses kann eine Vorfrage in einem Rechtsstreit sein, z. B. ob ein Anstellungsvertrag mit einem Vorstandsmitglied wirksam zustande gekommen ist[98]. Es ist aber als zulässig angesehen worden[99], gegen mangelhafte Organbeschlüsse die Klage auf Feststellung der Nichtigkeit nach § 256 ZPO zu erheben.

I. Kläger kann jedes Vorstandsmitglied, jedes AR-Mitglied oder ein Aktionär sein

1. Ein *Vorstandsmitglied* kann z. B. eine Interesse daran haben, feststellen zu lassen, daß seine Entlassung auf einem fehlerhaften AR-Beschluß beruht und er deshalb noch Vorstandsmitglied ist. Hier liegt ein eigenes, *persönliches Feststellungsinteresse* des Vorstandsmitgliedes vor.

Ein Vorstandsmitglied kann aber auch ein *aus seiner Stellung als Vorstand hergeleitetes Feststellungsinteresse* haben. Wenn ein AR im Rahmen eines Ergebnisübernahmevertrages den Vorstand anweisen würde, verdeckt Rücklagen auszukehren, wie dies kürzlich bei einigen Gesellschaften der *Montan*-Industrie geschah, bei denen zur Vermeidung der Nachsteuer nach dem KörpStG Werte verdeckt ausgeschüttet wurden, so kann das Vorstandsmitglied auf Feststellung klagen, daß der Beschluß mangels Zuständigkeit des AR hierfür (oben E II 1) nicht wirksam ist, was für seine etwaige Haftung, für die Frage, ob er schuldhaft sich einer Verletzung seiner Vorstandspflichten hat zu Schulden kommen lassen, u. a. von rechtlichem Interesse sein kann.

2. Das *einzelne AR-Mitglied* kann auf Feststellung der Nichtigkeit eines AR-Beschlusses klagen. Das Feststellungsinteresse kann hier ebenfalls ein *persönliches Interesse* des AR-Mitgliedes sein,

---

[98] BGH Bd. 20, S. 239.

[99] Vgl. RGZ 85, 313.

wenn z. B. der Beschluß auf Verteilung der AR-Tantieme unter die Arbeitnehmer-AR-Mitglieder gegenüber den von der HV gewählten AR-Mitgliedern benachteiligt. Dann kann ein Arbeitnehmer-AR-Mitglied auf Feststellung der Unwirksamkeit, daß er weniger Tantieme als seine Kollegen, die von der HV gewählt sind, erhält, klagen.

Das Feststellungsinteresse kann sich aber auch aus seiner *Stellung als Mitglied des AR* ergeben. Ein Arbeitnehmer-AR-Mitglied hat ein Interesse an der Feststellung, daß ein Beschluß auf Übertragung der Befugnisse zur Bestellung von Vorstandsmitgliedern oder zum Abschluß von Dienstverträgen mit ihnen unwirksam ist. Das Interesse des AR-Mitgliedes kann sich schließlich auch daraus ergeben, daß bei Nichtfeststellung der Nichtigkeit Schäden für die Gesellschaft und damit evtl. ein Schadensersatzanspruch gegen die Vorstands- und AR-Mitglieder sich ergibt. Das AR-Mitglied kann auch ein Interesse daran haben, bei zukünftigen Beschlußfassungen gleicher Art seine Rechtslage zu klären, um Schadensersatzansprüchen gegen sich vorzubeugen[100]. Wenn der AR einem Kapitalerhöhungsbeschluß des Vorstands auf Grund einer entsprechenden Satzungsermächtigung zustimmt, durch den unter Ausschluß des Bezugsrechts der Aktionäre die jungen Aktien dem Großaktionär zu einem besonders günstigen Bezugsrecht überlassen werden, wie es im Falle *Minimax AG* war[101], so kann die Feststellung der Unwirksamkeit eines solchen Beschlusses durch ein überstimmtes AR-Mitglied seine Verantwortlichkeit aus § 99 AktG beseitigen; denn es ist nicht immer ausreichend, daß ein AR-Mitglied sich der Stimme enthält, er muß auch offenbar unwirksame Beschlüsse des AR nach meiner Auffassung unter Umständen aus der Welt schaffen lassen.

---

[100] Das AR-Mitglied hat in Deutschland nicht die Möglichkeit, eine Haftpflichtversicherung abzuschließen. Das *Bundesaufsichtsamt für das Versicherungs- und Bausparwesen* hat mir unter dem 31. 8. 59 Gesch.-Z. V-M-79/59 folgendes geschrieben:

„Ein deutsches Versicherungsunternehmen, daß u. a. Haftpflichtversicherungen für Aufsichtsratsmitglieder abschließt, ist mir nicht bekannt. In der Vermögensschaden-Haftpflichtversicherung sind gemäß § 4 Ziff. 7 der Allgemeinen Versicherungs-Bedingungen Haftpflichtansprüche aus der Tätigkeit des Versicherungsnehmers als Leiter, Vorstands- oder Aufsichtsratsmitglied privater Unternehmungen, Vereine, Verbände oder als Syndikus ausdrücklich ausgeschlossen".

[101] BGH Bd. 21, S. 354.

Wenn andererseits ein Jahresabschluß vom AR gebilligt wird, der willkürliche Rückstellungen für nichtvorhandene Risiken enthält, um einen Teil des Gewinns „wegzudrücken", so werden die Aktionäre über den wahren Wert der Aktie getäuscht. Um die Unwirksamkeit eines solchen Billigungsbeschlusses festzustellen, wird ein *Feststellungsinteresse des einzelnen AR-Mitgliedes* gegeben sein, da sonst die AR-Mitglieder von Aktionären, die auf diese Weise „unter Preis" verkaufen, auf Schadenserssatz in Anspruch genommen werden könnten[102].

Hier entsteht die Frage, ob das einzelne AR-Mitglied, wenn sich das Feststellungsinteresse nicht aus seinen persönlichen Interessen, sondern aus seiner Organstellung als Mitglied des AR ergibt, die *Prozeßkosten von der Gesellschaft als „Auslage" verlangen* kann. Grundsätzlich wird man m. E. das bejahen müssen, wenn die Nichtfeststellung der Unwirksamkeit des AR-Beschlusses das Gesellschaftsvermögen schädigt. Selbst wenn also in einem solchen Falle das AR-Mitglied unterliegt, hat die Gesellschaft die Kosten zu tragen. Die Aufwendungen werden von dem AR-Mitglied im Rahmen seiner Stellung gemacht. Die Vorschrift des § 97 (2) AktG, wonach der AR, wenn die Verantwortlichkeit eines seiner Mitglieder in Frage kommt, selbst gegen einen Beschluß der HV-Klage gegen Vorstandsmitglieder erheben kann, zeigt, daß das Gesetz hier davon ausgeht, daß der AR im Interesse einer Abwendung seiner Verantwortlichkeit Rechte der AG geltend machen kann. Ebenso muß er aber auch im Interesse der AG die Feststellung der Unwirksamkeit eines AR-Beschlusses durch das Gericht durchsetzen können.

3. Der *einzelne Aktionär* kann ebenfalls ein Feststellungsinteresse daran haben, daß ein AR-Beschluß wirksam ist. Der Aktionär N kann z. B., wenn er den Beschluß eines AR-Ausschusses auf Zahlung einer Abfindung an ein ausgeschiedenes Vorstandsmitglied von 1 Mill. DM für unwirksam ansieht, weil das ausgeschiedene Vorstandsmitglied weder rechtlich noch kaufmännisch einen Anspruch auf eine solche Zuwendung hatte, auf Feststellung der Unwirksamkeit dieses Beschlusses klagen. Das Feststellungsinteresse des Aktionärs ergibt sich hier daraus, daß die Unwirksamkeit eines solchen Beschlusses Voraussetzung für Schadensersatzklagen gegen die betreffenden Organträger sein kann und daß insbesondere für zukünftige Fälle ähnliche AR-Beschlüsse verhindert werden.

[102] Vgl. hierzu *Schlegelberger-Quassowski* A. 29 zu § 84 AktG.

Insbesondere kann aber der einzelne Aktionär, wenn der Beschluß des AR auf Billigung eines Jahresabschlusses unwirksam ist, auf Feststellung der Unwirksamkeit dieses Beschlusses Klage erheben, weil der Jahresabschluß die Grundlage für die Reingewinnverteilung bietet.

II. Beklagte ist die Gesellschaft

Wird die Gesellschaft durch den Vorstand oder durch den AR oder durch beide Organträger wie bei § 199 (2) AktG vertreten? Da der Vorstand gesetzlicher Vertreter der Gesellschaft ist, muß er die Gesellschaft in dem Rechtsstreit vertreten. Bei der Aktienrechtsreform könnte überlegt werden, ob nicht zweckmäßigerweise der AR zur Vertretung der Gesellschaft befugt werden sollte.

III. Das Urteil des Gerichts geht auf Feststellung der Unwirksamkeit des AR-Beschlusses

Das Gericht kann die Wirksamkeit oder Unwirksamkeit eines AR-Beschlusses feststellen, aber nicht einen ungültigen AR-Beschluß ersetzen[103].

IV. Die Urteilswirkungen

Zweifelhaft ist, ob das Feststellungsurteil nur inter partes oder ähnlich dem Anfechtungs- und Nichtigkeitsurteil gegen HV-Beschlüsse (§§ 200, 201 AktG) jedenfalls für und gegen alle Vorstands- und AR-Mitglieder und für und gegen alle Aktionäre wirkt. *Von Tuhr* hat entgegen der herrschenden Meinung in seinem berühmten Allgemeinen Teil des Deutschen Bürgerlichen Rechts 1910, Erster Band, S. 518 den Standpunkt vertreten, daß eine Feststellungsklage zwischen Mitgliedern eines Vereins und dem Verein Wirkung für alle Vereinsmitglieder hat. Wörtlich heißt es dort:

„Nehmen wir z. B. an, daß beschlossen ist, 100 Mk. aus der Vereinskasse zu einem statutenwidrigen Zweck zu verwenden. Das Mitglied A klagt auf Feststellung der Ungültigkeit dieses Beschlusses. Das Urteil soll aber nur für A, nicht für andere Mitglieder, insbesondere nicht für die Mitglieder der Majorität, wirksam sein. Soll nun der Vorstand die 100 Mk,

---

103 Vgl. *Meyer-Cording*, „Die Vereinsstrafe" S. 102.

wie beschlossen, auszahlen oder nicht? Oder nur einen Teil? Und welchen? Oder: es ist X statutenwidrig zum Vorstand gewählt worden; das Mitglied A läßt vom Gericht feststellen, daß die Wahl ungiltig ist; wenn das Urteil nur für A wirken soll, so ist X im Verhältnis zu A nicht Vorstand, wohl aber im Verhältnis zu den übrigen Mitgliedern; da nun A in der Minorität ist und daher keinen Vorstand für den Verein wählen kann, so käme er in die sonderbare Lage, Mitglied eines Vereins zu sein, der ihm gegenüber keinen Vorstand hat. An diesen und ähnlichen Konsequenzen zeigt sich meines Erachtens die Unhaltbarkeit der herrschenden Lehre. Man scheint nicht daran zu denken, daß die Frage der Giltigkeit oder Ungiltigkeit eines Vereinsbeschlusses so beschaffen ist, daß sie nur einheitlich für alle Mitglieder entschieden werden kann; ein Beschluß kann nicht für ein Mitglied gelten, für die anderen nicht, denn er gilt überhaupt nicht für die einzelnen Mitglieder, sondern zunächst für den Verein und erst infolge dessen auch für sämtliche Mitglieder. Wenn nun, wie nicht bezweifelt wird, ein Mitglied die Befugnis hat, die Ungiltigkeit eines Beschlusses feststellen zu lassen, so muß dies Urteil gegenüber dem Verein und infolge dessen mit Rechtsnotwendigkeit gegenüber allen Mitgliedern gelten."

Die Ausführungen *von Tuhrs* sind m. E. überzeugend[104]. Sie müssen auch für den AR-Beschluß als einen sozialrechtlichen Gesamtakt wie den Beschluß der Mitgliederversammlung eines Vereins gelten.

Wenn man dieser Auffassung folgt, würde einem solchen Feststellungsprozeß gegen die Wirksamkeit eines AR-Beschlusses jedes andere AR-Mitglied oder jedes Vorstandsmitglied oder jeder Aktionär als Nebenintervenient beitreten können[105], er würde dann streitgenössischer Streithelfer i. S. des § 69 ZPO.

---

[104] Vgl. auch oben Fußnote 12.

[105] OLG Neustadt-Weinstraße, NJW 1953, S. 1266.

RECHT DER GESELLSCHAFTEN MIT BESCHRÄNKTER HAFTUNG

DIE PERSONALISTISCHE GMBH ALS RECHTSPOLITISCHES PROBLEM

Von Robert Fischer

Die GmbH nimmt eine „Mittelstellung zwischen den streng individualistischen Gesellschaftsformen des geltenden Rechts und der als äußerster Konsequenz des kapitalistischen Prinzips sich darstellenden Aktiengesellschaft“[1] ein. Das ist ihr Vorzug und ihr besonderer Charakter. Dabei hat der Gesetzgeber in dem gesetzlichen Normalstatut der GmbH nicht einen bestimmten Übergangstyp zwischen der Personal- und der Kapitalgesellschaft geschaffen, sondern die GmbH insoweit als eine rein körperschaftliche Organisation gestaltet. Die Aufgabe der GmbH, eine Mittelstellung zwischen den reinen Personalgesellschaften und der reinen Kapitalgesellschaft einzunehmen, kommt in der gesetzlichen Regelung darin zum Ausdruck, daß das Gesetz den Gesellschaftern in mancherlei Hinsicht die Freiheit einräumt, ihre Rechtsbeziehungen denen einer Personalgesellschaft weitgehend anzugleichen. Diese Möglichkeit darf aber nicht darüber hinwegtäuschen, daß die GmbH in ihrer gesetzlichen Gestaltung als eine Art Aktiengesellschaft ohne Aktien gedacht ist[2], daß also die GmbH nicht etwa eine Kommanditgesellschaft ohne einen persönlich haftenden Gesellschafter ist[3].

Diese Art der gesetzlichen Regelung hat es mit sich gebracht, daß die deutsche GmbH nicht zu einer bestimmten Gesellschaftsform geworden ist, die zwischen der Personal- und der Kapitalgesellschaft steht, sondern daß sie das Sammelbecken für recht unterschiedlich gestaltete Gesellschaften geworden ist. Insoweit kann man mit *Hachenburg* davon sprechen, daß „sich heute zwei Arten von Gesellschaften mit beschränkter Haftung herausgestellt“ haben, von

---

[1] Entwurf I 35.
[2] Komm. GmbHG Einleitung Anm. 1.
[3] Unrichtig insoweit m. E. *Bergenroth* MDR 1951, 723.

denen sich die eine der Aktiengesellschaft, die andere der offenen Handelsgesellschaft nähert[4]. Dabei ist es bedeutsam, daß sich in der Zeit nach dem Zusammenbruch die Hinwendung zu der personalistischen GmbH noch verstärkt hat, eine Entwicklung, die namentlich durch zwei Umstände besonders gefördert wurde. Zunächst durch die exorbitant hohen Einkommensteuersätze seit dem Jahre 1946, die die damals volkswirtschaftlich besonders notwendige eigene Kapitalbildung in reinen Personalunternehmen ausschloß und vielfach geradezu zu einem Ausweichen in die Rechtsform der GmbH nötigte[5, 6]. Steuerliche Erwägungen führten aus dem gleichen Grunde auch nicht selten zu einer organisatorischen Aufspaltung bestehender Personalunternehmen, und zwar derart, daß bei Personalgesellschaften der Vertrieb der eigenen Produktion einer selbständigen Vertriebs-GmbH übertragen wurde, deren Anteile sich entweder in der Hand der Gesellschafter (entsprechend ihrer Beteiligung an der Personalgesellschaft) oder allein in der Hand der Personalgesellschaft selbst befanden[7]. Der andere Grund, der nach dem Zusammenbruch die Rechtsform der GmbH bei personengebundenen erwerbswirtschaftlichen Unternehmen besonders begünstigte, waren die zunächst unsicheren wirtschaftlichen Verhältnisse, die das Wagnis der vielen Neugründungen, insbesondere der zahlreichen neuen Flüchtlingsbetriebe belasteten, und die es bei dem gebotenen Zwang, etwas Neues zu beginnen, wirtschaftlich verständlich und vielleicht auch

[4] a. a. O.

[5] Die dadurch bedingte doppelte Besteuerung — Körperschaftssteuer und Einkommensteuer — wog dagegen gering, wenn sich die Gesellschafter mit steuerlich vertretbaren Geschäftsführerentgelten begnügten. Dann unterlagen diese nur der Lohnsteuer, während die weiteren Gewinne, die von den steil ansteigenden Einkommensteuersätzen fast restlos aufgezehrt worden wären, nur von dem festen Körperschaftssteuersatz erfaßt wurden und zur Stärkung und zum Ausbau des Unternehmens verwendet werden konnten.

[6] Die Rechtsprechung der Finanzgerichte vermittelt ein umfangreiches Tatsachenmaterial darüber, in welcher Form damals solpersonalistische Gesellschaften mit beschränkter Haftung aus steuerlichen Erwägungen geschaffen wurden; vgl. dazu etwa BFH Betr. 1955, 1208; 1956, 102; 515; 1957, 1064, 1958, 1038.

[7] Steuerlich hatte das den Vorteil, daß die für den persönlichen Bedarf der Gesellschafter nicht benötigten Gewinne bei der GmbH verblieben, dort nur nach dem Körperschaftssteuersatz versteuert wurden und so ebenfalls zur Verstärkung der Betriebsmittel verwendet werden konnten; vgl. dazu den Tatbestand im Urteil BGHZ 25, 115.

wirtschaftlich gerechtfertigt erscheinen ließen, das Wagnis des neuen Unternehmens nicht auch noch durch die unbeschränkte persönliche Haftung der Unternehmensträger zu erhöhen[8].

Diese Gründe für eine noch stärkere Verwendung der personalistisch gestalteten Rechtsform der GmbH sind in der Zwischenzeit zwar fortgefallen, sie wirken aber insofern immer noch nach, als die damals errichteten oder umgewandelten Gesellschaften mit beschränkter Haftung fortbestehen und jetzt vielfach für andere als Vorbild dienen. Daneben übt auch heute weiterhin die Möglichkeit einer umfassenden Haftungsbeschränkung durch die Wahl der GmbH-Rechtsform eine große Anziehungskraft gerade auf kleinere, personenbezogene Unternehmen aus, zumal die vom GmbHGesetz geforderte Kapitalgrundlage für die Gründung einer GmbH ($^1/_4$ von 20000 DM) so gering ist, daß sie wohl in keinem Fall ein Hindernis für die Wahl dieser Gesellschaftsform bildet.

Das immer stärkere Hervortreten der personalistischen GmbH hat dazu geführt, daß nicht nur das Schrifttum, sondern auch die Rechtsprechung im zunehmenden Maß diesem personalistischen Charakter der GmbH Rechnung getragen haben. Dabei hat sich nach den bisherigen Erfahrungen m. E. herausgestellt, daß die Art, wie der Gesetzgeber die GmbH geregelt hat, den praktischen Bedürfnissen des Wirtschaftslebens im allgemeinen durchaus gerecht zu werden vermag, daß es eine glückliche gesetzgeberische Lösung war, die GmbH nicht als einen bestimmten, festumrissenen Gesellschaftstyp, etwa als eine Zwischenform zwischen der reinen Kapitalgesellschaft und der reinen Personalgesellschaft, oder in der Form von zwei bestimmten Gesellschaftstypen, einer mehr kapitalistischen und einer mehr personalistischen zu gestalten. Denn die gesetzliche Regelung im GmbH-Gesetz, die den Gesellschaftern eine weitgehende Freiheit in der Gestaltung ihrer Rechtsbeziehungen beläßt, hat dem Wirtschaftsleben in einem viel größeren Umfang die Möglichkeit zur Verwendung der Rechtsform der GmbH eröffnet, als das bei einem festumrissenen oder bei zwei festumrissenen Gesellschaftstypen möglich gewesen wäre. Allein diese Art der gesetzlichen Regelung hat es mit sich gebracht, daß die Rechtsform der GmbH zum Sammelbecken für recht unterschied-

[8] Inwieweit auch das MilRegGes. Nr 52 seinerzeit die Umwandlung in eine GmbH und die Neugründung von GmbH Unternehmen begünstigt hat, entzieht sich meiner Beurteilung; immerhin sind mir einige Fälle dieser Art bekannt geworden.

liche Gesellschaften geworden ist, daß sich bei der Verwendung der GmbH-Form eine ähnliche Entwicklung vollzogen hat, wie sie gewissermaßen mit umgekehrten Vorzeichen bei der Verwendung der Rechtsform der Kommanditgesellschaft zu beobachten ist.

Eine solche weitreichende Verwendungsmöglichkeit der Rechtsform der GmbH, die durch den Verzicht des Gesetzgebers auf einen oder mehrere gesetzlich festumrissene Gesellschaftstypen bedingt ist, kann rechtspolitisch und wirtschaftspolitisch nur als erwünscht bezeichnet werden. Dabei ist noch besonders hervorzuheben, daß die bisherige gesetzliche Regelung der GmbH im allgemeinen auch der Rechtsprechung die Möglichkeit an die Hand gibt, im Einzelfall der besonderen Gestaltung der jeweils in Frage stehenden GmbH gebührend Rechnung zu tragen. Das zeigt namentlich ein Blick auf die Rechtsprechung des Bundesgerichtshofs, der wiederholt seine Entscheidungen mit Rücksicht auf die besondere Gestaltung der im Einzelfall in Betracht kommenden GmbH begründen konnte. Auch die Äußerungen im Schrifttum weisen in die gleiche Richtung[9].

So positiv wie das alles zu beurteilen ist, so darf das doch nicht darüber hinwegtäuschen, daß in bestimmten Punkten die gesetzliche Regelung noch zu starr ist und dadurch insoweit der Eigenart der personalistischen GmbH nicht genügend Rechnung trägt. Es handelt sich dabei um Fragen, die die Rechtsprechung mit den ihr zur Verfügung stehenden Mitteln der Rechtsanwendung und Rechtsfortentwicklung nicht in sachgerechter Weise zu lösen vermag und die nur der Gesetzgeber einer sinnvollen Regelung zuführen kann. In diesen Punkten wird die personalistische GmbH zu einem rechtspolitischen Problem, das bei der praktischen Bedeutung der insoweit in Frage stehenden Punkte nicht leicht genommen werden kann. Dabei muß schon hier gesagt werden, daß diese rechtspolitischen Fragen nicht mit der Erwägung beiseite geschoben werden können, daß sich die Wirtschaft insoweit mit der gesetzlichen Regelung der GmbH abfinden müsse, und daß die Gesellschafter dann, wenn diese Regelung im Einzelfall dem personalistischen Charakter ihrer Gesellschaft nicht angepaßt werden kann, sie die Rechtsform einer Personalgesellschaft wählen sollten. Diese Erwägung würde dem Grundgedanken des GmbH-Gesetzes und der bisherigen Rechtsentwicklung zuwiderlaufen, die eben

[9] Vgl. etwa *Schilling* JZ 1955, 49; *Rob. Fischer* GmbHRdsch. 1953, 131ff. m. w. N.

auch einer personalistisch gestalteten Gesellschaft die Rechtsform der GmbH unbeschadet des gesetzlichen Normalstatuts der GmbH offen halten wollen.

Ich möchte in diesem Zusammenhang drei Fragen herausgreifen, die m. E. nicht nur die Reformbedürftigkeit des geltenden Rechts um einer sachgerechten Lösung willen erweisen, die vielmehr zugleich auch zeigen, daß es sich hierbei nicht nur um die Belange der Gesellschafter handelt, sondern auch um die Wahrung der schutzwerten Interessen der Gläubiger und der Allgemeinheit, die auf die Wahl der von den Gesellschaftern für richtig gehaltenen Gesellschaftsform keinen Einfluß nehmen können.

1. Die Abberufung eines Gesellschafter-Geschäftsführers.

In einer personalistisch gestalteten GmbH wird einem Gesellschafter die Stellung eines Geschäftsführers in der Regel als ein echtes Mitgliedschaftsrecht zugewiesen und als eine echte Mitgliedschaftspflicht auferlegt. Diese Gestaltung hat nach wohl jetzt allgemeiner Auffassung zur Folge, daß der Gesellschafter aus seiner Stellung als Geschäftsführer nur aus wichtigem Grund abberufen werden kann[10].

Die jetzige gesetzliche Regelung bereitet für die Frage, in welcher Form die Abberufung eines Gesellschafter-Geschäftsführers zu erfolgen hat, praktisch m. E. unüberwindbare Schwierigkeiten.

Auszugehen ist insoweit von dem allgemeinen Grundsatz, daß mangels abweichender Bestimmungen im Gesellschaftsvertrag der Geschäftsführer einer GmbH durch Beschluß der Gesellschafterversammlung abberufen wird, wobei dem betroffenen Gesellschafter bei einer Abberufung aus wichtigem Grund ein Stimmrecht nicht zusteht. Bei der weittragenden Bedeutung, die eine solche Abberufung für die Gesellschaft und für den allgemeinen Rechtsverkehr hat, besteht ein allgemeines Bedürfnis danach, daß die Wirksamkeit einer solchen Abberufung von vornherein zweifelsfrei sichergestellt wird. Ein solches Bedürfnis ist besonders zu bejahen, wenn die Abberufung nur beim Vorliegen eines wichtigen Grundes ausgesprochen werden darf. Denn für den allgemeinen Rechtsverkehr, aber auch für die Gesellschaft selbst wird es meist nicht übersehbar sein, ob im Einzelfall ein wichtiger Grund für die Abberufung vorgelegen hat oder nicht. Würde also die Wirksamkeit der Abberufung davon abhängig sein, ob ein solcher wichtiger

[10] RGZ 170, 368; *Hachenburg-Schilling* § 38 Anm. 8; *Baumbach-Hueck* § 38 Anm. 2 A; *Rob. Fischer* GmbHRdsch. 1953, 133 m. w. N.

Grund vorliegt oder nicht, so würde damit der allgemeine Rechtsverkehr mit Risiken belastet werden, die ihm gerechterweise nicht aufgebürdet werden können. Aus diesem Grund ist für das Aktienrecht die Regelung getroffen worden, daß der Widerruf der Bestellung des Vorstands wirksam ist, solange nicht über seine Unwirksamkeit rechtskräftig entschieden ist (§ 75 Abs. 3 Satz 4 AktG). Es liegt nahe, diese Regelung auch für die GmbH zu übernehmen, um auch hier dem gleichen Bedürfnis nach Rechtssicherheit Genüge zu tun[11]. Dabei erscheint eine solche Übernahme m. E. aber nur notwendig, wenn die Abberufung des Geschäftsführers auf Grund einer besonderen Bestimmung im Gesellschaftsvertrag einem anderen Organ, etwa dem Aufsichtsrat der GmbH, übertragen ist. Ist nämlich dem gesetzlichen Regelfall die Gesellschafterversammlung für die Abberufung zuständig, so wird die Abberufung durch einen Gesellschafterbeschluß ausgesprochen, der in seiner Wirksamkeit nur durch eine Anfechtungsklage wegen Verletzung des Gesellschaftsvertrages beseitigt werden kann.

Die Anwendung dieser Rechtsgrundsätze auf die Abberufung eines Gesellschafter-Geschäftsführers einer personalistischen GmbH ist nicht möglich. Bei ihr bildet das mitgliedschaftliche Recht des Gesellschafters zur Geschäftsführung ein sog. Sonderrecht[12], das ihm nur beim Vorliegen der gesetzlichen Voraussetzungen (Vorliegen eines wichtigen Grundes) durch Gesellschafterbeschluß entzogen werden kann. Liegen diese Voraussetzungen für den Entzug nicht vor, so ist ein trotzdem ergehender Beschluß der Gesellschafter nicht anfechtbar, sondern unwirksam, weil bestehende Sonderrechte einem Gesellschafter nicht gegen seinen Willen entzogen werden können[13]. In diesem Fall kann die Unwirksamkeit eines solchen Beschlusses auch nicht durch eine entsprechende Anwendung des § 75 Abs. 3 Satz 4 AktG herbeigeführt werden, weil der Eingriff in ein Sonderrecht von dem Rechtsgedanken dieser Vorschrift nicht gedeckt wird[14]. Das bedeutet, daß die Wirksamkeit

---

[11] So *Scholz* — 38 Anm. 18; *Baumbach-Hueck* § 38 Anm. 2 D.

[12] Vgl. RG Warn. 1914 Nr. 370; JW 1919, 314; RGZ 170, 368; *Hachenburg* Einleitung Anm. 25.

[13] RGZ 148, 184; BGHZ 15, 177; vgl. auch meine Anm. bei LM Nr. 2 zu § 51 GenG.

[14] Vgl. dazu auch *Hachenburg-Schilling* § 38 Anm. 10, die jedoch m. E. zu Unrecht die entsprechende Anwendung des § 75 Abs. 3 Satz 4 AktG mit Rücksicht auf die besondere Gestaltungsform der personalistischen GmbH bei der GmbH überhaupt verneinen.

eines Gesellschafterbeschlusses, durch den einem Gesellschafter-Geschäftsführer die Geschäftsführungsbefugnis aus wichtigem Grund entzogen wird, ungewiß ist, wenn, wie so oft zwischen den Gesellschaftern, Streit darüber besteht, ob in dem konkreten Einzelfall ein wichtiger Grund für die Abberufung des Geschäftsführers vorgelegen hat. Diese Ungewißheit kann nur durch eine rechtskräftige Entscheidung endgültig beseitigt werden. Für den allgemeinen Rechtsverkehr und auch für die Gesellschaft ist das aus den bereits angeführten Gründen ein meist unerträgliches Ergebnis, das durch den Rechtsbehelf der einstweiligen Verfügung im Einzelfall zwar gemildert, aber nicht beseitigt werden kann.

Dem allgemeinen Rechtsverkehr kann auch nicht im Hinblick auf § 15 HGB geholfen werden. Gewiß, die größten Unzuträglichkeiten für die Allgemeinheit, die sich aus der Ungewißheit über die Wirksamkeit der Abberufung des Geschäftsführers ergeben, könnten durch eine Eintragung in das Handelsregister ausgeräumt werden. Aber der Registerrichter hat bei der Eintragung die Vorschrift des § 12 FGG zu beachten und demgemäß vor der Eintragung die erforderlichen Ermittlungen anzustellen, ob die Voraussetzungen für die Abberufung vorgelegen haben, wenn er nicht überhaupt die Entscheidung über den Eintragungsantrag nach § 127 FGG aussetzen will. Das zeigt, daß im Regelfall auch das Eintragungsverfahren nicht zum Abschluß kommen wird, bevor nicht die streitige Frage über das Vorliegen eines wichtigen Grundes abschließend geklärt ist.

Aus der jetzigen gesetzlichen Regelung ergeben sich aber noch weitere Unzuträglichkeiten bei der Abberufung eines Gesellschafter-Geschäftsführers. Nach der allgemeinen Erfahrung beschränken sich Streitigkeiten zwischen den Gesellschaftern einer personalistischen GmbH, insbesondere bei Zweimanngesellschaften, die zur Entziehung der Geschäftsführungsbefugnis führen, nicht darauf, daß nur dem einen Gesellschafter diese Befugnis entzogen wird, sondern meist wird es so sein, daß es dann zu einer gegenseitigen Entziehung kommt[15]. Die Verhältnisse liegen hier nicht anders wie bei den Personalgesellschaften, wo solche Streitigkeiten ebenfalls nicht zu einseitigen Vorwürfen, sondern zu gegenseitigen Vorwürfen und Maßnahmen zu führen pflegen. In einer personalistischen ZweimannGmbH, in der jeder Gesellschafter das Recht und

---

[15] Vgl. auch den Tatbestand im Urteil OLG Hamburg JW 1938, 3248.

die Pflicht zur Geschäftsführung hat, kann jeder Gesellschafter dem anderen das Recht zur Geschäftsführung entziehen, wenn ein wichtiger Grund vorliegt. Geschieht das, so ergibt sich in dem anschließenden Prozeß über die Berechtigung der beiderseitigen Entziehungsmaßnahmen die merkwürdige prozessuale Situation, daß dieser Streit in zwei gegen die Gesellschaft gerichteten Prozessen ausgetragen werden muß, wobei die Gesellschaft in dem einen Prozeß von dem einen Gesellschafter und in dem anderen Prozeß von dem anderen Gesellschafter vertreten wird. Unterliegt der in dem einen Prozeß klagende Gesellschafter, wird hier also rechtskräftig festgestellt, daß die Entziehung der ihm übertragenden Geschäftsführung berechtigt war, so kann in dem zweiten Prozeß ein Sachurteil überhaupt nicht mehr ergehen, weil in diesem Prozeß die Gesellschaft nicht ordnungsgemäß vertreten ist; die Klage des zweiten Gesellschafters ist also aus Prozeßgründen abzuweisen. Ein offenbar unmögliches Ergebnis. Um vor dieser Rechtsfolge auszuweichen, könnte man an eine großzügige Anwendung des § 57 ZPO denken. Aber eine durchgreifende Abhilfe ist auch auf diesem Weg nicht möglich. Man kann in diesen Fällen nicht die Bestellung nur eines Vertreters für die beiden Prozesse in Betracht ziehen, da es einfach nicht zumutbar ist, daß der bestellte Vertreter in dem einen Prozeß diesen Standpunkt und in dem anderen Prozeß jenen Standpunkt namens der Gesellschaft vertritt. Aber auch die Bestellung von zwei Vertretern für die beiden Prozesse — ob das nach der Vorschrift des § 57 ZPO überhaupt zulässig ist, erscheint schon äußerst fragwürdig — ist nicht sachgerecht, weil dadurch die eigentlichen Träger des Streits auf Seiten der beklagten Partei aus dem Prozeß eliminiert werden. Das hat zur Folge, daß eine gerechte Entscheidung durch das Gericht erschwert wird; denn es entspricht einer allgemeinen Gerichtserfahrung, daß bei Prozessen solcher Art die eigentlichen Streitteile unmittelbar zu Wort kommen müssen, damit das Gericht auch ein unmittelbares Bild von den aufgetretenen Zerwürfnissen erhält und den Streit gerecht entscheiden kann. — Des weiteren ist es aus Gründen der Prozeßökonomie unerfreulich, daß der Streit über das Vorliegen eines wichtigen Grundes in zwei Prozessen ausgetragen werden muß, da nach den entsprechenden Erfahrungen bei den Personalgesellschaften es sich hierbei vielfach um die gleichen Vorfälle handelt, die jede Partei nur jeweils mit einer anderen Bewertung zur Unterstützung ihrer Auffassung heranzieht. Also auch in diesem Punkt zeigt sich, daß die bisherige gesetzliche Regelung nicht zu vernünftigen und befriedigenden Ergebnissen zu führen vermag.

In diesen beiden Punkten kann m. E. nur der Gesetzgeber die gebotene Abhilfe schaffen.

Das äußerst unbefriedigende Ergebnis, das sich für die Gesellschaft und für die Allgemeinheit aus dem Sonderrechtscharakter des Geschäftsführungsrechts bei der Abberufung eines Gesellschafter-Geschäftsführers ergibt, nötigt m. E. zu einer Lösung, die auch den schutzwerten Interessen der Gesellschaft und der Allgemeinheit an einer sofortigen Klarstellung der durch die Abberufung eingetretenen Rechtslage Rechnung trägt. Eine solche Lösung, die zugleich den Sonderrechtscharakter des Geschäftsführerrechts gebührend berücksichtigt, ist nur möglich, wenn die Wirksamkeit der Abberufung auf den Zeitpunkt verlegt wird, in dem die streitige Frage über das Vorliegen eines wichtigen Grundes abschließend geklärt wird. Dieser Zeitpunkt ist der Eintritt der Rechtskraft des Urteils, das über die zwischen den Parteien streitige Frage über das Vorliegen eines wichtigen Grundes entscheidet. Das bedeutet, daß eine für alle Beteiligten gerechte Lösung bei der Abberufung eines Gesellschafter-Geschäftsführers nur möglich ist, wenn für die Form der Abberufung eines solchen Geschäftsführers eine den §§ 117, 127 HGB entsprechende Regelung eingeführt wird[16]. Nur auf diesem Wege kann der insoweit bestehende Interessenwiderstreit sinnvoll gelöst werden. Die Rechtsprechung kann mit den ihr zur Verfügung stehenden Mitteln diese allein sachgerechte Lösung nicht herbeiführen; das kann vielmehr nur der Gesetzgeber tun.

Schwieriger erscheint eine sachgerechte Regelung bei der gegenseitigen Abberufung der Geschäftsführer einer personalistischen Zweimann-GmbH. Denn hier führt die Übernahme einer den §§ 117, 127 HGB entsprechenden Regelung auch noch nicht weiter, weil dabei die Klagebefugnis zur Abberufung eines Gesellschafter-Geschäftsführers im Unterschied zum Recht der Personalgesellschaften m. E. grundsätzlich der Gesellschaft übertragen werden muß. Und gerade aus der Beteiligung der Gesellschaft an dem Prozeß, der über die Abberufung des Gesellschafter-Ge-

---

[16] Vgl. dazu schon *Wieland*, Handelsrecht II S. 300; ähnlich auch *Hachenburg-Schilling* § 38 Anm. 10.

schäftsführers angestrengt wird, ergeben sich die prozessualen Schwierigkeiten, die bei der gegenseitigen Abberufung von Geschäftsführern einer personalistischen Zweimann-GmbH auftreten. Diese Schwierigkeiten lassen sich m. E. sachgerecht nur beheben, wenn man in einem Fall dieser Art die alleinige Klagebefugnis von vornherein dem Gesellschafter überträgt, der insoweit als Träger der Gesellschaft die Abberufung des anderen verlangt. Es ist also in diesem besonderen Fall eine Ausnahme von dem allgemeinen Satz geboten, daß die Klage auf Abberufung eines Gesellschafter-Geschäftsführers von der Gesellschaft zu erheben ist. Gegen diesen Vorschlag lassen sich gewiß Einwendungen erheben, die auf dem Systemwidrigen einer solchen Regelung beruhen. Aber ich meine, solche Einwendungen sollten nicht zu ernst genommen werden, weil das praktische Bedürfnis eine Regelung dieser Art einfach erfordert, und weil eine solche Regelung allein die Möglichkeit gibt, die vielfachen prozessualen Schwierigkeiten in diesem Zusammenhang überaus einfach und völlig sachgerecht auszuräumen.

2. Die Ausschließung eines Gesellschafters.

Es kann nach dem heutigen Stand in Rechtsprechung und Schrifttum davon ausgegangen werden, daß schon nach dem geltenden Recht die Ausschließung eines Gesellschafters aus der GmbH beim Vorliegen eines wichtigen Grundes zulässig ist, auch wenn der Gesellschaftsvertrag eine dahingehende Bestimmung nicht enthält[17]. Diese heute gesicherte Rechtsauffassung darf aber nicht darüber hinwegtäuschen, daß die fehlende gesetzliche Regelung für die Ausschließung eines Gesellschafters überaus große Schwierigkeiten in sich birgt. Das aufopferungsvolle Bemühen von Rechtsprechung und Schrifttum in diesem Punkt zu einer vernünftigen und sachgerechten Regelung zu kommen, und die vielfachen Meinungsverschiedenheiten bei der Frage der Durchführung

---

[17] Vgl. RG 114, 213; 125, 114; 128, 1; 169, 330; DR 1943, 812; BGH 9, 157; 16, 317; *Scholz*, Ausschließung und Austritt aus der GmbH 3. Aufl.; ders. Komm. § 15 Anm. 65; *Baumbach-Hueck*, Einf. zu § 34; *Hachenburg-Schmidt* § 34 Anm. 18; *Vogel* § 34 Anm. 5; *Hueck* Betrieb 1953, 776; *Vogel* BB 1953, 460; *Mangold* BB 1953, 399; *Küster* JR 1952, 455; *Grusendorf* JR 1953, 133; *Bergenroth* MDR 1951, 721; den insoweit abweichenden Stimmen im Schrifttum (vgl. *Masur* NJW 1949, 407; *Buchwald* BB 1953, 457) wird man heute kein besonderes Gewicht mehr beimessen können, nachdem auch *Schilling* seine insoweit abweichende Meinung nunmehr aufgegeben hat (vgl. JZ 1955, 331).

der Ausschließung lassen diese Schwierigkeiten ganz deutlich werden[18].

Die Ausschließung eines Gesellschafters aus der GmbH und ihre Durchführung kann — und ich glaube darüber besteht heute Übereinstimmung — nur unter Berücksichtigung der schutzwerten Interessen der Gesellschaft (und der übrigen Gesellschafter) an einer möglichst schnellen und reibungslosen Durchführung der Ausschließung und zugleich nur unter Berücksichtigung der schutzwerten Interessen des ausgeschlossenen Gesellschafters an einer Sicherstellung seines Abfindungsanspruchs gelöst werden. Ein vernünftiger Ausgleich dieser widerstreitenden Interessen ist heute das eigentliche Problem für die Ausschließung eines Gesellschafters aus der GmbH, und ich habe den Eindruck, er läßt sich bei der heutigen Gesetzeslage nicht erreichen. Alle Versuche, die in dieser Hinsicht unternommen worden sind, scheitern m. E. daran, daß eine völlige Lösung von den bestehenden gesetzlichen Vorschriften nicht gewagt wird und wohl auch im Wege der Fortbildung des Rechts nicht möglich ist. Der Bundesgerichtshof hat in seiner Entscheidung BGHZ 9, 157 bei der Beurteilung des hier in Betracht kommenden Interessenausgleichs das entscheidende Gewicht auf den Schutz der Interessen des ausgeschlossenen Gesellschafters gelegt und dabei ganz sicherlich die Interessen der Gesellschaft an einer schnellen Durchführung der Ausschließung vernachlässigt. Was gegen diesen Standpunkt einzuwenden ist, ist m. E. im Schrifttum erschöpfend zum Ausdruck gekommen[19];

---

[18] Vgl. dazu etwa den emotionalen Ausruf in RGZ 114, 217/18: „Eine andere Möglichkeit, aus dieser Verwicklung herauszukommen, besteht nicht", der sicherlich keine Begründung, aber wohl eine Rechtfertigung der vom Reichsgericht vertretenen Ansicht darstellt; vgl. des weiteren den viel zitierten Ausspruch in BGHZ 9, 164: „Das Recht hat dem Leben zu dienen und muß die entsprechenden Formen zur Verfügung stellen. Ein pflichtbewußter Richter kann sich der Aufgabe, das Recht notfalls fortzuentwickeln, nicht entziehen", der gerade im Zusammenhang mit diesem Urteil bei einer mehr kritischen Betrachtung doch auch die Gefahren eines Übergreifens der Rechtsprechung in die Aufgaben des Gesetzgebers erkennen läßt; vgl. schließlich *Bergenroth* MDR 1951, 721: „Es ist immerhin bemerkenswert, daß 60 Jahre Rechtsprechung zum GmbH-Gesetz nicht vermocht haben, diese Frage auch nur einigermaßen befriedigend zu lösen".

[19] Vgl. etwa *Vogel* BB 1953, 460; *Hueck* Betrieb 1953, 776; *Hachenburg-Schmidt* § 34 Anm. 18; *Scholz* GmbHRdsch. 1953, 75, letzterer mit dem temperamentvollen Ausruf: „Weil er (der ausgeschlossene Gesellschafter) für die Gesellschaft untragbar geworden ist, wird er nun belohnt".

insoweit kann hier auf diese Äußerungen Bezug genommen werden. Demgegenüber treten die Kritiker des Bundesgerichtshofs für eine stärkere Berücksichtigung der schutzwerten Interessen der Gesellschaft ein. Ihre Lösungsversuche ermöglichen eine verhältnismäßig schnelle Durchführung der Ausschließung, soweit als Mittel der Ausschließung die Einziehung des Geschäftsanteils des betroffenen Gesellschafters gewählt wird. Bei einer Ausschließung auf diesem Weg werden freilich die schutzwerten Interessen des ausgeschlossenen Gesellschafters an einer Sicherstellung seines Abfindungsanspruchs überhaupt nicht berücksichtigt. Mit dem Ausschließungsurteil verliert er seinen Geschäftsanteil und ist darauf angewiesen, seinen Abfindungsanspruch gegen die Gesellschaft unter Beachtung der §§ 19 Abs. 2, 30 Abs. 1 GmbHG[20] durchzusetzen, wobei er wohl nicht einmal ein Mitwirkungsrecht bei der Aufstellung der Abschichtungs- (Vermögens-)bilanz hat. Dabei ist es m. E. auffallend, daß bei diesem Lösungsversuch die schutzwerten Interessen des ausgeschlossenen Gesellschafters überhaupt nicht erwähnt werden, obwohl ihre Berücksichtigung in anderem Zusammenhang, bei einer Ausschließung im Wege der Abtretung, als notwendig angesehen wird[21]. Neben der Einziehung des Geschäftsanteils als Mittel für die Durchführung der Ausschließung wird der Gesellschaft, ebenso wie es der Bundesgerichtshof tut, die Befugnis eingeräumt, die Abtretung des Geschäftsanteils an sich selbst, an einen Gesellschafter oder an einen Dritten zu verlangen. Die Ausschließung auf diesem Wege unterscheidet sich in der praktischen Durchführung, wie sie zum Teil im Schrifttum für richtig gehalten wird, nur unwesentlich von dem Standpunkt des Bundesgerichtshofs. Das wird bei dem Lösungsversuch von Scholz[22] ganz deutlich. Dieser verlangt zunächst einen Ausschließungsbeschluß der Gesellschafterversammlung. Dieser Beschluß führt nicht schon die Ausschließung herbei, sondern begründet lediglich das Recht der Gesellschaft, von dem betroffenen Gesellschafter die Abtretung seines Geschäftsanteils zu verlangen. Der betroffene Gesellschafter verliert also seine Gesellschafterstellung erst mit der Abtretung seines Anteils. Diese Abtretung

---

[20] Die von *Mangold* BB 1953, 399 geäußerte Meinung, man könne in diesem Fall die fundamentalen Vorschriften der §§ 19 Abs. 2, 30 Abs. 1 GmbHG vernachlässigen, ist im Schrifttum mit Recht abgelehnt worden.

[21] Vgl. etwa *Hueck* a. a. O.

[22] Ausschließung und Austritt aus der GmbH S. 37.

kann zwangsweise nur im Wege der Klage (§ 894 ZPO) durchgesetzt werden, wobei dann das Gericht das Vorliegen eines wichtigen Grundes für die ausgesprochene Ausschließung feststellen muß. Dabei gibt *Scholz* dem betroffenen Gesellschafter die Einrede aus § 320 BGB, da die Abtretung nur gegen Zahlung des Entgelts für den vollen Wert des Geschäftsanteils verlangt werden kann[23]. Das bedeutet, daß dieser Prozeß ähnlich wie bei der Ansicht des Bundesgerichtshofs mit der Festsetzung des Abfindungsbetrages belastet wird. Damit ist also gegenüber der Ansicht des Bundesgerichtshofs überhaupt nichts gewonnen, soweit die Ausschließung durch eine (Zwangs-) Abtretung vollzogen wird. Mehr leuchtet demgegenüber der Vorschlag von *Hueck*[24] ein, der bei der Durchführung der Ausschließung durch Abtretung des Geschäftsanteils eine stärkere Berücksichtigung der Interessen der Gesellschaft erreicht. Nach seiner Auffassung führt das Ausschließungsurteil im Fall, daß die Gesellschaft von dem betroffenen Gesellschafter die Abtretung des Geschäftsanteils verlangt, dazu, daß der betroffene Gesellschafter mit der Rechtskraft des Urteils die Befugnis zur Ausübung seiner Gesellschafterrechte (z. B. des Stimmrechts, aber auch des Rechts auf seinen Gewinnanteil) verliert, daß ihm aber der Geschäftsanteil als Vermögenswert verbleibt. Diesen muß der ausgeschlossene Gesellschafter dann gegen Zahlung des Entgelts für den vollen Wert an denjenigen abtreten, den die Gesellschaft ihm als Abtretungsempfänger bezeichnet. Erfolgt die Zahlung des Entgelts nicht innerhalb einer angemessenen Frist, so hat der ausgeschlossene Gesellschafter das Recht, die Auflösung der Gesellschaft zu verlangen[25]. Dieser Vorschlag von *Hueck* hat für die Gesellschaft den Vorteil, daß mit dem Abschluß des Rechtsstreits über die Ausschließung zunächst einmal für die Gesellschaft klare Verhältnisse geschaffen werden, und daß der ausgeschlossene Gesellschafter nicht mehr die Möglichkeit hat, auf die geschäftliche Betätigung der Gesellschaft einen nachteiligen Einfluß auszuüben. Dagegen vermag dieser Vorschlag auch nicht endgültige Klarheit herbeizuführen, weil das Damoklesschwert der Auflösung bis zur Zahlung des vollen Entgelts über der Gesellschaft schwebt[26].

---

[23] Ebenso *Küster* JR 1952, 455.

[24] a. a. O. und ihm folgend *Hachenburg-Schmidt* § 34 Anm. 18a.

[25] In dieser Hinsicht ähnlich bereits RGZ 125, 118.

[26] Die Zubilligung eines Auflösungsrechts für den ausgeschlossenen Gesellschafter ist freilich nicht ganz folgerichtig, da der ihm verbliebene Ge-

Schwerer wiegt jedoch bei diesem Vorschlag die Vernachlässigung der schutzwerten Interessen des ausgeschlossenen Gesellschafters. Obwohl ihm der Geschäftsanteil als Vermögenswert verbleibt, hat er den Anspruch auf Gewinnbeteiligung nicht mehr. Das bedeutet, daß die Gesellschaft noch für längere Zeit mit dem Kapital des Ausgeschlossenen arbeiten kann, daß aber das Risiko des Mißerfolgs praktisch der Ausgeschlossene für seinen Anteil allein trägt. In der unter Umständen langen Zeit, in der der Streit über die Höhe des Abfindungsentgelts ausgetragen wird[27], kann er sein Kapital nicht verwerten. Wenn sich in dieser Zeit die geschäftlichen Verhältnisse der Gesellschaft zum Schlechten wenden, dann geht das praktisch auch zu Lasten des ausgeschlossenen Gesellschafters. Denn in diesem Fall wird niemand mehr bereit sein, den Anteil des Ausgeschlossenen zu dem Wert zu übernehmen, den der Anteil im Zeitpunkt der Erhebung der Ausschließungsklage gehabt hatte. Die Folge wird sein, daß es zur Auflösung der Gesellschaft kommt, und daß der Ausgeschlossene sodann die inzwischen eingetretenen Verluste ebenfalls mitzutragen hat. Dieses Ergebnis, daß nämlich der Ausgeschlossene von der Erhebung der Ausschließungsklage an für eine unter Umständen recht lange Zeit an den wirtschaftlichen Erfolgen bei der Verwertung seines Kapitals nicht mehr teilnimmt, dagegen die wirtschaftlichen Mißerfolge insoweit auf sich nehmen muß, daß er also insoweit ein ganz einseitiges Risiko zu tragen hat, halte ich für ungerecht; vollends unerträglich wird dieses Ergebnis, wenn es sich bei dem Ausgeschlossenen um den Mehrheitsgesellschafter handelt.

Man mag bei der Ausschließung eines Gesellschafters aus der GmbH die Dinge wenden, wie man will, ich bin überzeugt, ein gerechter Ausgleich der widerstreitenden Interessen der Gesellschaft und des ausschließenden Gesellschafters läßt sich bei dem derzeitigen Rechtszustand nicht herbeiführen. Entweder führt die Lösung wie beim Bundesgerichtshof zu einer Vernachlässigung der durchaus auch beachtlichen Interessen der Gesellschaft an einer möglichst raschen und reibungslosen Durchführung des Aus-

---

schäftsanteil keine Verwaltungsrechte mehr in sich birgt. Aber dieser Mangel an Folgerichtigkeit kann m. E. hingenommen werden.

[27] Auch bei diesem Streit ist die Stellung des Ausgeschlossenen unverhältnismäßig schwach, weil er im Unterschied zu dem Gesellschafter einer Personenhandelsgesellschaft nicht einmal ein Mitwirkungsrecht bei der Aufstellung der Abschichtungs(Vermögens-)bilanz hat.

schließungsverfahrens, oder sie führt wie bei den im Schrifttum vertretenen Auffassungen zu einer Preisgabe der schutzwerten Interessen des ausgeschlossenen Gesellschafters an einer Sicherstellung seines Abfindungsanspruchs. Dabei ist der gerechte Ausgleich der widerstreitenden Interessen an sich gar nicht schwer, wie die gesetzliche Regelung der Ausschließung eines Gesellschafters aus einer Personalgesellschaft zeigt. Die Schwierigkeiten bei der GmbH sind allein dadurch bedingt, daß man hier bei dem derzeitigen Recht nicht zu einer entsprechenden Regelung wie im Fall des § 140 HGB zu kommen vermag. Hier kann nur der Gesetzgeber helfen, und ich meine, er muß helfen, um im GmbH-Recht die schwerwiegenden Mängel bei der Durchführung der Ausschließung eines Gesellschafters zu beseitigen.

Diese gesetzliche Regelung des Ausschließungsverfahrens sollte sich an die vernünftige Regelung des § 140 HGB anlehnen, den Grundsatz dieser Regelung übernehmen und darüber hinaus nur den Besonderheiten des GmbH-Rechts Rechnung tragen. Das Entscheidende der Regelung des § 140 HGB besteht darin, daß der auszuschließende Gesellschafter mit der Rechtskraft des Ausschließungsurteils seine Gesellschafterstellung vollständig verliert und nur noch einen schuldrechtlichen Abfindungsanspruch hat. Das sollte auch für das GmbH-Recht gelten. Nur müßte hier im Unterschied zu dem Recht der Personalgesellschaften noch bestimmt werden, was mit dem Geschäftsanteil des ausgeschlossenen Gesellschafters geschieht. Dabei ist von der heute übereinstimmenden Auffassung auszugehen, daß der Gesellschaft das Wahlrecht zwischen der Einziehung und der Abtretung des Anteils zustehen muß. Dieses Wahlrecht kann in der gesetzlichen Regelung derart verankert werden, daß die Gesellschaft in ihrer Ausschließungsklage zugleich auch den Antrag stellen muß, daß der Geschäftsanteil einzuziehen ist oder, wenn sie das nicht will, daß er abzutreten ist. Das Gericht hat dann in seinem Ausschließungsurteil auch noch rechtsgestaltend die Einziehung oder die Abtretung auszusprechen. Eine solche Regelung ist ohne weiteres möglich, soweit das Gericht die Einziehung oder die Abtretung an die Gesellschaft auszusprechen hat. Nicht ganz so einfach liegt es, wenn die Gesellschaft — und diese Möglichkeit muß ihr offen bleiben — die Abtretung an einen Gesellschafter oder an einen Dritten wünscht. Eine solche Abtretung kann das Gericht in dem Prozeß zwischen der Gesellschaft und dem auszuschließenden Gesellschafter nur aussprechen, wenn das Einverständnis des Abtretungsempfängers vorliegt. Aber das sollte auch genügen, um dem Gericht die Befugnis zu übertragen, auf einen entsprechenden Klageantrag hin rechtsgestaltend die Abtretung an einen Gesellschafter oder an einen Dritten auszusprechen[28]. Wird dem Ausschließungsurteil wie im Fall des § 140 HGB auf diese Weise die endgültige Ausschließungswirkung beigelegt, so ist damit den schutzwerten Interessen der Gesellschaft an einer reibungslosen Durchführung des Ausschließungsverfahrens in jeder Weise genügt. Die weitere gesetzliche Regelung muß nunmehr auf die schutzwerten Interessen des ausgeschlossenen Gesellschafters Bedacht nehmen. Hierbei ist es nicht notwendig, wie die Regelung des § 140 HGB lehrt, daß er im Zeitpunkt seiner Ausschließung bereits das Entgelt für den vollen Wert seines Geschäftsanteils erhält, es muß vielmehr genügen, wenn er einen durchsetzbaren und ungefährdeten Anspruch auf dieses Entgelt erhält. In diesem Punkt bestehen bei der GmbH namentlich mit Rücksicht auf die Gläubigerschutzvorschriften der §§ 19 Abs. 2, 30 Abs. 1 GmbHG die besonderen Schwierigkeiten. Diese lassen sich aber m. E. beheben, wenn nicht nur der Gesellschaft, sondern auch allen Gesellschaftern persönlich die Verpflichtung zur Zahlung des Entgelts auferlegt wird. Damit steht sich der ausgeschlossene GmbH-Gesellschafter ebenso wie der ausgeschlossene Gesellschafter einer Personalgesellschaft, und das ist zur Wahrung seiner schutzwerten Interessen ausreichend. Gegen eine solche Regelung bestehen auch vom Standpunkt der übrigen Gesellschafter aus m. E. keine durchgreifenden Bedenken. Gewiß stellt eine solche Regelung einen gewissen Einbruch in das Prinzip der nur beschränkten Haftung dar, aber das läßt sich m. E. rechtfertigen. Denn dieser Erweiterung der Haftung geht ein Willensentschluß der Gesellschafter voraus, und sie können daher vorher abwägen, ob sie im Interesse einer reibungslosen weiteren Zusammenarbeit diese Haftung in Kauf nehmen wollen. Da die Ausschließung eines Gesellschafters praktisch nur bei einer personalistisch gestalteten GmbH in Betracht kommt[29], läßt sich

[28] Nur eine Frage der Modalität ist es, welche Formerfordernisse man für diese Einverständniserklärung aufstellt, einfache Schriftform, Schriftform mit Unterschriftsbeglaubigung oder eine prozessuale Erklärung mit besonderem Anwaltszwang.

[29] Bei einer rein kapitalistisch organisierten GmbH wird das Vorliegen eines wichtigen Grundes zum Ausschluß eines Gesellschafters im allgemeinen zu verneinen sein.

auch diese besondere Gestaltung der Rechtsbeziehungen als Rechtfertigung für die persönliche Haftung der Gesellschafter anführen. Fraglich könnte in diesem Zusammenhang nur sein, ob auch die Gesellschafter persönlich mitzuhaften haben, die in der Gesellschafterversammlung gegen die Ausschließung gestimmt haben. Ich selbst möchte diese Frage bejahen, weil ich es für untunlich halte, insoweit zwei Kategorien von Gesellschaftern zu schaffen. Auch läßt es sich wohl nicht rechtfertigen, daß sie bei einer Einziehung des Geschäftsanteils oder bei einer Abtretung des Anteils an die Gesellschaft an den Vorteilen teilnehmen, daß sie aber die etwa auftretenden Nachteile, wenn die Gesellschaft nicht zur vollen Zahlung des Entgelts in der Lage ist, nicht zu tragen brauchen. Es wäre aber zu erwägen, daß die Gesellschafter in einem solchen Fall das Recht zum Austritt aus der Gesellschaft haben, und daß sie in diesem Fall von ihrer Haftung gegenüber dem auszuschließenden Gesellschafter frei werden.

Ich bin überzeugt, daß nur eine gesetzliche Regelung der Ausschließung, etwa in dem hier skizzierten Sinn, die Möglichkeit gibt, die Durchführung der Ausschließung eines Gesellschafters aus der GmbH einer sachgerechten Lösung zuzuführen. Rechtsprechung und Schrifttum sind dazu nach dem derzeit geltenden Recht m. E. nicht in der Lage.

Im Zusammenhang mit der Ausschließung ist aber noch eine weitere Frage zu erörtern, nämlich die Durchführung der Ausschließung einer Zweimanngesellschaft. Hier wird sich in zahlreichen Fällen das praktische Bedürfnis ergeben, den Ausschließungsprozeß zwischen den beiden Gesellschaftern selbst durchzuführen. Nach der Lebenserfahrung ist es bei tiefgreifenden Meinungsverschiedenheiten zwischen den beiden Gesellschaftern, die zu einem Ausschließungsprozeß führen, so, daß gegenseitige Vorwürfe erhoben werden, und daß in dem Ausschließungsprozeß jeder der beiden Gesellschafter die Ausschließung des anderen begehrt. In einem solchen Fall ist m. E. ein unabweisbares praktisches Bedürfnis gegeben, die beiden Ausschließungsklagen im Wege der Klage und der Widerklage in einem Prozeß zu verhandeln und zur Entscheidung zu bringen. Das ist aber nicht möglich, wenn auch in einem solchen Fall die Gesellschaft als Kläger auftritt. Ich halte es daher für angebracht, daß in diesem Sonderfall die Klage von dem Gesellschafter selbst erhoben werden muß, der die Ausschließung des anderen begehrt. Eine solche Regelung hat überdies den Vorteil, daß sie von vornherein auch all die Unzuträglichkeiten behebt, die sich in derartigen Fällen aus Mängeln der Vertretungsbefugnis für die Gesellschaft ergeben können, und auf die schon im Zusammenhang mit der Abberufung eines Gesellschafter-Geschäftsführers hingewiesen worden ist. Eine solche Regelung liegt nach der Interessenlage bei der Ausschließungsklage in einer Zweimanngesellschaft noch näher als bei der Abberufungsklage gegen einen Gesellschafter-Geschäftsführer. Denn die Ausschließungsklage in einer Zweimann-GmbH ist ihrem Ziel nach darauf gerichtet, daß der klagende Gesellschafter Einmann-Gesellschafter wird. Daher können hier wohl auch die Grundsätze Anwendung finden, nach denen ein Durchgriff von der Gesellschaft auf den die Gesellschaft allein tragenden Gesellschafter in bestimmten Fällen zulässig ist.

3. Der Gläubigerschutz.

Bei jeder Gesellschaft, in der die Gesellschafter oder einzelne Gesellschafter nur beschränkt haften, ist es ein besonderes gesetzespolitisches Anliegen, möglichst wirkungsvolle Sicherungen dafür zu geben, daß die der Höhe nach beschränkte Haftsumme von den betreffenden Gesellschaftern auch wirklich aufgebracht und später nicht wieder an diese Gesellschafter in irgendeiner Weise zurückgewährt wird. Dieses gesetzespolitische Anliegen hat bei der GmbH besonderes Gewicht, und es läßt sich nicht übersehen, wie schon ein Blick auf die Reformliteratur zeigt, daß in dieser Hinsicht die derzeitige gesetzliche Regelung noch manches zu wünschen übrig läßt.

Besonders bedeutsam ist in diesem Zusammenhang die Aufbringung der Kapitalgrundlage bei der Sachgründung. Entsprechend dem gesetzlichen Normalstatut der GmbH lehnt sich die gesetzliche Regelung auch bei dieser Frage an die entsprechenden Vorschriften für die Aktiengesellschaft an, nur daß sie dabei vielfache Erleichterungen gegenüber dem schwerfälligen und kostspieligen Prüfungsvorgang bei der Aktiengesellschaft gewährt. Dieses Vorgehen mag bei der kapitalistischen GmbH durchaus angemessen sein, wobei es hier offen bleiben kann, ob die derzeitige gesetzliche Regelung nicht zu wenige Sicherungen zugunsten der Gläubiger enthält. Aber für die rein personalistische GmbH paßt diese Art der gesetzlichen Regelung offenbar nicht.

In der Reformliteratur ist wiederholt davor gewarnt worden, die Sicherungen bei der Sachgründung nicht durch ein entsprechendes

Prüfungsverfahren zu stark auszubauen[30]. Dabei wurde namentlich darauf hingewiesen, daß in dieser Hinsicht die Verhältnisse bei der GmbH grundsätzlich anders wie bei der Aktiengesellschaft liegen, und daß die werdende GmbH durch ein ähnliches Prüfungsverfahren wie bei der Aktiengesellschaft mit unverhältnismäßig hohen Gründungskosten belastet werden würde; auch sei die bei der Aktiengesellschaft notwendige Publizität des Gründungsvorgangs bei der GmbH im allgemeinen nicht gerechtfertigt. Diese Argumente halte ich für die personalistische GmbH, bei der es sich im Regelfall um kleinere Unternehmen handelt, für richtig. Bei ihr entfällt im Unterschied zur Aktiengesellschaft zunächst schon einmal ein schutzwertes Sicherungsbedürfnis zugunsten der übrigen Gesellschafter. Bei ihr sind im allgemeinen die Verhältnisse bei einer Sachgründung, insbesondere die insoweit entscheidenden Bewertungsfragen für die Gesellschafter übersehbar, und es läßt sich daher auch durchaus rechtfertigen, daß man ihnen freie Hand läßt, die Bewertung der von ihnen einzubringenden Sacheinlagen nach den von ihnen für richtig gehaltenen kaufmännischen Gesichtspunkten auszuhandeln. In dieser Hinsicht liegen die Verhältnisse bei der Sachgründung einer personalistischen GmbH grundsätzlich nicht anders wie bei der Errichtung einer Personalgesellschaft, bei der sich einzelne Gesellschafter zur Entrichtung von Sacheinlagen verpflichten. Aber das gilt nur für das Verhältnis der Gesellschafter zueinander, nicht für das Verhältnis zu den Gläubigern der Gesellschaft. Denn diese haben nicht den gleichen Einblick in die Verhältnisse, die für die Bewertung der Sacheinlagen seitens der Gesellschafter bei der Gründung der GmbH entscheidend waren. Auch sind ihre schutzwerten Interessen in dieser Hinsicht grundsätzlich andere wie die der Gesellschafter. Für diese kann es in Einzelfällen vom kaufmännischen Standpunkt aus durchaus angemessen sein, eine Sacheinlage höher zu bewerten, als der gemeine Verkehrswert dieser Einlage ist. Der Gläubiger hingegen muß sich bei seinen Dispositionen darauf verlassen können, daß eine Sacheinlage auch tatsächlich in Höhe des angenommenen Wertes erbracht ist.

Es ist m. E. der entscheidende Fehler von Rechtsprechung und Schrifttum gewesen, daß sie bis in die Mitte der 30er Jahre bei der

---

30 *Hachenburg* LZ 1909, 15ff.; *Molitor*, Die ausländische Regelung der GmbH und die deutsche Reform 1927 S. 35; Feine Ehrenb. Hdb. III/3 S. 117/18; vgl. aber auch *Hallstein* Ztschr. f. Int. u. Ausl.PrR 12, 451.

Anerkennung der Bewertungsfreiheit für GmbH-Sachgründungen diese Unterschiede in der Interessenlage nicht genügend berücksichtigt haben. Wenn nun in dieser Hinsicht im Anschluß an die Ausführungen von *Groschuff*[31], *Crisolli*[32] und *Herbig*[33] auch ein grundsätzlicher Wandel der Rechtsauffassung eingetreten ist, die zu einer wesentlichen Einschränkung der Bewertungsfreiheit bei der Sachgründung einer GmbH geführt hat[34], so wird diese m. E. noch immer nicht der hier gegebenen Interessenlage gerecht, soweit sie — wenn auch in eingeschränktem Umfang — an dem Grundsatz der Bewertungsfreiheit festhält. Ein Blick auf die entsprechende Regelung über den Umfang der Haftung eines Kommanditisten, der eine Sacheinlage leistet, zeigt m. E. deutlich, welche Grundsätze hier obwalten müssen, nämlich grundsätzlich Bewertungsfreiheit für das Verhältnis der Gesellschafter zueinander und grundsätzliche Haftung des Sacheinlegers in Höhe der von ihm übernommenen Haftsumme ohne Rücksicht auf die Bewertung der von ihm erbrachten Sacheinlage.

Ich glaube, daß die Übernahme dieser für die Kommanditgesellschaft geltenden Grundsätze allein den Besonderheiten der Sachgründung einer personalistischen GmbH Rechnung trägt. Sie vermeidet das bei der personalistischen GmbH in der Tat nicht angebrachte umständliche und kostspielige Prüfungsverfahren und stellt doch die Aufbringung der Kapitalgrundlage zugunsten der Gläubiger sicher. Dabei müßte man wohl folgerichtig, um der Bewertungsfreiheit der Gesellschafter im Verhältnis zueinander entsprechenden Ausdruck zu verleihen, eine Haftung des Sacheinlegers in Höhe des Differenzbetrages zwischen dem angenommenen und dem wirklichen Wert seiner Sacheinlage nur gegenüber den Gläubigern der Gesellschaft annehmen, die erst im Konkurs der Gesellschaft realisiert werden kann[35].

---

[31] JW 1934, 1124.

[32] JW 1935, 2900.

[33] DNotZ 1936, 332; vgl. auch noch *Boesebeck* DR 1939, 436.

[34] Vgl. RGZ 155, 214; 159, 335; *Baumbach-Hueck* § 5 Anm. 8 A; *Hachenburg-Schilling* § 5 Anm. 28a; *Scholz* § 5 Anm. 27.

[35] In meiner Anmerkung bei LM Nr. 1 zu § 5 GmbHG hatte ich zur Begründung der Haftung des Sacheinlegers für jeden Differenzbetrag zwischen dem angenommenen und dem wirklichen Wert seiner Sacheinlage auch auf die Haftung bei mangelhaften Sacheinlagen hingewiesen, die bei einem entsprechenden Minderungsverlangen der Gesellschaft dazu führt, daß der einlegungspflichtige Gesellschafter den Minderwert seiner mangel-

Ich bin mir im Zweifel, ob es der Rechtsprechung möglich ist, mit den ihr zur Verfügung stehenden Mitteln die Haftung des Sacheinlegers für den Differenzbetrag zwischen dem angenommenen und dem wirklichen Wert seiner Sacheinlage in Anlehnung an die entsprechende Regelung bei der Kommanditgesellschaft anzuerkennen, sie auf das Verhältnis gegenüber den Gläubigern zu beschränken und sie erst im Konkursfall wirksam werden zu lassen. Es mag sein, daß gegen eine so weitgehende Fortbildung des Rechts durch die Gerichte durchgreifende Bedenken bestehen. Besser wäre es schon, wenn der Gesetzgeber auch in diesem Punkt eingriffe und insoweit zugunsten der Gläubiger Rechtsgrundsätze aus der Personalgesellschaft in das Recht der GmbH übernähme. Dabei wäre auch Gelegenheit, die Frage der Beweislast zu prüfen. Auch diese Frage erscheint mir sehr zweifelhaft. Es scheint manches dafür zu sprechen, die Beweislast für die richtige Bewertung der Sacheinlage dem in Anspruch genommenen Gesellschafter aufzubürden. Denn bei einer objektiven Beurteilung ist wohl ihm die Beweislast eher zuzumuten, weil er die Umstände, die zu der Bewertung seiner Sacheinlage geführt haben, kennt, während der Konkursverwalter dem oft fremd gegenüber steht. Andererseits ist aber auch zu bedenken, daß eine solche Regelung der Beweislast den Konkursverwalter allzusehr veranlaßt, Regreßansprüche gegen die einzelnen Gesellschafter geltend zu machen, ja ihn unter Umständen wegen seiner eigenen Verantwortung nötigt, das im Zweifel immer erst einmal zu versuchen. Unter Berücksichtigung dieses Für und Wider würde ich selbst dazu mehr neigen, die für die Kommanditgesellschaft geltende Beweislastregelung auch hier eingreifen zu lassen, die Beweislast für eine unrichtige Bewertung also dem Konkursverwalter aufzubürden.

---

haften Leistung in Geld aufzufüllen hat. Zwischen diesen beiden Tatbeständen besteht jedoch insoweit ein Unterschied, als der einlegungspflichtige Gesellschafter bei einer mangelhaften Sacheinlage auch im Verhältnis zur Gesellschaft zur Erbringung einer vollwertigen Sacheinlage verpflichtet ist und deshalb auch ihr gegenüber für den Minderwert aufkommen muß, während bei einer einverständlichen Überbewertung der Sacheinlage eine solche Verpflichtung gegenüber der Gesellschaft nicht angenommen werden kann, wenn man den Grundsatz der Bewertungsfreiheit im Verhältnis unter den Gesellschaftern anerkennt.

PROBLEME DER SACHGRÜNDUNG BEI EINER REFORM DES GMBH-RECHTES

Von Reinhard Goerdeler

Im GmbH-Recht (§§ 5 Abs. 4, 56 Abs. 1 GmbHG) wie auch im Aktienrecht (§§ 20, 45, 150 AktG) können die Einlagen auf das Grund- bzw. Stammkapital nicht nur in bar, sondern auch durch Sacheinlagen erbracht werden. In beiden Rechtsbereichen ist diese Aufbringung des haftenden Kapitals, wenn auch sehr unterschiedlich[1], geregelt. Die beabsichtigten Reformen des Gesellschaftsrechts, insbesondere des GmbH-Rechts[2], geben Anlaß, zu einigen mit der Sachgründung zusammenhängenden Fragen Stellung zu nehmen.

1. Grundsätzliche Fragen

Hachenburg hat schon 1909[3], also wenige Jahre nach Einführung des GmbH-Gesetzes in Deutschland, in der ihm eigenen Art wirkungsvoller Darstellung auf die reformbedürftigen Stellen des GmbH-Gesetzes hingewiesen; seine Gedankengänge sind seitdem immer wieder Ausgangspunkt bei Reformüberlegungen und bei Auslegung dieses Gesetzes gewesen, sei es ausdrücklich wie bei *Molitor* 1927[4], sei es — infolge der Diskriminierung seit 1933 — ungenannt wie in der Rechtsprechung der dreißiger Jahre und den beiden Arbeitsberichten zur Reform der GmbH 1938 und 1940[5]

[1] Vgl. *Schilling* in Hachenburg 6. Aufl. § 5 Anm. 12.

[2] Hinsichtlich der Reform des Aktienrechts vgl. den Referentenentwurf des Bundesjustizministeriums und die hierzu veröffentlichten Stellungnahmen; eine Zusammenstellung der Literatur zur Reform des GmbH-Rechts findet sich bei *Schilling* in Hachenburg Allgem. Einleit. Anm. 52—54.

[3] LZ 1909, Sp. 15ff.

[4] *E. Molitor*, Die ausländische Regelung der GmbH und die deutsche Reform, Berlin 1927.

[5] *F. Klausing*, Die Neuordnung der GmbH, 1. u. 2. Arbeitsbericht des GmbH-Ausschusses der Akademie für deutsches Recht Frankfurt a. M., 1938 und 1940.

und auch in der bedeutenden Darstellung von *Hallstein*[6]. Auch heute wird man stets auf seine Ausführungen zurückgreifen, wenn man an eine Reform des GmbH-Rechts herangeht; dies gilt vor allem für die hier zu behandelnde Frage der Sachgründung, denn gerade mit der Reformbedürftigkeit des §5 Abs. 4 GmbHG hat sich *Hachenburg* eingehend befaßt und sich dabei unter Ablehnung einer Sachgründungsprüfung für eine Verstärkung der Haftung der Gesellschafter und die Einführung einer ausdrücklichen Haftung der Gründer für den Wert der Sacheinlage ausgesprochen[7]. Er hat dabei richtigerweise den Gesichtspunkt der Überbewertung der Sacheinlage herausgehoben, die eine gesellschaftsrechtlich unzulässige Unterpari-Emission[8] darstellt. Der Übernahme der aktienrechtlichen Gründungsvorschriften in das GmbH-Recht, wie sie seinerzeit von einigen Kreisen gefordert wurde, stand *Hachenburg*[9] ablehnend gegenüber, insbesondere wegen der dadurch erforderlich werdenden Offenlegung der Unterlagen. Im Rahmen der Reform des Sachgründungsrechts (einschließlich der Kapitalerhöhung mit Sacheinlagen) ist damit die wohl entscheidende Frage gestellt, ob und durch welche Maßnahmen die Sachgründung gesetzlich zu sichern ist.

a) Nach dem jetzt geltenden Recht ergibt sich für die GmbH folgendes: § 5 Abs. 4 des GmbH-Gesetzes schreibt vor, daß bei Sacheinlagen auf das Stammkapital („Einlagen, welche nicht in Geld zu leisten sind") die Person des Gesellschafters, der Gegenstand der Einlage sowie der Geldwert, für welchen die Einlage „angenommen" wird, im Gesellschaftsvertrag festzusetzen sind[10]. Für Sacheinlagen anläßlich einer Kapitalerhöhung ist in § 56 GmbH-Gesetz vorgesehen, daß die Person des Einlegers sowie der Gegenstand der Einlage und der Geldwert, für welchen die Einlage „angenommen" wird, sowohl im Erhöhungsbeschluß als auch in der Übernahmeerklärung (§ 55 Abs. 1)[11] anzugeben sind. Der Sacheinleger selbst

---

[6] *W. Hallstein*, Die GmbH in den Auslandsrechten verglichen mit dem deutschen Recht, Rabels Zeitschrift Bd. 12 (1938/39), 341ff.

[7] a. a. O. Sp. 29—33.

[8] Hierzu auch *Ballerstedt*, GmbH=Rdsch. 1952, 4.

[9] a. a. O. Sp. 28.

[10] Hinsichtlich der Sachübernahme ist § 5 Abs. 4 GmbH-Gesetz enger als § 20 Abs. 1 AktG gefaßt, vgl. *Schilling* in Hachenburg 6. Aufl. § 5 Anm. 29—31; in den nachfolgenden Ausführungen bleiben die Probleme der Sachübernahme im wesentlichen außer Betracht.

[11] Hierzu BGHZ 15, 58.

hat nach den allgemeinen Grundsätzen des BGB für die Einbringung der Sacheinlage einzustehen; nach heute herrschender Meinung trifft ihn aber subsidiär die gesetzliche Bareinlagepflicht; eine Gründerhaftung i. S. von § 39 AktG ist gesetzlich nicht vorgesehen, die Haftung des Einbringers und der Gründer für den Wert der Einlage gegenüber der Gesellschaft ist umstritten[12].

Im Aktienrecht dagegen ist die Sachgründung unter besondere Kontrolle gestellt: Gründungsbericht, Gründungsprüfung durch unabhängige Prüfer, Einreichung dieser Unterlagen zum Handelsregister; nach näherer Maßgabe der Vorschrift des § 45 AktG sind diese Kontrollen auch bei späteren Verträgen, insbesondere bei Kapitalerhöhungen mit Sacheinlagen, in den ersten zwei Jahren nach Eintragung der Gesellschaft in das Handelsregister[13] vorgeschrieben. Die Gründer unterliegen der besonderen Haftungsvorschrift des § 39 AktG; auch steht dem Registerrichter die ausdrückliche Befugnis zu, die Anmeldung zu prüfen und gegebenenfalls die Eintragung abzulehnen (§ 31 AktG). Der Referentenentwurf zu einem Aktiengesetz (1959) hält an dieser Regelung des AktG 1937 fest (§§ 24ff.).

b) Bei einer Reform des Sachgründungsrechts wird man wohl drei Problembereiche zu untersuchen haben, die die Aufbringung des Stammkapitals gegenüber dem jetzigen Rechtszustand besser sichern können: die Einführung einer Gründungskontrolle, die Ausgestaltung des Nachprüfungsrechts durch den Registerrichter und die Haftung der Gründer; diese drei Bereiche stehen in einem engen Zusammenhang miteinander. Wollte man eine völlige Anpassung an das Aktiengesetz herbeiführen, so wären in allen drei Punkten dessen Bestimmungen zu übernehmen (§§ 20ff., 31 Abs. 2, 39, 151 Abs. 3).

aa) In welchem Umfange überhaupt Sicherungsmaßnahmen für die Sachgründungen im GmbH-Recht erforderlich sind, ist eine

---

[12] Bejahend: RGZ 159, 321 (336) *Baumbach-Hueck* § 5 Anm. 8C; *Scholz* 4. Aufl. § 5 Anm. 17; verneinend: *Schilling* a. a. O. § 5 Anm. 28a und § 9 Anm. 28; vgl. zu dieser Streitfrage neuestens BGH U. v. 16. 2. 1959 BGHZ 29, 300, der bei willkürlicher, nicht mehr vertretbarer Bewertung Nichtigkeit des Sacheinlageversprechens und damit des Gesellschaftsvertrages annimmt; vgl. ferner *Molitor* a. a. O. S. 44.

[13] Bei den formwechselnden Umwandlungen von GmbH in AG, von GmbH in KGaA, von bergrechtlicher Gewerkschaft in eine KGaA wird die Zweijahresfrist von der Eintragung der Umwandlung in das Handelsregister gerechnet (§§ 271 Abs. 4, 283 Abs. 3, 287 Abs. 2 AktG).

rechtspolitische Frage, deren Beantwortung in erster Linie von einer Auswertung des seit Einführung des GmbH-Gesetzes angefallenen Tatsachenmaterials abhängig ist[14]. Unterstellt man hiernach die Notwendigkeit einer gesetzlichen Sicherung der Sachgründungsvorgänge oder hält sie zumindest unabhängig hiervon für erwünscht, so stellt sich die Frage nach dem Zweck der gesetzlichen Neuregelung; dieser muß wohl hauptsächlich in dem Schutz Dritter, insbesondere der Gläubiger, gesehen werden. Der Schutz der Öffentlichkeit als solcher vor Beteiligung an der Gesellschaft tritt — anders im Aktienrecht — zurück, da die Eigenart der GmbH, der Zusammenschluß von einer bestimmten Anzahl von Partnern zur gemeinsamen Betätigung im Rahmen einer Gesellschaft, erhalten bleiben sollte. Geht es im wesentlichen um den Schutz der Gläubiger[15], so muß gefragt werden, ob dieser in der erwähnten dreifachen Weise gewährt werden soll oder ob auch die eine oder andere Form des Schutzes allein ausreichend erscheint. Für die Gläubiger ist von entscheidender Bedeutung, daß die von den Gründern angenommene (§ 5 Abs. 4) Bewertung den tatsächlichen Verhältnissen zum Zeitpunkt der Gründung (Abschluß des Gesellschaftsvertrages) oder im Zeitpunkt der Eintragung entspricht. Hier ist einzuräumen, daß im Grundsatz die Richtigkeit oder Angemessenheit der Bewertung der Sacheinlagen am ehesten durch ein dem Aktiengesetz nachgebildetes Sachgründungsverfahren gewährleistet wird, insbesondere durch die Einschaltung sachverständiger Prüfer (§ 25 Abs. 4 AktG); diese müssen testieren, daß die den Sacheinlagen von den Gründern beigelegten Werte auch nach ihrem Urteil angemessen sind. Von diesem Standpunkt aus erscheint die obligatorische Einführung der aktienrechtlichen Gründungsvorschriften in das GmbH-Gesetz bezüglich der angemessenen Bewertung der Sacheinlagen als der sicherste Schutz, der allerdings, abgesehen von der vom Prüfer zu übernehmenden Haftung[16], noch keine Ansprüche gegen die Gründer eröffnet. Es fragt sich aber, ob dieser — bezüglich der Bewertung — optimalen Sicherstellung der Gläubiger obligatorisch für alle Sachgründungen von Gesellschaften mit beschränkter Haftung Geltung verschafft werden soll. Der aktienrechtliche Sachgründungsvorgang muß, wie die Erfahrung gezeigt hat, auch in verhält-

[14] *Feine*, Die GmbH, Leipzig 1929, S. 26ff. und *Hallstein* a. a. O. S. 359/360 berichteten schon damals von ungünstigen Konkursstatistiken.

[15] In diesem Sinne auch *Hallstein* a. a. O. S. 450.

[16] Vgl. § 42 AktG.

nismäßig einfach gelagerten Fällen als umständlich bezeichnet werden und führt stets zu einem zusätzlichen Kostenaufwand[17], der zur Größenordnung der Sacheinlagen in keinem gerechtfertigten Verhältnis steht. Oft lassen sich auch für die eingebrachten Gegenstände wertmäßig einfachere Nachweise (z. B. amtliche Schätzungsurkunde eines Kraftwagens oder — falls Grundstücke zum Einheitswert eingebracht werden — durch einen entsprechenden finanzamtlichen Bescheid) erbringen. Gerade bei GmbH-Sachgründungen liegen oft einfache, überschaubare Verhältnisse vor, die ein aktienrechtliches Sachgründungsverfahren überflüssig erscheinen lassen (auf Sonderfälle wird weiter unten eingegangen).

M. E. sollte ein elastisches Verfahren gewählt werden, das einerseits den begehrten Gläubigerschutz gibt, andererseits aber auch der Verschiedenartigkeit GmbH-rechtlicher Sachgründungen (große und kleine Gesellschaften) Rechnung trägt. Es spricht viel dafür, die in Rechtsprechung und Literatur schon jetzt einhellig anerkannte Prüfungsbefugnis des Registerrichters[18] hier einzuschalten und gegebenenfalls weiter auszubauen[19]. Danach hat der Registerrichter im Rahmen seines pflichtgemäßen Ermessens Ermittlungen über die Bewertung von Sacheinlagen anzustellen, wenn er auf Grund der ihm vorgelegten Unterlagen oder aus sonstigen Umständen begründete Bedenken trägt, daß gegen allgemeine kaufmännische Bewertungsgrundsätze verstoßen worden ist, d. h. wenn sich Anhaltspunkte für eine unangemessen hohe Bewertung ergeben (vgl. §§ 31 Abs. 2, 151 Abs. 3 AktG); der Registerrichter ist in diesem Zusammenhang berechtigt, wenn auch nicht verpflichtet, die Gültigkeit und Wahrheit der abgegebenen Erklärungen nachzuprüfen[20]. Zu den hiernach erforderlichen Ermittlungen steht ihm § 12 FGG zur Seite. Es ist zuzugeben, daß durch diese Art Gründungskontrolle die Schwere der Verantwortung den Registerrichter trifft, der im Einzelfall schon mit der Entscheidung der Frage, ob er weitere Nachprüfungen veranlassen soll, überfordert sein mag. Diese Bedenken sind aber schon deshalb nicht begründet, weil auch

---

[17] *Klausing*, 1. Arbeitsbericht, S. 25; *H. Lehmann*, Gesellschaftsrecht, 2. Aufl. 1959, S. 290.

[18] RGZ 155, 211; LG Hamburg MDR 1948, 359; *Baumbach-Hueck* § 5 Anm. 8 A; *Schilling* a. a. O. § 5 Anm. 11a und § 10 Anm. 1.

[19] In gleicher Richtung gehen auch die von *Hallstein* a. a. O. S. 451 gezogenen Schlußfolgerungen.

[20] *Schilling* a. a. O. § 10 Anm. 1.

die im Aktienrecht vorgeschriebene Sachgründungsprüfung den Registerrichter nicht von seiner eigenen Entscheidung (§ 31 Abs. 2) entbindet, mag sie ihm dort auch leichter fallen. Es könnte überlegt werden, § 12 FGG oder § 23 der Handelsregisterverfügung vom 12. 8. 1937 in der Weise zu ergänzen, daß der Registerrichter je nach dem Gegenstande der Sacheinlagen in der Regel Sachverständigengutachten einzuholen hat; auch könnte der Wortlaut des § 126 FGG so geändert werden, daß der Registerrichter sich auch bei Sachgründungen stets der Mithilfe der Organe des Handelsstandes bedienen kann[21].

bb) Die Bewertung von Sacheinlagen bereitet vielfach Schwierigkeiten. Dies dürfte besonders dann der Fall sein, wenn einzelne immaterielle Werte (z. B. Patente und Lizenzen) oder die Beteiligung an einem anderen Unternehmen oder schließlich auch wenn ein Handelsgeschäft als Sachgesamtheit eingebracht wird.

Die Einbringung einzelner immaterieller Werte (z. B. Gründung einer Patentverwertungs-GmbH) wirft stets die Frage ihres Wertes auf; daß sie einbringungsfähig sind, ist jedenfalls heute noch als herrschende Meinung anerkannt[22]. Betriebswirtschaftlich läßt sich ihr Wert nur schätzen, d. h. es sind die Zukunftschancen in Rechnung zu stellen. Gerade weil es sich hier weitgehend um Schätzungen handelt, ist vielleicht eher eine vom Registerrichter anzufordernde individuelle, sachverständige Stellungnahme angezeigt als eine generell gesetzlich vorgeschriebene Sachgründungsprüfung. Auch dieser Gesichtspunkt spricht eher dafür, die Wertekontrolle der Sachgründung elastisch zu gestalten. Ähnliche Überlegungen gelten für die Einbringung einer Beteiligung an einer anderen Gesellschaft.

Soweit es sich um Sachgesamtheiten, insbesondere ein werbendes Handelsgeschäft handelt, sei folgendes bemerkt: weder im Aktiengesetz noch im GmbH-Gesetz ist die Einbringung auf Grund einer Bilanz oder die Vorlage einer Bilanz zum Handelsregister verlangt[23]. Es ist dies aber heute, gerade wenn ein Geschäft im ganzen und nicht nur Teile hiervon in eine Aktiengesellschaft oder eine GmbH eingebracht wird, üblich, so daß fast schon von einem entsprechenden Handelsbrauch gesprochen werden kann. Eine solche Bilanz ist

---

[21] Der jetzige Wortlaut: „Verhütung unrichtiger Eintragungen" gibt Anlaß zu Zweifeln, vgl. aber *Scholz* 4. Aufl. § 5 Anm. 27.

[22] *Baumbach-Hueck* § 5 Anm. 5 B.

[23] Ausführlich *Schilling* a. a. O. § 5 Anm. 19, 20 und 41.

in doppelter Hinsicht von Bedeutung: einmal zur Umschreibung und Abgrenzung der Sacheinlage, zum anderen auch gerade zur Bewertung der Sacheinlage selbst. Man könnte, daher überlegen, ob nicht in dieser Hinsicht § 5 Abs. 4 GmbHG (vielleicht auch § 20 AktG) entsprechend ergänzt werden könnte und zwar in der Weise, daß der Gründung eine solche Bilanz zugrunde zu legen oder aber zumindest der Anmeldung beizufügen ist, wenn Unternehmen oder Teile von Unternehmen als Sacheinlage in die Gesellschaft eingebracht werden sollen. Die Zugrundelegung von Bilanzen ist unserem Gesellschaftsrecht bei den formwechselnden und übertragenden Umwandlungen[24] ohnehin bekannt und hat sich dort sowie auch in den Entflechtungsvorgängen der Nachkriegszeit bewährt.

Soweit der Bilanz Abgrenzungsfunktion des zu übertragenden Vermögens zukommt, wäre der Bezeichnung des einzubringenden Gegenstandes der Sachgesamtheit Genüge getan[25]. Hinsichtlich der Bewertungsfunktion der Bilanz ergibt sich freilich die bekannte Schwierigkeit, daß eine Bilanz auf den Stichtag der Gründung oder der Eintragung in das Handelsregister, jedenfalls bei größeren Objekten, nicht aufgestellt werden kann, sondern auf Bilanzen zu voraufgegangenen Stichtagen zwangsläufig zurückgegriffen werden muß; dies führt zu dem Problem, ob der sich aus der Bilanz ergebende Überschuß der Aktiva über die Passiva am Einbringungs-(Gründungs-)tag noch vorhanden ist. Nach bisheriger Praxis wurde dann entweder vereinbart, daß das übernommene Handelsgeschäft vom Bilanzstichtag ab als für Rechnung der zu gründenden Gesellschaft geführt gilt[26], oder es wurde eine Bilanz auf den Einbringungsstichtag — unter Annahme oder Vereinbarung einer gegenseitigen Ausgleichspflicht von Gesellschaft und Sacheinbringer[27] — zugrunde gelegt. Diese auf dem Gebiete der Vertragsfreiheit liegenden Gestaltungsmöglichkeiten sollten aufrechterhalten bleiben. Der Registerrichter kann sich auf Grund seines Nachprüfungsrechts

[24] Vgl. z. B. § 264 Abs. 2 AktG; § 4 UmwandlG v. 12. 11. 1956.

[25] Die Bedenken von *Schilling* a. a. O. wegen mangelnder Identität können für den Fall ausreichender Verknüpfung von Gründungsvereinbarung und Bilanz nicht geteilt werden; die Frage, ob die einer besonderen Form unterliegende Übertragung von Gegenständen (Grundstücke und GmbH-Geschäftsanteile) im Gesellschaftsvertrag oder in der Anlage gesondert aufzuführen sind, darf hier außer Betracht bleiben.

[26] Problem der Rückbeziehung vgl. weiter unten.

[27] Hierzu *Schilling* a. a. O. § 5 Anm. 20 und RGZ 159, 321 (327); *Fischer*, Großkomm. AktG 2. Aufl. § 20 Anm. 8.

dann Klarheit über diese Frage an Hand des Gesellschaftsvertrages, der Bilanz und der weiteren Anlagen verschaffen, um die Angemessenheit der Bewertung beurteilen zu können. Die Vorlage von Gründungsberichten sachverständiger Prüfer wird er gerade in Fällen dieser Art verlangen.

Statt einer Änderung des § 5 Abs. 4 GmbHG (§ 20 AktG) könnte auch hier erwogen werden, die Prüfungsbefugnis des Registerrichters dahin zu erweitern, daß er bei Sachgesamtheiten (Übertragung von Aktiva und Passiva) die Vorlage einer Bilanz bei der Anmeldung verlangen kann. Hinsichtlich der Wertansätze in solchen Bilanzen erübrigen sich besondere Vorschriften; es gelten die allgemeinen Bestimmungen über Bewertung und Bilanz im GmbH- und Handelsrecht mit der Folge z. B., daß im Hinblick auf § 42 Nr. 2 GmbHG eine etwaige Aktivierung von Kosten der Betriebseinrichtung im Rahmen der Sacheinbringung in eine GmbH zur Erbringung der Sacheinlage nicht zugelassen werden dürfen (anders im Aktienrecht — § 133 Nr. 4 AktG).

cc) Es bleibt die Frage nach der gesetzlichen Einführung einer Gründerhaftung, die im GmbH-Gesetz bisher im Unterschied zu § 39 AktG nicht geregelt ist. Bisher haben sich für die Einführung einer Gründerhaftung i. S. einer Haftung für den Wert der Sacheinlagen ausgesprochen: *Hachenburg*, *Feine*[28], *Lehmann*[29] und *Ballerstedt*[30], während *Molitor*[31] vorschlägt, eine Haftung der Gründer gegenüber der Gesellschaft und der derzeitigen Gesellschafter gegenüber den Gläubigern miteinander zu verbinden; *Schilling*[32] hat sich allgemein für eine Verstärkung der Haftung bei Sacheinlagen ausgesprochen. Das RG hat — zumindest bezüglich des eigentlichen Sacheinbringers — eine Haftung gegenüber der Gesellschaft dann angenommen, wenn dieser in willkürlicher, mit kaufmännischen Grundsätzen nicht mehr vereinbarer Weise eine Überbewertung der Sacheinlage vorgenommen und dabei vorsätzlich oder grob fahrlässig gehandelt hat. Das RG hat den Anspruch auf eine schuldhafte Verletzung gesellschaftlicher Pflichten gegründet und dabei auf § 39 AktG Bezug genommen; gegen diese weitgehende

[28] *Feine*, S. 118.
[29] a. a. O. S. 290.
[30] a. a. O. S. 4.
[31] a. a. O. S. 47.
[32] a. a. O. Allgem. Einl. Anm. 55.

Analogie hat *Schilling*[33] sich mit Recht gewandt. Eine Haftung aller Gründer hat das RG nicht ausgesprochen; ob der BGH diese Haftung aller Gründer — ohne Vorliegen von § 826 BGB oder § 823 Abs. 2 BGB in Verbindung mit einem Schutzgesetz z. B. § 82 Abs. 1 Nf. 1 GmbHG[34] — bejaht, läßt sich dem schon zitierten Urteil vom 16. 2. 1959[35] nicht eindeutig entnehmen. Bei einem Vergleich mit den Auslandsrechten wird vor allem auf Art. 8 des französischen Gesetzes hingewiesen, wonach die Gesellschafter Dritten gegenüber gesamtschuldnerisch für den im Zeitpunkt der Gesellschaftsgründung angenommenen Wert der Sacheinlagen haften[36]. Die Haftung verjährt erst in zehn Jahren von der Gründung der Gesellschaft an.

Das entscheidende Problem ist, ob es neben einer verstärkten Gründungskontrolle — sei es im Wege der aktienrechtlichen Sachgründungsprüfung, sei es, wie hier vorgeschlagen, durch eine elastische Ausgestaltung der Prüfungsbefugnisse des Registerrichters — noch einer irgendwie gearteten Haftung von Gründern oder Gesellschaftern bedarf. M. E. wird man eine solche Haftung nicht entbehren können, wenn man die Aufbringung des Stammkapitals im Interesse der Gläubiger wirklich sichern will. Die Gründungskontrolle in der einen oder anderen Form allein bringt diese Sicherung noch nicht mit sich. In der Ausgestaltung der Haftung könnten die erforderlich erscheinenden Begrenzungen gezogen werden, die es bewirken sollen, daß die Sachgründung als solche nicht mit untragbaren Risiken für alle Gründer belastet wird; dies gilt vor allem auch für die Dauer der Verjährung. Die Haftung hat sich auf den angegebenen Wert der Sacheinlage im Zeitpunkt der Gründung zu beziehen; es fragt sich freilich, ob eine Haftung auch dann eintreten soll, wenn die spätere Nachprüfung ergibt, daß die Sacheinlage zwar nicht den angegebenen Wert, aber einen solchen gehabt hat, der im Rahmen dessen liegt, was der BGH a. a. O. als mit kaufmännischen Grundsätzen vereinbar ansieht. Je nachdem wie diese

---

[33] a. a. O. § 9 Anm. 28.

[34] Zur Anwendung dieser Vorschrift auf Sacheinlagen vgl. *Klug* in Hachenburg 6. Aufl. § 82 Anm. 4.

[35] BGHZ 29, 300.

[36] Hierzu *Baudoin-Buguet*, La société à responsabilité limitée en droit français et en droit germanique, Baden-Baden, S. 69; offen bleibt allerdings selbst nach dessen Auslegung, ob nur die Gründer-Gesellschafter oder auch alle später hinzutretenden Gesellschafter diese Haftung trifft.

Frage vom Gesetzgeber entschieden wird, sollte auch der Umfang der Kontrolle und Prüfung der Sacheinlage bestimmt werden.

Im übrigen sollte die Haftung der des § 39 AktG entsprechen, also eine gesamtschuldnerische Haftung aller Gründer gegenüber der Gesellschaft, die diesen Anspruch durch ihren Geschäftsführer oder den Konkursverwalter geltend machen kann[37]; je nach der Art der Gründungskontrolle wären die Möglichkeiten des Entlastungsbeweises (§ 39 Abs. 3 AktG) zu regeln.

Eine solche gesetzliche Regelung einer begrenzten Gründerhaftung würde die jetzige unsichere Rechtslage, die sich aus RGZ 159, 321 ergibt, beseitigen und würde andererseits auch nicht die Gesellschaft oder Dritte auf rein deliktische Ansprüche aus §§ 826 oder 823 BGB verweisen.

Problematisch bleibt — vor allem in ihrer praktischen Auswirkung für die Haftung der Gründer — die retrospektive Feststellung des Wertes der Sacheinlage im Zeitpunkt der Gründung, auf den für die Frage der Haftung abzustellen ist. In einfach gelagerten Fällen — Verkehrswert von eingebrachten Grundstücken oder Wertpapieren — mag dies möglich sein. Schwierigkeiten ergeben sich für Sachgesamtheiten (Unternehmen), die nach Maßgabe einer Bilanz eingebracht sind, deren Stichtag mit dem Stichtag der Gründung oder Eintragung der Gesellschaft in das Handelsregister nicht zusammenfällt; es handelt sich hier letztlich um das oben Anm. 20 angedeutete Problem der Rückbeziehung handelsrechtlicher Vorgänge, das auch bei Sachgründungen im Aktienrecht auftaucht. In seiner ganzen Breite kann dieses Problem hier nicht erörtert werden. In dem hier interessierenden Fragenbereich wird man überlegen müssen, ob nicht bei Gründungen unter Einbringung von Sachgesamtheiten Bilanzen zugrunde gelegt werden dürfen, die auf einen vor der Gründung liegenden Zeitpunkt (im Rahmen eines eng begrenzten Zeitraumes) aufgestellt sind. Zunächst könnte eine gesetzliche Ermächtigung, wie sie beispielsweise in § 4 Abs. 2 des Umwandlungsgesetzes von 1956 enthalten ist, ausreichen. Darüber hinaus könnte überlegt werden, diese Rückbeziehung auch auf andere Rechtsbeziehungen auszudehnen, so insbesondere für die Haftung der Gründer. Die Vorteile eines solchen Verfahrens liegen einmal darin, daß dann im Zeitpunkt der Gründung von zuverlässi-

[37] Die nach § 46 Nr. 8 GmbHG erforderliche Beschlußfassung der Gesellschafter zur Geltendmachung der Ansprüche entfällt im Konkurse, vgl. BGH U. v. 20. 11. 1958 in JR 1959, 299 mit Anm. *Goerdeler* = NJW 1959, 193.

gen und für die Gründerhaftung maßgeblichen Werten ausgegangen werden kann, zum andern darin, daß die in der Praxis übliche obligatorische Rückbeziehung[38] der Führung des Geschäftsbetriebes eine gesetzliche Grundlage erhält[39]; eine Rückbeziehung der Existenz der Gesellschaft selbst soll damit nicht verbunden sein. Für die Frage der Gründerhaftung wird vor allem erreicht, daß nicht schwierige zeitraubende Weiterentwicklungen der Bilanzen vom Stichtag der Einbringungsbilanz bis zum Gründungstag nachträglich vorzunehmen sind, was schon deshalb schwierig ist, weil zum Gründungstag eine Inventuraufnahme in aller Regel nicht stattgefunden hat. Wird der Höchstzeitraum, innerhalb dessen solche Rückbeziehungen gestattet werden, sehr begrenzt — und die modernen Formen der Buchführung erlauben dies —, so dürfte der Einwand, daß der etwaige Werteverfall vom Bilanzstichtag bis zum Gründungsstichtag die Gläubiger gefährde, weitgehend ausgeräumt sein.

c) Die bisherigen Überlegungen beziehen sich auf Sacheinlagen bei der Gründung einer Gesellschaft mit beschränkter Haftung. Ähnliche Probleme stellen sich auch bei der Kapitalerhöhung mit Sacheinlagen (§ 56 GmbHG). Schließt man sich auch hier an das Aktienrecht an, so würden nur sogenannte Nachgründungen nach Maßgabe des § 45 AktG und im Rahmen der dort vorgesehenen Zweijahresfrist erfaßt. Einem Reformgesetzgeber wird sich die Frage stellen, ob die insoweit gegebenen Beschränkungen für die Anwendung des Sachgründungsrechtes (Kontrolle wie auch Haftung) gerechtfertigt erscheinen; ob diese Frage für beide Rechtsgebiete einheitlich zu entscheiden ist, mag dahinstehen. Jedenfalls ist nicht ohne weiteres einzusehen, warum die Gläubiger bei einer Kapitalerhöhung mit Sacheinlagen weniger schutzbedürftig sind als bei einer Sachgründung. Im GmbH-Recht kommt aber die durch § 24 GmbHG aufgeworfene Problematik der Haftung für verschie-

---

[38] „Die Geschäfte gelten ab . . . als für Rechnung der GmbH geführt"; hierzu auch *Schilling* a. a. O. §§ 81, 82 Anh. III Anm. 3.

[39] Eine entsprechende steuerliche Bestimmung könnte die Einheitlichkeit sicherstellen; im Umwandlungsrecht besteht zur Zeit eine Abweichung, weil § 2 Abs. 2 des steuerlichen Umwandlungsgesetzes vom 11. 10. 1957 in gewissem Umfange diese Rückwirkung unabhängig von der handelsrechtlichen Seite vorsieht. — Die Einbringungsbilanz könnte — unter Zusetzung der Kapitalkonten — zur handelsrechtlichen Eröffnungsbilanz werden, während dies nach heutiger Auffassung (Eröffnungsbilanz nicht vor dem Gründungstag) unzulässig ist — *Schilling* a. a. O. § 41 Anm. 8.

dene Emissionen hinzu[40]; gerade bei Einführung einer Gründungskontrolle und Gründungshaftung — gegebenenfalls im Rahmen der aktienrechtlichen Zweijahresfrist — wird die gesetzliche Klarstellung der Wirkung des § 24 erforderlich werden, weil die etwaige Sachgründerhaftung aus einer Kapitalerhöhung mit Sacheinlagen neben einer Haftung für die Ausfälle von Bareinlagen aus vorangegangenen Emissionen i. S. der Rechtsprechung des RG nicht tragbar erscheint.

2. Einzelfragen des Sachgründungsrechts

a) Nach § 9 Abs. 1 GmbH-Gesetz haften die Anmeldenden der Gesellschaft gesamtschuldnerisch für die Richtigkeit ihrer Angaben hinsichtlich der auf die Stammeinlagen gemachten Einlagen (§ 7 Abs. 2 GmbHG); diese gesetzliche Haftung gilt nach h. M. auch für Sacheinlagen[41].

Bezüglich der Sacheinlagen ist nach §§ 7 Abs. 2, 8 Abs. 2 GmbHG bei der Anmeldung von den Geschäftsführern die Versicherung abzugeben, daß diese vollständig zur Verfügung der Geschäftsführer stehen, wobei die zur Erfüllung der Einlageverpflichtung erforderlichen (dinglichen) Rechtsakte noch ausstehen können[42]. Wissentlich falsche Angaben hinsichtlich der Leistungen auf Stammeinlagen wozu nach h. M. auch Sacheinlagen gehören, zum Zwecke der Eintragung der Gesellschaft, sind nach § 82 Abs. 1 Nr. 1 GmbHG unter Strafe gestellt. Der Bundesgerichtshof[43] hat in diesem Zusammenhang entschieden, daß strafbare falsche Angaben auch dann vorliegen, wenn in den dem Handelsregister eingereichten Unterlagen (Gesellschaftsvertrag oder Anmeldung nebst Versicherung nach § 8 Abs. 2) die Tatsache der Sicherungsübereignung einzubringender Sacheinlagen nicht enthalten ist; dies solle selbst dann gelten, wenn die sicherungsübereigneten Gegenstände für den Zeitraum der Gründung der Gesellschaft von dem Sicherungsneh-

---

[40] Das RG hat sich in ständiger Rechtsprechung (RGZ 82, 116; 93, 251; 132, 392) auf den Standpunkt gestellt, daß alle Gesellschafter für alle Ausfälle haften; dem hat sich die h. M. in der Literatur angeschlossen; nur *Hachenburg*, zuletzt in der auch von *Walter Schmidt* bearbeiteten 6. Aufl. (dort Anm. 16—19 a) und *Feine* S. 336 vertreten die Meinung, daß jeder Gesellschafter nur für Ausfälle der Emission haftet, an der er sich beteiligt hat.

[41] Vgl. *Scholz* 4. Aufl. § 9 Anm. 4.

[42] Vgl. *Schilling* a. a. O. § 7 Anm. 14—16.

[43] BGHSt. 2 StR 103/58 U. v. 16. 5. 1958, auszugsweise abgedruckt in BB 1958, 891.

mer unter der Maßgabe freigegeben waren, daß sie alsbald nach der Gründung zurückübereignet werden sollten. Der BGH hat diese Freigabe als scheinbare angesehen und die Erfüllung des Tatbestandes des § 82 Abs. 1 Nr. 1 GmbHG für gegeben erachtet. *Klug*[44] hat mit Recht darauf hingewiesen, zu welchen Schwierigkeiten diese Entscheidung bei der Einbringung von Sachgesamtheiten, bei denen fast regelmäßig Bankkredite durch Sicherungsübereignung von Aktiven abgedeckt sind, führen kann. Als Lösungsmöglichkeit hat er de lege lata vorgeschlagen, daß die nach §§ 7 und 8 GmbHG abzugebende Versicherung dahingehend ausdrücklich ergänzt wird, daß auf bestehende Sicherungsübereignungen oder auf die vertragliche Verpflichtung zur Vornahme solcher nach Eintragung der Gesellschaft hingewiesen wird.

Im Aktienrecht ist diese Frage de lege lata ähnlich zu beurteilen (§§ 28 Abs. 2, 29 Abs. 1, 295 Abs. 1 Nr. 1 AktG). Bei einer Reform des Sachgründungsrechts, auch im Aktienrecht, wird zu überlegen sein, ob und wie dieses Problem einer gesetzlichen Regelung zugeführt werden kann. Denn wenn — der Lösung *Klugs* folgend — der Registerrichter die Eintragung der Gesellschaft wegen der Sicherungsübereignung versagt und die Kreditgeber andere Sicherheiten der Gründer nicht erlangen können, muß die Sachgründung in der beabsichtigten Form scheitern, und es kann dadurch die wirtschaftlich vielleicht allein sinnvolle Einbringung eines lebenden Handelsgeschäfts in eine Kapitalgesellschaft unmöglich werden. Die Schwierigkeit liegt darin, daß Täuschungsmanöver der Gründer auf alle Fälle verhindert werden und bleiben sollen und daher eine vom Gesetz etwa vorgeschriebene Ergänzung der Versicherung bei der Anmeldung allein nicht ohne weiteres zu einer Lösung führt. Man wird erwägen müssen, ob nicht gerade im Hinblick auf diese Sachverhalte die Rechte des Registerrichters, Nachprüfungen anzustellen oder Sachverständigengutachten einzuholen, weitgehend ausgestaltet werden sollten.

b) Auch weitere Urteile des BGH lassen Überlegungen im Rahmen der Reform des Sachgründungsrechtes angebracht erscheinen. In BGHZ 15, 58 (II. Senat) ist ausgesprochen, daß auch die Einbringung einer gegen die Gesellschaft gerichteten Forderung, wozu auch Darlehnsforderungen der Gesellschafter gegen die Gesellschaft gehören können, Gegenstand einer Sacheinlage oder Sach-

---

[44] In Hachenburg 6. Aufl. § 82 Anm. 4.

übernahme sein kann; diese Aufrechnungsabrede muß in den Kapitalerhöhungsbeschluß und in die Übernahmeerklärung nach §§ 56 Abs. 1, 55 Abs. 1 GmbHG aufgenommen werden; dieser Meinung hat sich offenbar der VII. Senat mit Urteil vom 21. 5. 1959[45] angeschlossen. Diese Urteile, zu denen auch BGHZ 28, 77 und 314 zu zählen sind, führen die einschlägige Rechtsprechung des RG fort.

Die Auffassung des BGH steht in engem Zusammenhang mit der Frage der Aufrechnung mit oder gegen die Einlageforderung und läßt sich kurz wie folgt zusammenfassen: Nach § 19 Abs. 2 GmbHG ist dem Gesellschafter verboten, einseitig gegen seine Einlageschuld aufzurechnen, es sei denn, daß seine Forderung, mit der er aufrechnet, aus der Überlassung von Vermögensgegenständen entstanden und die Übernahmeabrede gemäß §§ 5 Abs. 4, 56 Abs. 1, 55 Abs. 1 GmbHG in dem Gesellschaftsvertrag (Kapitalerhöhungsbeschluß) und die Übernahmeerklärung aufgenommen ist. Die Gesellschaft ihrerseits kann die Einlageforderung gegen eine Forderung, „die einem Gesellschafter auf andere Weise als durch Überlassung von Vermögensgegenständen an sie erwachsen ist", grundsätzlich nur aufrechnen, wenn die Forderung des Gesellschafters fällig, liquide und vollwertig ist. Ist die Schuld aus einer Sachübernahme entstanden und sind die Vorschriften der §§ 5 Abs. 4, 56 Abs. 1, 55 Abs. 1 GmbHG beachtet, so kann die Gesellschaft ebenfalls mit der Einlageforderung aufrechnen; diese Aufrechnung ist aber — zumindest im Grundsatz[46] — auch der Gesellschaft verboten, wenn die Formvorschriften der §§ 5 Abs. 4, 56 Abs. 1, 55 Abs. 1 nicht beachtet sind. Werden letztere Bestimmungen nicht eingehalten, so ist die Aufrechnungsabrede nicht wirksam und die trotzdem erfolgte Aufrechnung gilt nicht als Tilgung der Einlageschuld (BGHZ 15, 61); die Gesellschafter müssen die Einlage in bar erbringen.

Ausgangspunkt für die Frage, wann eine Sacheinlage (oder -übernahme) vorliegt, ist für den BGH, ob die Gesellschafterforderung, die zur Verrechnung mit oder gegen die Einlageforderung steht, „aus der Überlassung von Vermögensgegenständen an die Gesellschaft" oder ob sie „auf andere Weise als durch Überlassung von

[45] WM Teil IV B 1959, 1113.

[46] Die vom BGH für den Fall erlaubte Ausnahme, daß die Gesellschaft bei Gefährdung der Einlageforderung doch aufrechnen dürfe, kann für die nachfolgenden Überlegungen außer Betracht bleiben.

Vermögensgegenständen an sie" erwachsen ist. Im ersteren Falle liegt eine Sacheinlage (oder -übernahme) vor mit der Folge, daß die oben genannten Bestimmungen einzuhalten sind, andernfalls weder Gesellschaft noch Gesellschafter aufrechnen können. Problematisch ist aber in diesem Zusammenhang die Beurteilung von Darlehnsforderungen der Gesellschafter an die Gesellschaft; ob der BGH die hier vorliegende Überlassung von Geld stets als eine Überlassung von Vermögensgegenständen ansieht, bleibt unklar; er sagt in BGHZ 15, 60, daß die Einbringung einer gegen die Gesellschaft gerichteten Forderung Gegenstand einer Sacheinlage oder Sachübernahme sein „kann"; in der gleichen Ausdrucksweise („kann") äußern sich auch *Fischer*[47], *Schilling*[48], *Baumbach-Hueck*[49], ähnlich *Scholz*[50]. In dem vom BGH entschiedenen Fall handelte es sich um die Zulässigkeit der Aufrechnung von Darlehnsforderungen durch den Gesellschafter gegen seine Einlageschuld, die nach dem BGH ohnehin nur bei Vorliegen einer Forderung aus Überlassung von Vermögensgegenständen und Einhaltung der Formvorschriften gegeben ist. Offen bleibt, ob im vorliegenden Fall der BGH auch die Aufrechnung durch die Gesellschaft selbst für unzulässig gehalten hätte. Denn wenn die Darlehnsforderung als eine Forderung angesehen wird, die durch Überlassung von Vermögensgegenständen an sie erwachsen ist, so müßte — mangels Einhaltung der Formvorschriften — auch die Aufrechnung durch die Gesellschaft unzulässig sein; diese Annahme liegt nahe, da die vom BGH in bezug auf den Gesellschafter als Sacheinlage angesehene Darlehnsforderung auch in bezug auf die Gesellschaft denselben Charakter haben müßte. Die genannten Kommentatoren haben demgegenüber richtigerweise so weitgehende Folgerungen aus dem BGH-Urteil nicht gezogen; vielmehr herrscht die Auffassung vor, daß die Gesellschaft immer aufrechnen kann, wenn die Forderung des Gesellschafters gegen sie vollwertig, unbestritten und fällig ist, wobei es auf den Rechtsgrund, aus dem die Forderung gegen die Gesellschaft stammt, nicht ankommt, es sei denn, daß eine Umgehung des § 5 Abs. 4 vorliegt[51]. Lediglich Fischer[52] sieht diese Konsequenz des BGH-Urteils,

---

[47] Großkomm. 2. Aufl. § 20 Anm. 12, positiver noch in § 60 Anm. 15.
[48] a. a. O. § 56 Anm. 2.
[49] § 56 Anm. 1.
[50] 3. und 4. Aufl. § 5 Anm. 15.
[51] *Schilling* a. a. O. § 19 Anm. 16b.
[52] LM zu § 19 GmbHG Nr. 1 unter 4.

schlägt aber in Übereinstimmung mit Boesebeck[53] vor, die Aufrechnung seitens der Gesellschaft gegen Darlehnsforderungen der Gesellschafter zuzulassen, wenn sie nicht schon bei der Gründung (Kapitalerhöhung) vorabgesprochen oder vorbeabsichtigt war. Das erscheint als eine tragbare Lösung, wenn sie auch rechtlich schwer zu begründen sein mag.

Das Problem, ob Darlehnsforderungen bei Gesellschaftsgründungen oder Kapitalerhöhungen als Sacheinlagen (-übernahmen) zu behandeln sind, ist für die Praxis von außerordentlicher Bedeutung, weil bejahendenfalls die angegebenen Formvorschriften[54] einzuhalten sind und mangels deren Einhaltung Gesellschaft und Gesellschafter nicht aufrechnen dürfen und die betroffenen Gesellschafter zur Bareinzahlung der Stammeinlagen verpflichtet bleiben.

Es könnte überlegt werden, ob bei der Reform des Aktien- und GmbH-Rechts eine Klarstellung auch solcher Einzelfragen der Sachgründung in dem einen oder anderen Sinne möglich und auch zweckmäßig ist.

3. Zusammenfassung

Die hier behandelten Probleme zeigen die Schwierigkeiten, denen sich der Reformgesetzgeber auf dem Gebiete des Sachgründungsrechts, vor allem für die GmbH, gegenübersieht. Für die Sachgründung selbst erscheint die Übernahme der aktienrechtlichen Gründungsvorschriften (insbes. Einführung einer obligatorischen Gründungsprüfung) nicht erforderlich; ausreichend dürfte eine Verstärkung der Nachprüfungsbefugnisse des Registerrichters im Sinne einer elastischen Ausgestaltung sein; auch erscheint eine gesetzliche Klarstellung der Gründerhaftung, die bisher nur die Rechtsprechung entwickelt hat, erwünscht. Zu überlegen wäre im Zusammenhang hiermit eine Sonderregelung für die Einbringung von Sachgesamtheiten unter Zugrundelegung einer Bilanz. Bei der Formulierung der Sachgründungsbestimmungen im einzelnen könnten die Auswirkungen der besprochenen Rechtsprechung des BGH von Bedeutung sein.

---

[53] JW 1938, 1403.

[54] Dies gilt auch für das Aktienrecht.

ALLGEMEINES GESELLSCHAFTSRECHT

KNOW HOW ALS EINBRINGUNGSGEGENSTAND

Von Carl Hans Barz

I

Der Ausdruck „know how" ist zwar in der gesamten wirtschaftlichen Welt geläufig, ist aber bisher nirgends — auch nicht im anglo-amerikanischen Rechtskreis — zu einem juristischen Begriff geworden, dessen Inhalt und Bedeutung irgendeiner Rechtsquelle zu entnehmen wäre. Ebensowenig wie man ihn in den Law Dictionaries des englischen oder amerikanischen Rechts finden wird, kann man ihn in einem deutschen Gesetz entdecken. Sogar in den Inhaltsverzeichnissen einschlägiger juristischer Werke ist er nur recht selten zu finden. Dabei verwendet ihn die Wirtschaftspraxis recht häufig und verbindet mit ihm auch einen fest umrissenen Sinngehalt. Er bedeutet das Wissen der technischen Einzelheiten für die Anwendung eines Verfahrens, mag es sich dabei nun um ein geschütztes oder um ein freies Verfahren, um ein Geheimverfahren oder ein bekanntes Verfahren handeln. Know how ist also nicht etwa ein fremdsprachlicher Name für ein Geheimverfahren als solches, sondern bezeichnet stets nur die für die Anwendung eines bestimmten Verfahrens erforderlichen Kenntnisse und Erfahrungen, niemals aber das Verfahren selbst. Zutreffend sagen *Lüdecke-Fischer*[1], es handele sich „nicht um die Ergebnisse erfinderischer Tätigkeit, ja nicht einmal um etwas, das ‚fast' patent- oder gebrauchsmusterfähig wäre, sondern lediglich um „Erfahrungen", wie sie jeder bei der Handhabung eines bestimmten Verfahrens machen könne und bezeichnen sie know how als die „Kenntnisse der Einzelheiten (der betrieblichen Kniffe)". Das Reichsgericht hat know how, ohne diesen Ausdruck zu verwenden, einmal[2] dahin umschrieben, auch bei Anwendung bekannter Verfahren könnten „durch die Erfahrung gewisse Kunst-

[1] Lizenzverträge 1957 S. 616 und 751.

[2] RG II 82/33 v. 27. 10. 33 in MuW XXXIV. 63 (65 Spalte 1).

griffe erworben werden, die andere Unternehmen bisher nicht angewandt haben und die nicht allgemein bekannt sind". Der Bundesgerichtshof hat know how, ebenfalls ohne den Ausdruck zu nennen, umschrieben als „die Kenntnis dieser zum Vertragsgebiet gehörenden Erfahrungen und Hilfsmittel", deren Zurverfügungstellung hohe Aufwendungen erspare[3]. Und kürzlich hat das Landgericht Düsseldorf[4] von den „Lizenzverträgen über Erfahrungen (‚know how')" und von „der Zurverfügungstellung völlig ungeschützter technischer Fertigkeiten (‚know how')" gesprochen.

Es geht also bei dem know how um die betrieblichen Erfahrungen, die sich aus der Anwendung eines bestimmten Verfahrens oder der Herstellung bestimmter Erzeugnisse ergeben, niemals um das Verfahren oder um die Herstellung selbst. Aus der täglichen Beschäftigung mit einem bestimmten Verfahren müssen konkrete Erfahrungen anfallen, wie das Verfahren am wirtschaftlichsten arbeitet, wie z. B. die Größenverhältnisse der Fabrikationsanlage im ganzen und in ihren Einzelheiten zweckmäßigerweise zu bemessen sind, in welchem Zeitpunkt am besten dieser oder jener Zusatz zu machen ist, welche Temperatur die geeignetste ist und dgl. mehr. Diese Erfahrungen sind meist erkauft mit dem, was in der Wirtschaftspraxis die „Kinderkrankheiten" eines Verfahrens genannt wird, die durchgestanden werden müssen, bis man mit einem neuen Verfahren zu einer reibungslosen und zufriedenstellenden Produktion zu kommen pflegt. Sie haben mehr oder minder viel Aufwand an Zeit, Arbeit und Produktionsausschuß gekostet, da auch die beste Idee, wie sie dem Kopf des Erfinders oder den Laboratoriumsversuchen entstammt, sich nur unter Schwierigkeiten und Reibungen in die Praxis des Fabrikationsbetriebes umsetzen läßt. Jeder Unternehmer, der ein Verfahren neu einführen will, muß auf dieses Wissen um die Einzelheiten, die „betrieblichen Kniffe" und „Kunstgriffe", die Betriebserfahrungen, kurzum auf das know how, Wert legen. Damit erspart er sich den durch die „Kinderkrankheiten" bedingten Aufwand und erhält die Gewähr für einen sofortigen reibungslosen Anlauf des neuen Verfahrens. Deshalb wird bei der Veräußerung eines Patents oder eines Geheimverfahrens ebenso wie beim Abschluß eines Lizenzvertrages in der Regel die Überlassung des zur Anwendung des

[3] BGH I ZR 144/53 v. 18. 3. 55 in GRUR 57.468ff. (472).
[4] LG Düsseldorf 403/56 v. 8. 1. 57 in MuW/E-LG/AG 51.

Verfahrens notwendigen oder jedenfalls zweckmäßigen technischen Wissens in die vertraglichen Leistungen des Veräußerers oder Lizenzgebers als Nebenverpflichtung einbezogen sein[5]. Der Fall der Einbringung des know how als Nebenleistung neben der Einbringung eines Patents, eines Geheimverfahrens oder einer Lizenz interessiert im Rahmen dieser Untersuchung nicht. Denn hier richtet sich die Überlassung des know how nach der Einbringung des Patents, des Geheimverfahrens oder der Lizenz und kann in diesem Rahmen nur zu einer Werterhöhung des einheitlich zu beurteilenden Einbringungsgegenstandes führen[6], erlangt also Erheblichkeit nur unter dem Gesichtspunkt einer höheren oder niedrigeren Bewertung des Patents, des Geheimverfahrens oder der Lizenz. Das Thema dieser Untersuchung ist aber das know how als selbständiger Einbringungsgegenstand und damit die Frage, ob es für sich allein Einbringungsgegenstand sein kann.

Verträge, deren alleiniger Gegenstand die Überlassung von know how ist, kommen durchaus im Wirtschaftsleben vor[7]. Denn auch bei einem freien, allgemein bekannten Verfahren bilden sich Betriebserfahrungen und Kenntnisse, die demjenigen, der das Verfahren als solches kennt, keineswegs bekannt zu sein brauchen, zumal sie in den das Verfahren bereits anwendenden Betrieben üblicherweise als Betriebsgeheimnis behandelt werden[8]. Ebenso wie bei einem Patent oder Geheimverfahren sind diese betrieblichen Erfahrungen und Kniffe auch hier wichtig und wertvoll, um die Arbeit nach diesem Verfahren aufzunehmen. Denn auch hier muß sonst der Unternehmer damit rechnen, die ganzen „Kinderkrankheiten" durchmachen und die dadurch bedingten Mehraufwendungen tragen zu müssen. Er wird deshalb auch bei einem freien, allgemein bekannten Verfahren bereit sein, dem know how einen Wert zuzuerkennen, und zwar einen um so höheren, je schwieriger und komplizierter das Verfahren in seinen Einzelheiten ist und je weniger von diesen Einzelheiten offenkundig ist. Das gilt insbesondere bei der Errichtung großindustrieller Anlagen, für die häufig überhaupt nicht oder nur in ganz

---

[5] Vgl. *Reimer*, Patentgesetz, 2. Aufl., § 9 Anm. 46; *Zeller*, Erfindervertragsrecht 1953 S. 30; *Lüdecke-Fischer* a. a. O. S. 476/77; *Krausse-Katluhn-Lindenmaier*, Patentges., 4. Aufl., § 9 Anm. 32.

[6] Vgl. *Lüdecke-Fischer* S. 751.

[7] *Lükecke-Fischer* a. a. O. S. 661.

[8] BGH in GRUR 57.468ff. (472/73); *Tetzner* UWG, 2. Aufl., § 17 Anm.12.

untergeordnetem Umfang Patente und Geheimverfahren bestehen, bei denen aber das Wissen um die zweckmäßigste und beste Arbeitsweise im einzelnen einen Wert darstellen kann, dessen Überlassung öfters mit Entgelten in Millionenhöhe ausgeglichen wird. Die Frage dieser Untersuchung geht dahin, ob derartige betriebliche Erfahrungen, die außerhalb eines Patents oder Geheimverfahrens bestehen, in eine Personen- oder Kapitalgesellschaft als Sacheinlage, also gegen Gewährung von Gesellschaftsrechten, eingebracht werden können.

II

Keinen Zweifeln kann die Einbringungsfähigkeit des know how für den Komplementär einer offenen Handelsgesellschaft, einer Kommanditgesellschaft oder einer Kommanditgesellschaft auf Aktien unterliegen. Der Komplementär haftet persönlich mit seinem gesamten Vermögen ohne jede Beschränkung. Seiner Einlage in die Gesellschaft eignet keinerlei Garantie- oder Gläubigerschutzfunktion, wie sie bei der Aufbringung des Aktien- oder GmbH-Kapitals oder der Festsetzung der Kommanditeinlage zu beachten ist. Eine derartige Aufgabe der Einlage ist bei dem Komplementär nicht erforderlich, weil er ja auch mit dem, was er nicht als Einlage erbringt, den Gläubigern unbeschränkt und unbeschränkbar haftet. Die Einlage eines persönlich haftenden Gesellschafters hat also rechtlich nur gesellschaftsinterne Bedeutung für die Beziehungen zu den übrigen Gesellschaftern, und zwar für das Verhältnis, in dem der Gesellschafter am Ertrag und im Falle der Abwicklung am Liquidationserlös beteiligt ist. Es besteht keine Veranlassung, der Gestaltungsfreiheit der Beteiligten irgendwelche Schranken über § 138 BGB hinaus aufzuerlegen. Hier liegt der gesetzgeberische Grund, warum bei der offenen Handelsgesellschaft wie bei der bürgerlich-rechtlichen Gesellschaft (vgl. § 706 Abs. 3 BGB) auch die Leistung von Diensten als Einbringungsgegenstand zugelassen ist und warum auch die Bewertung des Einbringungsgegenstandes dem freien Ermessen der Gesellschafter überlassen ist[9]. Infolgedessen kann für den persönlich haftenden Gesellschafter einer offenen Handelsgesellschaft, Kommanditgesellschaft oder Kommanditgesellschaft auf Aktien das know how unbedenklich als Einlage zugelassen werden.

---

[9] *Schlegelberger-Gessler*, HGB, 3. Aufl., § 105 Anm. 31.

Demgemäß ist denn auch ganz allgemein die Kenntnis von Absatzmöglichkeiten und Bezugsquellen[10], ein Geschäfts- oder Betriebsgeheimnis[11] und technische Erfahrungen[12] als Einlagegegenstand des persönlich haftenden Gesellschafters als zulässig anerkannt. Allerdings meint *Geiler*[13], reine Erfahrungen und Kenntnisse seien nicht einlagefähig. Jedoch denkt er dabei an „persönliche Qualitäten eines Gesellschafters". Darum geht es aber bei dem know how nicht, sondern um die Zurverfügungstellung und Überlassung betrieblicher Erfahrungen und Kenntnisse an die Gesellschaft, die auch *Geiler* wie die Betriebsgeheimnisse als Einlagegegenstand zuläßt. Infolgedessen ist bei dem persönlich haftenden Gesellschafter die Überlassung des know how als Einlage unbeschränkt zulässig und kann es den Gesellschaftern und ihrer freien Vereinbarung überlassen werden, den Wert des know how so festzusetzen, wie ihnen das richtig und zweckmäßig erscheint.

III

Bei den Kapitalgesellschaften und auch für den Kommanditisten einer Kommanditgesellschaft hat aber die Einlage nicht nur Bedeutung für die interne Festsetzung der Beteiligung an Substanz und Ertrag, sondern hat gleichzeitig auch Gläubigerschutzfunktion. Der Betrag des Grundkapitals und auch der Kommanditeinlage[14] gibt den Wert an, der bei der Aktiengesellschaft und GmbH im Interesse der Gläubiger zur Zeit der Einbringung mindestens vorhanden sein muß und später zugunsten der Gläubiger vor Verfügungen zugunsten der Gesellschafter gesperrt ist[15] und dessen Zurverfügungstellung bei der Kommanditgesellschaft die persönliche Haftung des Kommanditisten beschränkt. Daraus

[10] *Hueck*, Recht der oHG, 2. Aufl., S. 129 N 2; *Geiler* in: *Düringer-Hachenburg*, 3. Aufl., II 1 S. 72; *Fischer* in: RGR-Kom. z. BGB, 11. Aufl., § 706 Anm. 2; RGZ 95.150.

[11] *Weipert* in: RGR-Kom. z. HGB, 2. Aufl., § 105 Anm. 32; *Geiler* a. a. O.; *Kessler* in Staudinger BGB, 11. Aufl., § 706 Anm. 11.

[12] *Hueck* a. a. O. (technische Erfahrungen); *Kessler* a. a. O. (technische Hinweise); *Baumbach-Duden* HGB, 13. Aufl., § 109 Anm. 4 A (Empfehlungen).

[13] a. a. O.

[14] Dabei ist an die Funktion der Kommanditeinlage als Haftsumme gedacht.

[15] Statt vieler *Schlegelberger-Quassowski* Akt.-Ges., 3. Aufl., § 6 Anm. 4.

ergibt sich notwendig, daß die Gesellschafter nicht frei sind, was sie als Einlage gelten lassen und wie sie sie bewerten wollen, sondern daß ihre Entscheidung nur dann Bestand haben kann, wenn sie auch der Aufgabe der Einlage als unangreifbarer Sicherheitsstock für die Gläubiger gerecht wird[16].

1. Aus dieser Bedeutung der Einlage ergeben sich bei der Aktiengesellschaft, GmbH und Kommanditgesellschaft wesentliche Einschränkungen einmal für die Verwendbarkeit als Sacheinlage. Üblicherweise formuliert man im Anschluß an die Motive des Aktiengesetzes 1884 dahin, Gegenstand einer Sacheinlage könne jeder übertragbare Wert sein, der in eine Bilanz aufgenommen werden könne[17]. Ob diese auch heute noch gebräuchliche Formulierung in jedem Falle zutreffend ist[18], scheint bei ihrer Herkunft aus der Zeit einer absoluten Herrschaft der statischen Bilanzlehre zweifelhaft. Insbesondere das Steuerrecht hat, von der dynamischen Bilanzauffassung ausgehend, eine Ausdehnung der Bilanzierungsfähigkeit unter dem Stichwort „Wirtschaftsgut" gebracht[19], die sich wegen des Zusammenhangs zwischen Handels- und Steuerbilanz heute auch ins handelsrechtliche Bilanzrecht fortsetzt, die aber kaum mehr der Vorstellung entspricht, die man sich gemacht hat, als man gerade die Bilanzierungsfähigkeit eines Gegenstandes zum Merkmal seiner Einbringungsfähigkeit machte. Im Rahmen dieser Abhandlung braucht der Richtigkeit dieses Unterscheidungsmerkmals im einzelnen nicht nachgegangen zu werden. Denn das know how ist für den Fall eines entgeltlichen Erwerbs nicht nur nach heutiger Auffassung bilanzierungsfähig, und zwar sowohl handelsrechtlich[20]

---

[16] Die Frage, welche Folgen eine unrichtige Entscheidung der Gesellschafter hat, interessiert hier nicht. Es sei aber auf BGHZ 29.300 (304ff.) verwiesen.

[17] Motive z. l. Entw. d. AktGes. v. 18. 7. 84 S. 151; KGJ 45 A 176/77; BGHZ 29.304.

[18] Zweifelnd *Fischer* in Großkom. AktGes., 2. Aufl., § 20 Anm. 6.

[19] z. B. Reklameaufwendungen (RStBl. 40.34), verlorene Baukostenvorschüsse (BStBl. 57 III 346), Abbruchskosten eines Gebäudes (BStBl. 55 III 138), Damnum (RFH 36.180) sowie die „positiven und negativen Wirtschaftsgüter" im Rahmen der Rechnungsabgrenzung (BStBl. 58 III 260 und 331).

[20] Vgl. *Trumpler*, Bilanz der AktGes. 1950 S. 251, der „ungeschützte Erfindungen und Fabrikationsverfahren" als aktivierungsfähig bezeichnet; *Akler-Düring-Schmaltz*, Rechnungslegung und Prüfung der AktGes., 3. Aufl., § 131 Tz 42 stimmen dem zu.

als auch steuerrechtlich[21], sondern erfüllt auch, unabhängig von der Ausweitungstendenz des Steuerrechts, die Voraussetzungen, die nach einer strengen Auffassung an die Bilanzierungsfähigkeit gestellt werden können. Das know how gehört wie Firmenwert, Kundschaft und dgl. zu den sog. „wirtschaftlichen Rechtsgütern"[22]. Voraussetzung ihrer Aktivierbarkeit ist einmal, daß sie in der Welt des Wirtschaftsverkehrs einen in Geld ausdrückbaren Wert haben. Das ist oben bereits für das know how dargetan. Voraussetzung ist des weiteren, daß sie einen gewissen Rechtsschutz genießen. Da das know how nur dann einen Wert hat, wenn und solange es nicht offenkundig ist, wird es als wirtschaftlicher Wertgegenstand stets Betriebsgeheimnis sein. Das Betriebsgeheimnis genießt aber den Rechtsschutz der §§ 17, 18 UWG, der primär strafrechtlich ist, der aber durch die Ersatzpflicht des § 19 UWG und die Generalklausel des § 1 UWG auch zivilrechtlicher Natur ist[23]. Schließlich ist auch das know how aus der Rechtssphäre seines Inhabers lösbar, indem es durch Übermittlung des ihm zugrunde liegenden Wissens an einen beliebigen Dritten übertragbar ist, womit eine gewisse Selbständigkeit gegeben ist. Von weiteren Eigenschaften als den genannten drei, nämlich Vermögenswert, Rechtsschutzobjekt und Selbständigkeit, wird man aber schwerlich eine Aktivierungsfähigkeit abhängig machen können.

Mit der Feststellung der Aktivierbarkeit des know how ist im Grunde bereits festgestellt, daß das Prinzip des Gläubigerschutzes der Fähigkeit des know how, als Sacheinlage verwendet zu werden, nicht entgegensteht. Dafür spricht neben der bereits zitierten[24], allgemein üblichen Definition die Überlegung, daß ein entgeltlich erworbenes und deshalb in der Bilanz einer bestehenden Gesellschaft aktiviertes know how als Posten der Aktivseite der Bilanz ja auch den sich aus dieser Bilanz ergebenden Gewinn mitträgt, dieser Gewinn aber ohne Verletzung von Gläubigerschutzvorschriften ausgeschüttet werden kann. Wenn ein know how in

---

21 *Blümich-Falk* EStG, 8. Aufl., § 4 Anm. 8a; *Peters-Herrmann* EStG u. KStG, 8. Aufl., § 6 Anm. 98.

22 *Adler-Düring-Schmaltz* a. a. O. § 129 Tz 129.

23 Vgl. *Reimer*, Wettbewerbs- und Warenzeichenrecht, 3. Aufl. S. 746ff., insbesondere 784/86. Auch § 21 KartG anerkennt das Betriebsgeheimnis als Rechtsgut.

24 Vgl. Anm. 17.

der Bilanz eines arbeitenden Unternehmens aktiviert werden kann, ist nicht einzusehen, warum es nicht auch bereits bei der Einbringung anläßlich der Gründung oder Kapitalerhöhung aktivierbar sein sollte. Der Bundesgerichtshof meinte kürzlich[25], man dürfe das Erfordernis der Bilanzfähigkeit nicht wörtlich nehmen. Maßgebend sei, „ob ein faßbarer Vermögenswert vorhanden“ sei. Was konkret unter „faßbar“ zu verstehen sei, sagt der Bundesgerichtshof nicht und wird auch nicht durch seinen Hinweis auf *Fischer*[26] konkretisiert. Denn *Fischer* meint, Rechtsprechung und Schrifttum gingen über das Merkmal der Bilanzfähigkeit hinaus, träfen aber trotzdem das Richtige; jedoch müsse im Einzelfall die Frage des Vermögenswertes geprüft werden, insbesondere ob bei Fabrikationsgeheimnissen und Herstellungsverfahren tatsächlich die Voraussetzungen einer Wahrung des Geheimnisses gegeben seien. Genau genommen wird damit kein neues zusätzliches Tatbestandsmerkmal über die Bilanzierungsfähigkeit eines übertragbaren Vermögenswertes hinaus aufgestellt, sondern im Grunde nur eine besonders scharfe Prüfung ihrer Voraussetzungen verlangt. Darin kommt ein häufig zu beobachtendes allgemeines Mißtrauen[27] gegen immaterielle Werte als Einbringungsgegenstand zum Ausdruck, das insbesondere dort, wo es, wie bei der GmbH, keine obligatorische Gründungsprüfung gibt, eine gewisse Berechtigung haben mag. Jedoch kann dieses Mißtrauen nur die Prüfung der tatbestandlichen Voraussetzungen betreffen, niemals aber zu einer Diskriminierung immaterieller Werte anläßlich der Einbringung in Gesellschaften führen.

Trotzdem ist zu prüfen, ob nicht über die Bilanzierungsfähigkeit hinaus insbesondere beim know how noch weitere Voraussetzungen für die Einlagefähigkeit erforderlich sein könnten. Unter den für eine Sacheinlage nicht geeigneten Gegenständen werden fast einhellig Rechte aus Dienstverträgen aufgeführt[28], wobei allerdings bestritten bleibt, ob das auch für die Übertragung von Ansprüchen auf Dienste Dritter gilt. Das know how ist nun zwar keine Tätigkeit, sondern ein Wissen; immerhin aber erfordert seine Übermittlung ein Tätigwerden des Wissenden und — jeden-

[25] BGHZ 29.304.

[26] a. a. O.

[27] Übrigens nicht nur in Deutschland, sondern auch in den USA.

[28] Statt vieler *Fischer* a. a. O. Anm. 7; *Schilling* in *Hachenburg* GmbH-Ges., 6. Aufl., § 5 Anm. 21.

falls in der Großindustrie — die Zurverfügungstellung von Ingenieuren und Facharbeitern, die die erforderlichen Anweisungen und Belehrungen geben. Dieses Tätigwerden stellt aber nur die Übermittlung als solche, nicht aber das know how selbst dar. Meist findet das in den Überlassungsverträgen auch seinen Ausdruck dahingehend, daß die durch die Dienstleistungen der Ingenieure und Facharbeiter anfallenden Gehälter, Löhne, Reisekosten usw. an diese oder auch an den Besitzer des know how zu vergüten sind, ohne daß das aber bereits eine Gegenleistung für die Überlassung des know how selbst wäre. Die Gründe, die eine dienstvertragliche Tätigkeit als Sacheinlage unverwendbar machen sollen[29], geben demnach keinen Einwand gegen das know how als Einlagegegenstand ab.

Häufig wird auch die Zusage auf Herstellung eines Werkes als nicht einlagefähig angesehen[30]. Zwar soll die Übermittlung des know how dazu führen, ein bestimmtes Verfahren anzuwenden, damit also einen Erfolg herbeizuführen, der Gegenstand eines Werkvertrages sein könnte. Das macht aber das Wesen der Überlassung des know how nicht aus. Diese besteht in einer Übermittlung von Wissen, was eine einmalige Austauschleistung darstellt, die von dem Erwerber zu einem bestimmten wirtschaftlichen Erfolge verwendet wird[31]. Es ist also seitens des Besitzers des know how nichts zu schaffen und herzustellen. Das ist vielmehr Sache des Erwerbers selbst, auch wenn etwa Arbeitskräfte des Besitzers dabei helfen mögen. Das Wesen der Überlassung des know how liegt ausschließlich in der Übertragung des Wissens selbst.

Es geht bei der Einbringung von know how schließlich auch nicht darum, daß Erfahrungen und Kenntnisse eines Gesellschafters honoriert würden[32]. Nicht daß ein Gesellschafter ein besonderes

---

[29] Wobei diese Gründe im einzelnen durchaus zweifelhaft und widerspruchsvoll sind; vgl. *Fischer* a. a. O.

[30] *Schilling* a. a. O.; *Fischer* a. a. O.

[31] *Lüdecke-Fischer* a. a. O. S. 661 bemerken zutreffend, daß die Know-how-Verträge, auch wenn der Preis in Gestalt laufender Abgaben gezahlt wurde, „dem Kaufvertrag näher stehen als den Lizenzverträgen".

[32] Mit dieser Begründung hat ein New Yorker Berufungsgericht in Sachen Brown v. Watson, 285 A. D. 587, die Zusage von Aktien für unzulässig erklärt, die einem Angestellten mit besonderen Erfahrungen und Kenntnissen auf dem Arbeitsgebiet der Gesellschaft gemacht worden war. Das Gericht erklärte die Transaktion für nichtig, weil „special knowledge and experience do not constitute property".

Wissen hat, wird durch die Zuteilung von Gesellschaftsrechten abgegolten, wie etwa eine offene Handelsgesellschaft einem Gesellschafter mit wohlklingendem Namen eine besondere Einlage nur deshalb gutschreibt, weil er sich beteiligt. Es ist vielmehr in der Überlassung eines Wissens über ein technisches Verfahren, das die Gesellschaft anwenden will und das sie nur mittels dieses Wissens ohne besondere Aufwendungen anwenden kann, der Wert zu sehen, der seinen Ausgleich in der Zuteilung der Gesellschaftsrechte findet. In der Überlassung des Wissens wird der Gesellschaft also eine geldwerte Leistung erbracht, die ihr die „Kinderkrankheiten" des von ihr anzuwendenden Verfahrens erspart.

Das könnte zu dem weiteren Bedenken führen, daß in Wahrheit kein substantieller wirtschaftlicher Wert, sondern nur die Möglichkeit der Ersparung künftiger Unkosten und Aufwendungen eingebracht wird oder, anders ausgedrückt, daß der Einlagewert des know how in Wahrheit nur die kapitalisierte Vorwegnahme künftiger Erträge darstellt. Das ist im Grunde richtig. Da das know how seinem Wesen nach ein Wissen ist, das mit entsprechenden Aufwendungen, Versuchen und Kosten jeder auf die Dauer erwerben kann, liegt sein wirtschaftlicher Wert gerade in der Ersparnis andernfalls anfallender Kosten. Wollte man aus dieser Erwägung heraus aber das know how als Einbringungsgegenstand ausschließen, so müßte man z. B. bei der Bewertung eines als Sacheinlage ainzubringenden Unternehmens konsequent den Ertragswert als Bemessungsgrundlage ausschalten, könnte den Goodwill nicht als Bestandteil des Wertes eines einzubringenden Unternehmens gelten lassen und müßte letztlich auch trotz ihrer Zulassung in der Rechtsprechung als Einlagegegenstand ausschließen einen Lizenzvertrag[33], eine Generalvertretung auf bestimmte Zeit[34], eine Inseratenvertretung[35], einen Mietvertrag[36] und dgl. mehr. Denn in all diesen Fällen wird die Ersparung künftiger Aufwendungen oder die Erwartung künftiger Erträge im Vorgriff kapitalisiert. Eine derartige Auffassung läßt sich aber um so weniger vertreten, als gerade die ertragswertbetonte Bewertung gegenüber der reinen Sachbewertung immer stärker im Vordringen ist. Dann aber läßt sich auch daraus, daß die künftigen

[33] RG in LZ 08, 297; Holdh. 23.50.

[34] KG in RJA 11. 108; OLG 24.163.

[35] KGJ 44 A 106; abw. Holdh. 22.103.

[36] KG in Rundsch GmbH 14.179.

Erträge vorweggenommen werden, kein Einwand gegen die Einlagefähigkeit des know how entnehmen.

2. Aus der Gläubigerschutzfunktion der Einlage ergeben sich auch Auswirkungen auf die Bewertung des know how anläßlich seiner Einbringung.

Ein allgemeiner Marktpreis für ein bestimmtes know how existiert nicht. Es gibt auch keine allgemeingültige Grundlage für die Schätzung seines Wertes, da der Wert für jeden Erwerber verschieden sein wird, je nachdem, wieweit er mit der Anwendung des Verfahrens bereits gekommen ist und welcher Art die Schwierigkeiten sind, die er für die Anwendung des Verfahrens hat oder befürchtet. Für den Verkäufer wird das know how mindestens den Wert haben und damit den Kaufpreis bringen müssen, der ihm den Nachteil einer sofort auf dem Markt erscheinenden, gegenüber einer vielleicht erst in zwei oder drei Jahren einwandfrei arbeitenden Konkurrenz ausgleicht. Für den Käufer errechnet sich der Wert des know how und damit der Höchstpreis, den er zu zahlen bereit sein wird, nach dem Betrag an Minderverlusten oder Mehrgewinnen, den er zu erwarten hat, wenn er durch Erwerb der Erfahrungen mit dem sofortigen reibungslosen Anlauf der Produktion rechnen kann anstatt gewärtig sein zu müssen, viele Monate und gegebenenfalls auch Jahre die Erfahrungen für die zweckmäßige Anwendung des Verfahrens erst selbst gewinnen zu müssen. Dabei können naturgemäß andere Gesichtspunkte, wie gegenseitiger Erfahrungsaustausch, Preis- oder Marktabsprachen[37], zu einer Beeinflussung des Kaufpreises führen. Diese Analyse der preisbildenden Faktoren zeigt zwar die Schwierigkeit einer exakten Bewertung des know how, beweist aber andererseits auch, daß ein Wert in ihm steckt. Die Schwierigkeit seiner Feststellung kann niemals dazu führen, das know how als Einbringungsgegenstand auszuschließen, sondern nur dazu, hinsichtlich seiner Bewertung Vorsicht und Zurückhaltung gelten zu lassen. Im Prinzip treten die gleichen Bewertungsschwierigkeiten bei allen Immaterialgüterrechten auf, und auch der Bundesgerichtshof hat kürzlich[38] im Anschluß an *Scholz*[39] betont, die Bewertung von Urheberrechten als Einlagegegenstand möge „schwierig, ja

---

[37] Auf die Frage ihrer Zulässigkeit, insbesondere auf §§ 20, 21 KartG braucht in diesem Zusammenhang nicht eingegangen zu werden.

[38] BGHZ 29.304.

[39] GmbH-Ges., 2. Aufl., § 5 Anm. 15.

oft imaginär sein", das schließe ihre Eignung als Gegenstand einer Sacheinlage jedoch nicht aus. Für das know how kann nichts anderes gelten.

Wird ein know how als Sacheinlage erbracht, so muß ihm ein ganz bestimmter Wert beigelegt werden, da es bereits ja mit diesem Wert auf die Einlage angerechnet werden muß. Diesen Wert zu bestimmen ist grundsätzlich Sache der beteiligten Personen. Bei einer Aktiengesellschaft ist die Wertbestimmung einmal im Gründungsbericht der Gründer, die unter einer scharfen Verantwortlichkeit und Haftung stehen, zu rechtfertigen, zum anderen durch Vorstand und Aufsichtsrat sowie durch unabhängige, gerichtlich bestellte Gründungsprüfer auf ihre Angemessenheit zu prüfen und schließlich auch durch das Amtsgericht selbst festzustellen. Diese obligatorische dreifache Schranke gibt die Gewähr, daß unangemessene Werte für das know how nicht eingesetzt werden, sondern daß sich schon mit Rücksicht auf ihre eigene Verantwortlichkeit Gründer und Gründungsprüfer stets an der untersten Grenze der Bewertungsmöglichkeit halten werden und daß auch ein Richter die Eintragung nur dann verfügen wird, wenn die Bewertung unbedenklich ist.

Anders liegen die Dinge bei der GmbH. Die nach § 5 Abs. 4 GmbH-Gesetz erforderlichen Angaben über die Person des Einlegers sowie über Gegenstand und Anrechnungswert der Sacheinlage besagen nichts über ihren Wert und lassen grundsätzlich Überbewertungen zu. Jedoch steht nach heute wohl herrschender Auffassung[40] dem Registergericht die Befugnis zu, die Angemessenheit der Bewertung einer Sacheinlage, also auch eines know how, zu überprüfen. Da diese Überprüfung im Rahmen des § 12 FGG geschieht, kann das Gericht von Amts wegen die ihm erforderlich erscheinenden Ermittlungen anstellen und die ihm geeignet erscheinenden Beweise erheben. Das Amtsgericht kann also Erklärungen der Gesellschafter und Geschäftsführer darüber anfordern, wie sie zu der vorgenommenen Bewertung gekommen sind, und kann diese Bewertung durch von ihm bestellte Sachverständige überprüfen lassen. Macht der Registerrichter von diesem Prüfungsrecht Gebrauch — was er, wenn er Bedenken hat, tun muß, wenn er jedoch keine hat, nicht zu tun braucht —,

[40] *Brand-Marowski*, Die Registersachen, 4. Aufl., S. 319; *Schilling* a. a. O. § 10 Anm. 1; *Scholz* a. a. O. § 10 Anm. 3; *Baumbach-Hueck*, 8. Aufl., § 10 Anm. 1 B; BGHZ 29.305.

so kann die Gründungsprüfung bei der GmbH genauso scharf sein wie bei der Aktiengesellschaft. Es fehlt lediglich die scharfe gesetzliche Haftung der Gründer und Gründungsprüfer[41]. Da jedoch keine Gewähr besteht, daß ein Registerrichter von diesen Prüfungsmöglichkeiten tatsächlich auch Gebrauch macht, können bei der GmbH unangemessen hohe Bewertungen durchschlüpfen. Nachdem aber heute im Anschluß an *Boesebeck*[42] wohl herrschend[43] der Standpunkt vertreten wird, daß hinter einer auch schuldlos fehlerhaften oder unmöglichen Sacheinlage eine Gelddeckungsverpflichtung steht, kann diese Verpflichtung auch hinter eine fehlerhafte Bewertung gesetzt werden und damit eine Garantie für die Richtigkeit der Bewertung im Zeitpunkt der Einbringung schaffen[44], ohne daß die falsche Bewertung schuldhaft zu sein brauchte. Zwar verbürgt dieses Gelddeckungsversprechen nur den Wert im Zeitpunkt der Einbringung; stellen sich später Fehler heraus, die im Zeitpunkt der Einbringung nicht erkennbar waren, oder verfällt der Wert wegen im Zeitpunkt der Einbringung nicht voraussehbarer Ereignisse, so ändert dies an der Ordnungsgemäßheit der Bewertung für den Zeitpunkt der Einbringung nichts und stellt einen Wertverlust dar, der die GmbH als Inhaber dieses Wertes trifft. Mit der Konstruktion der hilfsweisen Gelddeckungsverpflichtung ist jedenfalls eine Möglichkeit gegeben, der GmbH zu einer vollen Einbringung des bei der Gründung angegebenen Wertes auch des know how zu verhelfen, so daß aus der Möglichkeit etwa überhöhter Bewertung kein Einwand hergeleitet werden kann.

Für die Kommanditgesellschaft liegen die Dinge etwas einfacher. Die Erbringung der Hafteinlage ist nicht schon bei der Gründung der Kommanditgesellschaft, dem Beitritt eines neuen Kommanditisten oder der Erhöhung einer Kommanditeinlage von Bedeutung, sondern erst dann, wenn ein Gläubiger sich auf die Haftung des Kommanditisten aus § 171 Abs. 1 HGB beruft. Dann hat der Kommanditist zu beweisen, daß er in Höhe seiner

---

[41] Eine Gründerhaftung analog § 39 AktGes. hat RGZ 159.336 für die Einbringer angenommen.

[42] DR 1939.436.

[43] *Schilling* a. a. O. § 5 Anm. 28; *Scholz* § 5 Anm. 15; *Würdinger*, Recht der Kap.Gesellschaften 1943 S. 52; *Baumbach-Hueck* § 5 Anm. 5 D.

[44] so in der Tat BGHZ 29.306; *Fischer* a. a. O. 39 Anm. 13; a. M. *Godin-Wilhelmi* AktGes., 2. Aufl., § 39.

Hafteinlage tatsächlich eine Einlage erbracht hat. Soweit die Einlage in einem Sachwert besteht, erfolgt seine Bewertung im nachhinein, wenn auch selbstverständlich bezogen auf den Zeitpunkt des tatsächlichen Zuflusses in das Gesellschaftsvermögen. Das führt dazu, daß z. B. ganz allgemein auch geleistete Dienste als auf die Haftsumme des Kommanditisten anrechenbar angesehen werden, weil ja im Zeitpunkt der Inanspruchnahme der Kommanditistenhaftung die Dienste erbracht sind und ihr tatsächlicher Wert für die Gesellschaft feststellbar ist[45]. Ähnliche Erwägungen müssen für das know how gelten. Denn wenn es auch für den Zeitpunkt der tatsächlichen Zurverfügungstellung an die Gesellschaft zu bewerten ist, so liegt doch die zwischenzeitliche Erfahrung der Gesellschaft mit ihm und damit die Möglichkeit vor, die von dem Kommanditisten nachzuweisende Schätzung auf den Einbringungszeitpunkt kritisch zu überprüfen. Zum anderen kann hier die Überprüfung der Bewertung ganz der Privatinitiative überlassen werden, da die Kommanditeinlage in ihrer Außenwirkung stets nur eine Haftsumme darstellt, die nichts darüber aussagt, ob sie tatsächlich bereits erbracht ist. Stellt sich heraus, daß infolge überhöhter Bewertung der Sacheinlage die Haftsumme nicht voll belegt ist, so ergibt sich automatisch eine Haftung des Kommanditisten auf den Differenzbetrag.

IV

Als Gesamtergebnis ist damit festzustellen,

a) daß das know how als die für die Anwendung eines bestimmten Verfahrens erforderlichen Kenntnisse und Erfahrungen einen bilanzierungsfähigen Wert darstellt,

b) daß das know how demgemäß als Sacheinlage nicht nur für den Komplementär einer offenen Handelsgesellschaft, Kommanditgesellschaft und Kommanditgesellschaft auf Aktien, sondern auch für den Gesellschafter einer Aktiengesellschaft und GmbH und den Kommanditisten einer Kommanditgesellschaft verwendet werden kann,

c) daß bei seiner Bewertung allerdings Vorsicht geboten ist, insbesondere bei der GmbH, wo stets Veranlassung für den Registerrichter bestehen dürfte, von seinen Prüfungsmöglichkeiten Gebrauch zu machen.

---

[45] *Weipert* § 171 Anm. 13; *Baumbach-Duden* § 171 Anm. 2 A.

INWIEWEIT HILFT DIE SPALTUNGSTHEORIE GEGEN DIE KONFISKATION VON MITGLIEDSCHAFTSRECHTEN?

Von Ernst Féaux de la Croix

I

Mit dem Ausdruck „Spaltungstheorie" wird jene nach dem 2. Weltkrieg vor allem in Deutschland entwickelte Lehre bezeichnet, die der Wirksamkeit entschädigungsloser Enteignungen von Anteilsrechten an Aktiengesellschaften[1] des Enteignerstaates dann entgegentreten will, wenn und soweit sich Vermögenswerte der Aktiengesellschaft im Ausland befinden. Das geeignete Mittel sieht die Spaltungstheorie in der Annahme, daß sich mit der Enteignung der Anteilsrechte die Aktiengesellschaft gespalten habe, nämlich in die ursprüngliche, im Enteignerstaat mit ihrem dortigen Vermögen weiterlebende Aktiengesellschaft und in eine hiervon abgespaltene, im Ausland mit dem dortigen Vermögen weiterlebende Gesellschaft, deren Anteile ungeachtet der Enteignung in den Händen der früheren Aktionäre verblieben sind.

Die Spaltungstheorie, auf die im einzelnen noch näher einzugehen sein wird, hat zum Ausgangspunkt das sog. Territorialitätsprinzip. Es besagt im Zusammenhang mit Vermögenskonfiskationen, daß Enteignungsmaßnahmen eines Staates nur in seinem Machtbereich befindliche Vermögen erfassen können, daß sie — anders ausgedrückt — Vermögenswerte im Ausland nicht ergreifen. Mit diesem Prinzip ist man in vielen Fällen der Auswirkung von Konfiskationen auf außerhalb des Enteignerstaates belegene Werte des Enteigneten mit Erfolg entgegen-

[1] Da sich das Problem praktisch überwiegend bei Aktiengesellschaften stellt, wird im Text der Einfachheit des Ausdrucks halber nur hiervon gesprochen. Es ist selbstverständlich, daß die Problematik bei der Enteignung von Mitgliedschaftsrechten an sonstigen juristischen Personen keine andere ist.

getreten[2]. Das Territorialitätsprinzip ist in diesem Sinne auch dann zum Zuge gekommen, wenn es sich um Auslandsvermögen von Aktiengesellschaften handelte, die im Sitzland enteignet worden sind: Die Enteignung konnte nur das im Sitzland belegene Vermögen der Aktiengesellschaft erfassen[3].

Im Zuge der Sozialisierungen in den Oststaaten und in Mitteldeutschland wie auch im Zusammenhang mit den Feindvermögensmaßnahmen des 2. Weltkrieges hat sich nun das Problem von einer ganz neuen Seite gezeigt: Es sind vielfach in den Sitzländern nicht die Aktiengesellschaften enteignet worden, sondern die Anteilsrechte an diesen Gesellschaften. Das Vermögen der Gesellschaften selbst blieb formal unberührt. Bedeutete dies, daß die enteigneten Aktionäre den Wert ihres Anteilsrechtes auch insoweit einbüßten, als es — jedenfalls wirtschaftlich — durch Auslandsvermögen repräsentiert wurde ? Stand — anders ausgedrückt — dieses Vermögen ihnen oder der praktisch in die Hände des Enteignerstaates gelangten Gesellschaft zu ? Die Spaltungstheorie will diese Frage zugunsten des enteigneten Aktionärs entscheiden.

II

Die Spaltungstheorie in Schrifttum und Rechtsprechung[4]

1. Anhänger der Spaltungstheorie

a) Als einer der ersten hat sich *Raape*[5] mit dem Problem befaßt. Anstoß dazu geben ihm die Enteignungen von Gesellschaften

[2] *Seidl-Hohenveldern*: Internationales Konfiskations- und Enteignungsrecht 1952, S. 59; BGH 13, 108, BGH in NJW 1956, S. 785, NJW 1957, S. 628 u. 1433. — Rechtsbetrachtungen, die sich bezüglich der Anwendung des Territorialitätsprinzips wie überhaupt der mit der Spaltungstheorie zusammenhängenden Fragen auf deutsche nach dem Kriege enteignete Auslandsvermögen insb. aus AHK-Gesetz Nr. 63 sowie etwa auch aus Art. 3 des Sechsten Teils des Überleitungsvertrages ergeben könnten, sollen unberücksichtigt bleiben, da es sich hier um eine allgemeine Erörterung zur Spaltungstheorie handeln soll.

[3] Hier stellt sich freilich eine Problematik, die sozusagen die Brücke zur Spaltungstheorie schlägt: Hat die Enteignung im Sitzland die Aktiengesellschaft vernichtet oder lebt sie als Träger des Auslandsvermögens weiter ? Hierzu Näheres noch später im Text.

[4] Wegen des beschränkten Raumes kann aus der Literatur und Rechtsprechung zur Spaltungstheorie nur eine kleine Auswahl von Meinungen zu Wort kommen.

[5] *Raape*, Internationales Privatrecht, 3. Auflage 1950, S. 432ff.; ebenda 4. Auflage 1955, S. 463ff.

in der sowjetisch besetzten Zone. *Raape* geht davon aus, daß für die Auflösung einer Gesellschaft ihr Personalstatut maßgebend sei und daher auch über das Fortbestehen der Gesellschaftsanteile entscheide. Die Enteignung der Gesellschaft in der sowjetisch besetzten Zone führe aber nicht zu ihrer völligen Vernichtung, soweit sie Westvermögen besitze; sie bestehe vielmehr insoweit weiter, werde also gespalten. Die Anteilseigner behielten also ihre Rechte bezüglich des Westvermögens und seien insoweit als Eigentümer ihrer Anteile anzusehen, auch wenn diese, z. B. Aktien, sich in der sowjetisch besetzten Zone befänden und der enteignete Betrieb sie besitze. In der 4. Auflage (1955) geht er näher auf das Problem ein und vertritt die Ansicht, daß auch eine mittelbare Enteignung einer GmbH über die Konfiskation der Gesellschaftsanteile nicht zuzulassen sei. Die GmbH spalte sich, soweit sie Westvermögen besitze. Dies habe auch dann zu gelten, wenn es sich bei der GmbH nicht um eine Einmanngesellschaft handele. Die Anteile an der GmbH bezüglich des Westvermögens würden dann weiter den enteigneten Gesellschaftern und den anderen nicht enteigneten Gesellschaftern gehören. Bei der Enteignung einer Aktiengesellschaft in der sowjetisch besetzten Zone gelte das gleiche. Zwar könne der Statutarstaat die Aktien der Gesellschaft, weil sie dort belegen seien, enteignen. Besitze die Gesellschaft jedoch Westvermögen, so trete, besonders wenn es sich um eine Einmann-Aktiengesellschaft handele, nicht nur eine Spaltung des Vermögens der Gesellschaft in Ost- und Westvermögen, sondern auch eine Spaltung der Aktiengesellschaft selbst ein. Die Aktien der Gesellschaft ständen dann bezüglich des Ostvermögens der Nachfolgerin der enteigneten Gesellschaft, etwa dem volkseigenen Betrieb, bezüglich des Westvermögens jedoch den früheren Aktionären zu. Das gelte auch, wenn es sich zwar nicht um eine Einmanngesellschaft handele, sich aber doch der größere Teil der enteigneten Aktien in einer Hand befunden hätte. *Raape* macht also hier insoweit eine Einschränkung, als er bei Enteignung von Aktien das Entstehen einer Spaltgesellschaft anscheinend verneinen möchte, wenn nur eine Aktienminderheit an einer Gesellschaft enteignet wird.

b) Als Hauptvertreter der Spaltungstheorie kann man *Seidl-Hohenveldern* ansehen[6]. Er geht davon aus, daß durch die Kon-

[6] *Seidl-Hohenveldern*, „Internationales Konfiskations- und Enteignungsrecht", 1952, S. 105ff.; „Getarnte extraterritoriale Konfiskationsansprüche"

fiskation des Vermögens der Gesellschaft diese in der Regel als aufgelöst anzusehen sei[7], und daß diese Auflösung infolge des Territorialitätsprinzips auch außerhalb des Statutarstaates anerkannt werden müsse. Andererseits folge aber aus dem Territorialitätsprinzip, daß das außerhalb des Statutarlandes befindliche Vermögen der als aufgelöst geltenden Gesellschaft nicht durch die Enteignung erfaßt worden sei. Der Rechtsnachfolger der aufgelösten Gesellschaft, z. B. ein im Statutarland mit dem enteigneten Vermögen der Gesellschaft neugeschaffenes Unternehmen, sei nicht auch der Rechtsnachfolger des Auslandsvermögens der aufgelösten Gesellschaft. Wenn aber nach dem Territorialitätsprinzip einerseits dem enteignenden Staat ein Zugriff auf das Auslandsvermögen der konfiszierten Gesellschaft nicht zustehe, andererseits die Auflösung der Gesellschaft und damit der Verlust ihrer aktiven und passiven Klagelegitimation anzuerkennen sei, müsse man, um das außerhalb des Statutarlandes belegene Vermögen der Gesellschaft nicht herrenlos werden zu lassen, annehmen, daß die Rechtspersönlichkeit der aufgelösten Gesellschaft so lange fortdauere, als Vermögen vorhanden sei. Der Fortbestand der Gesellschaft insoweit könne aber nur zum Zwecke einer Liquidation angenommen werden. Am Abwicklungserlös seien nach Befriedigung der Gläubiger auch die Gesellschafter zu beteiligen. Zwar werde geltend gemacht, daß die Rechte der Gesellschafter gegenüber der Gesellschaft lediglich Forderungen auf Beteiligung

in JBl. 1952, S. 410ff.; „Die Spaltungstheorie im Falle der Konfiskation von Aktionärsrechten" in Jahrbuch f. Internat. Recht 1956, S. 263ff.; „Österreichische Entscheidungen über die Verstaatlichung ausländischer Aktiengesellschaften im Lande ihres Sitzes" in „Recht der Internationalen Wirtschaft" 1956, S. 74; „Die territoriale Begrenzung der Eingriffe in deutsches Vermögen nach dem Überleitungsvertrag — Zum AKU-Urteil des deutschen Bundesgerichtshofes" in Recht der Internationalen Wirtschaft 1957, S. 134ff.; „Wirkung einer ausländischen Konfiskation deutscher Gesellschaft im Inland-Spaltung der Gesellschaft und der Mitgliedschaftsrechte?" in Recht der Internationalen Wirtschaft 1957, S. 246ff.

[7] Anders liegt es, wenn die Gesellschaft nach Enteignung ihres Vermögens ihren Sitz in ein Gebiet außerhalb des bisherigen Sitzlandes verlegt. Man denke nur daran, daß die Enteignung von Gesellschaften in der sowjetisch besetzten Zone oft eine Sitzverlegung der Gesellschaft in die Bundesrepublik zur Folge hatte. Dies ist freilich nur möglich, wenn die Inhaber aller oder doch der Mehrheit der Gesellschaftsanteile in dem Gebiet außerhalb des früheren Sitzlandes vertreten sind, um in der Generalversammlung die Sitzverlegung zu beschließen.

am Liquidationserlös am Sitz der Gesellschaft darstellten, weil dort die Gesellschaftsanteile belegen seien, und daß daher durch die Konfiskation der Gesellschaft auch die Rechte der Gesellschafter als untergegangen gelten müßten. Dieser Standpunkt sei aber zu eng. Solange die Gesellschaft bestehe, seien die Gesellschafter im Verhältnis ihrer Anteile Eigentümer der Gesellschaft. Die Rechte der Gesellschafter seien daher als überall dort lokalisiert anzusehen, wo sich Vermögen der Gesellschaft befinde. Der Grundsatz, daß die Rechte der Gesellschafter am Sitz der Gesellschaft belegen seien, weil sie nur dort Befriedigung aus dem Liquidationserlös erwarten könnten, sei in normalen Zeiten und für normale Fälle geschaffen worden. Bei der Konfiskation der Gesellschaft werde das Monopol des Statutarstaates auf Abwicklung der Gesellschaft gerade insoweit durchbrochen, als das von der Konfiskation nicht ergriffene Auslandsvermögen der Gesellschaft außerhalb des Statutarlandes abgewickelt werde. Um den Liquidationserlös, soweit er nicht der Befriedigung der Gläubiger diene, nicht herrenlos werden zu lassen, müsse man die Rechte der Gesellschafter anerkennen.

Bei der Konfiskation einer Aktiengesellschaft, bei der der Gesellschaftsanteil durch ein Wertpapier, die Aktie, verkörpert werde, sei das Recht des Gesellschafters mit der Frage der Belegenheit der Aktien ebenfalls eng verknüpft. Wenn auch die Aktien grundsätzlich am Sitz der Gesellschaft belegen seien, so müßten doch auch bei der Konfiskation einer Aktiengesellschaft, weil deren Auslandsvermögen von der Enteignung nicht ergriffen werde, aus den obengenannten Gründen die Aktien als überall dort belegen anzusehen sein, wo sich Vermögen der Gesellschaft befinde. Aus diesem Grunde könne aber der konfiszierende Staat, wenn er auch die Aktien der von ihm konfiszierten Gesellschaft in Händen habe, selbst keine Rechte auf das Auslandsvermögen der Gesellschaft herleiten. Denn wenn die Aktie, soweit es um das in einem anderen Staat belegene Vermögen der Gesellschaft gehe, dort belegen sei, so könne der enteignende Staat etwaige Rechte aus den konfiszierten Aktien bezüglich dieses Vermögens nur nach der Rechtsordnung des anderen Staates geltend machen. Diese Rechtsordnung könne jedoch auf Grund des Territorialitätsprinzips die fremdstaatliche Konfiskation des in ihrem Geltungsbereich belegenen Vermögens, die durch Geltendmachung der Rechte aus den enteigneten Aktien durchgeführt werden solle, nicht anerkennen. Der

Grundsatz, daß „bei Aktien für Konfiskationszwecke das Recht überall dort belegen erscheint, wo sich Vermögenswerte der Gesellschaft befinden", gelte nicht nur, wenn der enteignende Staat alle Aktionärsrechte konfisziert habe und nun als Alleinaktionär auftrete. Der Grundsatz müsse auch Gültigkeit haben, wenn durch eine Konfiskationsmaßnahme die Verfügungsberechtigung auch nur *eines* Aktionärs über das Auslandsvermögen der AG beeinträchtigt werde, da auch diese Konfiskation gegen das Territorialitätsprinzip verstoße. Jeder Aktionär sei berechtigt, auch während des Bestandes der AG nach Maßgabe seines Anteils über das in- und ausländische Vermögen der AG mitzuverfügen. Es sei daher nicht zu vertreten, die Berechtigung eines deutschen Aktionärs einer ausländischen AG, nach Maßgabe seines Anteils über deren in Deutschland belegene Vermögenswerte mitzuverfügen, als „deutsches Vermögen im Ausland" anzusehen. Ein Staat könne es wohl kaum dulden, „daß durch die aktienrechtliche Fiktion der Lokalisierung der Aktionärsrechte am ausländischen Sitz der AG das Verfügungsrecht über Vermögenswerte, wie z. B. Fabriken, die zweifellos im Inland gelegen seien, kraft eines konfiskatorischen ausländischen Hoheitsaktes ganz oder zum Teil an den betreffenden ausländischen Staat übergehe. Hier liege das im internationalen Privatrecht gewiß allgemein anerkannte Prinzip der Lokalisierung dieser Rechte am Sitz der AG in Widerstreit mit dem im internationalen Verwaltungsrecht ausschlaggebenden Territorialitätsprinzip. Hier handele es sich um einen Widerspruch zwischen Fiktion und Realität, der nur zugunsten der Realität gelöst werden könne. Diese Verfügungsrechte der Aktionäre seien also für Konfiskationszwecke anteilmäßig in jedem Land belegen, in dem sich Vermögenswerte der AG befänden, und könnten von Konfiskationen des ausländischen Sitzstaates nicht erfaßt werden".

c) Neben *Seidl-Hohenveldern* setzt sich insbesondere auch *Beitzke*[8] für die Spaltungstheorie ein. Er geht davon aus, daß eine juristische Person, wenn sie in ihrem Heimatstaat, etwa durch Entziehung ihres Vermögens, vernichtet werde, auch für andere Staaten nicht mehr vorhanden sei. Wenn die aufgelöste juristische Person in einem anderen Staat als dem Sitzstaat, z. B. in der Bundesrepublik, Vermögen besitze, auf das sich die Konfiskation

[8] *Beitzke*, „Nochmals zur Konfiskation von Mitgliedschaftsrechten" in JZ 1956, S. 673ff.; ferner „Probleme der enteignungsrechtlichen Spaltgesellschaft" in Festschrift für *Janssen* 1958, S. 29ff.

der juristischen Person nicht erstrecken könne, so sollte man in Anwendung des Rechtsgedankens des § 214 Abs. 4 des Aktiengesetzes die juristische Person wegen des von der Enteignung nicht erfaßten Vermögens und wegen des Bedürfnisses nach Regelung seiner Rechtslage als weiterbestehend ansehen. Sie könne hierbei aber ihre Rechtsfähigkeit naturgemäß nur vom inländischen Recht ableiten und, da sie den Organisationsformen des inländischen Rechts — sie sei ja vorher nach ausländischem Recht errichtet worden — nicht entspreche, auch nur als vorübergehende Erscheinung, d. h. zum Zwecke der Liquidation oder zur Anpassung an das inländische Recht existieren. Es ergäbe sich daher eine auf das nichtenteignete Vermögen der ausländischen Gesellschaft beschränkte internationalrechtliche Spaltgesellschaft.

Wenn Sozialisierungen oder Nationalisierungen durch Enteignung der Gesellschaftsanteile einer ausländischen Gesellschaft durchgeführt würden, so bleibe formal die bisherige Gesellschaft ohne Veränderung ihrer Rechtspersönlichkeit bestehen. Auch in diesem Fall könne sich die Enteignung nicht über die Grenzen des konfiszierenden Staates erstrecken. Daher stehe das Auslandsvermögen der Gesellschaft trotz des Weiterbestandes ihrer Rechtspersönlichkeit nicht ihr, sondern den enteigneten Gesellschaftern in ihrer früheren Zusammensetzung zu. Man könne zwar dagegen einwenden, daß der einzelne Gesellschafter an dem Vermögen der Gesellschaft, also auch an ihrem Auslandsvermögen, kein besonderes Recht habe, und daß daher durch Konfiskation der Gesellschaftsrechte in sein Recht nicht eingegriffen werde. Man müsse sich aber klarmachen, daß die Rechtsordnung nicht nur Rechte, sondern auch Interessen schütze. Die Rechtsordnung müsse auch ein mittelbares vermögensrechtliches Interesse des Gesellschafters am Vermögen der juristischen Person schützen. Sie könne daher die ausländische Konfiskation von Mitgliedschaftsrechten bei inländischem Vermögen nicht anerkennen. Der Grund hierfür sei der Schutz des enteigneten Mitgliedes der juristischen Person, da deren Vermögen sich mittelbar auf den Wert der Mitgliedschaft auswirke und daher das Mitglied ein mittelbares vermögensrechtliches Interesse am Vermögen der Gesellschaft habe. Dieses Ergebnis werde erhärtet auch durch die Anwendung des Territorialitätsprinzips auf Enteignungen, wonach ein Staat nur das in seinem Bereich befindliche Vermögen konfiszieren könne. In diesem Zusammenhang könne man sich nicht darauf beschränken, das Mitgliedschaftsrecht als ausschließlich am Sitz der Gesellschaft belegen anzusehen. Man dürfe nicht vergessen, daß vollstreckungsrechtlich, verwaltungs- und enteignungsrechtlich ein Recht in mehreren Staaten belegen sein könne, da z. B. ein Gläubiger seine Forderung gegen den Schuldner in allen Staaten durchsetzen könne. In diesem Sinne könnten daher Mitgliedschaftsrechte überall dort belegen sein, wo sie durchsetzbar seien und sich insbesondere am Vermögen der Gesellschaft auswirken könnten. Man könne auch nicht einwenden, daß zwischen dem Mitgliedschaftsrecht und dem Vermögen der Gesellschaft keine unmittelbare Beziehung bestehe, d. h. daß der Aktionär keine Rechte an den einzelnen Vermögenswerten der Gesellschaft habe, und daß daher die Annahme, das Mitgliedschaftsrecht sei überall dort belegen, wo die Gesellschaft Vermögen habe, einen unzulässigen Eingriff in die Struktur der juristischen Person darstelle. Denn auch ohne die Annahme, daß der Aktionär am Gesellschaftsvermögen beteiligt sei, sei das Aktionärsrecht am Lageort des Gesellschaftsvermögens belegen. Es sei zwar richtig, daß das Mitgliedschaftsrecht in erster Linie am Sitz der Gesellschaft belegen sei, weil dort in der Regel die Mitgliedschaftsrechte ausgeübt werden. Dies schließe aber nicht aus, daß die Mitgliedschaft mit allen ihren Rechten auch im Ausland auszuüben sei. Außerdem könnten die Mitglieder der juristischen Person in Ausübung ihrer Organschaftsrechte auf die Verwendung des ausländischen Vermögens der juristischen Person Einfluß nehmen. Schon daraus ergebe sich die Richtigkeit der von *Seidl-Hohenveldern* vertretenen These, daß das Mitgliedschaftsrecht überall dort belegen sei, wo die juristische Person Vermögen habe. Zu dieser Annahme müsse man zusätzlich noch aus folgendem Grund kommen: Werde die Gesellschaft selbst enteignet, so werde nach allgemeiner Rechtsanschauung das im Ausland belegene Vermögen davon nicht betroffen, vielmehr verbleibe dieses Auslandsvermögen der bisherigen Gesellschaft. Werde dieses Restvermögen liquidiert, so müsse nach Befriedigung der Gläubiger der etwaige Überschuß den früheren Gesellschaftern zufallen. Das bedeute aber, daß die Mitgliedschaft auch am Lageort von Auslandsvermögen der Gesellschaft belegen sei. Würden mehrere Liquidationsverfahren in verschiedenen Staaten über Vermögensreste derselben Gesellschaft durchgeführt, so habe der Gesellschafter in jedem Liquidationsverfahren sein Recht auf den Liquidationserlös. Hieraus sei zu erkennen, daß die Mitgliedschaft gleichzeitig überall dort belegen sei, wo sich Vermögen der Gesellschaft befinde. Daraus folge aber, daß die am Sitz der Gesellschaft erfolgte Enteignung der Mitgliedschaftsrechte nur bezüglich des im Sitzstaat befindlichen Vermögens der Gesellschaft wirke, daß also die Mitgliedschaftsrechte hinsichtlich des außerhalb des Sitzstaates befindlichen Vermögens der Gesellschaft erhalten bleiben müßten.

Eine Gesellschaft, deren Mitgliedschaftsrechte enteignet worden seien, werde, sofern sie Vermögen im Ausland habe, das von der Konfiskation der Mitgliedschaftsrechte nicht betroffen worden sei, gespalten. Bezüglich des von der Enteignung nicht erfaßten Auslandsvermögens der Gesellschaft entstehe eine Spaltgesellschaft mit den bisherigen Mitgliedern der juristischen Person.

d) Auch *Kuhn*[9] geht zunächst davon aus, daß der Aktionär kein Miteigentum an dem Gesellschaftsvermögen habe, und daß das Statutarland nach herrschender Meinung berechtigt sei, Mitgliedschaftsrechte, also auch Aktien, zu enteignen, weil sich die Rechtsverhältnisse einer Aktiengesellschaft nach dem Recht ihres Sitzes richten. Im internationalen Privat- und Verwaltungsrecht seien Personalstatut und Territorialitätsprinzip dafür bestimmend, welche Wirkung die Enteignung des Gesellschaftsvermögens auf die juristische Person habe. Bei der Enteignung einer Gesellschaft durch das Statutarland, die sich nicht auf das extraterritoriale Vermögen der Gesellschaft auswirken könne, bestimme das Personalstatut, ob die Gesellschaft, wenn sie im Statutarland vermögenslos werde, fortbestehe oder aufgelöst werde. Dies müsse auch für das Auslandsvermögen der Gesellschaft gelten. Bleibe also die Gesellschaft trotz des Verlustes ihres inländischen Vermögens bestehen, so gelte dies auch bezüglich ihres Auslandsvermögens. Gelte sie dagegen durch den Verlust ihres inländischen Vermögens auf Grund ihres Personalstatuts als aufgelöst, so werde ihr von der Enteignung nicht erfaßtes Auslandsvermögen herrenlos. Dies sei ein unmöglicher Zustand. Personalstatut und Territorialitätsprinzip lägen hier in Widerstreit und könnten den heutigen staatlichen Zwangseingriffen nicht mehr restlos gerecht werden. Wenn ein Staat durch die Anordnung, daß eine juristische Person bei Enteignung ihres Vermögens erlösche, über

[9] Bundesrichter *Dr. Georg Kuhn*, „Die Enteignung deutscher Beteiligungen an österreichischen Aktiengesellschaften mit deutschem Vermögen", in Wertpapier-Mitteilungen 1956, Teil IV B, S. 2ff.

die eigenen Landesgrenzen hinausgreife, also Auslandsvermögen der juristischen Person zu erfassen versuche, so zwinge die Abwehr derartiger Versuche zu Maßnahmen, die den Übergriff der Enteignung auf Auslandsvermögen der Gesellschaft vereitele und eine sachgerechte Behandlung der Dinge ermögliche. Wenn sich die Enteignung gegen die Gesellschaft als solche richte, so könnten das Gesellschaftsvermögen nicht trägerlos und die hinter der Gesellschaft stehenden Personen, nämlich die Aktionäre, nicht rechtlos werden, solange noch von der Enteignung nicht erfaßtes Auslandsvermögen vorhanden sei. Die juristische Person sei nicht um ihrer selbst willen da. Die mitgliedschaftsrechtliche Beziehung sei beim Vorhandensein von nicht mitenteignetem Vermögen so stark, daß das Mitgliedschaftsrecht durch das von der Enteignung nicht betroffene Vermögen weiterlebe. Wenn nicht das Gesellschaftsvermögen, sondern Mitgliedschaftsrechte an der Gesellschaft, z. B. deutsche Beteiligungen an ausländischen Gesellschaften auf Grund von Feindvermögensbestimmungen, enteignet würden, so habe dies den Zweck, den rechnerischen Anteil des konfiszierten Mitgliedschaftsrechts am Gesellschaftsvermögen zu erfassen. Für die Zwecke der Konfiskation werde also die juristische Konstruktion beiseite geschoben und die Realität aufgesucht. Für die Abwehr von Konfiskationsmaßnahmen könnte daher nicht gut etwas anderes gelten. Die Durchstoßung des Mantels der juristischen Person bedeute nicht die generelle Auflösung des Aktienrechtes und des Begriffs der juristischen Person, sondern nur deren Zurückdrängung in ganz bestimmter Hinsicht. Man müsse überall da, wo sich Gesellschaftsvermögen befinde, eine mitgliedschaftsrechtliche Beziehung als vorhanden anerkennen, die im Gesellschaftsvermögen faßbar sei und aus ihr realisiert werden könne. In diesem Sinne sei es richtig, daß das Mitgliedschaftsrecht überall dort belegen sei, wo sich Gesellschaftsvermögen befinde.

e) *Soergel-Kegel*[10] geht davon aus, daß die Enteignung von Mitgliedschaftsrechten an einer juristischen Person nur für das im enteignenden Staat belegene Gesellschaftsvermögen, nicht aber für das in einem anderen Staat belegene Gesellschaftsvermögen wirke, auch wenn die Gesellschaft im enteignenden Staat ihren Sitz habe. Hierbei sei es gleichgültig, ob das Gesellschaftsvermögen innerhalb oder außerhalb des enteignenden Staates groß

[10] *Soergel,* BGB VIII. Aufl. 1955, Vorbemerk. VI 1 vor Art. 7 EG BGB.

oder gering sei. Auf diese Weise werde vermieden, daß ein Staat durch Enteignung der Mitgliedschaftsrechte einer bei ihm seßhaften Gesellschaft das Auslandsvermögen dieser Gesellschaft an sich ziehen könne. Die Gesellschaft werde hierdurch gespalten, wobei die Gesellschaft im enteignenden Staat andere Mitglieder habe als außerhalb dieses Staates, wo sich Gesellschaftsvermögen befinde. Wenn die Mitgliedschaftsrechte verbrieft seien, so sei es für ihre Enteignung gleichgültig, wo die Urkunden lägen. Der Staat könne nur die Urkunde selbst, nicht aber das in ihr verbriefte Recht enteignen. Wenn der Sitzstaat die Gesellschaft, z. B. durch Enteignung ihres Vermögens, aufgelöst habe, so könne die Anerkennung der Auflösung in anderen Staaten nicht darauf gestützt werden, daß die Gesellschaft nach dem Recht des auflösenden Staates entstanden sei und daher nach diesem Recht auch untergehen müsse. Dieser Annahme könne man nur sein, wenn die Gesellschaft aus gesellschaftsrechtlichen Gründen aufgelöst würde. Werde sie aus politischen oder wirtschaftspolitischen Gründen aufgelöst, so könne die Auflösung nur insoweit anerkannt werden, als die Macht des auflösenden Staates reiche. Die Auflösung sei dagegen nicht bezüglich des Gesellschaftsvermögens anzuerkennen, das außerhalb des Sitzstaates gelegen sei. Die Frage, ob bezüglich des außerhalb des konfiszierenden Staates belegenen Vermögens Liquidation eintrete und wie die Liquidation durchgeführt werde, sei nach dem materiellen Gesellschaftsrecht des auflösenden Staates oder bei zulässiger Sitzverlegung nach dem materiellen Gesellschaftsrecht des neuen Sitzstaates zu entscheiden.

f) Abweichend insbesondere von *Seidl-Hohenveldern* und *Beitzke* vertritt *Serick*[11] die Meinung, daß die Spaltungstheorie nur unter den nachstehend bezeichneten Voraussetzungen Geltung haben könne. Er geht zunächst von der grundsätzlich anerkannten Belegenheit der Mitgliedschaftsrechte einer juristischen Person am Sitz des Unternehmens aus und lehnt die Ansicht ab, daß bei einer Konfiskation der Mitgliedschaftsrechte diese ohne weiteres auch da als belegen anzusehen seien, wo sich ausländisches Vermögen der juristischen Person befinde, das von der Konfiskation nicht ergriffen worden sei. Die entschädigungslose Enteignung von Mitgliedschaftsrechten will er nicht als einen Eingriff des konfiszie-

[11] *Serick*, „Rechtsform und Realität juristischer Personen" 1955, S. 46ff.; ferner „Zur Konfiskation von Mitgliedschaftsrechten" in JZ 1956, S. 198ff.

renden Staates in das Vermögen der juristischen Person werten und meint, die Aktionäre einer ausländischen Gesellschaft, deren Rechte im Sitzstaat enteignet worden seien, könnten im Inland, obwohl sich hier Vermögen der Gesellschaft befinde, nicht mehr als Aktionäre angesehen werden. Die These, daß die Mitgliedschaftsrechte überall dort belegen seien, wo sich Vermögen der juristischen Person befinde, könne nicht ohne weiteres auf das Territorialitätsprinzip gestützt werden. Dieses Prinzip finde bei der Konfiskation von Mitgliedschaftsrechten erst dann Anwendung und habe die Lokalisierung der Mitgliedschaftsrechte am Ort des Vermögens der juristischen Person zur Folge, wenn die Konfiskation zwingend zu einer Mißachtung der Rechtsform der juristischen Person, d. h. zu einer Nichtbeachtung der Trennung zwischen den Rechten der juristischen Person und den Mitgliedschaftsrechten führe. Die Frage, ob bei der Konfiskation von Aktien an der Rechtsform der Gesellschaft festzuhalten sei, richte sich nach dem Personalstatut der Gesellschaft, das durch ihren Sitz bestimmt werde. Bestimme das Personalstatut des Sitzstaates, daß die Aktionäre an dem im Inland belegenen Vermögen der Gesellschaft keine Rechte habe, so müsse der deutsche Richter zunächst einmal diese Rechtslage beachten. Sei diese jedoch als Folge der Konfiskation der Aktien für das deutsche Rechtsempfinden unerträglich, so werde das fremde Recht mit Hilfe der Vorbehaltsklausel[12] eliminiert. An seine Stelle müsse dann eine Lösung treten, die dem deutschen Rechtsgefühl am ehesten entspreche. Es frage sich eben dann, in welchem Umfange nach dem jetzt anzuwendenden deutschen Recht eine Mißachtung der Rechtsform der juristischen Person zugunsten der enteigneten Aktionäre möglich sei.

Zur Anwendung der Vorbehaltsklausel genüge nicht schon die Tatsache der entschädigungslosen Enteignung. Anders liege es, wenn die Enteignung auf Grund einer ausländischen diskriminierenden Sondergesetzgebung erfolge, durch die insbesondere deutsche Staatsangehörige betroffen seien. In diesem Falle versage jedoch die Anwendung des ordre public, wenn die Konfiskationsmaßnahmen auf Grund von zwischenstaatlichen Vereinbarungen hingenommen werden müßten.

Von dem ausländischen Personalstatut dürfe auch dann abgewichen und entgegenstehendes deutsches Recht angewendet

[12] Art. 30 EGBGB.

werden, wenn der ausländische Staat versuche, über den Weg der Enteignung von Aktionärsrechten sich außerhalb seiner Grenzen liegende Vermögenswerte anzueignen. In diesem Falle sei das ausländische Recht mit Hilfe des ordre public auszuschließen, weil der ausländische Staat versuche, mit Hilfe der Rechtsfigur der juristischen Person durch die Konfiskation der Aktien seine Konfiskationsmaßnahmen auf das deutsche Hoheitsgebiet zu erstrecken. Hierbei sei es nicht entscheidend, daß der fremde Staat alle Aktien enteigne, es genüge vielmehr, daß er sich durch die Konfiskation von Mitgliedschaftsrechten entscheidenden Einfluß in der Gesellschaft verschaffe.

Der Mißbrauch gegenüber der deutschen Staatshoheit, nämlich die Verletzung des Territorialitätsprinzips, führe aber lediglich zur Ausschaltung des ausländischen Rechts, nicht aber zu einer Lokalisierung der Mitgliedschaftsrechte am Ort des Vermögens der juristischen Person. Es sei vielmehr dann nach deutschem materiellen Recht zu entscheiden, ob die Aktie als am Ort des Vermögens der Gesellschaft belegen anzusehen oder ob die Enteignung der Aktien als Vermögensenteignung der Gesellschaft zu betrachten sei oder ob sich die Gesellschaft bezüglich des im Inland belegenen Vermögens gespalten habe.

Grundsätzlich müsse nach deutschem Gesellschaftsrecht an der Rechtsfigur der juristischen Person, d. h. an der Trennung zwischen den Rechten der juristischen Person und den Mitgliedschaftsrechten festgehalten werden. Es sei aber anerkannt, daß in Ausnahmefällen die Rechtsform der juristischen Person außer acht gelassen werden und eine Lösung zugunsten der enteigneten Aktionäre gefunden werden dürfe.

Serick will einen solchen Ausnahmefall aber nur dann gelten lassen, wenn ein Mißbrauchssachverhalt gegeben ist, d. h. wenn der ausländische Staat durch die Enteignung der Aktionärsrechte das Gesellschaftsvermögen selbst, also auch das außerhalb seiner Grenzen belegene Vermögen an sich ziehen will, auf dessen Liquidationserlös die Aktionäre bei einer Totalenteignung der Gesellschaft Anspruch haben würden. In diesem Falle will *Serick* es gelten lassen, daß nach deutschem Recht die Enteignung der Aktionäre als Enteignung des Vermögens der Gesellschaft selbst angesehen wird mit der Folge, daß das in Deutschland belegene Gesellschaftsvermögen im Wege der Liquidation den Aktionären zusteht.

Zur grundsätzlichen Frage der Auswirkung von Enteignungen von Aktionärsrechten an Gesellschaften will *Serick* die interzonalrechtlichen Lösungen nicht für das internationale Privatrecht gelten lassen. Die in der sowjetisch besetzten Zone vernichtete juristische Person habe nämlich vor der Zonenteilung in ganz Deutschland Rechtsfähigkeit besessen und bestehe daher in der Bundesrepublik noch fort. Dasselbe gelte für die Aktionärsrechte, die schon immer in ganz Deutschland, also auch in der Bundesrepublik gegolten hätten. Im Gegensatz hierzu bleibe die im Ausland errichtete juristische Person stets eine ausländische juristische Person, die nicht nach deutschem Recht — wie die Gesellschaft in der sowjetisch besetzten Zone — sondern nach ihrem ausländischen Personalstatut lebe. Eine Analogie-Lösung lasse sich daher international-rechtlich nicht finden, vielmehr lasse sich das ausländische Recht nur mit Hilfe der Vorbehaltsklausel ausschalten, um eine vom ausländischen Personalstatut abweichende Lösung zu suchen. Komme man allerdings international-rechtlich auf diese Weise zur Anwendung des deutschen Gesellschaftsrechts, so könnten die interzonal-rechtlich gewonnenen materiell-rechtlichen Erfahrungen besondere Bedeutung erhalten.

g) Zu den Vertretern der Spaltungstheorie, wenn auch in begrenztem Umfange, gehört auch der niederländische Professor *Kollewijn*, Ordinarius für internationales Privatrecht und Vorsitzender der Abteilung „Rechtsprechung" der Raad voor het Rechtsherstel. Das ist besonders deshalb interessant, weil die Niederlande bisher grundsätzlich den Standpunkt vertreten haben, daß die niederländischen Enteignungsmaßnahmen gegen das deutsche Vermögen auch die außerhalb der Niederlande belegenen Vermögenswerte der in den Niederlanden ansässig gewesenen und enteigneten deutschen Eigentümer ergriffen hätten[13].

Kollewijn geht in einer Stellungnahme zu dem Urteil des OLG Hamburg vom 13. November 1957[14] zunächst davon aus, daß durch die Konfiskation von Aktienrechten die im Ausland belegenen Vermögenswerte der Gesellschaft nicht unmittelbar konfisziert würden. Es frage sich aber, ob der konfiszierende Staat

---

[13] Der Wandel in der niederländischen Rechtsauffassung dürfte wohl durch die indonesischen Konfiskationen niederländischen Vermögens verursacht worden sein, da auch hierbei die Frage auftrat, ob diese Konfiskationen niederländisches Vermögen außerhalb Indonesiens erfaßten.

[14] Sachverhalt des Urteils siehe Seite 191.

dadurch, daß er Anteilsrechte an der Gesellschaft enteigne, sich mittelbar über die Gesellschaft deren Auslandsvermögen aneignen könne. Hier setze die in der Literatur heftig umstrittene Spaltungstheorie ein, die grundsätzlich besage, daß zwar der Aktionär kein unmittelbares Recht am Vermögen der Gesellschaft besitze, daß er aber zusammen mit den anderen Aktionären das Schicksal der der Gesellschaft gehörenden Vermögenswerte bestimme, und daß daher das Verfügungsrecht der Aktionäre überall dort belegen sei, wo sich Vermögen der Gesellschaft befinde. Dieser Grundsatz habe zur Folge, daß im Falle einer Konfiskation von Aktien durch den Sitzstaat die Verfügungsberechtigung über das Vermögen der Gesellschaft gespalten werde, soweit Vermögenswerte der Gesellschaft in einem fremden Staate lägen, der die Konfiskation insoweit nicht anerkenne. Diese Theorie, die zwar unjuristisch, aber praktisch befriedigend sei, könne aber nicht in jedem Falle Geltung haben. Von den Gegnern der Spaltungstheorie werde mit Recht angeführt, daß der einzelne Aktionär weder ein unmittelbares noch mittelbares Recht am Gesellschaftsvermögen habe und daher die Entziehung einzelner Aktienrechte nicht einer Konfiskation von Vermögen der Gesellschaft gleichzusetzen sei. Es werde aber übersehen, daß die Mehrheit der Aktionäre kraft der Statuten der Gesellschaft und des Gesellschaftsrechts über das Vermögen der Gesellschaft ein Verfügungsrecht habe. Wenn daher der Staat mehr als 50% der Aktien einer Gesellschaft konfisziere, erhalte er damit auch die Verfügungsmacht über das Gesellschaftsvermögen. Dadurch werde der Staat mittels der Konfiskation der Aktienmehrheit in die Lage versetzt, auch über das in anderen Staaten belegene Vermögen der Gesellschaft zu verfügen. Das aber könnten die anderen Staaten nicht zulassen.

Als Konsequenz der Anwendung der Spaltungstheorie — bei Konfiskation der Aktienmehrheit — vertritt *Kollewijn* mit den Vertretern der Theorie die Auffassung, daß das in einem anderen Staat belegene und nach dessen Rechtsauffassung von der Konfiskation nicht betroffene Vermögen der Gesellschaft in ihrer früheren Zusammensetzung weiter gehört. Die Gesellschaft sei insoweit als in Liquidation befindlich anzusehen. Die enteigneten Aktionäre, die auf das nach der Spaltungstheorie der Konfiskation nicht unterliegende Vermögen Anspruch erhöben, müßten es sich gefallen lassen, daß aus diesem Vermögen zunächst die Schulden der Gesellschaft in der früheren Zusammensetzung beglichen würden.

2. Gegner der Spaltungstheorie

Zu den Gegnern der Spaltungstheorie gehören insbesondere *Lewald* und *Lieberknecht*.

a) *Lewald*[15] vertritt die Meinung, die Spaltungstheorie müsse an der Rechtsfigur der juristischen Person scheitern. Es sei zwar richtig, daß bei einer Konfiskation des Vermögens einer Kapitalgesellschaft das exterritoriale Vermögen der Gesellschaft auf Grund des Territorialitätsprinzips von der Enteignung nicht erfaßt werde. Bei einer Konfiskation von Mitgliedschaftsrechten werde jedoch nicht das Vermögen der Gesellschaft, sondern lediglich die aktionärsrechtliche Beteiligung des Gesellschafters an der Gesellschaft enteignet. Die Spaltungstheorie, nach der im Falle der Konfiskation von Aktionärsrechten das Auslandsvermögen der Gesellschaft das Substrat eines insoweit fortbestehenden Aktionärsrechtes bilden solle mit der Folge, daß das Auslandsvermögen der Gesellschaft zugunsten aller Aktionäre liquidiert werden oder daß bezüglich des Auslandsvermögens eine Spaltgesellschaft mit den alten Aktionären als werbende Gesellschaft fortbestehen solle, sei daher rechtlich nicht zu begründen. Denn es sei nicht richtig, daß das Gesellschaftsvermögen den Aktionären gehöre, und es sei rechtlich auch nicht zu begründen, dies zum Zwecke der Abwehr der Konfiskation anzunehmen.

Lewald verneint daher auch die These, daß das Mitgliedschaftsrecht überall dort als belegen anzusehen sei, wo sich Vermögen der Gesellschaft — also z. B. auch im Ausland — befinde. Diese These lasse sich nicht mit dem Territorialitätsprinzip rechtfertigen. Die Anwendung dieses Prinzips setze die Lokalisierung eines Vermögenswertes voraus und bedeute, daß von der Konfiskation nur die im Enteignersstaate belegenen Vermögenswerte erfaßt würden. Man könne daher nicht mit Hilfe des Territorialitätsprinzips erst die Belegenheit eines Vermögens bestimmen und durch Gleichsetzung der Mitgliedschaftsrechte mit dem Vermögen der Gesellschaft die Belegenheit der Mitgliedsschaftsrechte mit der Belegenheit des Gesellschaftsvermögens identifizieren. Eine Lokalisierung der Mitgliedschaftsrechte überall da, wo sich Vermögen der Gesellschaft befinde, lasse sich auch nicht mit dem ordre public begründen. Die Anwendung der Vorbehaltsklausel

---

[15] *Lewald*, „Konfiskation von Mitgliedschaftsrechten und Spaltungstheorie" in NJW 1958, S. 281 ff.

setze nämlich eine Inlandsbeziehung voraus, d. h. hier eine Belegenheit der Aktionärsrechte im Inland. Der ordre public könne daher nicht die Ursache dafür abgeben, das im enteignenden Staat belegene Mitgliedschaftsrecht als auch im Inland belegen anzusehen, weil sich hier Gesellschaftsvermögen befinde.

Unter Hinweis auf die in Konstruktion und Durchführung der Spaltgesellschaft sich ergebenden gesellschaftsrechtlichen Unmöglichkeiten empfiehlt *Lewald* eine möglichst viele Staaten umfassende multilaterale Konvention, in deren Rahmen auch der Rechtsschutz gegenüber Konfiskation von Mitgliedschaftsrechten gewährleistet werden müßte.

b) *Lieberknecht*[16] lehnt ebenfalls die Spaltungstheorie ab, macht aber bei der Enteignung aller Aktien einer Gesellschaft gewisse Zugeständnisse. Die Anerkennung der Spaltungstheorie, so führt er aus, setze die Annahme einer konkreten Beziehung des Aktionärs zum Gesellschaftsvermögen voraus. Bestehe eine solche Beziehung nicht, so sei die Spaltungstheorie rechtlich nicht haltbar. Die juristische Person sei eine Rechtsfigur, die sehr reale Gründe habe und für die Wirtschaftsordnung notwendig sei. Bei dieser Rechtsfigur sei der Aktionär weder unmittelbar noch mittelbar am Gesellschaftsvermögen beteiligt. Sein Recht beschränke sich auf ein Mitverwaltungsrecht und auf den Anspruch auf Dividende sowie bei Auflösung der Gesellschaft auf den Liquidationserlös. Träger aller Pflichten und Rechte sei dagegen die juristische Person selbst. Aktienrechte seien daher auch nicht teilbar bezüglich des Gesellschaftsvermögens.

Lieberknecht erkennt allerdings an, daß es Fälle gäbe, in denen die Selbständigkeit der juristischen Person vernachlässigt werden dürfe. Es sei aber zweifelhaft, wo hier die Grenze liege. Die Nicht-

---

[16] *Lieberknecht*, „Die Enteignung deutscher Mitgliedschaftsrechte an ausländischen Gesellschaften mit in Deutschland belegenem Vermögen" in NJW 1956, S. 571ff. (I. Teil) und S. 931ff. (II. Teil). *Lieberknecht* behandelt im I. Teil seines Aufsatzes das sogenannte prozessuale Problem, d. h. die Frage, ob und inwieweit Artikel 3 Abs. 3 des Sechsten Teils des Überleitungsvertrages der Geltendmachung von Ansprüchen entgegenstehe, die von enteigneten deutschen Aktionären ausländischer Gesellschaften in Bezug auf das in Deutschland belegene Vermögen dieser Gesellschaften geltend gemacht werden. Dieses Problem interessiert jedoch im Rahmen der vorliegenden Abhandlung nicht, da hier nur materiell die Spaltungstheorie behandelt werden soll. Im II. Teil nimmt *Lieberknecht* zum materiellen Problem der Spaltungtheorie Stellung.

beachtung der juristischen Person könne sich zwar aus einer Kollision mit den höherwertigen Zwecken anderer Gesetze ergeben. Eine Sonderbehandlung könne der Fall erfahren, in dem sich sämtliche Aktien einer Gesellschaft in einer Hand befänden (Einmanngesellschaft). Nur dann könnte man sagen, daß das Gesellschaftsvermögen mit dem des Gesellschafters identisch sei. Das gleiche gelte, wenn durch die Enteignung der Aktien die Verstaatlichung von Betrieben durchgeführt werden solle. Hierbei komme es nicht einmal darauf an, daß eine Mißbrauchsabsicht vorliege. Hierbei sei die deutsche Rechtsordnung berechtigt, der Enteignung der Aktien die Vernichtung der Gesellschaft gleichzusetzen. Sollten dagegen die alte Gesellschaft als echte Aktiengesellschaft weitergeführt und die enteigneten Aktien an andere Interessenten weiterveräußert werden, so sei es unerheblich, ob nur eine Aktie oder sämtliche Aktien enteignet worden seien. Sofern im Ausnahmefall die ausländische Enteignung wegen Verstoßes gegen den inländischen ordre public nicht anerkannt werde, müsse man die Spaltung der Gesellschaft als das kleinere Übel hinnehmen, woraus sich allerdings schwierige gesellschaftsrechtliche Probleme ergeben müßten.

Nach *Lieberknecht* läßt sich die Spaltungstheorie nicht auf das Territorialitätsprinzip stützen. Er beruft sich darauf, daß bei der Enteignung von Mitgliedschaftsrechten das Recht des Statutarstaates darüber entscheide, ob die Aktionäre am Gesellschaftsvermögen beteiligt seien. Da dies nach allen Aktienrechten verneint werde, solange die juristische Person bestehe, sei bei der Enteignung von Mitgliedschaftsrechten gar kein Raum für die Anwendung des Territorialitätsprinzips gegeben, sofern mit der Enteignung der Aktionärsrechte nicht zugleich die Gesellschaft vernichtet werde.

Die Spaltungstheorie hält *Lieberknecht* grundsätzlich auch wegen ihrer unübersehbaren Weiterungen für gesellschaftsrechtlich unmöglich. Eine Spaltgesellschaft könne nicht aus sich selbst entstehen. Stets sei ein Gründungsakt nach gesetzlicher Vorschrift erforderlich. Das Personalstatut für die Spaltgesellschaft könne nur das Recht des Sitzstaates der ausländischen Gesellschaft sein. Selbst wenn man die Selbstbildung der Spaltgesellschaft gelten lassen wolle, könne sich aus einer ausländischen Gesellschaft niemals eine deutsche Gesellschaft abspalten. Es sei auch nicht möglich, daß die entstandene ausländische Spaltgesellschaft ihren

Sitz nach Deutschland verlege. Vielmehr müßten bei der Vernichtung der ausländischen Gesellschaft deren Aktionäre im Inland eine neue Gesellschaft gründen und den Liquidationserlös des inländischen Vermögens der vernichteten ausländischen Gesellschaft einbringen. Eine Identität der alten ausländischen Gesellschaft und der Spaltgesellschaft läge also nicht vor. Daraus müsse sich ergeben, daß die Spaltungstheorie nicht richtig sein könne, weil der Statutarstaat eben doch die Macht habe, die Aktionäre aus ihrer bisherigen gesellschaftsrechtlichen Stellung zu entfernen.

3. Die Spaltungstheorie in der Rechtsprechung

Mit der Spaltungstheorie haben sich besonders seit dem letzten Kriege auch viele ausländische und inländische Gerichte befaßt. Zahlreiche Urteile, besonders in den letzten Jahren, bejahen mehr oder minder die Anwendung dieser Theorie. Es würde zu weit führen, die in der einschlägigen Literatur schon behandelten Urteile hier zu wiederholen, es seien vielmehr nur einige Urteile angeführt, die sich für die Anwendung der Spaltungstheorie ausgesprochen haben.

Aus der ausländischen Judikatur sei ein schweizerisches Urteil hervorgehoben.

a) Im Zusammenhang mit der niederländischen Enteignung der Aktien der nach niederländischem Recht gegründeten Aktiengesellschaft X & Co. N. V. mit dem Sitz in Rotterdam hat das *Bezirksgericht Zürich* im Urteil vom 12. März 1958[17] die Spaltungstheorie bejaht. Das Gericht ging zunächst davon aus, daß auf Grund des auch im Schweizer Recht anerkannten Territorialitäts-

[17] BB 1958, S. 80. In diesem Falle hatte die niederländische Aktiengesellschaft X & Co. N. V. i. Liq. in einer Klage vor dem Bezirksgericht Zürich gegen die früheren in den Niederlanden enteigneten deutschen Aktionäre bzw. die Erben eines Aktionärs Anspruch auf ein Guthaben der früheren Aktiengesellschaft bei dem Schweizerischen Bankverein in Zürich erhoben. In diesem Prozeß beanspruchte ebenfalls die Aktiengesellschaft X & Co. N. V., die in ihrer ursprünglichen Zusammensetzung in Hamburg sich als fortbestehend betrachtete, als Hauptintervenientin das Guthaben. Das Gericht vertrat den Standpunkt, daß der streitige Anspruch der ursprünglichen Gesellschaft, deren Anteile sich in Händen von zwei deutschen Aktionären befanden, zustehe. Einen Anspruch der Aktionäre selbst lehnte das Bezirksgericht ab, weil die X & Co. N. V. noch als selbständige Gesellschaft weiterbestehe und daher ihr und nicht den Aktionären der Anspruch zustehe.

prinzips die durch den niederländischen Staat ausgesprochene entschädigungslose Enteignung nicht über die Grenzen des konfiszierenden Staates hinaus wirksam werde und daher die außerhalb seiner Grenzen liegenden Vermögenswerte nicht erfasse. Dieser Grundsatz könne im vorliegenden Falle nicht zur Anwendung kommen, wenn man davon ausgehe, daß die Aktionärsrechte grundsätzlich als am Sitz der Aktiengesellschaft belegen zu betrachten seien. Denn in diesem Falle läge überhaupt keine außerterritoriale Wirkung der niederländischen Enteignungsmaßnahme vor. Die Aktien seien im Sitzstaat Holland enteignet, und das schweizerische Guthaben sei daher nie von diesen Enteignungsmaßnahmen betroffen worden. Nun bestehe aber kein zwingender Rechtsgrund, ausschließlich auf die in der Rechtswissenschaft vertretene Rechtsfiktion abzustellen, wonach die Mitgliedschaftsrechte einer Kapitalgesellschaft ausschließlich am Sitz der juristischen Person zu lokalisieren seien. Gegen diese Ansicht sei geltend zu machen, daß Mitgliedschaftsrechte einer Aktiengesellschaft, jedenfalls soweit es sich um Konfiskationen handele, überall dort belegen seien, wo sich Vermögen der Gesellschaft befinde, weil vom Enteignungsrecht aus gesehen der Aktionär am Gesellschaftsvermögen beteiligt sei. Die Enteignung dürfte sich daher nach dem Territorialitätsprinzip nur auf das Vermögen auswirken, welches im konfiszierenden Staat belegen sei. Dieser in der Literatur vielfach vertretenen Theorie von der Spaltung der Mitgliedschaftsrechte liege die Überzeugung zugrunde, daß die Zwangstrennung zwischen dem Vermögen der juristischen Person und den Mitgliedschaftsrechten im Interesse größtmöglicher Abwehr ausländischer Konfiskationen von inländischem Vermögen nicht durchgeführt werden dürfe, weil sich das Vermögen der juristischen Personen mittelbar auf den Wert der in den Aktien verkörperten Vermögensrechte auswirke und deshalb der Aktionär ein besonderes vermögensrechtliches Interesse auch am Vermögen der Gesellschaft habe. Diese Auffassung stelle die Realität der Verhältnisse bei einer juristischen Person zum Schutz des entschädigungslos enteigneten Aktionärs in den Vordergrund und sei daher höher zu stellen als die international-privatrechtliche Fiktion von der Belegenheit der Aktionärsrechte im Sitzstaat. Wenn sich nun aber die Enteignung der Mitgliedschaftsrechte der deutschen Aktionäre nicht auf das Gebiet der Schweiz auswirke, so sei die niederländische X & Co. N. V. jedenfalls in bezug auf das in der Schweiz belegene Vermögen der Gesellschaft in ihrer ursprünglichen Zusammensetzung mit zwei deutschen Aktionären bestehen geblieben. Die deutschen Aktionäre seien daher insoweit nach wie vor als Aktionäre der niederländischen Gesellschaft zu betrachten. Die Aktiengesellschaft bestehe somit als Rechtssubjekt sowohl in den Niederlanden als auch in der Schweiz weiter. Im Kreis ihrer Aktionäre sei aber eine Spaltung eingetreten. Über das in den Niederlanden belegene Vermögen der Gesellschaft sei der dort bestellte Liquidator verfügungsberechtigt; das in der Schweiz liegende Vermögen der Gesellschaft stehe aber ausschließlich der Gesellschaft mit den beiden deutschen Aktionären bzw. deren geschäftsführendem Vorstandsmitglied zu[18].

b) In dem gleichen Fall des Zürcher Urteils hat auch das *Oberlandesgericht Hamburg* in einem Urteil vom 13. November 1957[19] die Spaltungstheorie bejaht. Das OLG Hamburg vertrat ebenso wie das schweizerische Gericht den Standpunkt, daß sich Mitgliedschaftsrechte, jedenfalls soweit es sich um Konfiskationen handele, überall dort befänden, wo Vermögen der Gesellschaft belegen sei. Das OLG war ferner der Ansicht, „daß die strenge Trennung zwischen dem Vermögen der juristischen Person und den Mitgliedschaftsrechten — jedenfalls im Falle der Beschlagnahme und Enteignung — nicht durchgeführt werden könne, weil das Vermögen der juristischen Person sich unmittelbar auf den Wert der Mitgliedschaftsrechte auswirke und deshalb das Mitglied ein vermögensrechtliches Interesse auch am Vermögen der Gesellschaft habe". Das OLG Hamburg hat mit dieser Begründung den Klageanspruch abgewiesen.

c) Auch das *Oberlandesgericht München* bejaht im Urteil vom 9. Juni 1959 — Az. Ber.Reg. 4 U 340/56 — in Sachen Bundesrepublik Deutschland ·/. Fa. Pestzentlorincer Industrieanlagen Ak-

---

[18] Interessant ist, daß das schweizerische Gericht „lediglich der Vollständigkeit halber" in dem Urteil mit ausführlicher Begründung weiter ausführt, daß auch ohne Anerkennung der Spaltungstheorie der Anspruch unter Berücksichtigung des schweizerischen ordre public der X & Co. N. V. in der ursprünglichen Zusammensetzung mit zwei deutschen Aktionären zuzusprechen sei,

[19] Abgedruckt in NJW 1957, S. 246ff. Die niederländische X & Co. N.V. in Liquidation, deren frühere deutsche Aktionäre in den Niederlanden enteignet worden waren, hatte auch vor dem deutschen Gericht eine Forderung eingeklagt, die ihr während des Krieges gegen eine deutsche Firma, nämlich ihre Muttergesellschaft, entstanden war.

tiengesellschaft (= Pirt) i. L., Augsburg, die Spaltungstheorie mit folgender Begründung[20]:

Die Pirt mit Sitz in Budapest sei durch Übertragung sämtlicher Aktien auf den ungarischen Staat verstaatlicht worden, was rechtlich eine Konfiskation der Pirt darstelle. Die entschädigungslose Enteignung habe zwar nach außen hin lediglich die Mitgliedschaftsrechte der bisherigen Aktionäre betroffen. Dem Zugriff staatlicher Hoheitsakte dieser Art könnten jedoch nach dem Territorialitätsprinzip immer nur Sachen und Rechte unterliegen, die sich im Machtbereich des konfiszierenden Staates befänden. Bei der Enteignung von Mitgliedschaftsrechten juristischer Personen würde es eine Durchbrechung des Territorialitätsprinzips darstellen, wenn man aus dem möglichen formellen Fortbestand der juristischen Person nach ihrer Überführung in das Staatseigentum unter entschädigungsloser Enteignung der Mitgliedschaftsrechte annehmen wollte, daß sich die getroffenen Maßnahmen auch auf das außerhalb des Hoheitsbereichs des enteignenden Staates liegende Vermögen auswirken könnten. Nach dem Territorialitätsprinzip sei nicht nur die unmittelbare, sondern auch die mittelbare Auswirkung staatlicher Zwangsmaßnahmen auf ein anderes Land ausgeschlossen. Die Rechtsfigur der juristischen Person könne auch nur in dem Umfang Beachtung finden, in dem ihre Verwendung dem Zwecke der Rechtsordnung entspreche. An einer rechtsordnungsmäßigen Verwendung fehle es aber, wenn ihr formelles Vorhandensein — hier in der Form der verstaatlichten Pirt — dazu führen könnte, daß die entschädigungslose Enteignung der Aktionäre sich auf Vermögen auswirken müßte, das außerhalb des Machtbereichs des ungarischen Staates liege. Infolgedessen lebe die Pirt in ihrer alten Form hinsichtlich des in

[20] Hierbei handelt es sich um einen Fall, in dem die gesamten Aktien einer ungarischen Aktiengesellschaft enteignet worden sind, während die AG selbst in Ungarn weiterbesteht. Das Deutsche Reich hatte aus Vorauszahlungen auf Grund von Lieferungsverträgen bei Kriegsende Ansprüche gegen die Pestzentlorincer Industrieanlagen Aktiengesellschaft in Budapest (= Pirt). Im Jahre 1944 war ein Teil des Betriebsvermögens der Pirt nach Augsburg verlagert worden. Die Pirt wurde durch das ungarische Gesetz Nr. XXV vom 11. 5. 1948 mit Aktiven und Passiven nationalisiert. Die gesamten Aktien der Gesellschaft wurden auf den ungarischen Staat übertragen. Der Bund hat als Rechtsnachfolger des Deutschen Reiches seine Ansprüche gegen den Liquidator des in Augsburg belegenen Vermögens der Pirt geltend gemacht.

der Bundesrepublik vorhandenen Vermögens als abgespaltene Gesellschaft fort, allerdings nur zum Zwecke der Liquidation. Die abgespaltene Gesellschaft habe im übrigen infolge der Abspaltung nicht aufgehört, eine ungarische juristische Person zu sein[21].

d) Der Bundesgerichtshof ist nur zögernd an das Problem der Spaltungstheorie herangegangen. In seinem — nachfolgenden —

---

[21] In diesem Zusammenhang sind auch die Ausführungen des Urteils des Oberlandesgerichts München interessant, die sich mit der Frage der Belegenheit der Klageforderung und der Haftung des inländischen Vermögens der Pirt für die Klageforderung befassen. Der beklagte Liquidator des inländischen Pirt-Vermögens hatte geltend gemacht, daß die Forderung des Reiches gegen die Pirt in Budapest in Ungarn belegen und daher als deutsches Auslandsvermögen auf Grund des PotsdamerAbkommens vom 2. August 1945 sowie entsprechender ungarischer Verordnungen auf die Sowjetunion übergegangen sei und daher nicht gegen das ungarische Pirtvermögen geltend gemacht werden könnte. Das Urteil führt aus, es könne zwar nicht bezweifelt werden, daß die Klageforderung in Ungarn belegen gewesen sei. Es könne jedoch nicht übersehen werden, daß bereits bei dem Zugriff der Sowjetunion und Ungarns auf diese Forderung sich Vermögen der Pirt in der Bundesrepublik befunden habe, auf das diese Mächte keine Einwirkungsmöglichkeit hatten. Mit der Nationalisierung der Pirt im Wege der Konfiskation der Mitgliedschaftsrechte der Aktionäre sei eine abgespaltene Gesellschaft mit einem gewissen auf die Zwecke der Liquidation beschränkten rechtlichen Eigenleben entstanden. Dadurch, daß in der Bundesrepublik Vermögensteile der Pirt lagerten, habe die Klägerin gegen ihre ungarische Schuldnerin eine weitere Vollstreckungsmöglichkeit gewonnen. Der Klägerin hafteten für ihre Rückzahlungsansprüche nicht mehr ausschließlich das in Ungarn belegene Vermögen der Pirt, sondern außerdem gesondert auch die nach Deutschland verbrachten Vermögenswerte. Damit habe aber auch die Bundesrepublik als Hoheitsträger innerhalb ihres Machtbereichs die Möglichkeit gewonnen, ihrerseits den in Ungarn durchgeführten Maßnahmen ihre Anerkennung zu versagen und den betroffenen Gläubigern den Zugriff auf die in der Bundesrepublik belegenen Vermögenswerte ihrer Schuldner zu gestatten. Wenn damit auch nicht festgestellt sein sollte, daß die Klageforderung in diesem Sinne auch in der Bundesrepublik belegen sei, so sei doch jedenfalls derjenige Anspruch der Klägerin, der der Realisierung der Haftung der in der Bundesrepublik befindlichen Vermögensteile der Pirt diente, dem Zugriff der konfiszierenden Mächte entzogen gewesen. Wenn man der Auffassung folgen wollte, die ausländische Konfiskation erfasse die betroffenen Forderungen in allen ihren Verzweigungen, also auch hinsichtlich ihrer inländischen Zugriffsmöglichkeiten, so würde man praktisch den Grundsatz von der territorialen Beschränkung von Konfiskationen außer Kraft setzen. Daraus folge, daß die Beschlagnahmeakte der Sowjetunion und Ungarns die Klageforderung hinsichtlich der im Ausland gebotenen Vollstreckungsmöglichkeit nicht erfaßt hätten. Rechtlich erscheine daher die Klageforderung insoweit als inländisches Vermögen der Klägerin.

Urteil aus dem Jahre 1957 hat er sich zwar mit der Enteignung von Mitgliedschaftsrechten an einer tschechoslowakischen juristischen Person befaßt, hierbei jedoch eine ausdrückliche Stellungnahme zur Spaltungstheorie vermieden. Trotzdem scheint mir diese Entscheidung für die Anerkennung der Spaltungstheorie zu sprechen.

In diesem Urteil vom 11. Juli 1957[22] nimmt der Bundesgerichtshof zu der Frage Stellung, wie sich die Enteignung von Mitgliedschaftsrechten auf das außerhalb des konfiszierenden Staates belegene Vermögen auswirkt, wenn außer den Mitgliedschaftsrechten auch das Vermögen der juristischen Person enteignet worden ist[23]. Der BGH vertritt zunächst den Standpunkt, es könne dahingestellt bleiben, ob die gänzliche Enteignung einer Genossenschaft nach tschechoslowakischem Recht den Untergang der juristischen Person zur Folge habe. Sowohl im Völkerrecht wie im internationalen Privatrecht gelte der Grundsatz, daß die Wirkung von Staatshoheitsakten an den Gebietsgrenzen der tätigwerdenden Staatsgewalt ende (Territorialitätsprinzip). Die Enteignung des Vermögens der Genossenschaft beschränke sich daher auf das in der Tschechoslowakei belegene Vermögen. Das habe zur Folge, daß eine juristische Person, deren Vermögen in ihrem Heimatstaat enteignet werde, außerhalb ihres Landes, und sei es nur zum Zwecke der Liquidation, fortbestehe. Dieser anerkannte Grundsatz sei nicht auf das interzonale Recht beschränkt. Grundsätzlich richteten sich allerdings die Rechtsverhältnisse einer juristischen Person nach dem Recht ihres Sitzes. Dieses Recht bestimme, unter welchen Voraussetzungen die juristische Person

---

[22] NJW 1957, S. 1433.

[23] Die 1936 in Aussig gegründete Zentralkasse Sudetendeutscher Genossenschaften (ZKSG) wurde nach der Abtrennung des Sudetenlandes von der Tschechoslowakei als GmbH im Genossenschaftsregister eingetragen. 1954 rief die tschechoslowakische Regierung Vorstand und Aufsichtsrat der Genossenschaft ab und ordnete die Liquidation an. Die Genossenschaft besaß in der Bundesrepublik erhebliche Vermögenswerte, darunter eine Forderung bei der Beklagten. Nach der Ausweisung fast sämtlicher Mitglieder der Genossenschaft beriefen frühere Vorstandsmitglieder 1947 eine Mitgliederversammlung nach München ein, die die Sitzverlegung von Aussig nach München beschloß. Die nunmehr ins Genossenschaftsregister beim Amtsgericht München eingetragene Genossenschaft machte Ansprüche aus dem Guthaben der früheren Genossenschaft gegen die Beklagte geltend. Das LG hat der Klage stattgegeben. Berufung und Revision der Beklagten hatten keinen Erfolg.

entstehe, lebe und vergehe. Daher sei eine ausländische, nach den Gesetzen des Heimatstaates mit Rechtsfähigkeit ausgestattete Organisation auch im Inland als juristische Person anzuerkennen (RGZ 73, 367; 83, 367; 159, 46). Aus demselben Grunde könne die von einer bestimmten Staatshoheit erteilte Rechtsfähigkeit auch nicht beliebig in ein anderes Land hineingetragen werden (RGZ 7, 69; 88, 55). Kraft des Territorialitätsprinzips könnten aber staatliche Zwangseingriffe gegen eine juristische Person nur innerhalb der Machtgrenzen des sie anerkennenden Heimatstaates wirken. Das gelte gleichviel, ob die Maßnahme die Errichtung der juristischen Person oder ihre Liquidation zur Folge habe. Eine in dieser Weise betroffene sudetendeutsche juristische Person lebe mit dem von der tschechoslowakischen Zwangsmaßnahme nicht erfaßten, in der Bundesrepublik belegenen und daher enteignungsfrei gebliebenen Vermögen weiter.

Die tschechoslowakischen Zwangsmaßnahmen hätten nicht nur das Vermögen der ZKSG, sondern auch das Vermögen aller ihrer Genossen betroffen, da auch deren Mitgliedschaftsrechte enteignet worden seien. Insoweit seien die Mitgliedschaftsrechte nicht schon deshalb gegenstandslos geworden, weil die Mitgliedschaft an einer juristischen Person, deren gesamtes Vermögen enteignet sei, keinen enteignungsfähigen Vermögenswert mehr darstelle. Zu der umstrittenen Frage, welche Wirkung die Enteignung deutscher Beteiligungen an juristischen Personen habe, die ihren Sitz außerhalb der Bundesrepublik, aber Vermögen in der Bundesrepublik haben, brauche jedoch nicht grundsätzlich Stellung genommen zu werden. Hier gehe es nur darum, ob die territorial beschränkte Wirkung der Enteignung des Vermögens der Genossenschaft bei hinzukommender Enteignung aller Mitgliedschaftsrechte auf das extraterritoriale Vermögen der Genossenschaft ausgedehnt werde. Dies sei ohne weiteres zu verneinen. Aus der ZKSG sei in der ČSR durch die Enteignung eine Genossenschaft geworden, die entweder gar keine Genossen oder den tschechoslowakischen Staat als einzigen Genossen habe. Keinesfalls könne dem tschechoslowakischen Unternehmen auf dem Weg über die Enteignung der Mitgliedschaftsrechte eine Forderung verblieben sein, die, weil außerhalb des Sitzstaates belegen, von der Enteignung der juristischen Person nicht erfaßt worden sei. Denn wegen der scharfen Trennung zwischen der juristischen Person und deren Mitgliedern gehöre das Vermögen der juristischen Person nicht den Mitgliedern.

Wollte man annehmen, daß das in der Bundesrepublik belegene Vermögen der ZKSG deshalb von den tschechoslowakischen Enteignungen erfaßt worden sei, weil diese nicht bloß das Vermögen der juristischen Person, sondern auch die Mitgliedschaftsrechte betroffen hätten, so würde dies die Durchlöcherung des Grundsatzes des Territorialitätsprinzips bedeuten. Auch die Enteignung aller Mitgliedschaftsrechte an der ZKSG habe daher den Fortbestand dieser juristischen Person und die Fortdauer ihrer Gläubigerschaft an dem in der Bundesrepublik belegenen und enteignungsfrei gebliebenen Vermögen nicht behindert. Vielmehr müßten wegen des Fortbestandes der ZKSG in der Bundesrepublik hier auch alle Mitgliedschaften an ihr als fortbestehend angesehen werden, weil es dem Schutz des Territorialitätsprinzips widerspreche und nicht sinnvoll sei, eine juristische Person um ihres enteignungsfrei gebliebenen Vermögens willen aufrechtzuerhalten, ohne daß dies ihren bisherigen Mitgliedern nütze, und weil andererseits die Wirkungen der Enteignung des Vermögens einer juristischen Person — trotz des Territorialitätsprinzips — nicht auf das exterritoriale Vermögen ausgedehnt werden könnten, bloß weil auch die Mitglieder dieser Rechtsperson enteignet worden seien. Die ZKSG lebe durch ihr außerhalb der ČSR belegenes Vermögen als deutsche Genossenschaft weiter, und die Mitgliedschaften verdankten ihr Weiterleben dem Fortbestand der Rechtsperson.

Wenn der BGH es in seiner Entscheidung auch darauf abstellt, daß die Genossenschaft in der Bundesrepublik weiterbestehe, weil die Enteignung ihres Vermögens sich nicht auf die in der Bundesrepublik belegenen Vermögenswerte erstrecke, so erkennt er doch an, daß die Mitgliedschaftsrechte, obwohl sie wegen ihrer Belegenheit im Sitzstaat enteignet werden konnten und auch enteignet worden sind, an der in der Bundesrepublik weiterbestehenden Genossenschaft doch fortbestehen, weil das in der Bundesrepublik belegene Vermögen ihnen nutzbar gemacht werden müsse. Dies dürfte aber nicht anders sein als eine mittelbare Anerkennung der Spaltungstheorie.

e) In einem anderen Urteil, dem berühmten AKU-Urteil vom 13. Dezember 1956[24], hat der Bundesgerichtshof die Abspaltung

---

[24] BB 1957, S. 60; NJW 1957, S. 217. Dem Urteil lag folgender Sachverhalt zugrunde: Die niederländische AG Algemene Kunstzijde Unie N. V. (AKU) besaß fast den gesamten Aktienbesitz an der „Vereinigten Glanzstoff

eines von der Enteignung nicht berührten Teils der Mitgliedschaftsrechte in bezug auf das in Deutschland belegene Vermögen einer niederländischen Gesellschaft mit dem Hinweis auf Artikel 3 des Sechsten Teils des Überleitungsvertrages verneint. Er führt aus, die Bundesrepublik habe in Absatz 1 des Artikels 3 auf Einwendungen gegen Maßnahmen verzichtet, „die gegen das deutsche Auslands- und sonstige Vermögen durchgeführt worden seien oder durchgeführt werden sollten, das beschlagnahmt worden sei für Zwecke der Reparationen“. Absatz 3 bestimme, daß in diesen Fällen Klagen „nicht zugelassen würden“, also unzulässig seien. Artikel 3 decke also auch Eingriffe in deutsches Vermögen, das nicht im Ausland, sondern in Deutschland belegen sei. Es komme daher nur auf die Frage an, ob auch die streitigen Mitgliedschaftsrechte in dem von den Klägern in Anspruch genommenen Umfange als durch die niederländische Feindvermögensgesetzgebung beschlagnahmt anzusehen seien. Diese Frage könne sich nur nach der Rechtsordnung des enteignenden niederländischen Staates entscheiden. Dies sei in Artikel 1 Ziffer 1a des AHK-Gesetzes Nr. 63 ausdrücklich klargestellt und gelte in gleicher Weise auch für Artikel 3 des Sechsten Teils des Überleitungsvertrages. Diese Bestimmung setze entgegen der Bestimmung des AHK-Gesetzes Nr. 63 nicht mehr die Belegenheit des beschlagnahmten Gegenstandes im Ausland voraus und gebe daher nicht mehr die Möglichkeit, die Frage der Belegenheit nach deutschem Recht nachzuprüfen. Nach niederländischem Recht seien die deutschen Mitgliedschaftsrechte an der AKU schlechthin und in vollem Umfange erfaßt worden, und es sei nicht etwa eine Abspaltung eines von der Enteignung nicht berührten Teils der Mitgliedschaftsrechte eingetreten. Der Einwand, daß hierdurch das Territorialitätsprinzip verletzt sei, ziehe nicht, da das niederländische Recht

Fabriken AG“. 30% der Aktien der AKU, die sich in deutschen Händen befanden, wurden nach dem Krieg auf Grund der niederländischen Feindvermögensgesetzgebung enteignet. Die in Deutschland befindlichen Aktien wurden während der Besatzungszeit beschlagnahmt und an Holland ausgeliefert. Die Kläger, einige deutsche Aktionäre der AKU, vertraten die Auffassung, daß die Enteignung der Aktien nach dem Territorialitätsprinzip nur insoweit hätte Wirkung haben können, als die AKU Vermögen in Holland besitze, daß dagegen die AKU in ihrer Zusammensetzung in Bezug auf das in Deutschland belegene Vermögen der AKU bestehen geblieben sei. Die territorial beschränkte Enteignung habe daher eine Spaltung der AKU und der Mitgliedschaftsrechte an ihr zur Folge gehabt.

maßgebend und nicht revisibel sei. Für den Einwand, die Anwendung des niederländischen Rechts verstoße gegen den deutschen orde public, gebe Artikel 3 des Sechsten Teils des Überleitungsvertrages keinen Raum.

Es soll hier nicht die Aufgabe sein, zu der Frage Stellung zu nehmen, ob die Auffassung des BGH über die Bedeutung und den Umfang des erwähnten Artikel 3, insbesondere der Worte „und sonstiges Vermögen" richtig ist oder nicht. Zu dieser Frage darf auf die einschlägige Literatur zum AKU-Urteil, insbesondere auf *Seidl-Hohenveldern*[25] verwiesen werden.

Wichtig erscheint mir aber die Feststellung, daß der BGH im AKU-Urteil zur Spaltungstheorie grundsätzlich nicht Stellung genommen hat. Er hat nämlich durch die m. E. mit Recht stark angezweifelte Auslegung der Worte „und sonstiges Vermögen" auf die in Deutschland belegenen Vermögenswerte lediglich die Voraussetzungen abgeschnitten, die zu einer Anwendung der Spaltungstheorie führen könnten. Jedenfalls kann das AKU-Urteil nicht zur Begründung einer grundsätzlichen Ablehnung der Spaltungstheorie angeführt werden.

Für die Richtigkeit dieser Auffassung scheint mir auch das nachstehend angeführte Urteil des BGH zu sprechen.

f) Der Bundesgerichtshof hat nämlich in der Entscheidung vom 30. Januar 1956[26] in aller Form die Spaltungstheorie anerkannt.

Sachverhalt:
Die ostzonale Muttergesellschaft P. (GmbH) hatte eine Tochtergesellschaft (GmbH) in der Ostzone, die jetzt in der Bundesrepublik domiziliert. Durch Vertrag vom 22. 12. 1948 hatte P. ihr Restvermögen auf die Tochter übertragen. Kurz darauf ist P. in der Ostzone enteignet worden (Volkseigener Betrieb). Ein westdeutscher Gläubiger der P. klagte gegen die Tochter aus § 419 BGB, weil die Tochter Vermögen der P. übernommen habe und daher für die Schulden der P. hafte.

Der BGH verneinte die Haftung aus § 419 BGB, weil das von der Tochter übernommene Restvermögen der P. nicht deren ganzes Vermögen darstelle. Der BGH verneint auch die Ansicht des Klägers, daß ihm das Restvermögen der P. ungeachtet der Übertragung auf die Tochtergesellschaft hafte. Nach Ansicht des BGH besteht für eine Klage gegen die Tochter kein Bedürfnis, weil der Kläger die P. selbst verklagen und bei Obsiegen die Anteilsrechte

---

[25] *Seidl-Hohenveldern* in RJW Recht d. Internat. Wirtschaft 1957, S. 134ff.
[26] NJW 1956, S. 785.

der P. an der Tochter pfänden könne. Der BGH führt hierzu folgendes aus:

Durch eine staatliche Hoheitsmaßnahme könnten juristische Personen und deren Vermögen gespalten werden. Das folge aus der gebietsbeschränkten Wirkung staatlicher Zwangseingriffe und der Notwendigkeit, das Rechtssubjekt um des außerhalb des Zugriffsbereichs belegenen und deshalb von der Zwangsmaßnahme nicht betroffenen Vermögens willen zu erhalten. Die Dinge lägen aber hier anders, denn im Zeitpunkt der Enteignung der P. sei deren Restvermögen bereits auf die Tochter übertragen gewesen. Das Restvermögen der P. sei daher nicht infolge der Enteignung der P. von dem übrigen Gesellschaftsvermögen der P. abgespalten, da es bereits vorher auf die Tochter übertragen worden sei. Der Kläger könne auch nicht die hinter der Beklagten (Tochter) stehende P. unter der Rechtsperson und der Firma der Tochter in Anspruch nehmen.

Ein derartiger Durchgriff auf das persönliche Substrat der Tochter könne nicht als berechtigt anerkannt werden. Über die Rechtsform der juristischen Person dürfe nicht leichtfertig oder schrankenlos hinweggegangen werden. Darauf würde es aber hinauslaufen, wenn man dem Kläger gestatten würde, seine Forderung gegen die P. gegenüber der Tochter unmittelbar in Anspruch zu nehmen.

Der Kläger habe vielmehr die Möglichkeit, die P., die in der Bundesrepublik keinen Sitz habe, zu verklagen, nachdem er durch das Gericht der Belegenheit ihres Restvermögens einen Vertreter nach § 57 ZPO habe bestellen lassen, und bei obsiegendem Urteil ihre Anteilsrechte an der Tochter zu pfänden. Die P. sei nämlich zwar durch die vollständige Enteignung ihres sowjetzonalen Vermögens für das Gebiet der Sowjetzone vernichtet worden. Sie lebe aber durch ihre Mitgliedschaft an der Tochter weiter. Diese Beteiligung habe allerdings an einer Ostgesellschaft bestanden, solange die Tochter ihren Sitz in der sowjetisch besetzten Zone gehabt habe. Die Beteiligung sei aber von der Enteignung der P. insoweit nicht erfaßt worden, als die Tochter Restvermögen besaß. Dieses Restvermögen gehörte zwar der Tochter und nicht ihrem einzigen Gesellschafter, nämlich der P., denn die Rechtsordnung habe die GmbH als eine juristische Person und damit als ein von ihren Mitgliedern zu scheidendes Rechtssubjekt ausgebildet. Die ausnahmslose Anwendung dieses Prinzips führe aber zu Ergebnissen, die mit dem Grundsatz der Rechtsstaatlichkeit unvereinbar seien und nicht als Recht anerkannt werden könnten. Die Tochter sei mit dem Ziel gegründet worden, sie zu einer Gesellschaft zu machen, deren alleiniger Gesellschafter die P. war. Der Grund hierfür sei gewesen, das Restvermögen der P. zu verselbständigen und in der Bundesrepublik eine Filiale zu haben. Überdies sollte die Tochter mit Restvermögen ausgestattet werden. Mindestens in einem Fall solcher Art müsse auf die von der juristischen Person verdeckten Verhältnisse durchgegriffen werden.

Dies bedeute, daß die Mitgliedschaft der P. an der Tochter für die Zwecke der Abwehr der gegen die P. gerichteten Enteignungsmaßnahmen nicht bloß am Sitz der Gesellschaft, also in der sowjetisch besetzten Zone, sondern überall da als belegen anzusehen sei, wo die Tochter Gesellschaftsvermögen besitze. Entgegen *Serick* (er wolle den Durchgriff auf die von der juristischen Person verdeckten Kräfte und Verhältnisse nicht schon dann zulassen, wenn dies nach Inhalt und Zweck der Rechtsordnung zu einer sachgerechten Entscheidung erforderlich sei, sondern bloß dann, wenn die juristische Person zu anderen als den von der Rechtsordnung vorgesehenen Zwecken gebraucht werde) habe die Rechtsprechung den Durchgriff auf die hinter der juristischen Person stehenden Kräfte nicht von einem absichtlichen Mißbrauch der Rechtsfigur abhängig gemacht. Die Rechtsfigur der juristischen Person könne nur in dem Umfang Beachtung finden, in dem ihre Verwendung dem Zweck der Rechtsordnung entspreche. Es genüge nicht, daß diese Rechtsfigur ihren eigenen Zwecken gemäß benutzt werde. An einer rechtsordnungsmäßigen Verwendung der juristischen Person fehle es, „wenn ihre Einschaltung oder bloß die Tatsache ihres Vorhandenseins dazu führe, daß sich eine entschädigungslose Enteignung ihres Gesellschafters auf Vermögen auswirke, das außerhalb des Machtbereichs des enteignenden Hoheitsträgers belegen sei und daher von einer Enteignung weder dann erfaßt werden würde, wenn die Enteignung das Vermögen der Gesellschaft beträfe, noch dann, wenn sie sich gegen den Gesellschafter richtete, und das extraterritoriale Vermögen ihm gehörte." Es sei weder erforderlich, daß mit der Schaffung einer juristischen Person und der Übertragung von Vermögen auf sie der Zweck verfolgt werde, extraterritoriales Vermögen in eine Enteignung einzubeziehen, noch, daß diese Folge überhaupt in Betracht gezogen werde. Die gebietsbeschränkte Wirkung von hoheitsrechtlichen

Zwangsmaßnahmen erfordere den Durchgriff auf das, was durch die Rechtsfigur der Tochter verdeckt werde. Die Mitgliedschaft der P. an der Tochter stelle in Wirklichkeit nichts anderes als das Restvermögen der P. dar. Man könne hieraus zwar nicht die Folgerung ziehen, daß die der Tochter übertragenen Vermögenswerte noch der P. gehörten. Denn damit würde man das restliche Gesellschaftsvermögen der Tochter als ihrem Gesellschafter gehörig ansehen und die Tochter nicht mehr als eine von ihrem Gesellschafter verschiedene Person behandeln. Da nach dem Territorialitätsprinzip die gegen die P. gerichtete Enteignung nicht deren Restvermögen erfaßt habe, müsse die Mitgliedschaft der P. an der Tochter für die Zwecke der Abwehr einer sonst über die Gebietsgrenzen der sowjetisch besetzten Zone hinausgreifenden Enteignung als im Westen belegen beurteilt werden. Insoweit sei die Beteiligung der P. an der Tochter von der Enteignung verschont geblieben. Kraft dieser Beteiligung lebe die P. im Westen weiter. Nur dieser Vermögenswert und nicht das Westeigentum der Tochter gehöre der fortbestehenden P.

III

Eigene Betrachtungen zum Problem

1. Bedenken zur Spaltungstheorie

Wenn man als Praktiker zu einer theoretischen Auseinandersetzung Stellung nehmen soll, ist man wohl gegenüber dem Wissenschaftler deshalb in einer besseren Lage, als man unumwunden zugeben darf, daß es doch auch sehr wesentlich auf das praktische Ergebnis dieser Auseinandersetzung ankommt. So betrachtet, muß, so möchte man meinen, der Praktiker die Spaltungstheorie bejahen, erscheint sie doch als eines der spärlichen — zu spärlichen — Mittel, mit denen wenigstens auf einem Teilgebiet den immer wieder anzutreffenden Konfiskationen und Mißachtungen des Eigentums entgegengetreten werden kann. Eben der Praktiker muß aber wohl auch bedenklich werden, wenn er die Brauchbarkeit und Durchführbarkeit der Spaltungstheorie an Hand der verschiedensten konkret-praktischen Fragestellungen prüft. Nach welchem Recht soll die Spaltgesellschaft leben? Daß man der Organisationsnormen gerade bei einer länger dauernden Verwaltung größerer Vermögenskomplexe nicht entbehren kann, steht wohl außer Zweifel. Entsteht nur *eine* Spaltgesellschaft, wenn in mehreren Drittstaaten Vermögen der Gesellschaft vorhanden ist, oder spaltet sich für jeden dieser Drittstaaten eine Gesellschaft ab? Wie vollzieht sich bei Annahme einer einzigen Spaltgesellschaft die Abwicklung im Verhältnis der einzelnen Vermögensmassen zueinander, wie bei Annahme mehrerer Spaltgesellschaften? Haftet die Spaltgesellschaft für alle Schulden der ursprünglich einheitlichen Gesellschaft, oder haftet sie dafür nur in dem Verhältnis, in dem das Vermögen im Statutarland zum Vermögen im Drittstaat steht[27]? Haftet sie nur Gläubigern, denen im Statutarland die Erfüllung verweigert wird? Nur solchen Gläubigern mit Wohnsitz im Drittstaat der Belegenheit des Auslandsvermögens, nur Gläubigern mit Wohnsitz außerhalb des Statutarlandes oder allen Gläubigern, also auch denen mit Wohnsitz im Statutarland? Die Anhänger der Spaltungstheorie geben auf solche und ähnliche konkrete Fragen recht allgemeine, im Grunde genommen ausweichende Antworten: Die Praxis müsse jeweils nach konkreten und gerechten Lösungen suchen. Gibt denn aber die Spaltungstheorie den Schlüssel für diese Lösungen? Ich habe insoweit Zweifel, räume aber ein, daß die Theorie vielleicht noch zu jung ist, um schon alle konkreten Fragen beantworten zu können. Es wird hier wohl noch erheblicher Einzelarbeit bedürfen.

2. Andere Lösungsmöglichkeiten?

Im Rahmen der Versuche um eine solche Vertiefung der Spaltungstheorie sollte man freilich auch noch einmal die allgemeine Frage stellen, ob es nicht doch andere Mittel und Wege gibt, mit denen man das von der Spaltungstheorie angestrebte Ziel einer Einengung der Auswirkung von Konfiskationen von Anteilsrechten erreichen könnte. Dieser Beitrag kann — schon aus Raumgründen — keine tiefergehende Darstellung solcher etwa

[27] Von den Grundlagen der Spaltungstheorie aus ist es nicht leicht, eine Begründung dafür zu finden, daß nicht alle Gläubiger der ursprünglich einheitlichen Gesellschaft ihre Rechte voll — also nicht nur pro rata — gegen die Spaltgesellschaft geltend machen, und zwar ohne Rücksicht darauf, ob die Gläubiger vom Statutarland auch in ihren Rechten beschnitten worden sind oder nicht. Räumt man aber den Gläubigern das volle Zugriffsrecht ein, so wird von dem Auslandsvermögen in vielen Fällen für die im Statutarland enteigneten Aktionäre nichts übrig bleiben; die gerade zum Schutze dieser Aktionäre entwickelte Spaltungstheorie wäre also ein Schlag ins Wasser.

sonst möglichen Wege bringen. Wohl aber kann und will er gewisse neue Probleme zur Anregung der weiteren Diskussion aufzeigen.

a) Alle Anhänger der Spaltungstheorie sind der Meinung, daß sie nur dann zum Zuge kommen soll, wenn die Enteignung der Anteilsrechte im Statutarland ohne Entschädigung erfolgt ist. Hier muß der Betrachter stutzig werden. Denn von den Grundlagen aus, auf denen die Spaltungstheorie aufgebaut ist, läßt sich die Unterscheidung „Spaltungstheorie bei entschädigungsloser Enteignung" und „keine Spaltungstheorie bei Enteignung gegen Entschädigung" m. E. nicht halten. Gibt nun aber nicht vielleicht gerade dieser wunde Punkt der Spaltungstheorie einen Fingerzeig für eine bessere Lösung? Läßt sich nicht mit dem Gedanken eines Entschädigungsanspruchs des im Statutarland enteigneten Gesellschafters operieren, und zwar eines Anspruchs, der sich gegen das im Drittstaat belegene Vermögen der Gesellschaft richtet?

b) Man könnte vielleicht geneigt sein, dem sofort mit dem Einwand zu begegnen, daß ein solcher Anspruch nichts nutze, wenn es dem im Statutarland amtierenden Vorstand der Gesellschaft möglich sei, das Auslandsvermögen der Gesellschaft an sich zu reißen und damit einem Entschädigungsanspruch die für seine Geltendmachung allein vorhandene reale Grundlage zu entziehen. Hier scheint mir also zuvörderst die Frage nahezuliegen, ob dieser Vorstand überhaupt die Verfügungsmöglichkeit über das Auslandsvermögen hat. Zweifel könnten sich insoweit aus der Erwägung ergeben, daß die Enteignung aller oder auch nur einiger Anteilsrechte dem Vorstand die Grundlage entzieht, auf der seine Vollmacht beruht: die in formalordnungsmäßiger Weise erfolgte Willensbildung der Gesellschafter! Worauf ich hinaus will, erhellt an der Vorstellung, daß ein Statut, ohne eine Enteignung der Aktionäre vorzunehmen, diese zwingt, einen ihm willfährigen Vorstand zu wählen, oder daß er den Vorstand vergewaltigt.

Ich habe keinen Zweifel, daß in einem solchen Fall die Legitimation des Vorstandes im Ausland nicht mehr anerkannt würde. Mir scheint es nun überaus naheliegend zu sein, den Fall einer Enteignung der Aktionäre einer solchen unzulässigen Einflußnahme auf die Willensbildung der Aktionäre gleichzusetzen. Das Ergebnis dieser, hier fast nur skizzenhaft aufzeigbaren Überlegungen wäre, daß das Auslandsvermögen einer Gesellschaft, deren Anteilseigner im Statutarland enteignet worden sind, dem

Zugriff des Vorstandes entzogen wäre. Dem Vermögen müßte ein Pfleger bestellt werden[28].

c) Mit einer solchen Isolierung des Auslandsvermögens ist allerdings dem Aktionär, dessen Rechte im Statutarland enteignet worden sind, noch wenig gedient. Für ihn stellt sich die banale Frage, wie er an dieses Vermögen herankommt. Hier gilt es, dem schon oben erwähnten Gedanken des „Entschädigungsanspruchs wegen entschädigungsloser Enteignung" nachzugehen. Ausgangspunkt der Überlegungen mag die Feststellung sein, daß nach anerkanntem Völkerrecht ein Staat, der Staatsangehörige eines anderen Staates enteignet, diesem anderen Staat gegenüber verpflichtet ist, den enteigneten Staatsbürger zu entschädigen. Ließe sich neben oder aus diesem völkerrechtlichen Anspruch von Staat zu Staat auch ein entsprechender Anspruch des Aktionärs gegen das Auslandsvermögen entwickeln — auf die mit einer solchen Hypothese übersprungenen Probleme komme ich noch —, so wäre für den Schutz der Rechte dieses Aktionärs ein, wie mir scheint, recht wirksames Mittel gegeben.

Der Anspruch[29] würde sich nicht — wie bei der Spaltungstheorie — auf den Teil des Wertes der Aktie beschränken müssen, der der Relation des Vermögens im Statutarland und im Drittstaat entspricht. Ein weiterer Gegensatz zur Spaltungstheorie: Nur Staatsangehörige des Drittstaates können den Entschädigungsanspruch geltend machen[30].

---

[28] Es muß offen zugegeben werden, daß in diesen Gedankengängen noch ein dunkler Punkt steckt: Was soll mit dem Restvermögen werden, das nach Entschädigung der als Aktionäre enteigneten Staatsangehörigen des Drittstaates übrigbleibt, und nur sie sollen, wie der Text oben noch ausführen wird, (von enteigneten Gläubigern abgesehen) entschädigt werden? Aushändigung an die Aktiengesellschaft? Kann man denn den Mangel in der Legitimation des Vorstandes als geheilt ansehen, wenn die enteigneten Aktionäre mit Staatsangehörigkeit des Drittstaates — und nur sie — entschädigt sind? Ich will hier ohne jedes Ausweichen erklären, daß es mir insoweit noch nicht möglich ist, eine klare Antwort zu geben. Es bedarf gerade zu diesem Punkt noch einer Vertiefung meiner Überlegungen.

[29] Die Spaltungstheorie muß dagegen auch die nichtenteigneten Aktionäre an der Spaltgesellschaft teilnehmen lassen. Sie gewährt ihnen einen Schutz, dessen sie garnicht bedürfen, und dies zum Nachteil der schutzbedürftigen enteigneten Aktionäre.

[30] Man wird die Frage aufwerfen, ob es nicht unbillig ist, den Enteigneten anderer Staatsangehörigkeit — namentlich denen des Enteignerstaates — einen Schutz zu versagen. (Ich glaube übrigens nicht, daß deutsche Staats-

Auch in bezug auf die Rechte von Gläubigern der Gesellschaft ergeben sich andere Lösungen als bei der Spaltgesellschaft. Denn es kann vom Gedanken der Lösung über einen Entschädigungsanspruch aus die Frage der Stellung der Gläubiger besser entschieden werden. Diesen braucht eine mit den Rechten der Aktionäre konkurrierende oder gar vorgehende Zugriffsmöglichkeit nur dann eingeräumt zu werden, wenn sie vom Statutarland entschädigungslos enteignet worden sind, und auch dann nur, wenn sie Staatsangehörige des Drittstaates sind, in dem das Auslandsvermögen belegen ist.

d) Diese vielleicht doch recht praktikal erscheinenden Lösungen hängen nun freilich, wie oben schon angedeutet, an einem recht dünnen seidenen Faden: Wie läßt sich ein Entschädigungsanspruch des Aktionärs gegen die im Drittstaat belegene Vermögensmasse begründen?

Ausgangspunkt muß die Erkenntnis sein, daß nur zwei rechtliche Bereiche die Grundlage für einen solchen Anspruch abgeben können: Das Völkerrecht oder das innerstaatliche Recht — sei es des Enteignerstaates, sei es des Drittstaates, in dem das Vermögen belegen ist. Das Recht des Enteignerstaates — um damit zu beginnen — wird insoweit auszuscheiden haben. Die Erfahrungen haben gezeigt, daß die Rechtsordnung von Staaten, die entschädigungslos enteignen, keinen Eigentumsschutz gewähren, also dem Enteigneten keinen Entschädigungsanspruch einräumen. Man mag dies um so mehr bedauern, als das Prinzip der Achtung des Eigentums in der „Konvention zum Schutze der Menschenrechte und Grundfreiheiten" vom 4. November 1950 (BGBl. 1952 II. S. 686) verankert ist. Gleichwohl wird man nicht in das Recht des Enteignerstaates den Zwang zur Entschädigung als übergesetzliche, entgegenstehende positive Regelungen ausschließende Norm hineininterpretieren können. Aber auch das Recht des Drittstaates kann keine Rechtsgrundlage abgeben für einen Entschädigungsanspruch gegen den Enteignerstaat. Ich wüßte weder vom deutschen Recht noch von anderen Rechten aus, wie man einen solchen Anspruch begründen sollte. So bleibt wohl nur die Frage, ob das

---

angehörige mit Wohnsitz in Mitteldeutschland in diesem Sinne als „andere Staatsangehörige" anzusehen wären.) Ich glaube indessen, daß man die Sachlage — Vorhandensein von Auslandsvermögen — überfordert, wenn man hieraus den Zwang zur Gewährung eines Schutzes für alle Enteigneten ableiten wollte.

Völkerrecht als Anspruchsgrundlage in Betracht kommen kann. Es ist oben bereits hervorgehoben worden, daß der Drittstaat vom Enteignerstaat die Entschädigung seiner — des Drittstaates — Staatsangehörigen verlangen kann. Hier handelt es sich aber um einen Anspruch von Staat zu Staat. Der einzelne enteignete Staatsangehörige des Drittstaates hat kein Recht, aus eigenem Anspruch eine Entschädigung zu verlangen[31]. Es fragt sich indessen, ob dieser Grundsatz nicht dann eine Ausnahme erheischt, wenn die enteigneten Werte — jedenfalls wirtschaftlich gesehen — sozusagen „griffbereit zu Füßen des enteigneten Eigentümers", liegen. Mir scheint, daß in solchem Falle dem enteigneten Eigentümer qua Völkerrecht ein unmittelbarer, gegen die „zu Füßen liegende Vermögensmasse" zu richtender Entschädigungsanspruch eingeräumt werden kann, ohne daß damit die allgemeine Geltung des Grundsatzes eines „Nur von Staat zu Staat gehenden Anspruchs" berührt würde.

Ich sprach vom „gegen die Vermögensmasse zu richtenden Anspruch". Dies bedarf einer Präzisierung. Der Anspruch richtet sich gegen den Enteignerstaat, kann aber gegen die der Aktiengesellschaft gehörenden, im Drittstaat belegenen Vermögenswerte geltend gemacht werden, weil der Enteignerstaat sich diese Werte wirtschaftlich ganz oder — sofern nur ein Teil der Aktionäre enteignet worden ist — teilweise angeeignet hat. In solchem Falle

---

[31] Diese Rechtslage kann man nur bedauern. Es zeigt sich oft genug, wie wenig der völkerrechtliche Anspruch des im Eigentum seiner Bürger verletzten Staates wert ist. Ob er ihn gegen den Enteignerstaat — gegebenenfalls im Wege von Repressalien — geltend macht, hängt immer von der politischen Lage ab. Es wäre verdienstvoll, wenn sich die Wissenschaft im Sinne der Herausbildung eines individuellen Anspruchs des einzelnen Geschädigten einsetzen würde. Die Rechtsentwicklung drängt m. E. auf die Anerkennung eines solchen Anspruchs. Die Frage, ob ein Staat seinem Staatsbürger gegenüber verpflichtet ist, den Anspruch gegen den Enteignerstaat geltend zu machen, soll hier nicht behandelt werden. (Vgl. hierzu *Geck*: „Der Anspruch des Staatsbürgers auf Schutz gegenüber dem Ausland nach deutschem Recht", abgedr. in „Zeitschrift für Ausländisches Öffentliches Recht und Völkerrecht" Bd. 17 Nr. 1 1956, S. 508ff. — *Guggenheim*: Lehrbuch des Völkerrechts 1948 Bd. I S. 280ff. — *Jellinek*: Allgemeine Staatslehre 3. Aufl. 1929, S. 419—420). Daher bleibt auch die Problematik unberührt, die sich mit Art. 3 des Sechsten Teils des Überleitungsvertrages verbindet: Hat die Bundesrepublik — mit welcher Folge ihren Staatsangehörigen gegenüber? — auf ihren völkerrechtlichen Anspruch gegenüber den Enteignerstaaten verzichtet?

können gegen den Durchgriff auf diese Werte, gegen die Beiseiteschiebung des Mantels der Aktiengesellschaft keine Bedenken bestehen. Nicht enteignete Aktionäre müssen sich wegen der Vermögenseinbußen, die die Gesellschaft wegen des Zugriffs der enteigneten Aktionäre erleidet, mit ihrem Mitaktionär „Enteignerstaat" auseinandersetzen.

e) Würdigt man zusammenfassend die vorstehend gegebenen Anregungen, so ist unumwunden zuzugeben, daß sie eine Fülle neuer Probleme aufwerfen, Probleme, die die Dinge scheinbar noch viel mehr komplizieren, als dies schon bei der Spaltungstheorie der Fall ist. Mir scheint freilich, daß die vom Gedanken eines Entschädigungsanspruchs aus aufzeigbaren Lösungen zu wesentlich konkreteren und realeren Ergebnissen führen als die Spaltungstheorie. Eben deshalb sollte es sich m. E. lohnen, diesen Anregungen in der weiteren Diskussion um die Spaltungstheorie nachzugehen. Wenig Sympathie habe ich für den Gedanken *Lewalds*, die ganze Problematik positiv — durch Konventionen — zu regeln. Abgesehen davon, daß das wohl die Vertagung der Lösung auf den St. Nimmerleins-Tag bedeuten würde — denn wann sollte je eine solche Konvention unter Dach und Fach kommen? —, sollte man es doch vermeiden, so schnell den Gesetzgeber anzurufen. Die ohnehin schon kaum erträgliche Flut von Gesetzen würde sich gar nicht absehbar vermehren müssen, sollte in allen Problemlagen der Gesetzgeber eingreifen. So schwierig sicherlich oft auch für die Praxis — vor allem für die Rechtsprechung — das Auffinden einer Lösung ohne die Krücke einer positiven Regelung ist, so sehr muß man es aber auch begrüßen, daß diese Praxis nicht auf Schritt und Tritt in den Zwangspanzer positiver Regelungen eingepreßt wird.

ZUR AUSÜBUNG FREMDER GESELLSCHAFTER-RECHTE IM EIGENEN NAMEN

Von Wolfgang Schilling

Die eigenartige Rechtsfigur des Handelns im eigenen Namen für fremdes Recht begegnet uns einmal bei den Verwaltern von Sondergütern, wie dem Konkurs- oder Nachlaßverwalter, dem Ehemann und den Eltern auf Grund des früheren ehemännlichen oder des elterlichen Verwaltungsrechts, ferner beim Testamentsvollstrecker und schließlich als Verfügung des Nichtberechtigten mit Einwilligung des Berechtigten (§ 185 Abs. 1 BGB)[1]. Der häufigste Fall der letzteren ist die Ermächtigung zur Einziehung einer Forderung oder zur Ausübung des Stimmrechts, die Legitimationszession (Legitimationsübertragung).

Das Handeln im eigenen Namen für fremdes Recht steht zwischen der Stellvertretung und der Treuhand. Bei dieser wird im eigenen Namen für eigenes Recht gehandelt, bei jener im fremden Namen für fremdes Recht.

Wir greifen aus den Erscheinungsformen des Handelns im eigenen Namen für fremdes Recht zwei für die Praxis des Gesellschaftsrechts besonders wichtige heraus, die Testamentsvollstreckung und die Legitimationsübertragung, vergleichen sie miteinander (I) und untersuchen ihre Anwendbarkeit bei der Kommanditgesellschaft (II), der Gesellschaft mit beschränkter Haftung (III) und der Aktiengesellschaft (IV).

I

Wir versuchen zunächst, Testamentsvollstreckung und Legitimationsübertragung je einzeln in ihrem Wesen zu erfassen (1 und 2) und dann ihre Gemeinsamkeiten und Unterschiede festzustellen (3).

---

[1] Vgl. *von Tuhr*, Der Allgemeine Teil des Deutschen Bürgerlichen Rechts 1914, II 2 § 60 III.

1. Der Testamentsvollstrecker ist nicht Vertreter (des Erben), denn er handelt im eigenen Namen. Er ist auch nicht Treuhänder, denn er berechtigt und verpflichtet aus seinem Handeln nicht sich selbst, sondern den Erben. Recht und Rechtsausübung sind getrennt. Der Testamentsvollstrecker verfügt über und für fremdes Recht kraft einer ihm vom Erblasser verliehenen, gesetzlich ausgestatteten Befugnis, einer Verwalterstellung, die man mit der herrschenden Meinung[2] als privatrechtliches Amt bezeichnen kann[3].

2. Auch der Legitimationszessionar ist weder Vertreter noch Treuhänder, da er weder in fremdem Namen noch für eigenes Recht handelt. Seine gesetzliche Grundlage ist § 185 Abs. 1 BGB. Er ist Nichtberechtigter. Das Recht an dem Gegenstand, über den er in eigenem Namen verfügt, bleibt beim Berechtigten. Dessen Einwilligung ist die Rechtsgrundlage seines Handelns. Sie macht es wirksam. Sie allein verleiht dem Nichtberechtigten die Macht zur Rechtsausübung. Auch hier sind also Recht und Rechtsausübung getrennt. Durch die Einwilligung überträgt der Berechtigte nichts von seinem materiellen Recht, er überläßt dem Nichtberechtigten nur dessen Ausübung, ermächtigt ihn hierzu.

Mit der Einwilligung des Berechtigten hat der Ermächtigte aber noch nicht die äußere Rechtsstellung, die ihn zur Verfügung in eigenem Namen legitimiert. *V. Tuhr*[4] hielt deshalb Verfügungen eines Nichtberechtigten mit Einwilligung des Berechtigten nur für möglich, wenn das Recht ohne Bezeichnung der Person des Berechtigten individualisiert werden könne, oder — wenn der Verfügende

---

[2] *Staudinger-Dittmann*, Kommentar zum BGB 10./11. Aufl. 1956 Vorbem. 12 vor § 2197, *Kipp-Coing*, Erbrecht 10. Bearb. 1955 § 123, *Siebert*, Zur Gestaltung der Testamentsvollstreckung bei der Vererbung der Stellung des persönlich haftenden Gesellschafters, Festschrift für *Alfred Hueck* 1959 S. 329, *v. Sprekkelsen*, Der Begriff des privatrechtlichen Amtes 1927.

[3] *Dölle* will in seiner interessanten Studie: Neutrales Handeln im Privatrecht (Festschrift für *Fritz Schulz* 1951 II 268) einen dritten Begriff des Handelns, das „neutrale Handeln" für Personen einführen, die wie der Testamentsvollstrecker, der Nachlaß- oder Konkursverwalter kollidierende Interessen ausgleichen und deshalb neutral, objektbezogen handeln müssen. Ich halte die Unterscheidung zwischen dem neutralen, objektbezogenen Handeln des Verwalters kraft privatrechtlichen Amts und dem eigennützigen, subjektbezogenen Handeln etwa des Ehemannes oder des Vaters für fruchtbar (vgl. unten IV), glaube aber doch, daß beide unter das Handeln im eigenen Namen fallen, nämlich aus eigener Zuständigkeit zur Rechtsausübung.

[4] II 2 § 60 III.

sich für den Berechtigten ausgebe. Unter die erste Kategorie fällt das Inhaberpapier, das Recht aus ihm ist unpersönlich. Wie aber — wir verfolgen den Gedankengang jetzt nur noch für das Aktienrecht weiter — bei der Namensaktie? Hier muß der Aktionär in das Aktienbuch namentlich eingetragen werden. Nur dann gilt er im Verhältnis zur Gesellschaft als Aktionär (§ 62 AktG). Der Verfügende muß sich also für den Berechtigten „ausgeben" können. Der wahre Berechtigte muß ihm nicht nur die Rechtsausübung durch Einwilligung überlassen, er muß ihm auch die Legitimation zedieren, übertragen. Das ist nur in den Formen und unter den Voraussetzungen möglich, welche für die Übertragung des Rechts selbst gelten[5]. So entstand die Legitimationsübertragung, die cessio in legitimationem. Die Konstruktion stammt von *Staub*[6].

Die dogmatische Grundlage dieser Konstruktion ist dürftig, wenn sie nicht überhaupt fehlt. Zwar ist es denkbar, daß Recht und Rechtsausübung personell getrennt sind, so bei den schon erwähnten gesetzlichen Verwaltungsrechten der Eltern, des Testamentsvollstreckers usw. Aber liegt eine solche Trennung in der Willkür der Parteien, kann sie rechtsgeschäftlich vorgenommen werden? Hier mögen auch rechtspolitische Bedenken liegen.

Die Legitimationsübertragung hat denn auch immer wieder heftige Kritik hervorgerufen[7]. So nannte *Nussbaum* sie ein „durch und durch widerspruchsvolles, die Rechtssicherheit gefährdendes und zu Schleichwegen verführendes Gebilde". Der Rechtsprechung sei der wichtige Gedanke verlorengegangen, daß, wer sein Recht ausüben wolle, dies — sei es persönlich, sei es durch Vertreter — im eigenen Namen tun und damit die Verantwortung für sein rechtliches Handeln übernehmen solle. Im Ausland ist die Legitimationsübertragung nach den Untersuchungen von *Gieseke*[8] teils verboten und strafbar, teils umstritten. Sie trat trotzdem ihren Siegesweg an, wurde vom Reichsgericht[9] anerkannt und erhielt in § 110 S. 2 AktG ihre „gesetzliche Weihe"[10].

---

[5] RGZ 118, 330 = JW 28, 216³ m. Anm. v. *Nussbaum*, und frühere Entscheidungen.

[6] *Planitz*, Die Stimmrechtsaktie 1922 S. 12, *Staub-Pinner*, Kommentar zum HGB 14. Aufl. 1933 S. 222, Anm. 16.

[7] Z. B. *Planitz*, *Nussbaum*, *Nord* JW 26, 530, *Jung*, Wichtige Fragen des Bankrechts ZHR 107 (1940) S. 75ff.

[8] Das Aktienstimmrecht der Banken 1926 S. 23.

[9] S. Fußn. 5.

[10] *v. Godin*, Kommentar zum AktG 2. Aufl. 1950 § 110 Anm. 3.

3. Gemeinsamkeiten und Unterschiede der Testamentsvollstrekkung und der Legitimationszession ergaben sich schon bei der Betrachtung ihrer Wesen. Wir fassen sie zusammen:

a) Testamentsvollstrecker und Legitimationszessionar ist gemeinsam, daß sie im eigenen Namen für fremdes Recht handeln. An dem materiellen Recht, das sie verwalten, über das sie verfügen, haben sie keinen Teil. Es bleibt voll beim Berechtigten[11]. Bei beiden Rechtsinstituten ist ferner dem Berechtigten die Verfügungsmacht, die normalerweise als eine zum Inhalt des Rechts gehörende Befugnis ihm zusteht[12], genommen und einem anderen übertragen. Recht und Rechtsausübung sind dadurch getrennt, liegen bei verschiedenen Personen.

b) Die Unterschiede zwischen beiden Rechtsinstituten sind die folgenden:

Der Testamentsvollstrecker bezieht seine Verwaltungs- und Verfügungsmacht nicht vom Berechtigten, sondern aus einem ihm vom Erblasser verliehenen privatrechtlichen Amt. Er schöpft also insofern aus eigenem Recht[13]. Seine Macht beruht auf einer gesetzlichen Institution, die des Legitimationszessionars auf einem im Gesetz nicht vorgesehenen Rechtsgeschäft, dessen Zulässigkeit gewissen dogmatischen und rechtspolitischen Zweifeln begegnet.

Der Testamentsvollstrecker ist unabhängig von Weisungen des Berechtigten, er kann und muß neutral und objektbezogen[14] handeln, weil er die Interessen verschiedener Personen und Personengruppen zu beachten hat. Die Legitimationszession ist an sich abstrakt. Ob der Legitimationszessionar weisungsgebunden oder unabhängig ist, richtet sich nach dem zugrunde liegenden Rechtsgeschäft.

Handeln im eigenen Namen für fremdes Recht kann offen oder verdeckt sein[15]. Der Testamentsvollstrecker handelt immer offen für den Nachlaß. Der Legitimationszessionar handelt in der Regel verdeckt, als wenn er auch der materiell Berechtigte wäre. Er kann aber auch zu erkennen geben, daß er für fremdes Recht handelt. Das ist der Fall der § 110 S. 3 AktG. Der Name des wahren Berechtigten wird hier aber auch nicht genannt.

---

[11] Für die Einziehungsermächtigung RGZ 133, 241.

[12] *v. Tuhr* (wie Fußn. 1) II 2 § 60 I.

[13] Wie die Eltern, der Ehemann, der Nachlaßverwalter.

[14] *Dölle*, vgl. Fußn. 3.

[15] *Dölle* (vgl. Fußn. 3) S. 269 Fußn. 1, vgl. auch *Enneccerus-Nipperdey*, Allg. Teil d. Bürg. Rechts, 14. Aufl. 1955 § 204 Fußn. 3.

II

Die Frage, ob der Gesellschafter einer Kommanditgesellschaft (KG) die Ausübung seiner Gesellschafterrechte einem anderen im Wege der Legitimationsübertragung überlassen kann, bietet keine Problematik. Ein verdecktes Handeln für den wahren Gesellschafter ist mit dem personalistischen Charakter der KG unvereinbar, scheitert auch daran, daß die Gesellschafter namentlich bekannt sind. Das gilt natürlich erst recht für die offene Handelsgesellschaft (oHG).

Anders verhält es sich mit der Zulässigkeit der Testamentsvollstreckung bei der Personengesellschaft. Sie ist sehr umstritten[16]. Dabei ist die Frage in der Literatur vornehmlich für die oHG behandelt. Was für deren Gesellschafter ausgeführt wird, kann ohne weiteres auch für den persönlich haftenden geschäftsführenden Gesellschafter der KG Geltung beanspruchen. Ist aber auch eine Gleichstellung des Kommanditisten mit dem offenen Gesellschafter berechtigt? RGZ 172, 199 hat das bejaht und demgemäß die Testamentsvollstreckung wie für den offenen Gesellschafter so auch für den Kommanditisten für unzulässig gehalten. Viele Autoren sind dem gefolgt, manche wollen dem Testamentsvollstrecker nur die nach § 717 S. 2 BGB übertragbaren Rechte zuweisen, manche darüber hinaus noch solche Rechte, die sie nicht als höchstpersönlich ansehen.

Seit dem Urteil vom 10. 1. 1944 (RGZ 172, 199) ist eine höchstrichterliche Entscheidung zur Frage der Zulässigkeit der Testamentsvollstreckung über einen Kommanditanteil nicht mehr ergangen. Das Urteil des BGH vom 8. 10. 1953[17] behandelt nur ein

---

[16] Vgl. *Düringer-Hachenburg-Flechtheim*, Kommentar zum HGB 1932 § 139 Anm. 15; *Dietrich* DR 43, 806; *Michaelis*, Zur Rechtsstellung des Gesellschaftererben AkZtschr. 43, 233; *Donner*, Der Testamentsvollstrecker des eingetragenen Einzelkaufmanns, des offenen Handelsgesellschafters, der Komplementärs und des Kommanditisten, D. NotZ 44, 143; *Hueck*, Das Recht der oHG 2. Aufl. 1951 S. 17, 268f.; *Weiler*, Die Rechtsstellung des Testamentsvollstreckers hinsichtlich einer personengesellschaftlichen Beteiligung des Erblassers DNotZ 52, 283; *Weipert* im Großkommentar zum HGB 2. Aufl. 1950 § 139 Anm. 13, § 177 Anm. 22; *Schlegelberger-Gessler*, Kommentar zum HGB 3. Aufl. 1955 § 139 Anm. 14; § 177 Anm. 4; *Baumbach-Duden*, HGB 13. Aufl. 1959, § 139 Anm. 4; *Kipp-Coing*, Erbrecht 10. Bearb. 1955 § 125; *Liebisch*, Über die Rechtsstellung der Erben eines offenen Handelsgesellschafters ZHR 116 (1954) 128; *Buchwald*, Gesellschaftsanteil und Erbrecht AcP 154 (1955) 22; *Lehmann*, Gesellschaftsrecht 2. Aufl. 1959 S. 143.

[17] IV ZR 248/52, LM § 105 Nr. 6.

Teilproblem, das unter 2. noch erörtert wird. BGHZ 24, 113 hat die Frage offen gelassen. Da sie im Schrifttum, wie mir scheint, bisher etwas stiefmütterlich behandelt worden ist, soll sie im folgenden näher untersucht werden.

1. Voraussetzung dafür, daß die kommanditistische Beteiligung der Testamentsvollstreckung unterliegt, ist zunächst ihre Zugehörigkeit zum Nachlaß. Diese ist unbedenklich zu bejahen, weil der Kommanditanteil, wie sich aus § 177 HGB ergibt, vererblich ist[18]. Davon sind auch RGZ 170, 392 und 172, 199 sowohl für die oHG, falls der Gesellschaftsvertrag den Anteil vererblich macht, wie für die KG ausgegangen, wenn sie sagen, daß die Rechtsstellung, die der Erbe mit dem Eintritt in die Gesellschaft erwerbe, auf der Erbfolge beruhe[19]. Daß die Mitgliedschaft dabei Gegenstand einer Sondererbfolge ist, also mehreren Erben nicht zur gesamten Hand wie der sonstige Nachlaß gehört[20], steht ihrer Nachlaßzugehörigkeit nicht entgegen[21].

2. Aus dem personalistischen Charakter der Mitgliedschaft in der Personengesellschaft wird der Grundsatz der Einheitlichkeit der Rechtsausübung[22] gefolgert. Wie sich Rechte und Pflichten bei ihr nicht voneinander trennen lassen, so können auch nicht einzelne Rechte von ihr abgespalten werden. Die Mitgliedschaft ist ein einheitliches Ganzes und kann deshalb auch nur als Ganzes übertragen werden[23].

Durch die Testamentsvollstreckung tritt eine Abspaltung einzelner Rechte oder Befugnisse von der Mitgliedschaft nicht ein. Das Recht bleibt voll beim Erben. Getrennt von ihm ist nur seine Ausübung (oben I 3 a). Die Einheitlichkeit der Rechtsausübung ist gewahrt.

Das setzt voraus, daß der Testamentsvollstrecker alle Rechte des Kommanditisten ausübt; gegen Teillösungen[24] bei denen ein Teil

---

[18] *Weipert*, § 117 Anm. 10, *Schlegelberger-Gessler*, § 177 Anm. 3.

[19] Das BGH-Urteil v. 8. 10. 53 (Fußn. 17) beruft sich für seine Ansicht, „die von der Erblasserin vererbten Teilhaberrechte" fielen nicht in den Nachlaß, zu Unrecht auf die beiden RG-Entscheidungen.

[20] Vgl. *Siebert*, Gesellschaftsvertrag und Erbrecht, 3. Aufl. 1958; BGHZ 22, 186.

[21] *Siebert* wie Fußn. 20 S. 24.

[22] *Siebert* wie in Fußn. 2 S. 335.

[23] BGHZ 3, 354 = JZ 52, 114 m. zust. Anm. v. *Hueck*, BGH v. 8. 10. 1953, s. Fußn. 17.

[24] Wie sie von manchen Autoren vertreten werden, z. B. *Weipert* § 177 Anm. 22; *Schlegelberger-Geßler* § 177 Anm. 4.

der Rechte vom Erben-Kommanditisten, ein Teil vom Testamentsvollstrecker ausgeübt werden, bestehen vom Einheitlichkeitsprinzip her Bedenken.

3. Das gewichtigste Argument gegen die Verwaltung einer oHG-Beteiligung durch den Testamentsvollstrecker wird aus der unbeschränkten persönlichen Haftung des Gesellschafters hergeleitet[25]. Beim Kommanditisten fällt dieses Bedenken weg, und zwar auch dann, wenn die Kommanditeinlage noch nicht voll geleistet ist[26]. Denn die Testamentsvollstreckung läßt sich ja nur deshalb nicht mit der Gesellschafter-Haftung vereinbaren, weil der Testamentsvollstrecker Verbindlichkeiten nur für den Nachlaß (§ 2206 BGB), nicht für den Erben persönlich eingehen kann.

Nun kann aber der Testamentsvollstrecker als Verwalter des Kommanditanteils gar keine Verbindlichkeiten eingehen. Ist die Einlage rückständig, so bestand diese Verbindlichkeit schon im Zeitpunkt des Erbfalls und wird von der Testamentsvollstreckung nicht beeinflußt[27].

4. RGZ 172, 203, dem die meisten Autoren im Grundsatz folgen, meint, daß sich die Mitgliedschaft des Kommanditisten nur in der Haftung von der des persönlich haftenden Gesellschafters unterscheide. Das Reichsgericht verneint die Zulässigkeit der Testamentsvollstreckung für den Kommanditanteil mit den gleichen Gründen wie für die oHG-Beteiligung: aus ihrem personalistischen Charakter. Unverständlich bleibt dabei allerdings, wieso es in der gleichen Entscheidung eine Auflage an den Erben für zulässig hält, seine Mitgliedsrechte dem Testamentsvollstrecker zur Ausübung zu überlassen. Wenn die Testamentsvollstreckung mit dem Wesen der Mitgliedschaft unvereinbar ist, dann läßt sie sich auch nicht durch eine Auflage herbeiführen. Hier liegt ein bemerkenswerter Widerspruch in der Entscheidung des Reichsgerichts.

In Wirklichkeit besteht zwischen dem geschäftsführenden, persönlich haftenden Gesellschafter und dem Kommanditisten außer in der Haftung ein weiterer und für unsere Frage entscheidender Unterschied: der Komplementär und jeder Gesellschafter der oHG ist kraft Selbstorganschaft Geschäftsführer. Er hat unternehme-

[25] RGZ 170, 392; 172, 199; *Siebert* wie in Fußn. 2 S. 335.

[26] a. M. *Staudinger-Dittmann* § 2205 Anm. 69, *Kipp-Coing* § 125 III 1 c.

[27] Die Streitfrage, ob der Erbe für die rückständige Einlage persönlich oder nur mit dem Nachlaß haftet (vgl. *Schlegelberger-Geßler* § 177 Anm. 5) kann dabei dahingestellt bleiben.

rische Pflichten, der Kommanditist keine. Die Pflicht zur Geschäftsführung ist im eigentlichen Sinne höchstpersönlich und unvertretbar. Die Unvertretbarkeit der Organschaft ist ein allgemeiner Grundsatz des Gesellschaftsrechts. Er ist für die oHG schon von RGZ 2, 32 ausgesprochen worden und seitdem unangefochten[28]. Er gilt ebenso für den Komplementär der KG wie für den Geschäftsführer der GmbH[29], den Vorstand und den Aufsichtsrat der AG[30]. Er ist auch ein unternehmensrechtlicher Grundsatz[31]. Mit der unternehmensrechtlichen Verantwortung des geschäftsführenden Organs der Gesellschaft ist es nicht vereinbar, daß es in seiner organschaftlichen Stellung als Ganzes von einem Nichtorgan vertreten wird. Es ist daher auch die Meinung[32] abzulehnen, der Erbe könne (durch eine Auflage des Erblassers dazu angehalten) den Testamentsvollstrecker bevollmächtigen, die Befugnisse als geschäftsführender Gesellschafter auszuüben. Eine unternehmerische, organschaftliche Tätigkeit des Testamentsvollstreckers ist vielmehr nur in der Gestalt des Treuhänders zulässig, also im eigenen Namen, aus eigenem Recht und unter eigener persönlicher Haftung, aber für Rechnung des Erben[33].

Diese Unvertretbarkeit kraft Organschaft und aus unternehmensrechtlichen Gesichtspunkten kann man für die Rechtsstellung des Kommanditisten nicht annehmen. Soweit er Kontroll- und Informationsrechte (§ 166 HGB) oder ein Zustimmungsrecht (§ 164 S. 1 Halbs. 2) oder Stimmrechte (§ 119 i. V. m. § 161 Abs. 2) hat, ist er an der gesellschaftlichen Willensbildung nicht anders beteiligt als der Gesellschafter einer Kapitalgesellschaft. Eine Pflicht zur Ausübung dieser Rechte obliegt ihm nicht. Der Kommanditist hat nur eine kapitalistische Verpflichtung — zur Erbringung der Ein-

---

28 *Weipert* § 114 Anm. 6, *Schlegelberger-Geßler* § 114 Anm. 11ff., *Baumbach-Duden* § 114 Anm. 3 B.

29 BGHZ 13, 65; *Schilling* in Hachenburg, Kom. z. GmbHGes. 6. Aufl. 1956 § 35 Anm. 7.

30 *Schmidt-Meyer-Landrut* im Großkom. z. AktG 2. Aufl. 1959 § 74 Anm. 8. Für den Vorstand ergibt sich die Unvertretbarkeit zwingend aus seiner in § 70 AktG bestimmten Eigenverantwortung, für den Aufsichtsrat aus § 93 Abs. 3.

31 Auf die unternehmensrechtliche Verantwortung des offenen Handelsgesellschafters weist auch Siebert (wie in Fußn. 2) S. 334ff. hin.

32 *Kipp-Coing* § 125 III 2 b) und c), *Staudinger-Dittmann* § 2205 Anm. 64ff. mit weiteren Nachweisen; BGHZ 12, 100 und *Staudinger-Dittmann* Vorbem. 66 vor § 2197 für den Einzelkaufmann.

33 Ebenso *Siebert* (wie in Fußn. 2) S. 337.

lage —, aber keine unternehmerische. Es bestehen keine zwingenden Gründe, die Ausübung der Rechte des Kommanditisten dem Testamentsvollstrecker zu verweigern[34].

5. Freilich gebietet der personalistische Charakter der KG, daß diese Ausübung nicht gegen den Willen der Mitgesellschafter möglich ist. Deren Zustimmung kann sich aus dem Gesellschaftsvertrag ergeben, aber auch außerhalb dessen erklärt werden. Wenn nichts anderes dagegen spricht, kann sie schon daraus geschlossen werden, daß der Gesellschaftsvertrag die Vererblichkeit des Kommanditanteils nicht ausschließt[35]. Denn wenn die Gesellschafter jeden Erben als Kommanditisten in die Gesellschaft aufzunehmen bereit sind, dann können sie auch gegen die Rechtsausübung durch einen Testamentsvollstrecker nichts einzuwenden haben. Das gleiche gilt, wenn der Gesellschaftsvertrag die Vertretung oder Übertragung des Kommanditanteils unbeschränkt zuläßt. Ist die Vertretung einem bestimmten Personenkreis[36] vorbehalten, sind insbesondere dazu nur Mitgesellschafter zugelassen, so wird man im allgemeinen annehmen müssen, daß auch der Testamentsvollstrecker nur aus diesem Personenkreis gewählt werden kann. Aber das alles ist Auslegungsfrage im Einzelfall, so daß sich eine ausdrückliche Regelung im Gesellschaftsvertrag empfiehlt.

III

Umgekehrt wie bei der KG stößt die Verwaltung des Geschäftsanteils durch den Testamentsvollstrecker in der GmbH auf keinen Widerspruch[37], während die Zulässigkeit der Legitimationszession Gegenstand des Streites ist[38].

---

[34] Unvertretbar und höchstpersönlich sind aber, wie allgemein mit Recht angenommen wird, die Rechte des Erben aus § 139 HGB.

[35] Ähnlich *Staudinger-Dittmann* § 2205 Anm. 66.

[36] Wie im Falle RGZ 172, 199.

[37] BGH v. 10. 6. 1959 DB 59, 911; *Scholz*, Kom. z. GmbHG 4. Aufl. 1959 § 15 Anm. 98, *Schilling* in Hachenburg § 15 Anh. III Anm. 3, *Staudinger-Dittmann* § 2205 Anm. 70. Auf die Streitfrage, ob der Testamentsvollstrecker den Nachlaß an der Gründung einer GmbH beteiligen kann, soll hier nicht eingegangen werden, vgl. *Staudinger-Dittmann* § 2205 Anm. 70 zu b) mit weiteren Nachweisen.

[38] Dafür: RGZ 145, 99 = JW 34, 2906[3] m. zust. Anm. v. *Hueck*, RGZ 157, 55, OLG München JW 33, 1037[5] mit krit. Anm. v. *Bing*, *Lehmann* GmbH-Rdsch. 53, 143 für die Verpfändung; dagegen: OLG Frankfurt JW 33, 131[3], *Brodmann*, Kom. z. GmbHG 2. Aufl. 1930 § 15 Anm. 2a, *Feine*, Die GmbH

1. Aus den zu II dargelegten Gründen ist die Zulässigkeit der Verwaltung des GmbH-Geschäftsanteils durch einen Testamentsvollstrecker auch dann zu bejahen, wenn die GmbH stark personalistisch gestaltet ist und sich in ihrem Wesen der Personengesellschaft nähert[39]. Dabei wird der Grundsatz der Einheitlichkeit der Rechtsausübung auch für die GmbH Geltung beanspruchen dürfen. Gegen die Abspaltung einzelner Gesellschafterrechte und Überlassung an den Testamentsvollstrecker, wie des Stimmrechts[40] bestehen daher Bedenken. Ist der Geschäftsanteil mit dem Recht auf die Geschäftsführung verbunden, besteht also Selbstorganschaft kraft Satzung[41], so ist die Testamentsvollstreckung aus den zu II 4 angeführten Gründen ausgeschlossen.

Die Verwaltung durch einen Testamentsvollstrecker bedarf nicht der Zustimmung der Gesellschaft. Die Satzung kann die Verwaltung aber ausschließen. Beschränkt die Satzung die Vertretung eines Gesellschafters, z. B. auf Mitgesellschafter, oder schließt sie sie aus, so besteht die Vermutung, daß dies auch für die Testamentsvollstreckung gilt.

2. Bei der GmbH sind die Gesellschafter namentlich bekannt. Jeder Übergang muß gemäß § 16 GmbHG bei der Gesellschaft angemeldet werden. Diese muß gemäß § 40 alljährlich eine Liste der Gesellschafter zum Handelsregister einreichen. Es gilt also wie bei der Personengesellschaft der Offenheitsgrundsatz. Er entspricht der persönlichen Verbundenheit, die im allgemeinen zwischen den Gesellschaftern der GmbH besteht und in der Erschwerung der Veräußerung des Geschäftsanteils (§ 15 GmbHG und regelmäßig Zustimmungspflicht in der Satzung) zum Ausdruck kommt. Damit verbietet sich eine verdeckte Legitimationsübertragung.

Aber auch eine offene Legitimationsübertragung ist mit dem personalistischen Charakter der GmbH und dem daraus folgenden Prinzip der Einheitlichkeit der Rechtsausübung nicht vereinbar. Denn ihrem Wesen nach muß sich die Legitimationsübertragung immer auf die Ausübung und damit die Abspaltung einzelner „zur

in Ehrenbergs Handbuch des Handelsrechts III 3, 1929 S. 398, *Scholz* § 15 Anm. 71, *Schilling* in Hachenburg § 15 Anh. II Anm. 14, jetzt auch *Baumbach-Hueck* GmbH 8. Aufl. 1957 § 15 Anm. 6 A, wohl auch *Fischer* GmbH-Rdsch. 1952, 116.

[39] Vgl. zur personalistischen Struktur der GmbH BGHZ 9, 163; 14, 57 = JZ 55, 47 und daselbst meine Anm.

[40] Wie in dem vom OLG Hamm BB 56, 511 entschiedenen Fall.

[41] Z. B. ein Nachfolgerecht, vgl. *Schilling* in Hachenburg § 35 Anm. 41.

Verfügung stehender" Rechte beschränken. Das ergibt sich aus ihrer Herkunft von § 185. Die ratio dieser Vorschrift ist, die einzelne Verfügung eines Nichtberechtigten durch die Einwilligung des Berechtigten zu heilen[42]. Die Ausübung des Stimmrechts in einer einzelnen Gesellschafterversammlung, das mit der Stimmabgabe verbraucht ist und untergeht, mag als Verfügung i. S. des § 185 gelten[43], nicht aber die dauernde Ausübung der ein Bündel einzelner Rechte darstellenden Mitgliedschaft.

Auch ein praktisches Bedürfnis kann für die Legitimationsübertragung bei der GmbH nicht anerkannt werden. Im Falle RGZ 145, 99 hatte der noch nicht nach § 16 GmbHG angemeldete Erwerber des Geschäftsanteils den Veräußerer legitimiert. Dessen bedurfte es gar nicht, denn nach richtiger Ansicht[44] ist der Erwerber Gesellschafter erst nach vollzogener Anmeldung. In den von RGZ 157, 55 und OLG München JW 33, 1037 entschiedenen Fällen ging es um das Stimmrecht des Pfandgläubigers. Zur Verwirklichung ihrer Absichten stand den Beteiligten die Sicherungsabtretung zur Verfügung[45].

IV

1. Im Gegensatz zum GmbH-Geschäftsanteil ist der Inhaberaktie die Anonymität und Fungibilität wesentlich. Auch die Übertragung der Namensaktie darf nur in der in § 61 AktG bestimmten Weise beschränkt werden[46]. Dem Grundsatz der freien Übertragbarkeit entspricht es, daß auch die freie Vertretbarkeit gesichert ist. § 114 Abs. 3 S. 1 AktG ist deshalb zwingend. Die Vertretung eines Aktionärs kann durch die Satzung nicht ausgeschlossen werden[47]. Aus diesem allgemeinen Prinzip ist zu folgern, daß die Satzung auch die Verwaltung der Aktie durch einen Testamentsvollstrecker nicht verbieten darf.

---

[42] Auch *Flechtheim* in Düringer-Hachenburg HGB 3. Aufl. 1934 Anm.7 vor § 222 S. 159 a verlangt als Inhalt der Ermächtigung das Einverständnis, daß der Ermächtigte ein bestimmtes Recht des Aktionärs im eigenen Namen ausübt.

[43] Über den Begriff der Verfügung vgl. *Enneccerus-Nipperdey* 14. Aufl. 1955 § 143, *Staudinger-Coing* 11. Aufl. 1957 Einl. 63ff. vor § 104.

[44] a. A. die herrsch. Meinung, vgl. *Schilling* in Hachenburg § 15 Anm.66, Einl. zu § 16, und *Fischer* JZ 56, 363.

[45] Vgl. *Schilling* in Hachenburg § 15 Anh. I Anm. 4 und 10a.

[46] *Fischer*, Großkomm. § 61 Anm. 7.

[47] *Schmidt*, Großkomm. § 114 Anm. 19.

2. Angesichts des leichten und teilweise häufigen Wechsels der Mitgliedschaft wird man bei der AG auch auf das Prinzip der Einheitlichkeit der Rechtsausübung verzichten müssen. Dieses Prinzip steht also der Ermächtigung zur Ausübung einzelner Aktionärsrechte, insbesondere des Stimmrechts im Wege der Legitimationsübertragung nicht entgegen.

Für die Inhaberaktie gilt auch der Offenheitsgrundsatz nicht. Sie ist unpersönlich und anonym. Die Rechte aus ihr können Gegenstand einer Ermächtigung nach § 185 BGB sein (oben I 2). Aktienrechtliche Gesichtspunkte lassen sich dagegen nicht anführen. Anders bei der Namensaktie. Sie enthält personalistische Elemente. Der Aktionär muß in das Aktienbuch eingetragen werden. Er ist der Gesellschaft namentlich bekannt. Oft ist die Übertragung der Namensaktie an die Zustimmung der Gesellschaft gebunden. Man kann hier nicht von vornherein unterstellen, daß der Gesellschaft die Person des Aktionärs gleichgültig ist. Ich halte es daher für zweifelhaft, ob die Verdeckung des wahren Berechtigten durch einen Legitimationsaktionär mit dem Wesen der Namensaktie vereinbar ist[48]. Erkennt man ein Bedürfnis für die Verdeckung an, so mag die Treuhandschaft helfen. Der Treuhänder ist voll berechtigter und auch nach § 59 verpflichteter[49] Aktionär.

3. Bei der beabsichtigten Reform des Aktienrechts wird man die mit der Legitimationsübertragung zusammenhängenden Fragen noch weiter überlegen müssen[50]. Für sie gilt ganz besonders, was

---

[48] In der Kommentar-Literatur wird die Legitimationsübertragung auch für die Namensaktie ganz überwiegend für zulässig gehalten: *Staub-Pinner* 14. Aufl. 1933 § 222 Anm. 16ff., *Flechtheim* in Düringer-Hachenburg 3. Aufl. 1934 Anm. 7, 8 vor § 222, § 223 Anm. 8, *Schlegelberger-Quassowski* 3. Aufl. 1939 § 114 Anm. 31, 32, *v. Godin* 2. Aufl. 1950 § 61 Anm. 7, *Fischer* Großkomm. 2. Aufl. 1957 § 61 Anm. 23ff., *Baumbach-Hueck* 10. Aufl. 1959 § 61 Anm. 3 C, D, § 62 Anh. Anm. 2; zweifelnd *Teichmann-Koehler* 3. Aufl. 1950 § 61 Anm. 5.

[49] Was *Fischer*, Großkomm. § 61 Anm. 25, als „Kehrseite" der Legitimation schon für den Legitimationsaktionär annimmt.

[50] Vgl. dazu: Bericht des Ausschusses II der Studienkommission des Deutschen Juristentags (deren Vorsitzender nach dem Tode Karl Geilers Walter Schmidt war): Untersuchungen zur Reform des Unternehmensrechts Teil I 1955 S. 73ff., Referentenentwurf eines Aktiengesetzes §§ 120, 126 und Erläuternde Bemerkungen dazu S. 272, 278ff., *Eckardt*, Die Hauptversammlung der Aktiengesellschaft im Referentenentwurf eines Aktiengesetzes, NJW 59, 13 Z. 3d, *Möhring*, Die Ausübung des Stimmrechts durch Kredit-

Franz Klein[51] als das Los der Aktiengesetzgebung bezeichnet hat, daß sie nämlich unaufhörlich um die Wahrheit der Form kämpfen müsse. Wahr ist die Form, wenn sie den Stoff seinem Wesen gemäß gestaltet. Diesem Ziel scheinen mir die Vorschläge des Referentenentwurfs nur teilweise näher gekommen zu sein. Die Ersetzung der Ermächtigung durch die Vollmacht für das Depotstimmrecht der Kreditinstitute ändern nur die äußere Form: Statt im eigenen üben sie das Stimmrecht im fremden Namen aus. In beiden Fällen ist es fremdes Stimmrecht. Es ist also nicht richtig, daß mit der Änderung klargestellt werde[52], daß die Banken kein eigenes, sondern ein fremdes Stimmrecht ausüben. Das war schon vorher klar. Klar war auch, daß die Banken beim normalen Depotverhältnis weisungspflichtige Beauftragte sind [53].

Die echte crux des Depotstimmrechts ist vielmehr, daß der Aktionär gewöhnlich keine Weisungen gibt, ja daß er oft für die einzelnen Tagesordnungspunkte gar keinen bestimmten Willen für die Stimmabgabe hat, sondern alles dem Ermessen der Bank überläßt. Diese crux wird mit der Änderung der äußeren Rechtsstellung der Bank nicht beseitigt. Man muß vielmehr versuchen, das dem Depotstimmrecht zugrunde liegende Innenverhältnis zu aktivieren, und man sollte das Depotstimmrecht im Aktiengesetz institutionell verankern. Die Stimmrechtsermächtigung würde damit aus dem Halbdunkel ihrer Herkunft herausgeholt und zu einem legitimen Kind der Gesetzgebung werden. In dieser Richtung liegen die Vorschläge der Studienkommission des Deutschen Juristentags[54].

Im Vordergrund der Bemühungen muß selbstverständlich die Verwirklichung des Aktionärwillens stehen. Er ist der Eigentümer, und es ist rechtspolitisch nur zu begrüßen, wenn er die Verantwortung für die Ausübung seiner Rechte selbst übernimmt. Wird er aktiv, gibt es bestimmte Weisungen, so mag es auch gerechtfertigt sein, die Bank als Bevollmächtigten auftreten zu lassen. Das gilt

---

institute im Referentenentwurf eines Aktiengesetzes, Beiträge zur Aktienrechtsreform 1959 S. 86, *Koehler*, Der Referentenentwurf eines Aktiengesetzes, JZ 59, 75 Z. III.

[51] Die neueren Entwicklungen in Verfassung und Recht der AG 1904 S. 55.

[52] *Eckardt* wie in Fußn. 50.

[53] Vgl. die Ausführungen von *Flechtheim* (wie in Fußn. 48) über das der Legitimationsübertragung zugrunde liegende Kausalgeschäft.

[54] S. Fußn. 50.

jedenfalls für eine der Meinung der Bank widersprechende Weisung. Es ist schief, wenn sie sie im eigenen Namen ausführen muß.

In der großen Zahl bleibt der Deponent aber passiv. Die Bank muß nach ihrem pflichtgemäßen Ermessen handeln. Sie wird dabei die Interessen der Gesellschaft und der Aktionäre auf einen Nenner bringen. Wie dies auch die Verwaltung gemäß § 70 tut. So wird das Handeln der Bank — ähnlich dem des Testamentsvollstreckers — neutral und objekt[55] —, d. h. unternehmensbezogen. Die Ausübung des Depotstimmrechts kommt in die Nähe eines privatrechtlichen Amtes mit unternehmensrechtlichem Charakter.

Der Kreis unserer Betrachtung, der die Testamentsvollstreckung und Legitimationsübertragung miteinander vergleichen und ihre Anwendbarkeit bei der KG, der GmbH und der AG untersuchen wollte, ist damit geschlossen.

---

[55] Vgl. *Dölle* wie in Fußn. 3.

DER GESTALTUNGSAUFTRAG VON GESELLSCHAFTS-RECHT UND STEUERRECHT

Von Georg Strickrodt

I. Anlässe und Motive zu Reformvorschlägen sind im Steuerrecht weit häufiger zu verzeichnen als im Gesellschaftsrecht. Deren Kette reißt bei den steuerrechtlichen Themen niemals ab, wobei sich unter oftmals wechselnden gesetzgeberischen Maßnahmen, nur selten allseitig gebilligte Lösungen ergeben. Das Gesellschaftsrecht beharrt weit länger bei seinen einmal vollzogenen Kodifikationen und läßt eigene Reformen nur unter großer Vorsicht in Gang kommen. Deren Ergebnisse sollen dann aber auch auf lange Sicht Bestand haben. Sie müssen deshalb möglichst von der Zustimmung aller an der Praktizierung des Gesellschaftsrechts Beteiligten getragen werden.

An solchen Reformdebatten und -beschlüssen nehmen im wesentlichen die gleichen Kreise Anteil, ob es sich dabei um Gesellschaftsrecht oder Unternehmenssteuerrecht handelt. Es sind dies die Organisationen der gewerblichen Wirtschaft auf der einen und die Experten der Parlamentsfraktionen auf der anderen Seite, letztere unter maßgeblicher Beratungs- und Formulierungshilfe der Fachressorts. Dazu treten die Bemühungen von unabhängigen Praktikern und Wissenschaftlern um ausgewogene, künftige Zweifels- und Streitfälle vorausschauend vermeidende Gesetzesregelungen, sowie die durch die gleichen Personenkreise inaugurierten Verhandlungen rechts- und wirtschaftswissenschaftlicher Vereinigungen. Auch wenn diesen Bestrebungen die berechtigte und erforderliche Publizität gegeben wird, so kann damit jedoch nicht der ursprüngliche politische Impuls ersetzt werden, der allein einer grundlegenden Reform ihren säkularen Rang zu geben vermag.

Ist ein solcher Impuls, der aus einem Wandel in den Zuständen der politischen und ökonomischen Gesellschaft hervorzugehen oder auf diesen hinzuzielen haben würde, dabei aber zugleich der Ausdruck prinzipieller rechtlicher Überzeugung zu sein hätte, nicht wirksam und überzeugend in Erscheinung getreten, dann können die sich aus bestimmten akuten Anlässen als erwünscht erweisenden Reformen im Wesentlichen auch nur die in der Praxis des Wirtschaftslebens und die in der Rechtsprechung entwickelten Probleme zum Gegenstand haben. Die eigene Aufgabe des Gesetzgebers und seiner Berater wird dabei zwar in der Regel durch eine solche aktuelle Fragestellung bezeichnet, deren Lösung kann sich aber nicht nur in fallweisen und noch weniger in rein interessenbedingten Regelungen erschöpfen. Dies hat insbesondere für die Reformbegehren zu gelten, die gegenwärtig die Öffentlichkeit mit wesentlichen Themen des deutschen Gesellschafts- und Steuerrechts beschäftigen, und zwar in der Verbindung von Problemlagen beider Rechtsgebiete.

Aus einem Komplex von in der Öffentlichkeit aktuell gewordenen Reformbegehren den für das einzuleitende Gesetzgebungsverfahren maßgebenden besonderen *Gestaltungsauftrag* herzuleiten, ist eine recht bedeutsame, aber nicht immer hinreichend klar gestellte und voll gewürdigte Aufgabe. Weder die Politik, noch die Wissenschaft können dabei erwarten, daß für sie diese Aufgabe von anderer Seite erfüllt und ihnen das Ergebnis in einer Formel präsentiert wird. Sie müssen diese Arbeit ihrerseits zu leisten versuchen, bevor überhaupt konkrete Lösungen erwogen und zur Debatte gestellt werden können. Es ist nicht ein für allemal auszumachen, ob dabei mehr der Politik oder mehr der Wissenschaft die Initiative und die Führung zukommt. Fehlt es aber an einer grundsätzlichen und überzeugenden Reformidee, dann ist meistens auch hinsichtlich des konkreten Gestaltungsauftrags nicht mehr als eine sorgfältige Registrierung der an die Ressorts herangetragenen politischen Anliegen, sowie der zu den gestellten Themen vorliegenden wissenschaftlichen Anregungen und Vorschläge zu erwarten. Diese Aufgabe kann dann sowohl in der Form ministerieller Gesetzesentwürfe nebst amtlicher Begründung, als auch durch systematische wissenschaftliche Veröffentlichungen erfüllt werden. Solche Arbeiten verleugnen gewöhnlich nicht ihren Charakter des im Reformsinne letztlich Unverbindlichen. In einem solchen Zustand weitgehender Indifferenz auf Seiten von Politik und Wissenschaft wird man auch bei noch so nachdrücklich aus gegebener Veranlassung zur Geltung gebrachten Reformbegehren, kaum einen für alle Beteiligten maßgebenden Gestaltungsauftrag erwarten können.

Nun wird aber bei den nicht von bahnbrechenden Ideen getragenen Reformen, wie es meist solche aus gegebener Veranlassung sind, doch stets von einem besonderen Auftrag im Sinne der vertiefenden *Ausgestaltung der bestehenden Rechtsordnung* gesprochen werden können. Gesellschaftsrecht und Steuerrecht sind in sich selbst zu Ordnungssystemen erwachsen, die ihre eigene Verantwortung zu repräsentieren und diese auch aus eigener Sachlogik durchzusetzen berufen sind. Gegebene Anlässe und diesen entsprechende aktuelle Reformbegehren sind aufzugreifen, wo sie sich in der Öffentlichkeit darbieten. Den Gestaltungsauftrag aber hat die Rechtsordnung in ihre eigene Verantwortung zu übernehmen, und zwar, soweit die hier gemeinten besonderen Themen in Frage stehen, gemäß der Wesensart von Gesellschaftsrecht und Steuerrecht, so wie diese in der miteinander integrierten Wirksamkeit von Rechtspraxis und Wissenschaft verkörpert ist.

Einer solchen Überlegung zur besonderen Situation und der aus dieser fließenden Verantwortung kann eine unmittelbare Bedeutung zukommen, und zwar sowohl nach der Seite der Parlamentsfraktionen und -ausschüsse hin, als auch gegenüber den hierbei beteiligten Organisationen, besonders denen der Unternehmerwirtschaft. In beiden Fällen wird eine gewisse Selbstbeschränkung die Folge sein können, die sich schon aus der Tatsache zu ergeben hat, daß die genannten Instanzen und Organisationen selbst keinen maßgebenden Auftrag zur Reform erteilt haben. Im ersten Fall fehlt, zumindest in der gegenwärtigen Lage, der rechts- und wirtschaftspolitisch souveräne Impuls, und im zweiten Fall mangelt es an der Kompetenz zur Rechtssetzung, da die hierbei in Frage stehenden Angelegenheiten weder nach ständischen Gesichtspunkten geordnet, noch von den unmittelbar Beteiligten in eigener Jurisdiktion entschieden werden können.

II. Wird in einer solchen, nicht durch prinzipielle rechtspolitische Impulse ausgezeichneten Lage nach etwaigen *Anlässen zur Reform*, die zu einem aktuellen Gestaltungsauftrag führen könnten, gefragt, so werden diese zunächst erst einmal in der Rechts- und Wirtschaftspraxis aufgesucht und in ihren besonderen Zusammenhängen dargestellt werden müssen. Ob dies bereits in hinreichender Weise geschehen ist, erscheint für die in Vorbereitung befindliche Aktienrechtsreform und mehr noch für die sich möglicherweise, wenn nicht sogar mit einer gewissen Zwangsläufigkeit, anschließenden Reformen hinsichtlich anderer Unternehmensformen durchaus noch nicht erwiesen, wenn dabei auch die sehr verdienstvollen Anregungen des Deutschen Juristentages und des Referentenentwurfs des Bundesjustizressorts zum Aktiengesetz, sowie die an diese anknüpfenden öffentlichen Erörterungen in ihren Zielsetzungen und nach ihrem Gehalt voll gewürdigt werden sollten. Eine Synopse aus kritischer Feder und in voller Unabhängigkeit von allen diesen Diskussion notwendigerweise mitbestimmenden Interessenlagen wäre dringend erwünscht. Diese könnte bei der Bedeutung der Aufgabe sogar einen eigenen wissenschaftlichen Rang erlangen.

Werden die aktuellen Anliegen der *Aktienrechtsreform* in einer mehr schlagwortartigen, die Problemstellung auf eine vereinfachende Formel bringenden Weise gekennzeichnet, so treten dabei folgende Themen hervor: Hinsichtlich der Verfassung der Aktiengesellschaft die Betonung der Stellung der Hauptversammlung und der Aktionäre mit einer Tendenz zur Aktivierung der Gewinnausschüttungspolitik gegenüber der bisher von den Verwaltungen geübten Selbstfinanzierung[1]. Was das Konzernrecht angeht, so steht die rechtliche Erfassung und öffentliche Klarstellung der mit bestimmten Unternehmensverbindungen beabsichtigten Zwecke, sowie der zu deren Praktizierung angewandten Mittel[2] im Vordergrund. Diese Themen werden hier genannt, so wie sie sich nach dem Referentenentwurf des BJM darstellen, ohne daß sie zunächst durch zusätzliche Problemstellungen modifiziert oder erweitert werden sollen.

Was das Verlangen nach Neuregelungen im *Unternehmenssteuerrecht* angeht, so sind diese, abgesehen von Themen der Umsatzsteuerreform, nicht in ihrem derzeitig aktuellen Stand in amtlichen und halbamtlichen Papieren zu finden. Sie können nur aus den Äußerungen wirtschafts- und unternehmenspolitischer Vereinigungen, aus den Fachgesprächen der Gesellschafts- und Steuerrechtspraktiker, aus kritischen öffentlichen Erörterungen zur Besteuerungspraxis und schließlich aus Stellungnahmen des Bundesfinanzhofs für eine überschauende Betrachtung erschlossen

[1] Bundesjustizminister *Schäffer* im Vorwort zum „Referentenentwurf eines Aktiengesetzes", S. VII.

[2] Referentenentwurf, S. 387.

werden. Dabei sind die Interessenlagen, aus denen heraus oftmals auf das Ganze hin reflektiert und argumentiert wird, recht unterschiedlich und durchaus nicht immer mit sich selbst voll im Einklang. Die Themen eines seiner Natur nach eigentlich mehr zur Statik neigenden Ordnungskomplexes, wie die des Unternehmenssteuerrechts, können aber auch sehr extremen Variationen unterliegen, je nachdem, ob die Kapitalbildungs- und Investitionssituation tiefergehenden Schwankungen ausgesetzt ist. Als durchgehend erweisen sich jedoch die Positionen der Sicherung und Stärkung des Eigentums an der Unternehmenssubstanz und an deren Zuwachs, sowie die aus der besonderen Lage mit oftmals wechselnder Blickrichtung verfolgten Ziele der steuerlichen Belastungs- und Chancengleichheit.

Diese Positionen und Ziele erhalten ihre über das rein unternehmens- und eigentumswirtschaftliche Interesse hinausführende Akzentuierung durch die *Rechtsform* der Unternehmen, insbesondere durch das organisatorische, vermögens- und handelsrechtliche Eigenwesen der Aktiengesellschaft. An deren Errungenschaften auch in steuerrechtlicher Hinsicht in vollem Maße teilzunehmen und diese alsdann auf weitschichtige und möglichst frei gestaltete *Konzernkomplexe* auszuweiten, ist eine meist mit großer Selbstverständlichkeit vorgetragene Grundforderung. Die andere ihr mit nachdrücklichen Realisierungsansprüchen gleichgestellte Forderung ist die nach der *Anpassung der Unternehmensbesteuerung an die privatwirtschaftlichen Gegebenheiten*, so wie diese in den Bildungen der vertrags- und gesellschaftsrechtlichen Praxis in Erscheinung treten. Zwei Themen kennzeichnen diese Situation: Eine in ihren Motiven und Folgen, speziell was die Zurechnungs- und Belastungsdispositionen des Steuerrechts angeht, möglichst wenig behinderte Freiheit in der Verfügung über die Unternehmenserträge zu Gunsten von Gesellschaft und Gesellschaftern einerseits, sowie andererseits die Anknüpfung der steuergesetzlichen Tatbestandsdetermination an etwaige konzernwirtschaftliche Gegebenheiten nach möglichst freier Wahl der Pflichtigen jeweils von Fall zu Fall. Gratisaktien- und Organschaftsregelungen stehen dabei zur Zeit im Vordergrund des Interesses.

III. Wird angesichts der in den aktuellen Reformvorschlägen und Änderungsbegehren mit unterschiedlicher, teilweise aber sehr nachdrücklicher Intensität vollzogenen Verquickung von gesellschaftsrechtlichen und steuerrechtlichen Themen zunächst nach den

Gestaltungsverhältnissen des *positiven Gesetzesrechts* gefragt, so ergeben sich bei den betreffenden Gesetzesmaterien sehr weitgehend voneinander abweichende Voraussetzungen und Formen.

Das Aktienrecht ist in seinen Normierungen in keiner Weise vom Steuerrecht abhängig. § 132 Abs. 1 Ziff. 5 AktGes. nennt nur bestimmte Steuerarten, die in der Gewinn- und Verlustrechnung ihrer Summe nach auszuweisen sind. Der Referentenentwurf bezeichnet aber in Abs. 2 u. 3 des § 151, der das für die Auseinandersetzungen zwischen den Organen einer Aktiengesellschaft und für die Interessenrealisierung der Aktionäre so wichtige Thema der Wertansätze in der Jahresbilanz behandelt, „das steuerlich zulässige Maß“ bei der Bildung stiller Rücklagen als anwendbar, und zwar gleichrangig neben den aus den Grundsätzen ordnungsmäßiger Buchführung bzw. aus den in Abs. 1 Nr. 1 des gleichen Paragraphen hergeleiteten Bemessungsgrundsätzen. Für diese Regelung gibt die offiziöse Begründung zwar keine besondere Erklärung, es ist jedoch angesichts des bilanzrechtlich durchaus problematischen Themas der „stillen Reserven“ zu verstehen, wenn mit dieser Regelung dem Vorstand und dem Aufsichtsrat hinsichtlich der den Aktionären gegenüber zu vertretenden Ausschüttungspolitik freie Hand gegeben werden soll, soweit dabei die Übernahme steuerrechtlich zulässiger Bewertungen in die Handelsbilanz in Frage steht. Andernfalls würden die betreffenden steuergesetzlichen Maßnahmen sogar meist ihren eigenen und besonderen wirtschaftspolitischen Zweck verfehlen.

Gerade diese Überlegung aber läßt einen förmlichen Hinweis des AktGes. auf besondere steuerrechtliche Bewertungsmöglichkeiten als überflüssig erscheinen. Die einschlägigen aktienrechtlichen Bestimmungen über die Bewertungs- und Gewinnausschüttungspolitik würden nämlich schon als solche unzutreffend interpretiert werden, wollte man dabei etwaige vom Gesetzgeber absichtsvoll eingeräumte und demgemäß von den Unternehmen bewußt wahrgenommene steuerrechtliche Gestaltungsmöglichkeiten unbeachtet lassen. Ist aber ein Hinweis auf steuerrechtlich Zulässiges bei den aktienrechtlichen Bewertungsvorschriften als überflüssig anzusehen, dann würde er auch zu unterbleiben haben. Das auf Dauer gegründete Recht des Aktiengesetzes sollte jede förmliche Verbindung mit dem seinen eigenen wechselvollen Schicksalen unterworfenen Maßnahmenrecht der Besteuerung überhaupt gänzlich vermeiden. Es ist nicht abzusehen, welche Versuchungen zu steuerrechtlich motivierten, dann aber unmittelbar aktienrechtlich wirksamen Interventionen schon von der bloßen Nennung von Steuerrechtlichem im Aktiengesetz ausgehen könnten. Was zunächst nur als eine formale Anknüpfungsmöglichkeit erscheint, kann zum Anlaß für die Ausübung eines Eingriffsrechts werden, besonders wenn die zuerst getroffene und später kritisch beurteilte Regelung im Sinne einer „Vergünstigung" verstanden werden könnte.

Das Steuerrecht kann seinerseits gegenüber dem Aktienrecht auf förmliche Verweisungen und sachliche Anknüpfungen nicht verzichten. Diese sind für die Präzision der Besteuerung geradezu unentbehrlich. Sie sind auch vom gesellschaftsrechtlichen Standpunkt aus nicht zu beanstanden, da die gesellschaftsrechtlichen Vorgänge unvermeidlicherweise unter steuerlicher Beurteilung und entsprechenden Besteuerungszugriffen stehen. Solche Hinweise auf gesellschaftsrechtliche Normen dienen auch der Berechenbarkeit der individuellen Belastung. Das Steuerrecht hat sich dieser Anknüpfungen in großer Freiheit des eigenen Urteils bedient. Bei den Verkehrssteuern sind die gesellschaftsrechtlichen Übertragungsvorgänge in ganz exakter Weise zum Besteuerungsanlaß gemacht worden. Daraus ergeben sich in der Praxis mancherlei Rücksichten auf gesellschaftsrechtlich Erwünschtes und steuerrechtlich Vermeidbares. Jedoch sind stets genaue gesetzliche Abgrenzungen zu treffen, und die Interpretation kann etwa aufkommende Zweifelsfragen der steuerlichen Heranziehung nicht von sich aus beantworten.

Bei den Ertrag- und Besitzsteuern ist, sofern nicht, wie in § 19 I KörpStG, ganz exakt gemeinte Hinweise auf gesellschaftsrechtlich normierte Vorgänge gegeben sind, die steuerrechtliche Anknüpfung an die entsprechenden gesellschaftsrechtlichen Tatbestände umso interpretationsbedürftiger, je mehr sich der betreffende individuelle Sachverhalt in der Unternehmenspraxis gemäß seinen eigenen Intentionen zu entwickeln sucht. Insoweit wird die steuerrechtliche Praxis geradezu beherrscht von dem Grundsatz der wirtschaftlichen Betrachtungsweise, der in § 1 Abs. 2 Steueranpassungsgesetz seinen Ausdruck gefunden hat. Dieses oft mißdeutete und interessenmäßig mißbrauchte Prinzip spricht nur eine Selbstverständlichkeit aus, daß nämlich jede steuergesetzliche Belastungsentscheidung aus sich selbst zu interpretieren und nicht in einer Abhängigkeit von zweckhaft gewählten oder zufällig auftretenden zivilrechtlichen Sachverhaltseinkleidungen zu sehen ist. Dies ist umso bedeutsamer, als es der verfassungsrechtlich fundierte Grundsatz der Gleichmäßigkeit der Besteuerung dem Gesetzgeber und den Behörden zur Pflicht macht, von sich aus unter der konkreten Belastungsnormierung alle diejenigen Sachverhalte als steuerlich gleich zu behandeln, die den wirtschaftlichen Gegebenheiten nach als gleich angesehen werden müssen. Es kommt dabei ganz wesentlich darauf an, was von der gesetzlichen Entscheidung über die Steuerwürdigkeit bestimmter Sachverhalte in tatbestandsmäßiger Hinsicht als gleichartig qualifiziert worden ist.

Seitens des Gesellschaftsrechts kann diese Tendenz nur gefördert werden, weil sie dessen eigenen individuellen Regelungen einen nicht von außen her in formaler Weise abgegrenzten Spielraum beläßt. Es wird nur im beiderseitigen Interesse von Gesellschaftsrecht und Steuerrecht darauf zu achten sein, daß die steuergesetzlichen Tatbestandsumrisse nicht verschwimmen, wodurch Unsicherheit in der Vorausberechnung und Willkür in der Gesetzesanwendung eintreten könnten. Es ist das besondere Verdienst der Rechtsprechung des BFH, diesen auf keine knappe und alle Erscheinungsmöglichkeiten erschöpfende Formel zu bringenden Auslegungsgrundsatz stets aufs Neue zur sachverhaltsmäßig unterscheidenden und belastungsmäßig vereinheitlichenden Geltung gebracht zu haben. Damit wurde über die in konkreter Form getroffenen gesetzlichen Belastungsentscheidungen hinaus der besondere Gestaltungsauftrag des Steuerrechts in ständiger Konfrontierung nicht nur mit den wirtschaftlich relevanten Sachverhalten, sondern gerade auch mit den gesellschaftsrechtlichen Tatbeständen und Ordnungsformen zur Wirkung gebracht. In dieser Hinsicht wird im Verhältnis von Gesellschaftsrecht und Steuerrecht auch durch eine noch so prinzipiell gemeinte Steuerreform nichts zu ändern sein.

IV. Das hiermit in der mehr formalen Weise einer tatbestandsmäßigen Bezugnahme bestimmte Verhältnis zwischen dem Steuerrecht und dem Gesellschaftsrecht wird sich durchaus in den Formen einer wechselseitigen Rücksichtnahme und Unabhängigkeit halten können. Die unvermeidliche gemeinsame Praxis akuter Fälle führt jedoch Gesellschaftsrecht und Steuerrecht in alle Probleme und Verwicklungen einer erzwungenen Gemeinschaftsexistenz hinein. Die Kasuistik der Zeitschriftenliteratur bietet eine nicht zu erschöpfende Fülle der Zweifels- und Kollisionsfälle. Das Bedürfnis nach gleicher Behandlung von immer weiter gezogenen Kreisen praktischer Fälle ist ebenso wenig zu stillen wie das persönliche Verlangen, nach der eigenen individuellen wirtschaftlichen Entscheidung leben zu können. Die großen Handbücher zu den Gemeinschaftsproblemen von Gesellschaftsrecht und Steuerrecht enthalten, in systematischer Zueinanderordnung des gesellschaftsrechtlich Gestatteten und Gewollten zu dem in spezifischer Weise steuerrechtlich Verfügten und möglicherweise auch Vermeidbaren, eine unerschöpfliche Fülle praktischer Gestaltungen[3]. Auch die Kommentierung des geltenden Aktiengesetzes kann im Wege einer eindringlichen Analyse des in Rechtsformen wirtschaftlich Gestaltbaren und Gestaltungsbedürftigen zu einer systematischen Feststellung des dabei steuerrechtlich auf kürzere oder längere Sicht zu Gewärtigenden führen[4]. Schließlich sind es die Entscheidungen und Gutachten des BFH, die am abgeklärten Fall die besonderen gesellschaftsrechtlichen Festlegungen in der Problematik ihrer steuerrechtlichen Zuordnung voll durchschaubar werden lassen. Die dabei gestellten Themen sind nicht auszuschöpfen, weil von beiden Seiten, nämlich der unternehmungspolitischen Praxis und der steuergesetzlichen Anforderungen, ständig an einer formalen und wirtschaftlichen Adjustierung des gegenseitigen Verhältnisses gearbeitet wird, und zwar mit durchaus ungleichartiger Zielsetzung.

Nach den bisherigen Erfahrungen ist es eine äußerst schwierige Aufgabe, die in Erscheinung getretenen prinzipiell bedeutsamen Themen sowohl von der Seite des Gesellschaftsrechts, als auch von der des Steuerrechts her in einer solchen Weise zu erfassen, daß sich dabei deren besondere Strukturen und Variationsmöglichkeiten sinnvoll ineinander fügen. Es seien einige Themen dieser Art genannt, ohne daß hierfür aber zunächst mehr als der Versuch einer Exposition geboten werden könnte.

IV. 1. Rechtliche Form und wirtschaftliche Realität stimmen bei kaum einem Unternehmen so miteinander überein, daß für die sich aus diesen beiden Komponenten ergebende steuergesetzliche Eingliederung und Inanspruchnahme nicht stets auch irgendwelche Bevorzugungs- oder Benachteiligungsaspekte gegenüber anderen, mit mehr oder weniger Anlaß in einen Vergleich einzubeziehenden

[3] *Bühler*, Steuerrecht der Gesellschaften und Konzerne, 3. Aufl., besonders S. 265 ff.

[4] *Adler-Düring-Schmalz*, Rechnungslegung und Prüfung der Aktiengesellschaft, 3. Aufl., beispielsweise § 132 Tz. 127 ff.

Unternehmen geltend gemacht werden könnten. Für die Umsatzsteuer werden die aus Gründen eines unterschiedlichen Unternehmensaufbaues entstehenden *Belastungsdifferenzen* nur von der Seite der Besteuerungssystematik her zu bereinigen sein, ohne daß das Gesellschaftsrecht dazu einen Beitrag leisten müßte oder könnte. Auch für die Real- und Besitzsteuer liegt die Aufgabenstellung ganz im steuergesetzlichen Bereich; ebenso bei den Verkehrssteuern. Die Körperschaftsteuer präsentiert sich jedoch dem Gesellschaftsrecht und dem Steuerrecht als ein durchaus problematischer Komplex, von allerdings nur schwer ganz überschaubarer Vielschichtigkeit.

Dies hängt damit zusammen, daß die als endgültige Belastungsregulierung hinter der Körperschaftsteuer stehende persönliche Heranziehung zur Einkommensteuer letztlich von mancherlei individuell bedingten Momenten abhängt, wobei sie sich dann auch in entscheidender Weise unter dem Progressionszwang auszuwirken hat. Auf die Heranziehung von Unternehmenserträgnissen zur Einkommensteuer in der Person der Gesellschafter kann nicht verzichtet werden, wenn nicht die primäre Besteuerung bei der Gesellschaft so in die Höhe getrieben werden soll, daß dabei die kleineren und mittleren Unternehmen, aber auch die diesen wirtschaftlich gleich stehenden Kapitaleigner unerträglich und ungerechtfertigterweise überlastet werden würden. Der seit einigen Jahren von der Gesetzgebung beschrittene Weg der Individualisierung der Besteuerung von aus Unternehmen gezogenen Gewinnen (§ 19 Abs. 1 Ziff. 1 u. 2 KörpStG) muß vor allem auch deshalb konsequent fortgesetzt werden, weil andernfalls keine neuen Aktionäre aus breiteren Bevölkerungsschichten zu gewinnen sein würden. Die ausgeschütteten Gewinne werden zwar weiterhin einer ersten Besteuerung bei der Kapitalgesellschaft unterworfen werden können, jedoch nur mit einem effektiv niedrigen Satz. Sofern demgegenüber von Seiten der Personengesellschaften eingewandt werden sollte, daß sie im Vergleich zu einer solchen auf die Organisationsform der Kapitalgesellschaft bezogenen, allzu maßvollen Körperschaftsteuer ihrerseits mit der unmittelbar beim Unternehmen fälligen persönlichen Einkommensteuer überlastet seien, so wäre darauf zu erwidern, daß der Thesaurierungssteuersatz des KörpStG ohnehin schon den Spitzensätzen des EinkStG entspricht und daß bei ausgeschütteten Gewinnen die endgültige Belastung stets nach der Höhe des individuellen Einkommens erfolgt, für dessen steuerliche Heranziehung es gleichgültig zu sein hat, ob es in größerer oder geringerer Nähe zum eigentlichen Unternehmensbereich anfällt. Aber damit würde nur erst eine Vorfrage des *unternehmenswirtschaftlichen Vergleichskomplexes* behandelt sein, die als solche weder zur eigentlichen gesellschafts noch zur steuerrechtlichen Problematik gehört, sondern mehr mit der Psychologie der Unternehmerkalkulation zu tun hat.

Das hinsichtlich des herabgesetzten Körperschaftsteuersatzes für ausgeschüttete Gewinne innerhalb der Kapitalgesellschaften selbst ausgelöste Spannungsverhältnis zum Thesaurierungssteuersatz wird nicht immer mit den Mitteln einer Geschäftsleitungspolitik zu überwinden sein. Wenn von verantwortlicher Seite in den Unternehmen die große Differenz zwischen dem Ausschüttungs- und dem Thesaurierungssteuersatz ernstlich für übertriebene Forderungen aus Gesellschafterkreisen verantwortlich gemacht wird, so sollte dies Veranlassung geben, der durch die Aktienrechtsreform zu fördernden Publizität eine solche Wirkung zu verschaffen, daß damit nach Möglichkeit gerade auch einem ungerechtfertigten Druck auf die Gewinnverteilungsbeschlüsse begegnet werden kann. Allerdings wird es dann sehr darauf ankommen, ob die durch das bisher ständig steigende Dividendenniveau und durch die dieses in spekulativer Weise noch erheblich überspielende Kursniveauentwicklung ausgelösten Erwartungen und Ansprüche, vor allem im Zeichen der Reformbestrebungen einer politisch motivierten Aktionärsdemokratie, noch rechtzeitig und sachgemäß in geordnete Bahnen gelenkt werden können.

IV. 2. Das hinter der im Sinne einer abschließenden Besteuerung gemeinten besonderen Belastung der thesaurierten Gewinne stehende Problem der *vermögensmäßigen Zurechnung* der in dieser Weise zusätzlich gebildeten *Unternehmenssubstanz* ist neuerdings unter dem Stichwort der Gratisaktie akut geworden, wobei sich die gesellschafts- und die steuerrechtliche Beurteilung und Argumentation oftmals kaum noch voneinander unterscheidbar verwirrt haben. Hier ist ein echtes Anliegen für Reformmaßnahmen gegeben. Die Entwirrung dieser Themenverquickung ist deshalb so besonders schwierig, weil fast auf jeder Stufe einer in der sachlichen Klärung fortschreitenden Betrachtung wieder neue Argumente aus speziellen Interessenlagen und Belastungsvergleichen entspringen.

Für die Problemdarstellung und -entwicklung kann davon ausgegangen werden, daß die nach der Entrichtung der gesetzlichen Körperschaftssteuer im Unternehmensvermögen vorhandenen Gewinnteile einen nach der Besteuerungsseite nicht mehr belasteten Wert darstellen. Etwaige Verfügungsbeschränkungen könnten dieserhalb nur in satzungsrechtlicher Hinsicht und gemäß dem Aktiengesetz selbst geltend gemacht werden. Jedoch entstehen auf Grund dieses Besteuerungsvorganges keine frei verfügbaren Anteilsquoten der einzelnen Gesellschafter an bestimmten bilanzpostenmäßig zu bezeichnenden Werten. Diese bleiben im Vermögen der Gesellschaft gebunden. Beim Verkauf des Gesellschaftsanteils kann eine Werterhöhung aus thesaurierten Gewinnen möglicherweise realisiert werden, jedoch hängt dies von mancherlei Faktoren ab, die mit einer in der Vergangenheit liegenden Gewinnentstehung und -verwendung nicht immer ohne weiteres zu erklären sind.

Das Steuerrecht ist zu einer besonderen Beurteilung von *Gewinnrealisierungen* auf Seiten der Gesellschafter genau in dem Rahmen und unter den Voraussetzungen befugt, die es selbst für die unterscheidende Heranziehung von ausgeschütteten und von thesaurierten Gewinnen als maßgebend angesehen hat. Ist der Thesaurierungssteuersatz bewußtermaßen für einen im gesetzlichen und satzungsmäßigen Vermögen der Körperschaft verbleibenden Wert bestimmt gewesen und auch dementsprechend bemessen worden, dann kann im Falle der nachträglichen Ausschüttung auch eine neue steuerrechtliche Beurteilung stattfinden. Diese wird zu einer Belastung der Gesellschafter mit Einkommensteuer führen können, wobei rechtspolitisch die Höhe des Steuersatzes im Sinne einer allseits gleichmäßigen Heranziehung zu erwägen sein würde. Nur für den Fall, daß der Thesaurierungssteuersatz von vornherein schon als eine Ablösung jeder weiteren Besteuerung auf der Gesellschafterseite gemeint gewesen sein würde, entfiele auch die spätere Heranziehung zur Einkommensteuer. Eine solche pauschale, uno actu zu vollziehende Abgeltung von Körperschaft- und Einkommensteuer ist jedoch in der Vergangenheit nicht Gegenstand der Belastungsentscheidung des Gesetzgebers gewesen[5]. Das

[5] Ist aus dem Gewinn eines Wirtschaftsjahres durch einen den gesellschaftsrechtlichen Vorschriften entsprechenden Beschluß den Rücklagen oder dem Gewinnvortrag ein bestimmter Betrag zugewiesen worden, so kann über diesen noch durch Gewinnverteilungsbeschlüsse künftiger Jahre verfügt werden. Ein den Rücklagen oder dem Gewinnvortrag entnommener Be-

schließt nicht aus, daß eine solche Entscheidung bei einer Neufassung beider Steuergesetze in Zukunft getroffen werden könnte.

Das Thema der Gratisaktien geht aber über die hier mehr in einem vorbereitenden Sinne behandelte *nachträgliche Ausschüttung* bereits mit dem Thesaurierungssatz versteuerter Gesellschaftsgewinne insoweit wesentlich hinaus, als in diesem Fall dem Gesellschafter aus dem Gesellschaftsvermögen keine Barbeträge zufließen, sondern ihm nur ein neues Beteiligungsdokument übergeben wird. Dieser Vorgang würde nur dann keine unmittelbaren steuerrechtlichen Überlegungen auslösen, wenn er, ohne vorangegangene Gewinnthesaurierungen, als eine Neubezifferung und -stückelung des nominalen Gesellschaftskapitals in Erscheinung treten würde. Dies ist jedoch nach deutschem Aktienrecht normalerweise nicht ohne bestimmte Finanztransaktionen möglich. Die gesetzlich vorgeschriebene *Nennkapitalfixierung* gehört zu dessen System und ist auch nicht zu speziellen steuerlichen Gestaltungszwecken aus diesem hinweg zu interpretieren. Auf diesen gesellschaftsrechtlichen Voraussetzungen beruhen auch die bisherigen steuergesetzlichen Belastungsentscheidungen. Würde die Ausgabe von Gratisaktien neben der Gewinnausschüttung, d. h. dem wirtschaftlichen Ergebnis nach ganz oder teilweise an deren Stelle, zum Bestandteil der Praxis der deutschen Aktiengesellschaften gemacht werden, dann würde sich auch die körperschaft- und einkommensteuerliche *Belastungsentscheidung* hierauf von sich aus einzurichten haben. Mit welcher Steuersatzdifferenzierung und unter welcher Abgrenzung von Körperschaftsteuer und Einkommensteuer dies zu geschehen haben würde, müßte alsdann im Gesamtrahmen der Besteuerung neu geprüft und entschieden werden.

---

trag ist, soweit in der Vergangenheit ein gespaltener Körperschaftssteuersatz gegolten hat, mit einem für thesaurierte Gewinne berechneten Betrag vorbelastet. Hieran kann auch durch einen später noch über solche Bilanzposten verfügenden Gewinnverteilungsbeschluß nachträglich nichts mehr geändert werden. Eine in dieser Weise nachgeholte Gewinnausschüttung kommt jedoch der Steuerberechnung für dasjenige Jahr, in dem sie effektiv erfolgt, insoweit zugute, als dann möglicherweise dessen ganzer Gewinn mit dem günstigen Ausschüttungssteuersatz herangezogen wird, ohne daß für das betreffende Steuerjahr die sonst unvermeidliche Besteuerung wesentlicher Gewinnteile mit dem Thesaurierungssteuersatz stattzufinden hätte (siehe dazu *Rudolf Thiel*, Der neue Körperschaftssteuertarif, 1959, S. 50; *Herrmann-Heuer*, Kommentar EinkSt. u. KörpSt., § 19 KörpSt. Anm. 19 u. 20). Diese Regelung liegt im Abgrenzungsbereich des einzelnenSteuerjahres, bedeutet jedoch keine Wiederaufnahme abgeschlossener Besteuerungsfälle.

Die im wesentlichen aus wirtschaftspolitischen Gesichtspunkten, im Interesse einer Materialbereitstellung für den Kapitalmarkt, von Seiten der Bundesregierung unternommene Initiative zu einer gesetzlichen Regelung der Kapitalerhöhung aus Gesellschaftsmitteln[6], die von entsprechenden steuerlichen Maßnahmen begleitet werden soll, hat bisher weder nach der Seite des Gesellschaftsrechts, noch nach der des Steuerrechts hin zu einer abgeklärten öffentlichen Meinungsbildung zu führen vermocht. Daß es sich hierbei nicht nur um eine Angelegenheit der rechtlichen Konstruktion, die von sich aus zwischen einer älteren Theorie der Doppelmaßnahme und der neueren Lehre von einer aus der Ratio des AktGes. unmittelbar hervorgehenden besonderen Form der Kapitalerhöhung zu wählen hätte, handelt, sondern um eine vom Gesetzgeber positivrechtlich zu treffende Entscheidung, hat bereits die bisherige parlamentarische Erörterung dieser Gesetzesinitiative erwiesen. Die aus vorhandenen offenen Reserven zu bildenden neuen Kapitaltitel sind nämlich in weiten politischen Kreisen als die Realisierung eines Vermögenszuwachses verstanden und demzufolge zum Anlaß unentgeltlicher Zuweisungen von Kapitalteilen an die Unternehmensbelegschaften gemacht worden. Solche Aktionen blieben nicht auf das Parlament beschränkt, sie fanden sogar in § 197 II des Referenten-Entwurfs zum AktGes. ihren Ausdruck, der eine unentgeltliche Beteiligung der Arbeitnehmer an einer Kapitalerhöhung aus Gesellschaftsmitteln vorsieht, und zwar im Wege eines qualifizierten Mehrheitsbeschlusses der Hauptversammlung[7]. Dieser Vorgang ist nicht nur die Wirkung bestimmter sozialpolitischer Absichten, er bringt gleichzeitig zum Ausdruck, daß die offenen Reserven einer Aktiengesellschaft bisher weithin als noch unter einem besteuerungspolitischen Vorbehalt stehend angesehen werden. Solange nicht in überzeugender Weise klargestellt ist, daß mit der Körperschaftsteuer, die auf die in die Reserven eingegangenen früheren Gewinne bereits gezahlt worden ist, auch alle weiteren Ansprüche der öffentlichen Hand und der Allgemeinheit abgegolten sind, wird die Zuweisung von Gratisaktien zum Anlaß von besonderen Beteiligungsforderungen, sei es der Belegschaften oder des Steuerfiskus, gemacht werden. Die politische Neutralisierung solcher Kapitalerhöhungen könnte somit nur auf

[6] Bundesdrucksache v. 3. 6. 1958, Nr. 416.

[7] Bedenken gegenüber dem Vorschlag des Referenten-E bei *Barz*, Beiträge zur Aktienrechtsreform, S. 75.

dem Wege einer objektiven Klarstellung der betreffenden gesellschafts- und steuerrechtlichen Tatbestände in ihrer wechselseitigen Verknüpfung erreicht werden[8].

Der Gewinnung von Konstruktionselementen für eine in einheitlicher Weise zu treffende gesellschaftsrechtliche und steuerrechtliche Neuregelung können folgende Überlegungen dienen:

1. Die Umwandlung von Reserven in Gesellschaftskapital führt zu einer gesetzlichen Bindung bisher freien Eigenvermögens zu Gunsten des Gesellschaftszweckes und der Gesellschaftsgläubiger. Gleichzeitig werden aber die Möglichkeiten einer Realisierung von Vermögensreserven auf Seiten des mit zusätzlichen Titeln ausgestatteten Gesellschafters erhöht, und zwar auf Grund der in dem Kapitalerhöhungsbeschluß üblicherweise zu findenden Gewinnprognosen und Ausschüttungszusagen der Unternehmensleitung. Diese psychologischen Aspekte einer solchen Kapitalumwandlung sollten, will man diese überhaupt gesetzlich erleichtern, jedenfalls zu einer weitgehenden Dokumentierung ihrer unternehmenswirtschaftlichen Grundlagen und zu einer strengen Selbstprüfung der Umwandlungsmotive in einem hierfür einzurichtenden gesellschaftsinternen Verfahren führen.

2. Die Gewinnausschüttung in Dividendenform und die Zuteilung von durch einen gerade aktuellen Gewinnausweis ihrem Wert nach gekennzeichneten Gratisaktien können in der Unternehmenspolitik miteinander in Konkurrenz treten, sofern eine solche Nennkapitalerhöhung gesetzlich und satzungsmäßig jederzeit stattfinden kann. Damit werden Motive für Entscheidungen der Gesellschaftsorgane gesetzt, deren Folgen weder für das betreffende Unternehmen, noch für den allgemeinen Kapitalmarkt, sowie die allgemeine und besondere Investitionspolitik überschaubar sind. Es sollten demgemäß Vorkehrungen getroffen werden, die eine Umwandlung nur durch im längeren Wege vorbereitete und auf hinreichend konsolidierte Reserven gestützte Beschlüsse zulassen.

3. Die Gewinnrealisierung durch die Versilberung von ungeteilten, bestimmte offene Reserven noch einschließenden Anteilsrechten einerseits oder durch die Verwertung von Gratisaktien

---

[8] Zur steuerrechtlichen Beurteilung sogen. Freianteile siehe in Zusammenfassung früherer Rechtsprechung und in derAuseinandersetzung mit der an dieser geübten Kritik BFH Entsch. v. 1. 8. 1958, Bd. 67, S. 300.

andererseits weist, was die persönliche Steuerpflicht eines in dieser Weise vorgehenden Gesellschafters angeht, keine so wesentlichen Unterschiede auf, daß deren ungleiche Behandlung sich ohne weiteres mit dem Grundsatz gleichmäßiger Besteuerung in Einklang bringen ließe. Läßt der Gesetzgeber die Ausgabe von Gratisaktien zu, dann werden Körperschaftsteuer und Einkommensteuer in einer solchen Weise zu regeln und aufeinander abzustimmen sein, daß diese beiden Fälle der Substanzveräußerung im Ergebnis als gleichgestellt erscheinen[9]. Ob dies Ergebnis mit den Mitteln eines gespaltenen Körperschaftsteuersatzes erreicht werden kann, ist durchaus zweifelhaft, vor allem wenn innerhalb der Unternehmen die Gratisaktienpraxis und die Dividendenpolitik miteinander in Konkurrenz treten sollten.

Schon eine solche erste Analyse des Gratisaktienproblems zeigt nicht nur eine weitgehende Verquickung wirtschaftspolitischer und interessenmäßiger Motive, sondern auch eine zwangsläufige Verflechtung gesellschaftsrechtlicher und steuerrechtlicher Themen.

IV. 3. Gesellschaftsrecht und Steuerrecht begegnen einander in unmittelbarer Weise und mit ganz bestimmten Gestaltungsabsichten auf dem Gebiet der körperschaftsteuerlichen *Organschaft*. Diese beansprucht eine durchaus selbständige Behandlung

[9] Der von *Walter Schmidt*, Beiträge zur Aktienreform, S. 43, 50, 53 mit besonderem Nachdruck vertretene Vorschlag, den zwingenden Charakter der Kompetenzverteilung zwischen den Organen der Aktiengesellschaft durch eine in bestimmten Grenzen freie Satzungsregelung zu ersetzen, kann als ein allgemeiner Rechtsgedanke zur Kodifikation des Gesellschaftsrechts die besondere Beachtung durch die an der Gesetzgebung beteiligten Instanzen erwarten. Die Frage nach der in gleicher Weise wirtschafts- und gesellschaftspolitischen, wie verfassungsrechtlichen Bedeutung und Berechtigung einer starren oder einer elastischen Normierung des Gesellschaftsrechts wird vor der Verabschiedung des Reformwerkes grundsätzlich erörtert werden müssen. Dabei sollte auch geprüft werden, in welchem Umfang die eigene künftige Finanzpolitik einer Aktiengesellschaft durch die Satzung festgelegt werden kann. Würden hierfür bestimmte wahlweise zu handhabende Typen entwickelt werden und hätte demzufolge jede einzelne AG das von ihr satzungsmäßig gewählte Prinzip förmlich zu bezeichnen, so könnte das seine Kapitalanlagemöglichkeiten abwägende Publikum sich danach richten. Damit würden generelle gesetzliche Schutzmaßnahmen gegen eine die Dividendenerwartungen beeinträchtigende Selbstfinanzierungspolitik von Vorstand und Aufsichtsrat weitgehend entbehrlich werden können. Möglicherweise könnten in dieser Hinsicht ausgebildete Satzungsformen auch zu Anknüpfungspunkten für die in der schwierigen Wahl der Thesaurierungs- und Ausschüttungssteuersätze stehende Körperschaftsteuerpolitik werden.

gegenüber den auf eigenen steuersystematischen Grundlagen beruhenden Regelungen der Umsatzsteuer, die neben der eine Mehrzahl von gegebenenfalls auch handelsrechtlich selbständigen Einzelunternehmen umgreifenden Unternehmenseinheit (§ 1 Ziff. 1 UmsStG) noch die speziell begründete Organschaft (§ 2 Abs. 2 Ziff. 2) kennt, und gegenüber der Besonderheit des Gewerbesteuerrechts, das die gesellschaftsrechtliche Gliederung eines Unternehmenskomplexes durch seine eigene Konstruktion der aus Betriebsstätten gebildeten Unternehmenseinheit (§ 2 Abs. 2 Ziff. 2 Satz 2 GewStG) ersetzt[10].

Die körperschaftsteuerliche Organschaft geht nicht unmittelbar aus Vorschriften des KörpStG hervor, sondern entspricht einer seit längerer Zeit von der Verwaltung geübten, von der Rechtsprechung unter kritischer Abgrenzung der einzelnen Fallgebiete bestätigten und vom Steuergesetzgeber stillschweigend gebilligten Praxis[11]. Die systematische Begründung dieser Rechtspraxis ist bisher nicht in erschöpfender Weise durch die hierfür berufenen Instanzen formuliert worden. Sollte die körperschaftsteuerliche Organschaft in die politische Debatte gezogen werden, wie dies bei der umsatzsteuerlichen Organschaft bereits der Fall ist, dann müßte allerdings erneut auch nach ihren Voraussetzungen im geltenden Steuersystem gefragt werden. Die dabei zu treffende Entscheidung wird dann aber in einer so ausschließlichen Weise unter steuerrechtlichen und steuerpolitischen Motiven stehen, daß von Seiten des Gesellschaftsrechts her nur etwaige Hilfen für eine zuverlässige tatbestandsmäßige Anknüpfung der Besteuerungsentscheidung zu bieten wären, nicht aber auch die Voraussetzungen der steuerrechtlichen Regelungen zu bezeichnen sein würden.

Auf ihrer zur Zeit gegebenen rechtlichen Grundlage findet die körperschaftsteuerliche Organschaft weder im AktGes. noch im

---

[10] BFH 64, 368 hat es erneut abgelehnt, die sogen. Betriebsstättentheorie des GewStG für die körperschaftsteuerliche Organschaft maßgebend sein zu lassen.

[11] Rechtsprechung und Verwaltung sind dabei hinsichtlich einzelner Besteuerungsprobleme nicht immer miteinander im Einklang. Der gegenüber einer neueren BFH-Rechtsprechung von der Verwaltung gewährte Rückgriff auf eine frühere RFH-Rechtsprechung (Koordinierter Erlaß der Finanzminister der Länder, BStBl. II 1957, 140) ist im Hinblick auf ein diese Richtlinienpraxis der Ministerien verfassungsrechtlich kennzeichnendes BFH-Urteil (Bd. 67, S, 354) aufgegeben werden (Mitteilung des BFinMin. im Bulletin vom 3. 1. 1959, S. 6).

KörpStG Anknüpfungspunkte begrifflicher oder normativer Art. Somit fehlt es auf diesem Gebiet an den formalen Voraussetzungen für ein Zusammenwirken von Gesellschaftsrecht und Steuerrecht. Auch die zivilrechtliche Judikatur zur Organschaft ist so schwach entwickelt, daß sie keine Hilfe zur Lösung problematischer steuerrechtlicher Fälle zu geben vermag. Die behördliche Praxis bestimmt den in die Organschaftsregelung einzubeziehenden Bereich, sowohl nach der Seite der für diese in Frage kommenden Unternehmensgebilde hin, wie z. B. bei etwa erforderlichen Abgrenzungen von verwaltenden Holdinggesellschaften zu produzierenden Obergesellschaften, aber auch hinsichtlich der Organverhältnisse zwischen Personenunternehmen und Kapitalgesellschaften, sowie was die Fälle einer Organschaft im Verhältnis zu einer Mehrheit von Obergesellschaften angeht. Des weiteren wird weitgehend von der Behördenpraxis festgelegt, auf welche Bilanzposten und Gesellschaftsvorgänge, z. B. Dividendengarantieverträge, sich die organschaftliche Abrechnung zwischen Ober- und Untergesellschaft hinsichtlich ihrer steuerlichen Beachtbarkeit zuerstrecken hat. Diese Behördenpraxis wird begleitet von einer Rechtsprechung, die, in der Tradition der RFH-Judikatur stehend, sich fortlaufend mit neuen Situationen des Wirtschaftslebens und des Verständnisses der systematischen Grundlagen der Steuergesetze auseinanderzusetzen hat und somit weder im Bereich der Finanzgerichte, noch auch in der Urteils- und Gutachtenpraxis des BFH das Bild eines abschließend gesicherten Rechtszustandes bieten kann[12]. Auch eine noch so sehr auf ihre innere Geschlossenheit und prinzipielle Verankerung bedachte höchstrichterliche Rechtsprechung kann nicht den Normierungsgrad eines Gesetzes erreichen. Selbst die Gutachtenspraxis des BFH wird von der fallweisen Formulierung des einzelnen Gegenstandes durch die antragsberechtigten Finanzressorts begrenzt, von der Begrenztheit des Themas bei streitigen Fällen ganz zu schweigen. Mit einem obiter dictum kann keine generelle Normierung geboten werden.

Dieser im geschriebenen Gesetzesrecht nicht fundierte Stand der körperschaftsteuerlichen Organschaft spiegelt sich vor allem in der Kritik der Fachliteratur, die an interessenbedingte Fallgruppen und an einzelne höchstrichterliche Entscheidungen anknüpft. Die in rechtlicher Hinsicht letztlich nicht verbindliche Richtlinien-

[12] Die Geschichte der Organschaft stellt, vor allem was die steuerrechtliche Judikatur angeht, die BFH-Entscheidung Bd. 66, S. 455ff., dar.

praxis des Finanzressorts kann einen derartig instabilen Zustand nicht durch ein Machtwort klären, und die persönliche Autorität der Mitglieder von Finanzbehörden und Gerichten findet ihre Grenze am Recht des einzelnen Falles. Für Abreden zwischen Ressorts und Organisationen fehlt jegliche Grundlage. Es ist angesichts der Entscheidungskompetenz der Gerichte zwecklos, auf einer angeblich richtigen älteren Rechtsprechung des RFH bestehen zu wollen. Dies ist aber auch in sachlicher Hinsicht nicht sinnvoll, denn sogar diese ältere Rechtsprechung unterliegt der Kritik, sowohl was deren eigene Rechtsgrundlage, als auch was ihre Maßgeblichkeit in geänderter Wirtschafts- und Gesetzeslage angeht[13].

Der Begründung der bisherigen und künftigen Behörden- und Gerichtspraxis dienen zwei rechtliche Überlegungen, deren weitere Klärung auch den Weg zu einer vielleicht nicht zu vermeidenden, wenn auch nur unter großen Bedenken zu begehrenden Klarstellung durch positive Gesetzesregelung eröffnen könnte. Es ist dies einerseits der Grundsatz der wirtschaftlichen Betrachtungsweise, der Veranlassung geben kann, die Ergebnisabführungsverträge zwischen Organträgern und Organgesellschaften zur *Vermeidung einer Doppelbelastung* unter bestimmten Voraussetzungen wie interne betriebliche Vorgänge zu behandeln[14]. Andererseits würden Geschäfte, bei denen Leistung und Gegenleistung einander gleichwertig gegenüberstehen, von jeder steuerlichen Kritik auszuschließen und mit ihren Ergebnissen im Sinne der *Maßgeblichkeit der kaufmännischen Erfolgsrechnung* auch der steuerlichen Gewinnermittlung zugrunde zu legen sein. Gerade eine solche Argumentation ist bei Ergebnisabführungsverträgen jedoch problematisch, da diese nicht zweifelsfrei als miteinander in Leistung und Gegenleistung *ausgeglichene Rechtsgeschäfte* anzusehen sind[15]. Damit ist nahegelegt, die Ergebnisabführungsverträge als gesellschaftsrechtliche Positionen und nicht als in der betrieblichen Austauschsphäre abzuwickelnde Geschäftsvorgänge anzusehen. Die Frage nach der steuerrechtlichen Qualifizierung einer Organschaft mit

---

[13] *Flume*, Steuerberater-Jahrbuch 1958/59, S. 283ff.; *Holtmeier*, Die Organtheorie im System des Rechts und ihre aktuellen Probleme, S. 76ff.; *Steinberg*, Betriebs-Berater 1959, S. 497; *Hoffmann*, Steuer und Wirtschaft 1958, Sp. 227.

[14] BFH 64, 368 [373].

[15] BFH-Entsch. Bd. 64, S. 373.

Ergebnisabführung wird somit nicht allein nach den Grundsätzen des Bilanzsteuerrechts zu beurteilen sein, sondern sich in entscheidender Weise auf die Person des Steuerpflichtigen und auf dessen Stellung in rechtlicher und wirtschaftlicher Hinsicht zu erstrecken haben.

Damit tritt der *institutionelle Charakter der Organschaft* hervor. Dieser ist vom Körperschaftsteuerrecht im Sinne seiner eigenen Belastungsentscheidung und aus seinen Normierungszusammenhängen heraus näher zu bestimmen. Inwieweit dabei Einheitsunternehmen und durch Organschaft verbundene Unternehmungskomplexe in der Belastung gleichzustellen sind, unterliegt, auch unter dem Auslegungsgesichtspunkt der wirtschaftlichen Betrachtungsweise, letztlich ebenfalls der steuerpolitischen Entscheidung. Diese ist bisher schon durch die Praxis der Steuerressorts und durch die Finanzrechtsprechung mit der Tendenz einer möglichst weitgehenden Gleichstellung von wirtschaftlich Gleichem zum Ausdruck gekommen. Wenn auch die Rechtsprechung, bei dem Fehlen einer die Organschaft regelnden generellen Besteuerungsnorm, angesichts neuer Fälle in problematischer Grenzlage ganz offensichtlich in ihrer rechtsgestaltenden Funktion überfordert erscheint, so wird sie doch auf ihrem eigenen Wege so lange weiter schreiten müssen, als nicht der Gesetzgeber sich zumindest mit einem formulierten Rechtsgrundsatz zu diesem Gegenstand geäußert hat.

Wird eine prinzipielle steuerrechtliche Entscheidung im Sinne der Beachtung von Organschaftsverhältnissen zugrunde gelegt und soll demgemäß ein ausdrücklicher Gestaltungsauftrag gemeinsam an Gesellschaftsrecht und Steuerrecht ergehen, dann wird vor allem das Aktienrecht selbst in eindeutiger Weise zur Organschaft Stellung nehmen müssen, schon damit dann auch die Rechtsprechung des BGH mit wesentlichen Fragen auf dieses Thema hingelenkt werden kann[16]. Der Referentenentwurf zum AktGes. will in §§ 270ff. mit einer so eindringlichen Konsequenz die besonderen Rechtsverhältnisse der durch Unternehmensverträge miteinander verbundenen Unternehmen regeln, daß die von den bisherigen §§ 15 u. 256 AktG ohne wesentliche Anregungen gebliebene steuerrechtliche Organschaft dadurch eine Gestaltungshilfe erhoffen

[16] Die Entscheidung des BGH v. 29. 11. 1956 zur Frage der Haftung des alleinigen Gesellschafters einer GmbH (BGHZ 22, 226 = NJW 57, 181) wird vom BFH 64, 368 [374] interessanterweise in Zusammenhang mit Problemen der Organschaft gebracht.

kann. Zwar sind die hiernach vorgesehenen Bestimmungen in erster Linie auf den Schutz von Minderheitsaktionären und Gläubigern gerichtet, jedoch kommt in ihnen ein institutioneller Grundzug des Gesellschaftsrechts zum Ausdruck. Kraft positiven Rechts wird die mit der Gesellschaftsgründung ins Leben getretene *juristische Person* einer AG in ihrer *originären Selbständigkeit* gekennzeichnet, die nur unter ganz bestimmten Voraussetzungen und in bestimmten Formen modifizierbar ist. Damit würde die vom KörpStG ausgesprochene subjektive Steuerpflicht jeder AG auch hinsichtlich der Organgesellschaft nicht nur als ein formaler Ansatzpunkt des steuerlichen Verfahrensrechts, sondern auch als Bezugspunkt für materielle Besteuerungszurechnungen anzusehen sein. Das positive Steuerrecht mag dann aus der Idee und der Absicht einer möglichen Gleichstellung von Einheitsunternehmen und Organschaftsgebilden in der spezifischen Belastungsregelung so weit gehen, als dies mit der Idee der steuerlichen Gerechtigkeit irgend zu vereinbaren ist; die primäre Beurteilung des Steuerfalles wird an die Tatsache der Existenz einer juristischen Person anzuknüpfen und von dieser aus den einzelnen organschaftlich bestimmten Steuerfall in seiner komplexen Natur zu entwickeln haben. Dies entspricht den Erfordernissen einer klaren bilanzmäßigen Zurechnung und Bewertung des einzelnen Geschäftsvorganges in steuerlicher Hinsicht, dient aber auch der Klarstellung der nach Gesellschaftsrecht jederzeit aktuellen Verantwortung der Organe von miteinander verbundenen Unternehmen, gleichgültig auf welcher Stufe der Verflechtung sich diese befinden[17].

V. Wird in Anbetracht dieses in der belastungspolitischen Selbständigkeit des Steuerrechts und in der besonderen Ordnungsverpflichtung des Gesellschaftsrechts begründeten *Doppelaspekts* des den beiden Disziplinen gestellten *Gestaltungsauftrags* gefragt, wie die beiderseitigen Strukturen am besten ineinanderzufügen sein würden, dann bietet sich dafür keine verbindliche theoretisch-systematische Lösung an. Es ist ein Weg praktischer Gemeinschaftsbemühungen zu beschreiten. Souverän zu treffende Grundsatzentscheidungen bestimmter Instanzen liegen, unter den gegebenen Verhältnissen, außerhalb des politisch und rechtlich Mög-

[17] Der Ref.-Entwurf eröffnet hierfür in den §§ 283ff. nicht ohne weiteres abzusehende Möglichkeiten einer persönlichen Inanspruchnahme unter den Auswirkungen von abgeschlossenen Unternehmensverträgen.

lichen. Das stets um einen angemessenen Ausdruck seiner besonderen Ordnungsaufträge bemühte Recht wird sich also selbst mit Hilfe der ihm dienenden Organe auszusprechen haben. Die immanente Logik gesetzlicher Regelungen hat dabei vor allem den Kompromiß- und Interessencharakter der zu den angestrebten Reformen erhobenen Ansprüche zu überwinden. Hierfür fehlt es aber auf dem Gemeinschaftsgebiet der gesellschafts- und der steuerrechtlichen Regelungen noch an einem wirksamen Vorbild. So haben beispielsweise BFH und BGH zu den Fragen der Organschaft noch keine gemeinsamen Themen entwickelt. Es gibt, auch was die rein praktisch zu treffenden Maßnahmen angeht, keine abschließend zu bezeichnenden und noch weniger einen mit der Vollmacht, dabei für das Ganze sprechen zu können, ausgestatteten Kreis von „Beteiligten".

Ob es möglich sein könnte, wenigstens im Rahmen von miteinander zu verbindenden Beratergremien der beteiligten Ressorts zu einer vollen systematischen und zugleich auch praktischen Abstimmung der *gesellschafts- und steuerrechtlichen Komponenten einer Reformgesetzgebung* zu gelangen, steht dahin. Noch sind hierfür nicht einmal die formellen Voraussetzungen vorhanden. Ein solcher, nötigenfalls in bestimmte rechtlich-organisatorische Formen gekleideter Versuch sollte jedoch ernstlich erwogen werden. Dies könnte auch als eine Aufgabe des Gesetzgebers angesehen werden, vor allem wenn dieser sich klarmachen würde, daß er selbst bisher der Gemeinschaftsaufgabe von Gesellschaftsrecht und Steuerrecht nur sehr unvollkommen gerecht werden konnte.

Aus dieser Lage wird die Gesetzgebung auch so lange nicht heraus gelangen, als nicht von einem interessen- und auftragsmäßig gleicherweise unabhängigen Gremium auf Grund einer uneingeschränkten Erhebung von einschlägigen Daten wirtschaftlicher, rechtlicher und organisatorischer Art, sowie durch verantwortliche Befragungen von Repräsentanten beteiligter Kreise die Grundlagen der gesellschafts- und steuerrechtlichen Gemeinschaftsgestaltungen zu voller Anschaulichkeit gebracht worden sind. Die Gesetzgebung könnte damit nicht nur ihr eigenes Material und Instrumentarium, sondern auch die vorhandenen praktischen Anlässe und die im Sinne gerechter Regelungen wirksamen Anliegen besser kennenlernen, als dies auch bei den vielseitigen und ernstlichen Bemühungen einzelner Organisationen und Instanzen bisher möglich gewesen ist.

KONZERNRECHT

DER SCHUTZ DER ABHÄNGIGEN GESELLSCHAFT

Von Ernst Gessler

Die Konzerne und ihr Recht sind im geltenden Aktienrecht nicht ihrem Wesen und ihrer Bedeutung entsprechend geregelt. § 15 AktG enthält zwar Begriffsbestimmungen des Konzerns, des Konzernunternehmens, des herrschenden und des abhängigen Unternehmens. Diesen Begriffsbestimmungen folgt aber keine materielle Regelung der entscheidenden Fragen[1], die bei Konzern- oder Abhängigkeitsverhältnissen auftreten. Der Anwendungsbereich der Begriffsbestimmungen beschränkt sich überdies auf das Aktiengesetz. Für andere Gesetze haben sie nur Bedeutung, wenn diese ausdrücklich oder aus dem Inhalt ihrer Vorschriften erkennen lassen, daß sie auf die aktienrechtlichen Begriffsbestimmungen verweisen, diese übernehmen wollen. Selbst für das Aktiengesetz kommt den Begriffsbestimmungen nur eine gesetzestechnische Bedeutung zu. Sie sollen die gesetzestechnische Fassung der Vorschriften, in denen sie verwandt werden, erleichtern. Die Ausdrücke sollen dazu dienen, den Kreis von Unternehmen, die von der einzelnen Vorschrift betroffen werden, kurz und dennoch klar zu umreißen.

Die geplante Reform des Aktienrechts kann es bei dieser Handhabung — von einer Regelung kann man eigentlich nicht sprechen — nicht belassen. Sie würde ihrer Aufgabe nicht gerecht werden, den Namen „Reform des Aktienrechts" nicht verdienen, wenn sie sich wiederum auf gesetzestechnische Begriffsbestimmungen und einzelne Sondervorschriften beschränken würde.

Dem kann nicht entgegengehalten werden, daß eine Reform des Aktienrechts die Reform des Rechts der Aktiengesellschaft und der Kommanditgesellschaft auf Aktien zum Gegenstand habe und

---

[1] Zu diesen rechne ich nicht — so bedeutsam sie auch sein mögen — die Vorschriften des Aktiengesetzes, die sich auf Konzernunternehmen oder abhängige und herrschende Unternehmen beziehen. Sie regeln Einzelfragen.

in ein Gesetz über diese Rechtsformen allgemeine konzernrechtliche Vorschriften nicht gehören. Im Wirtschaftsleben tritt die Aktiengesellschaft in zwei völlig verschiedenen Erscheinungsformen auf, in Gestalt der nicht nur rechtlich, sondern auch wirtschaftlich selbständigen Gesellschaft und in Gestalt der zwar rechtlich selbständigen, aber wirtschaftlich unselbständigen Gesellschaft. Der Grund der Unselbständigkeit kann sehr verschieden sein, je nachdem, ob die Gesellschaft nur unter dem beherrschenden Einfluß einer anderen Gesellschaft steht, von dem nur gering oder selten Gebrauch gemacht wird, oder ob sie in einen Konzern eingegliedert worden ist und dadurch ihre Selbständigkeit völlig verloren hat.

Nach neueren Feststellungen sollen 70% des Gesamtkapitals der deutschen Aktiengesellschaften aktiv oder passiv konzernmäßig gebunden sein[2]. Selbst wenn man aus den Zahlen hinsichtlich des Gesamtkapitals nicht auf die Zahl der Gesellschaften schließt, kann jedenfalls wohl festgestellt werden, daß mehr als die Hälfte der deutschen Aktiengesellschaften zu dem Kreis der zwar rechtlich, aber nicht mehr wirtschaftlich selbständigen Gesellschaften gehört, während das Aktiengesetz in seinen Vorschriften von der rechtlich und wirtschaftlich selbständigen Gesellschaft ausgeht und sich mit den Problemen der unselbständigen Gesellschaft nicht befaßt. An diesem Tatbestand kann kein Gesetzgeber vorbeigehen. Er muß ihm Rechnung tragen und für die überwiegende Zahl der Aktiengesellschaften die Sondervorschriften treffen, die sich aus der Tatsache ihrer Abhängigkeit oder ihrer Eingliederung in einen Konzern ergeben.

Nicht nur das Zahlenverhältnis fordert das. Daß eine gesetzliche Regelung der aus der Abhängigkeit sich ergebenden Fragen unabwendbar notwendig ist, zeigen auch die Probleme, die hinsichtlich der abhängigen Gesellschaft aufgetreten sind und zu einer besonders „tiefen Kluft zwischen Rechtsschein und Wirklichkeit" geführt haben[3]. Unser Jubilar, der seine wissenschaftliche Tätigkeit

---

[2] *Fischer* AcP 154, 117. Nach *Würdinger* (Verhandlungen des 42. Deutschen Juristentages Band II/F, Dritte Abteilung, künftig zitiert „Verhandlungen" S. 6) sollen es nur 30% sein. Diese Zahl dürfte jedoch zu niedrig geschätzt sein. Eine Durchsicht des von der Commerzbank herausgegebenen Buches „Wer gehört zu wem" ergibt bei 1337 erfaßten Aktiengesellschaften und Kommanditgesellschaften auf Aktien mit Sicherheit 52% von einem herrschenden Unternehmen abhängige Gesellschaften.

[3] *Fischer* AcP 154, 120.

in den letzten Jahren vornehmlich diesen Fragen gewidmet hat[4], hat sehr instruktiv dargestellt, wie weit sich die praktische Handhabung im Konzernwesen vom Aktiengesetz entfernt hat[5]. Einen solchen gesetzwidrigen Zustand kann der Gesetzgeber nicht dulden. Auch der Hinweis, daß die vom Gesetz abweichende Handhabung nicht zu Mißständen geführt habe, kann nicht beruhigen und es rechtfertigen, von einer gesetzlichen Regelung der Erscheinungsform der wirtschaftlich unselbständigen Aktiengesellschaft abzusehen.

Man vergegenwärtige sich nur, daß es bei abhängigen Gesellschaften auf drei täglich auftretende Fragen keine einwandfreie rechtliche Antwort gibt.

1) Ist es zulässig, daß die herrschende Gesellschaft, die Konzernspitze, den Organen der abhängigen Gesellschaft, den Konzernunternehmen, Weisungen erteilt und sind diese daran gebunden? Widerspricht § 70 Abs. 1 AktG, die dort ausdrücklich hervorgehobene eigene Verantwortung des Vorstandes für die Leitung seiner Gesellschaft, dieser Handhabung? Oder läßt sich aus § 15 Abs. 1 AktG, der von der — danach offenbar rechtlich zulässigen — Zusammenfassung rechtlich selbständiger Unternehmen unter einheitlicher Leitung spricht, ableiten[6], daß Weisungen jedenfalls zulässig sind, und nur die Frage, ob sie auch bindend sind, offen bleibt?

2) Gebührt den Interessen der herrschenden Gesellschaft, den Konzerninteressen, der Vorrang vor den Interessen der abhängigen Gesellschaft? Muß die abhängige Gesellschaft Nachteile im höheren Gesamtinteresse hinnehmen? Welche rechtliche Bedeutung haben für diese Frage § 101 Abs. 3 AktG und die Ausführungen in der amtlichen Begründung zum Aktiengesetz, daß „auf Grund dieser Vorschrift z. B. auch Konzerninteressen berücksichtigt werden" können[7]. Sind die Ausführungen in der amtlichen Begründung

---

[4] Vgl. seine Tätigkeit in den Studienkommissionen des Deutschen Juristentages für Aktienrecht und Konzernrecht, seinen Aufsatz „Konzernrechtliche Kodifikation" in NJW 1957, 1337, seinen Aufsatz „Die Verfassung der Aktiengesellschaft" in *Hengeler-Kreifels*, Beiträge zur Aktienrechtsreform (künftig „Beiträge" zitiert), S. 42.

[5] Großkomm. AktG 2. Aufl. § 15 Anm. 7a, vgl. auch *Walter Schmidt*, Beiträge S. 44ff.

[6] *Lehmann*, Gesellschaftsrecht S. 344, der § 15 Abs. 1 AktG als „eine Stütze für diese Auffassung" anführt, ferner *Rasch*, Deutsches Konzernrecht S. 101, der das Weisungrecht als selbstverständlich ansieht.

[7] Deutscher Reichsanzeiger vom 30. 1. 1937, Nr. 28.

Niederschlag einer schon vor dem Aktiengesetz geltenden Rechtsauffassung oder eine der rechtlichen Bedeutung entbehrende Interpretation?

3) Sind Ergebnisausschluß verträge, die in der Wirtschaft seit Jahrzehnten gang und gebe sind, rechtswirksam oder wegen Verstoßes gegen §§ 52, 54, 70 AktG unwirksam[8]?

Mindestens auf diese Grundfragen und damit auch auf die sich aus ihnen zwangsläufig ergebenden Folgerungen muß ein neues Aktiengesetz klare Antworten geben. Damit muß es Neuland betreten, muß es als erstes Aktiengesetz der Welt Sachverhalte kodifizieren, die nicht nur rechtlich sehr schwierig, sondern auch wirtschaftlich so vielfältig gelagert sind, daß die Aufgabe, die damit dem Gesetzgeber gestellt ist, sehr bedeutsam und nicht einfach zu bewältigen ist.

Es ist klar, daß an diese Aufgabe nur sehr bedächtig, jeden Schritt abwägend, gegangen werden kann. Ein vollständiges Konzernrecht kann auf einmal nicht geschaffen werden. Es muß aus sich selbst wachsen. Wissenschaft und Praxis müssen es bilden. Es darf der wirtschaftlichen Entwicklung nicht unnötige Fesseln anlegen. Es muß berechtigten wirtschaftlichen Erfordernissen Rechnung tragen. Sonst ist, um mit *Walter Schmidt* zu sprechen[9], „das Leben mit seinen zwingenden Erfordernissen stärker als die Kraft des Gesetzes"; es tut sich wiederum „ein Zwiespalt zwischen Wirklichkeit und Recht" auf.

Der Referentenentwurf eines Aktiengesetzes hat versucht, die wichtigsten Fragen, die hier auftreten, zu regeln. Seine Lösungen sind, wie nicht anders zu erwarten war, lebhaft umstritten. Aus der Fülle der Probleme, die er zur Erörterung gestellt hat, sei hier eins herausgegriffen und angesichts der heftigen Kritik, die die Lösung des Referentenentwurfs gefunden hat, nochmals überprüft. Es handelt sich um den Schutz der abhängigen Gesellschaft vor Ausnutzung durch das herrschende Unternehmen in den Fällen, in denen eine vertragliche Eingliederung der Gesellschaft in ein Konzernverhältnis nicht erfolgt ist, d. h. ein Weisungsvertrag (§ 270 Abs. 1 Nr. 5 E) nicht abgeschlossen worden ist.

---

[8] Vgl. aus neuerer Zeit *Duden* BB 1957, 49; *Fischer* in Großkomm. AktG § 52 Anm. 18, § 54 Anm. 7; *Würdinger* DB 1958, 1452; *Hueck* DB 1959, 223.

[9] Beiträge S. 44.

§ 284 E sieht als Schutz der abhängigen Gesellschaft, ihrer Aktionäre und Gläubiger eine Erfolgshaftung vor. Haben gesetzliche Vertreter, Inhaber oder Angestellte eines herrschenden Unternehmens der von ihm abhängigen Gesellschaft eine Weisung erteilt und sie dadurch zu einer Maßnahme der Geschäftsführung bestimmt, die sich für die abhängige Gesellschaft nachteilig ausgewirkt hat, so haften die Weisungsgeber und das herrschende Unternehmen für den dadurch entstandenen Schaden, ohne daß es auf dessen Voraussehbarkeit oder ein Verschulden der Handelnden ankommen soll. Grundlage der Haftung ist die Weisungserteilung, gegenüber der es keine Entlastungsgründe gibt.

Die Haftung stellt eine Verschärfung der in § 101 AktG vorgesehenen Haftung für die Ausnutzung eines Einflusses auf eine abhängige Gesellschaft dar. Sie soll, wenn dies auch nicht ihr eigentlicher Zweck ist, verhindern, daß ein herrschendes Unternehmen außerhalb der Gesellschaftsorgane Leitungsmacht ausübt, ohne die außenstehenden Aktionäre und die Gläubiger durch den Abschluß eines Weisungsvertrages angemessen gesichert zu haben[10]. Dagegen ist es nicht, wie vielfach angenommen worden ist, ihr Zweck, den Abschluß von Weisungsverträgen und damit den „Rechtsstatus der Abhängigkeit"[11] zu erzwingen[12]. Auch wenn der Rechtsstatus der Abhängigkeit nicht begründet wird, können nach wie vor Unternehmen als Konzernunternehmen einheitlich geleitet werden. Allerdings mit zwei Einschränkungen. Es muß die aktienrechtliche Zuständigkeitsordnung eingehalten werden, d. h. es muß von Weisungen an den Vorstand der abhängigen Gesellschaft abgesehen werden. Ferner kann von der abhängigen Gesellschaft nicht gefordert werden, daß ihre Geschäftsführung sich nach dem Wohl des Konzerns oder einzelner Konzernunternehmen richtet; für sie darf ausschließlich ihr eigenes Wohl maßgebend sein.

§ 284 E geht auf Gedanken zurück, die *Schilling*[13] auf dem 42. Deutschen Juristentag — wenn ich recht sehe, erstmals — geäußert hat. Er hat dort den „Konzernvertrag" zur Debatte gestellt und sich mit der Verhinderung eines außervertraglichen Konzerneinflusses befaßt. Er hat ausgeführt, „man könne den Konzernvertrag wirklich nur dann zu einer Waffe der Rechtsordnung

---

[10] Amtl. Begründung zu E § 284 S. 408.

[11] Der Ausdruck stammt von *Flume* DB 1959, 192.

[12] Vgl. dazu Bundesjustizminister *Schäffer* in BB 1958, 1258.

[13] Verhandlungen S. 39.

machen, wenn man verhindert, daß nicht doch ohne Konzernvertrag, gewissermaßen hintenherum und illegal, Konzerneinfluß ausgeübt wird". Er „sehe keine andere Möglichkeit der Ausschaltung des außervertraglichen Konzerneinflusses als ihn für illegal zu erklären unter Androhung entsprechender Sanktionen". Es müsse eine „unbeschränkte Haftung für illegal ausgeübte Konzernmacht" eingeführt werden. Diesem Verlangen würde eine Erfolgshaftung des herrschenden Unternehmens für alle Nachteile, die der abhängigen Gesellschaft durch illegal ausgeübte Konzernmacht zugefügt werden, entsprechen. Ob *Schilling* allerdings daran gedacht hat, kann nach seinen späteren Ausführungen zweifelhaft sein[14].

Gegen die Regelung des Referentenentwurfs sind gewichtige Bedenken erhoben worden. Die aktienrechtliche Zuständigkeitsordnung dürfe nicht um ihrer selbst willen geschützt werden[15]. Durch die Abstellung auf die Weisung außerhalb der aktienrechtlichen Zuständigkeitsordnung werde der Entwurf „der Sachproblematik der tatsächlichen Abhängigkeit" nicht gerecht[16]. Die Regelung begegne nur dem Einzelfall, nicht dem „Phänomen der Abhängigkeit", der „Gesamtheit des Abhängigkeitsverhältnisses"[17]. Es sei wirklichkeitsfremd zu verlangen, daß bei Weisungen ausschließlich das Interesse des abhängigen Unternehmens maßgebend sein solle. Entscheidend könne, wie *Rautmann* sich sehr vorsichtig und jeder Auslegung fähig ausdrückt, allein sein, ob eine Maßnahme sich aus der „Interessenlage der abhängigen Gesellschaft begründen läßt"[18]. Die Haftung sei einerseits „drakonisch", andererseits „mit Leichtigkeit auszuräumen"[19]. Ihre alleinige Voraussetzung, die Weisung, lasse sich nur schwer definieren und könne leicht umgangen werden[20]. Die Geltendmachung der Haftung werde an der Beweisfrage scheitern[21]. Werde an der Haftung festgehalten, so müsse eine „compensatio damni cum lucro" zugelassen werden; Ergebnisse aus Weisungen, die nachteilig gewesen sind, müßten mit solchen aus Weisungen, die für die abhängige Gesell-

[14] Verhandlungen S. 39/40, insbesondere These Nr. 7.
[15] *Rautmann*, Beiträge S. 193.
[16] *Flume* DB 1959, 191.
[17] *Flume*, ebenda.
[18] *Rautmann*, Beiträge S. 194.
[19] *Flume* DB 1959, S. 190.
[20] *Rautmann*, Beiträge S. 192, *Flume* DB 1959, 190.
[21] *Flume* DB 1959, S. 191.

schaft vorteilhaft waren, verrechnet werden können[22]. Diesen Gedanken hat auch unser verehrter Jubilar mit Nachdruck vertreten[23]. Die Verpflichtung zum Schadensersatz dürfe insoweit nicht bestehen, als das herrschende Unternehmen den Schaden bereits aus freien Stücken ausgeglichen hat[24]. Schließlich ist auch die Frage aufgeworfen worden, ob nicht die Minderheitsaktionäre jedenfalls dann die Benachteiligung der abhängigen Gesellschaft, und damit auch ihrer Belange, hinnehmen müßten, wenn sie durch übergeordnete Belange gerechtfertigt sei.

Die Kritik der Gegner des Referentenentwurfs richtet sich gegen die neuralgischen Punkte der Regelung. Es muß vor allem unumwunden zugegeben werden, daß die Regelung nur so drakonisch erscheint, daß ihr aber tatsächlich die Durchschlagskraft fehlt. Es muß deshalb die Abstellung auf die Weisung, und damit auf den Einzelfall, fallen gelassen werden. Statt dessen muß eine Lösung gesucht werden, die an die Abhängigkeit anknüpft und die abhängige Gesellschaft vor der Ausnutzung ihrer Abhängigkeit hinreichend schützt.

Die Vorschläge gehen meist dahin, die an die Erteilung einer Weisung anknüpfende Erfolgshaftung durch eine Haftung zu ersetzen, die von anderen, umfassenderen Voraussetzungen ausgeht. So hat *Rautmann*[25] vorgeschlagen, das Problem durch Einführung einer „Organhaftung" zu lösen. Das herrschende Unternehmen solle so behandelt werden, als ob es ein Organ der abhängigen Gesellschaft wäre. Es solle der abhängigen Gesellschaft schadensersatzpflichtig sein, wenn es ihr durch Weisungen, die seine Organe erteilt haben, schuldhaft Schaden zugefügt hat.

Andere[26] sehen die Lösung in einer an § 101 AktG angelehnten Haftungsnorm. Die Vorschrift müsse allerdings, da sein Tatbestand zu eng und unklar, sein Absatz 3 verfehlt sei, erheblich umgestaltet werden[27]. Zu den Vertretern dieser Ansicht gehört auch unser Jubilar. Er hat insbesondere zu der Neugestaltung des § 101 Abs. 3 AktG eigene Vorschläge gemacht[28].

---

[22] *Rautmann*, Beiträge S. 193.
[23] *Walter Schmidt*, Beiträge S. 55/56.
[24] *Rautmann*, Beiträge S. 194.
[25] Beiträge S. 193.
[26] *Möhring* DRiZ 1957, 209.
[27] *Würdinger*, Verhandlungen S. 21–26.
[28] *Walter Schmidt*, Beiträge S. 55/56.

Die Bedenken, die gegen eine Organhaftung als alleinigen Schutz sprechen, hat *Würdinger*[29] überzeugend dargetan. Die Organhaftung wäre, ebenso wie der umstrittene § 284 E, nur eine Regelung für den Einzelfall, „wobei der Inhalt der Sorgfaltspflicht überaus problematisch wäre“[30].

Nicht anders verhält es sich mit einer an § 101 AktG angelehnten Haftungsnorm. Auch sie ließe, verbessert vielleicht dadurch, daß anstelle der Weisung jede Einflußnahme genügt, „die Sorgfaltspflicht erst virulent“ werden[31], wenn ein Schaden entstanden ist. Es kommt aber darauf an, nicht erst nachträglich dem Einzelfall entgegenzutreten, ihn durch eine Schadensersatzpflicht zu bereinigen, sondern vorher auf die Gesamtheit der Geschäftsführung der abhängigen Gesellschaft einzuwirken.

Hinzukommt, daß die Geltendmachung der Haftung in aller Regel an der Beweisfrage scheitern wird. Die Minderheitsaktionäre erfahren weder, welche für ihre Gesellschaft schädlichen Geschäfte oder Maßnahmen der Vorstand der Gesellschaft im Interesse und auf Veranlassung des herrschenden Unternehmens getätigt oder unterlassen hat, noch können sie, wenn ein verdächtiges Geschäft zu ihren Ohren kommt, den erforderlichen Nachweis führen. Da, wo kein Kläger ist, auch kein Richter ist, könnte die herrschende Gesellschaft nach wie vor ihre Interessen bei der abhängigen Gesellschaft ohne Rücksicht darauf durchsetzen, daß diese dadurch benachteiligt wird.

Mit Rücksicht auf diese Mängel scheiden deshalb überhaupt alle irgendwie gearteten Ersatzansprüche als *alleinige* Schutzmaßnahme aus. Ihnen kommt nur mit anderen, möglichst vorbeugend wirkenden Maßnahmen Bedeutung zu.

Es ist das unbestreitbare Verdienst von *Flume*, in dieser Frage nicht nur negativ Kritik geübt, sondern durch positive Vorschläge Anregungen für einen wirksamen Schutz der abhängigen Gesellschaft vor Ausnutzung gegeben zu haben. Bereits auf dem 42. Deutschen Juristentag hat *Flume*[32] erklärt, es genüge nicht, Vorschriften aufzustellen, daß etwas nicht sein darf. Die geschäftlichen Beziehungen zwischen einem herrschenden Unternehmen und der von ihm abhängigen Gesellschaft müßten „zum Vorschein“

[29] Verhandlungen S. 22—26.
[30] Verhandlungen S. 25.
[31] Verhandlungen S. 23.
[32] Verhandlungen S. 86.

gebracht werden. Über sie müsse besonders Bericht erstattet werden. Weiter sei für sie „eine besondere, von der normalen Prüfung unabhängige Prüfung der Ordnungsmäßigkeit der Geschäftsvorfälle einzuführen." Bereits auf dem Juristentag hat *Möhring*[33] die Anregung von *Flume* für sehr wertvoll erklärt. *Flume* hat seine Anregung später näher ausgeführt[34]. Der Vorstand der abhängigen Gesellschaft soll einen Rechenschaftsbericht mit Angemessenheitstestat erstatten. Zu diesem Bericht sollen der Aufsichtsrat und die Abschlußprüfer der abhängigen Gesellschaft Stellung nehmen.

Es ist nicht zu verkennen, daß für den Vorschlag von *Flume* viel spricht. Das Angemessenheitstestat ist in der Tat für den Vorstand, wie *Flume* sich ausgedrückt hat, ein „Griff an das Portepee". Er ist genötigt, sich bei jedem Geschäft zu fragen, ob er es später einmal in seinem Rechenschaftsbericht mit gutem Gewissen verantworten kann und ob seine Auffassung einer Nachprüfung standhalten wird. Es erleichtert ihm auch den Widerstand gegen das Verlangen der herrschenden Gesellschaft, Geschäfte oder Maßnahmen vorzunehmen oder zu unterlassen, die den Interessen seiner Gesellschaft widersprechen. Er kann dadurch die Interessen seiner Gesellschaft besser wahren. Auf diese Weise wirken die Rechenschaftspflicht und das Angemessenheitstestat auf die gesamte Geschäftsführung der abhängigen Gesellschaft. Der Bundesjustizminister[35] hat deshalb den Vorschlag von *Flume*, vorausgesetzt, daß er durchführbar ist, als „der Lösung des Referentenentwurfs mindestens gleichwertig" bezeichnet.

Vor Prüfung seiner Durchführbarkeit müssen jedoch noch zwei Fragen von grundsätzlicher Bedeutung geklärt werden.

Flume geht als selbstverständlich davon aus, daß die abhängige Gesellschaft von dem herrschenden Unternehmen für ihre Leistungen das angemessene Entgelt zu erhalten hat und daß sie von dem herrschenden Unternehmen zu nichts veranlaßt werden darf, was vom Standpunkt der Interessen der abhängigen Gesellschaft unangemessen wäre[36]. Daß so in den Geschäftsbeziehungen der beiden Gesellschaften verfahren worden ist, soll der Vorstand testieren; deshalb auch die Bezeichnung „Testat der Angemessen-

---

[33] Verhandlungen S. 90.

[34] Letzte Fassung DB 1959, 191.

[35] In seinem Münchner Vortrag über „Die Aktienrechtsreform und ihre Probleme" BB 1958, 1258.

[36] DB 1959, 191.

heit". Nun ist aber — leider — die Rechtslage keineswegs so klar, wie sie sein sollte. Außerdem wird gefordert, daß die Minderheitsaktionäre jedenfalls dann eine Benachteiligung der abhängigen Gesellschaft hinnehmen müßten, wenn diese durch übergeordnete Belange gerechtfertigt sei[37]. Daß ausschließlich das Interesse der abhängigen Gesellschaft maßgebend sein soll, wird als wirklichkeitsfremd bezeichnet[38]. Mindestens sollen nachteilige Handlungen dann zulässig sein und nicht zum Schadenersatz verpflichten, wenn die Rechte der Minderheitsaktionäre und der Gläubiger angemessen gewahrt sind[39], wenn Nachteile durch die mit der Herrschaftsausübung erlangten Vorteile ausgeglichen sind[40], oder sonst ein Ausgleich erfolgt[41].

Ist die Rechtslage nicht so, wie *Flume* voraussetzt, oder würde den Wünschen entsprochen, so wäre damit dem Angemessenheitstestat der Boden entzogen. Der Vorstand der abhängigen Gesellschaft könnte nachteilige Geschäfte vornehmen. Es würde sich daraus noch nichts hinsichtlich eines etwaigen Schadenseratzanspruches ergeben. Der Rechenschaftsbericht mit Angemessenheitstestat hat nur dann Sinn, wenn die Voraussetzungen, von denen *Flume* ausgeht, rechtens sind und beibehalten werden sollen.

Schuld daran, daß die Rechtslage in dieser Frage heute so zweifelhaft ist, sind § 101 Abs. 3 AktG und die amtliche Begründung zum Aktiengesetz[42]. Nach dieser sollen „auf Grund dieser Vorschrift z. B. auch Konzerninteressen berücksichtigt werden können." Zwar liegt, von der Fiktion des § 15 Abs. 2 AktG einmal abgesehen, nicht schon immer dann, wenn eine Gesellschaft von einer anderen abhängig ist, ein Konzernverhältnis im eigentlichen Sinn, d. h. eine einheitliche Leitung der Unternehmen, vor. Sie wird aber die Regel sein. Dann stellt sich aber bei Prüfung der Frage, welche Belange das herrschende Unternehmen zu berücksichtigen hat, damit es nicht schuldhaft die Interessen der abhängigen Gesellschaft verletzt und damit schadenersatzpflichtig wird, zwangsläufig die Frage, ob die Berufung auf übergeordnete Belange statthaft sein soll.

---

[37] *Möhring* DRiZ 1957, 208.
[38] *Rautmann*, Beiträge S. 194.
[39] Vgl. Anm. 37.
[40] *Walter Schmidt*, Beiträge S. 56, *Rautmann* Beiträge S. 193/194.
[41] *Rautmann*, Beiträge S. 194.
[42] Deutscher Reichsanzeiger vom 30. 1. 1937 Nr. 28.

Einige Kommentare zum Aktiengesetz haben die in der amtlichen Begründung vertretene Ansicht übernommen und ihr damit eine bedauerliche Allgemeingültigkeit verschafft. *Schlegelberger-Quassowski*[43] meinen, „eine Handlung, die eine Konzerngesellschaft oder ihre Aktionäre schädigt, könne vom Standpunkt des Konzerns aus eine wirtschaftlich gesunde und vernünftige Maßnahme bilden". In solchen Fällen „müsse das Interesse des einzelnen Konzernunternehmens vor dem höheren Interesse der in dem Konzern zusammengefaßten Gemeinschaft zurücktreten". Es müsse „eine Interessenabwägung zwischen den Interessen des Konzerns und denen seiner Mitgliedgesellschaften" vorgenommen werden.

Unser Jubilar[44] führt in der 1. Auflage des von ihm mitherausgegebenen Kommentars zum Aktiengesetz aus, daß es zwar nach § 101 Abs. 1 AktG zweifelhaft erscheine, ob im Interesse des Konzerns zum Nachteil der Gesellschaft gehandelt werden dürfe. Absatz 3 stelle jedoch klar, „daß das Gesamtinteresse des Konzerns aus wirtschaftlich vernünftigen Gründen, insbesondere zur Wahrung allgemeiner volkswirtschaftlicher Belange dem Interesse eines einzelnen Konzernunternehmens und seiner Aktionäre vorangehen kann und eine Schadenersatzpflicht aus Absatz 1 ausschließt"[45].

Von *Godin-Wilhelmi*[46] haben allerdings schon damals abgelehnt, „daß es irgendwelche" übergeordneten „Konzernbelange gibt, welche, nur weil sie quantitativ größer sind, schutzwürdig genug wären, daß um ihretwillen eine Schädigung der Gliedgesellschaft gestattet werden könnte"[47]. Nur wenn der Schaden durch Leistungen ausgeglichen würde, könne die Schädigung hingenommen werden[48]. Dann sei aber sowieso die Schadenshaftung weggefallen. Zweifelhaft erscheint ihnen auch das Verhältnis von Absatz 3 zu § 101 Abs. 2, § 84, § 294 AktG. Entlastet Absatz 3 nur den Täter

---

[43] Komm. z. AktG § 101 Anm. 10.

[44] Großkomm. AktG 1. Aufl. § 101 Anm. 8.

[45] Ebenso *Teichmann-Koehler* AktG § 101 Anm. 2g und wohl auch *Baumbach-Hueck* AktG § 101 Anm. 4, obwohl er die Vorschrift für „sonderbar" hält.

[46] Komm. z. AktG § 101 Anm. 6.

[47] Im Ergebnis ebenso *Ritter* AktG § 101 Anm. 5 und 2b.

[48] Ebenso *Rasch*, „Deutsches Konzernrecht" S. 102 und *Rasch*, Verhandlungen Bd. I S. 41.

oder auch die Verwaltungsmitglieder der abhängigen Gesellschaft ?[49]

Es ist bedauerlich, daß angesichts der wirklich gewichtigen Argumente die Studienkommission des Deutschen Juristentages zur Reform des Unternehmensrechts noch grundsätzlich bejaht[50] hat, daß schutzwürdige Belange auch die Interessen einer anderen Konzerngesellschaft sein können, und nur in Klammern hinzugefügt hat", was freilich sorgfältiger Prüfung der Umstände des Einzelfalls bedarf". Der Frage, ob die Vorschrift nicht dahin geändert werden solle, daß der Anerkennung der Konzerninteressen der Boden entzogen wird, ist die Kommission ausgewichen.

Die Frage, ob das Interesse des einzelnen Konzernunternehmens hinter den höheren Interessen des Konzerns zurücktreten muß, ist allerdings nicht erst durch § 101 Abs. 3 AktG entstanden. Die Ausführungen in der amtlichen Begründung entsprechen vielmehr einer bereits unter der Geltung des Handelsgesetzbuches verbreiteten Lehre.

Am eindeutigsten hat *Haussmann*[51] dem Mehrheitswillen den Vorrang eingeräumt. Ihm genügt die Tatsache der Konzernbildung als Rechtsgrundlage. „Damit habe das Interesse des Einzelaktionärs in Konfliktfällen hinter dem Interesse einer weiter ausblickenden, die Interessen der Untergesellschaft unter anderen Gesichtspunkten berücksichtigenden Mehrheit zurückzutreten". Auch für *Hachenburg*[52] folgt „die Möglichkeit, daß die Einzelgesellschaft für die Gesamtheit Opfer bringt, aus dem Wesen des Zusammenschlusses". *Geiler*[53] wollte es darauf abgestellt wissen, ob sich „das Vorgehen der Konzernmajorität unter dem Gesichtspunkt der Produktivität betrachtet als rationelle Maßnahme erweist". Dann handele „die Majorität nicht so sehr eigensüchtig als volkswirtschaftlich rationell". Die Minorität müsse die Benachteiligung ihrer Interessen hinnehmen.

Bereits unter der Geltung des Handelsgesetzbuches konnte sich jedoch dieser Standpunkt, der die Interessen der Minderheitsaktionäre und der Gläubiger überhaupt nicht berücksichtigt, nicht

---

[49] Vgl. dazu auch *Möhring* DRiZ 1957, 208 sowie *Mestmäcker* S. 254.

[50] Bericht der Kommission Teil I S. 54.

[51] Die Tochtergesellschaft S. 54ff., ferner Grundlegung des Rechts der Unternehmenszusammenfassung S. 152ff.

[52] Enquête, Gutachten S. 50.

[53] Enquête, Gutachten S. 82.

durchsetzen. Namhafte Vertreter der handelsrechtlichen Wissenschaft haben ihm nachdrücklich widersprochen[54]. Während *Hamburger*[55] nur forderte, „daß die Mehrheit sich nicht lediglich von ihren Interessen leiten lassen darf, sondern auch die der Organgesellschaft zu berücksichtigen hat", bezogen vor allem *Brodmann* und *Buchwald* eine ganz eindeutige Stellungnahme." Eine Schädigung der Minderheit zum Nutzen der Konzernmehrheit sei sittlich nicht zu rechtfertigen"[56]. Bei dem Schutz der Minderheit dürfe „nichts darauf ankommen, was im allgemeinen, volkswirtschaftlichen oder anderem öffentlichen Interesse liegen mag". „Auch die Interessen des Konzerns dürfen nicht gegen die eigensten Interessen dieser Gesellschaft selbst ausgespielt werden". Man möge zur Entschädigung greifen, zur Fusion schreiten. Die Minderheit brauche sich jedenfalls „unter keinen Umständen darauf einzulassen, daß die Interessen des Unternehmens für einen ihr fremden Zweck geopfert werden"[57]. Gegenüber den so vielberufenen höherrangigen Konzerninteressen hat vor allem *Filbinger*[58] darauf hingewiesen, daß Größe und Umfang des Konzerns und seiner Interessen quantitative Gesichtspunkte seien, die wertmäßig keinen Vorrang beanspruchen könnten. Es handele sich in beiden Fällen um Vermögensinteressen. Sie seien beim Konzern, nur weil sie dort größer seien, nicht schutzwürdiger als bei der abhängigen Gesellschaft.

Den Widerspruch der Meinungen spiegeln auch die Beratungen im Ausschuß für Aktienrecht der Akademie für Deutsches Recht wider. *Ebbecke* hat dort versucht, eine Lanze für die anständige Praxis der gut geleiteten Konzerne zu brechen. Man könne „nur mit ganz allgemeinen Ausdrücken die Dinge überhaupt fassen"[59]. Nach dem Zweiten Bericht des Vorsitzenden des Ausschusses wurde die Änderung des § 101 AktG (damals § 86 des Entwurfs) „allseits auch für das Konzernrecht anerkannt". Dann wird aber darauf hingewiesen, daß „gerade in Konzernverhältnissen eine all-

[54] Vgl. u. a. *Rosendorff*, „Die rechtliche Organisation der Konzerne" S. 63, dazu noch eindeutiger *Netter* in ZBH 1927, 138, ferner *Kronstein* „Die abhängige juristische Person" S. 20.

[55] „Die Organgesellschaft" in Gedächtnisschrift für *Seckel* S. 298.

[56] *Buchwald* in Enquête, Gutachten S. 103.

[57] *Brodmann* in ZHR Bd. 94, 68, 69.

[58] *Filbinger*, „Die Schranken der Mehrheitsherrschaft im Aktienrecht und Konzernrecht" S. 57.

[59] Bericht über die Sitzung des Ausschusses vom 25. 3. 1935, S. 13.

zu detaillierte Fassung zu einer formalistischen Auslegung führen kann, die an dem einzelnen Fall kleben und die gesamten Zusammenhänge und gemeinsamen Interessen des Konzerns ebenso wie die in solchen Verhältnissen stets beachtlichen Bindungen außer acht läßt"[60]. Die Ausführungen erreichten ihr Ziel[61]. Über die amtliche Begründung zum Aktiengesetz fand das Konzernwohl seinen Eingang in die Kommentare zum Aktiengesetz[62].

Die Praxis mag, „ohne daß man sich eines Unrechts bewußt"[63] gewesen ist, die Interessen des Konzerns über die der abhängigen Gesellschaft gestellt haben. Recht ist damit nicht geschaffen worden. Dazu war der Meinungsstreit sowohl während der Geltung des Handelsgesetzbuchs als auch unter dem Aktiengesetz zu groß. Es ist erfreulich, daß heute mehr und mehr der Standpunkt vertreten wird, daß § 101 Abs. 3 AktG jedenfalls beim Vorhandensein konzernfreier Aktionäre nicht den Vorrang der Interessen des herrschenden Unternehmens vor denen der abhängigen Gesellschaft rechtfertigen könne. Es ist zu begrüßen, daß auch unser Jubilar diesen Grundsatz jetzt klar ausgesprochen hat[64]. „Von schutzwürdigen Belangen kann nicht mehr gesprochen werden, wenn ihre Wahrung andere schädigt"[65].

Möhring[66] möchte § 101 Abs. 3 AktG beibehalten und die Berücksichtigung übergeordneter Belange des Gesamtkonzerns nicht schlechthin verhindert sehen. Die Prüfung soll dem Richter obliegen. *Mestmäcker*[67] hat dargelegt, warum das nicht geschehen kann. Schon das Recht wäre überfordert, nicht erst der Richter.

---

[60] Bericht des Vorsitzenden vom April 1935 S. 15.

[61] Vgl. den Vortrag von *Schlegelberger*, „Die Erneuerung des deutschen Aktienrechts" S. 22.

[62] Vgl. oben Anm. 43—45.

[63] *Flechtheim* in Enquête, Gutachten S. 33.

[64] *Walter Schmidt* in Großkomm. AktG § 15 Anm. 7a. Leider bieten demgegenüber die Ausführungen zum Organverhältnis (§ 15 Anm. 7c) Anlaß zu Mißverständnissen. Wenn dort gesagt wird, daß die von der Konzernleitung angeordneten Maßnahmen nicht zu *unnötigen* Schädigungen der freien Aktionäre führen dürfen, daß der Rechtsprechung die erforderliche *Interessenabwägung* und Grenzziehung zur Vermeidung *mißbräuchlicher* Gebarung obliege und Treu und Glauben eine *willkürliche* Ausübung der Herrschaftsbefugnisse zum Schaden der Mitaktionäre hindere, so können die Adjektiva leicht zu Fehlschlüssen verleiten.

[65] *Walter Schmidt*, Beiträge S. 55.

[66] *Möhring*, DRiZ 1958, 208.

[67] *Mestmäcker* S. 277.

Abschließend ist daher festzustellen, daß dem Konzerninteresse auf keinen Fall gegenüber dem Interesse der abhängigen Gesellschaft der Vorrang eingeräumt werden kann[68]. Damit ergeben sich daraus für das von *Flume* geforderte Angemessenheitstestat keine Bedenken. Die Geschäfte sind ohne Rücksicht auf „übergeordnete“ Interessen des Konzerns, des herrschenden Unternehmens, zu angemessenen Bedingungen zu tätigen.

Vielfach wird angenommen, daß den Interessen des herrschenden Unternehmens der Vorrang eingeräumt werden könne, wenn die Rechte der Minderheitsaktionäre gewahrt sind. Darunter ist immer nur eine vertragliche Wahrung, keine Wahrung im Einzelfall zu verstehen[69]. Die vertragliche Wahrung geschieht durch den Konzernvertrag. Hier handelt es sich aber um den Schutz der abhängigen Gesellschaft bei Fehlen einer solchen Vereinbarung. Mit den Vertretern dieser Ansicht brauchen wir uns deshalb hier nicht näher zu beschäftigen.

Anders steht es mit der Ansicht, daß eine Schädigung der abhängigen Gesellschaft dann hingenommen werden könne, wenn die Nachteile durch Vorteile, die die Herrschaft des Großaktionärs, die Konzernzugehörigkeit, gewährt hat, voll ausgeglichen werden. Da dieser Gedanke den Belangen der Konzerne, der herrschenden Unternehmen, am weitesten entgegenkommen würde, prima facie den Interessen der abhängigen Gesellschaft, ihrer Aktionäre und Gläubiger hinreichend Rechnung zu tragen scheint, erscheint es geboten, ihn näher zu prüfen. *Walter Schmidt*[70] sieht darin eine der Lösungsmöglichkeiten für das Konzernproblem überhaupt.

Der Gedanke, daß eine Vorteilsausgleichung stattzufinden habe, erscheint auf den ersten Blick einleuchtend. Gebieten nicht Treu und Glauben sowie die sonstigen allgemeinen Grundsätze unseres Rechts, daß, wer einen Ersatzanspruch wegen zugefügter Nachteile geltendmacht, sich entgegenhalten lassen muß, daß der Schaden durch Vorteile, die er aus demselben wirtschaftlichen Verhältnis erlangt hat, voll ausgeglichen ist und deshalb ein Ersatzanspruch nicht mehr besteht?

Im Grundsatz ist die Frage sicherlich zu bejahen. Es stellen sich jedoch sofort zwei sehr bedeutsame Unterfragen. Auf welchen Zeit-

---

68 Vgl. dazu auch *Schäffer* in „Die Aktiengesellschaft“ 1959, 62.

69 *Brodmann* in ZHR Bd. 94, 69.

70 Beiträge S. 55, ähnlich *Rautmann* Beiträge S. 194.

raum kann oder muß bei dieser Vorteilsausgleichung abgestellt werden? Welche Vorteile kommen dafür in Betracht, alle oder nur ganz bestimmte? Zu beiden Fragen gehen, wie nicht anders zu erwarten, die Meinungen weit auseinander.

Haussmann[71] lehnt eine isolierte Betrachtung der einzelnen Geschäfte oder Maßnahmen ab. Entscheidend sei, „welche Vorteile oder auch Nachteile die (abhängige) Gesellschaft unter Berücksichtigung der Gesamtsituation von der Zugehörigkeit zu dem Konzern hat". Darin liegt eine Abstellung auf die Gesamtdauer und auf alle aus der Abhängigkeit sich ergebenden Nach- und Vorteile[72]. *Mestmäcker* hat demgegenüber mit Recht darauf hingewiesen, daß ein solcher Ausgleich von Vor- und Nachteilen den wirtschaftlichen Erfolg im ganzen in Rechnung stellt[73], daß es sich letzten Endes um nichts anderes als die Feststellung des Erfolges oder Mißerfolges der Konzernpolitik handelt.

Es mag hier dahingestellt bleiben, ob eine Abstellung auf die gesamte Dauer und auf alle während dieser Zeit anfallenden Vor- und Nachteile bei einem Konzernvertrag gerechtfertigt ist. Immerhin hätten wir es dort mit einem auf bestimmte Dauer geschlossenen Vertrag zu tun. Er soll den Konzerninteressen den Vorrang vor dem Einzelinteresse einräumen, der Konzernspitze das Recht zu Eingriffen in das Vermögen der abhängigen Gesellschaft geben. Es mag dann an das Ende dieser Beziehung eine allgemeine Abrechnung gestellt werden können. Hier haben wir es mit einem bloßen Abhängigkeitsverhältnis, allenfalls einem faktischen Konzernverhältnis zu tun, dessen Beginn und Ende nicht vertraglich festgelegt ist, das jederzeit beendet werden kann. Das bedeutet, daß der Ausgleich bei Einbeziehung der gesamten Vor- und Nachteile aus den gegenseitigen Beziehungen bis zum Ende des Verhältnisses vertagt werden müßte. Solange müßten die Minderheitsaktionäre Nachteile hinnehmen. Solange der Ausgleich nicht geleistet ist, würde sich das im Wert ihrer Aktien auswirken. Ein solcher, sie auf ungewisse Zeit schädigender „Ausgleich" kann den Minderheitsaktionären nicht zugemutet werden.

---

[71] Die Tochtergesellschaft S. 56.

[72] So wohl auch *Walter Schmidt*, Beiträge S. 55 „— im Ganzen gesehen —" ferner *Ballerstedt*, Kapital, Gewinn und Ausschüttung bei Kapitalgesellschaften S. 151 „*anderweitig* angemessen entschädigt" und S. 153 „in Erwartung eines *späteren* Ausgleichs".

[73] a. a. O. S. 279.

Aus den gleichen Gründen kann auch nicht auf einen „für einen gewissen Zeitablauf betrachteten Komplex innerlich zusammengehöriger Geschäfte" abgestellt werden[74]. Ganz zu schweigen davon, daß unklar ist, was für ein „Zeitablauf" (ein Kalenderjahr, das Geschäftsjahr der herrschenden oder der abhängigen Gesellschaft) in Betracht gezogen werden könnte, wäre jede beschränkte Zeitdauer willkürlich. Soll ferner, wenn in dem einen Jahr die Nachteile, im anderen die Vorteile überwiegen, noch ein weiterer Ausgleich erfolgen?

Lassen wir aber die zeitliche Begrenzung oder die Zusammenfassung der in einer bestimmten Zeit geschlossenen Geschäfte einmal außer Betracht und stellen die Frage, was für Nachteile und Vorteile sollen einbezogen werden.

Haussmann denkt auch an die „Vorteile, welche die Zugehörigkeit zu dem Konzern" in jeder Hinsicht, „unter Umständen auch in ideeller Hinsicht, bieten". Er will alle Vorteile der Konzernzugehörigkeit einbezogen sehen[75]. Mit vollem Recht betonen *v. Godin-Wilhelmi* demgegenüber, daß der Vorteil „individuell" sein müsse, sich „nicht lediglich aus der Konzernzugehörigkeit ergeben" darf[76]. Rein tatsächliche Vorteile können vertraglich erzwungene Nachteile nicht kompensieren[77]. Sonst steht wirklich der wirtschaftliche Erfolg der Konzernierung, des Abhängigkeitsverhältnisses, zur Debatte.

Vor- und Nachteile müssen deshalb einmal so „beschaffen sein, daß sie auf einen gleichen Nenner gebracht werden können"[78]. Sie müssen sich im Rahmen von Verträgen ausgleichen[79]. Man braucht deshalb die Grenze nicht so eng zu ziehen wie *Mestmäcker*, der es auf den einzelnen Vertrag abstellt[80]. Vor- und Nachteile aus innerlich zusammengehörigen Geschäften sollten sich ausgleichen können[81]. Innerliche Zusammengehörigkeit wäre dann gegeben, wenn bei zwar äußerlicher Selbständigkeit der Geschäfte oder Maßnahmen diese auf einer gemeinsamen wirtschaftlichen Planung be-

[74] *Filbinger*, „Die Schranken der Mehrheitsherrschaft im Aktienrecht und Konzernrecht" S. 61.

[75] Die Tochtergesellschaft S. 56/57.

[76] AktG § 101 Anm. 5.

[77] *Filbinger* a. a. O. S. 61.

[78] *Brodmann*, Sanierung S. 44.

[79] *Mestmäcker* S. 278.

[80] *Mestmäcker* S. 279.

[81] *v. Godin-Wilhelmi* AktG § 101 Anm. 5.

ruhen, aufeinander abgestimmt sind, das eine Geschäft um des anderen willen eingegangen wird. Daraus ergibt sich zugleich, daß auf eine zwar nicht rechtliche, aber jedenfalls in der Planung bestehende Gleichzeitigkeit bestanden werden muß.

Gegen den damit nur begrenzt zulässigen Ausgleich von Vor- und Nachteilen kann nicht eingewandt werden, daß Treu und Glauben oder sonstige Grundsätze unseres Rechts einen allgemeinen Ausgleich gebieten. Bei Würdigung dieser Frage darf nicht außer acht gelassen werden, daß hier auf Grund faktischer Macht einer abhängigen Gesellschaft zu ihren und zu Lasten ihrer Minderheitsaktionäre Nachteile zugefügt werden, die das Recht an sich überhaupt nicht zulassen kann. Faktische Macht gibt nicht das Recht, eine Gesellschaft in den Dienst zu stellen, sich ihrer Mittel zu bedienen, ihr Nachteile zuzufügen. Eine Weisung auf Grund faktischer Macht hat das Vermögen der abhängigen Gesellschaft zu wahren. Wer seine eigenen Interessen in den Vordergrund stellen will, muß zur vertraglichen Entschädigung, zum Erwerb der Aktien der Minderheitsaktionäre, zur Verschmelzung schreiten[82].

Der für zulässig erachtete begrenzte Ausgleich von Vor- und Nachteilen hindert nicht die Aufstellung und Prüfung des von *Flume* vorgeschlagenen Rechenschaftsberichts. Es ist Sache des Vorstandes, bei nicht angemessenen Geschäften, bei evtl. nachteiligen Maßnahmen den dafür *gewährten* Ausgleich darzulegen.

Damit stellt sich die Frage, ob der Vorschlag von *Flume* durchführbar ist. Kann der Rechenschaftsbericht durch die Abschlußprüfer überprüft werden? Das Angemessenheitstestat des Vorstands selbst und die Prüfung durch den Aufsichtsrat genügen nämlich nicht[83].

Auf Grund von Besprechungen mit führenden Wirtschaftsprüfern ist der Bundesjustizminister zu dem Ergebnis gekommen, daß daran der Vorschlag von *Flume* scheitert. Schon bei gegenseitigen Geschäften sei es schwierig, die Angemessenheit von Leistung und Gegenleistung festzustellen. Bei allen sonstigen Maßnahmen sei die Prüfung „einfach unmöglich“[84]. Die gleichen Bedenken hat

---

[82] *Brodmann* ZHR Bd. 94, 69, *Buchwald*, Enquête S. 103.

[83] Vgl. darüber *Schäffer* in seinem Hamburger Vortrag „Selbstfinanzierung und Konzernrecht“, abgedruckt in „Die Aktiengesellschaft“ 1959, 57 (63).

[84] *Schäffer* ebenda.

Rautmann[85]. Es lasse sich „durch eine nachträgliche Prüfung nicht feststellen, ob die Geschäfte zwischen dem herrschenden und dem abhängigen Unternehmen zu angemessenen Bedingungen vorgenommen worden sind, ob die abhängige Gesellschaft durch das herrschende Unternehmen zu etwas veranlaßt worden ist, was vom Standpunkt der Interessen der abhängigen Gesellschaft unangemessen wäre, ob die abhängige Gesellschaft insbesondere ein günstiges Geschäft der herrschenden oder einer Konzerngesellschaft unterlassen hat“[86]. Wegen materiellen Charakters dieser Prüfung und weil es „schlechterdings irreal sei, zu meinen, es gäbe überhaupt verläßliche Maßstäbe für die Prüfung der jeweiligen Verhältnisse“, hat auch *C. E. Fischer*[87] den Vorschlag abgelehnt.

Auf diese, auf den ersten Blick begründet erscheinenden Einwände hat *Flume* vorgeschlagen, die Erklärung von Aufsichtsrat und Abschlußprüfern negativ zu fassen. Sie sollten testieren, „daß nach ihrer Prüfung des Rechenschaftsberichts des Vorstands gegen die Angemessenheit der Geschäftsführung im Abhängigkeitsbereich und insbesondere gegen die Angemessenheit aller Geschäfte mit dem herrschenden Unternehmen keine Bedenken bestehen“[88]. Mit einer solchen Fassung werde dem Aufsichtsrat oder den Abschlußprüfern nicht etwas zugemutet, was sie nicht leisten könnten.

Zu der Frage, ob die Wirtschaftsprüfer den Rechenschaftsbericht prüfen können, hat *Semler*[89] eingehend Stellung genommen. Wenn die Nachprüfung nicht durchführbar sei, gäbe es nur zwei Möglichkeiten. Entweder versuche man, was praktisch nicht durchführbar sein dürfte, die Ausübung eines beherrschenden Einflusses außerhalb von Konzernverträgen zu verhindern, oder man verpflichte die herrschenden Unternehmen zur Abfindung der Minderheit bereits bei Begründung des Abhängigkeitsverhältnisses. Das letztere wäre „die einzige logisch konsequente Lösung“. „Ihre Auswirkungen auf die Wirtschaftsordnung wären aber ungeheuer“. Nach seiner Ansicht lasse sich die Angemessenheit fest-

85 Beiträge S. 195/196.

86 Ebenso *Rasch* BB 1959, 170.

87 „Halbe Maßnahmen im neuen Konzernrecht“ in „Die Zeit“ v. 9. 1. 59 S. 11.

88 *Flume* DB 1959, 192.

89 Vgl. sein demnächst gedruckt erscheinendes Referat über „Die Aufgaben des Wirtschaftsprüfers nach dem Entwurf eines Konzernrechts“ auf der letzten Tagung der Wirtschaftsprüfer in Stuttgart.

stellen. Es komme nicht auf den absoluten Wertausgleich zwischen Leistung und Gegenleistung an. Er werde fast nie erreicht. Entscheidend sei, ob der Vorstand vom Standpunkt des abhängigen Unternehmens aus im Rahmen vernünftiger kaufmännischer Überlegungen gehandelt habe. Das müsse er für jeden Einzelfall nachweisen und über die Gesamtheit der Geschäfte, die mit dem herrschenden und den mit ihm verbundenen Unternehmen getätigt wurden, einen erschöpfenden Bericht anfertigen. Der Prüfer habe festzustellen, ob der Vorstand im Rahmen dieses pflichtmäßigen kaufmännischen Ermessen gehandelt hat. Maßgebend seien die tatsächlichen Verhältnisse, auf Grund derer das Geschäft getätigt ist.

Semler lehnt allerdings die Nachprüfung durch die Wirtschaftsprüfer ab. Das geschieht aber nicht, weil er die Nachprüfung für unmöglich hält. Er meint nur, die Abschlußprüfer seien zu dieser Aufgabe nicht berufen.

Eine unvoreingenommene Betrachtung ergibt, daß eine Nachprüfung möglich ist. Die Abschlußprüfer stellen die Schwierigkeiten als unüberwindlich hin, weil sie die Verantwortung nicht übernehmen wollen. Allerdings hängt viel, wenn nicht alles, von der Fassung des Angemessenheitstestats ab.

Ob Leistung und Gegenleistung bei einem Geschäft in einem angemessenen Verhältnis stehen, läßt sich in der Regel ohne besondere Schwierigkeit feststellen. Bei der Gründungsprüfung[90], bei der Überprüfung der wirtschaftlichen Verhältnisse in Sonderbereichen müssen die Abschlußprüfer schon heute solche Prüfungen durchführen und nehmen sie auch vor. So verlangen die „Allgemeinen Vertragsbedingungen für Werkverträge zwischen Gemeindeprüfungsämtern und Wirtschaftsprüfern" die Beurteilung der bezahlten und verlangten Preise, „zu denen Lieferungen und Leistungen des Betriebes an andere Gemeindebetriebe, an die Gemeinde selbst oder an Aktionäre oder Gesellschafter des Betriebes abgerechnet sind." Die gleiche Aufgabe haben die Betriebsprüfer im Rahmen der steuerlichen Betriebsprüfung tagtäglich zu bewältigen. Zur Feststellung verdeckter Gewinnausschüttungen müssen sie prüfen, ob bei Geschäften zwischen der Gesellschaft und einem Gesellschafter Leistung und Gegenleistung in einem angemessenen Verhältnis stehen.

---

[90] Vgl. § 26 Abs. 1 Nr. 2 AktG.

Zuzugeben ist, daß die Frage der Angemessenheit eine Bewertungsfrage ist und deshalb Spielraum benötigt. Wird die Nachprüfung darauf beschränkt, ob die Leistung der abhängigen Gesellschaft im Verhältnis zur Leistung der herrschenden Gesellschaft „nicht unangemessen hoch" ist, so ist jedoch die nötige Bewegungsfreiheit für den Prüfer gegeben. Es kann dann nicht zu der offenbar befürchteten Debatte zwischen Vorstand und Abschlußprüfer kommen, ob Leistung und Gegenleistung sich wirklich ausgleichen, ob „ein absoluter Wertausgleich" erreicht ist. Es handelt sich dann allein darum, ob Leistung und Gegenleistung in keinem durch vernünftige kaufmännische Überlegungen mehr vertretbaren Verhältnis zueinander stehen.

Schwieriger liegen die Verhältnisse — das soll nicht geleugnet werden — bei der Überprüfung der sonstigen Maßnahmen. Eine Angemessenheitsprüfung muß ausscheiden. Es kann dem Vorstand nur auferlegt werden, über die Gründe für die einzelnen Maßnahmen sowie ihre Vor- und Nachteile für die von ihm vertretene Gesellschaft, deren Interessen er zu wahren hat, zu berichten und darzulegen, weshalb er sich zu der Maßnahme entschlossen hat. Die Abschlußprüfer haben dann zu erklären, ob nach ihrer Überzeugung der Vorstand bei seiner Urteilsfindung über die Zweckmäßigkeit der Maßnahme alles Wesentliche berücksichtigt hat oder ob ihnen bekannte Umstände für eine andere Beurteilung sprechen. Dagegen sollte nicht vom Abschlußprüfer geprüft und darüber testiert werden, ob der Vorstand im Rahmen pflichtmäßiger kaufmännischer Überlegung gehandelt hat[91]. Dadurch würde der Abschlußprüfer über die kaufmännische Unternehmensführung durch den Vorstand als Richter eingesetzt. Das Ermessen des Abschlußprüfers über die Zweckmäßigkeit einer Maßnahme würde an die Stelle des unternehmerischen Ermessens des Vorstands als Prüfungsmaßstab treten. Es genügt die Prüfung, ob der Vorstand bei seiner kaufmännischen Überlegung und unternehmerischen Entscheidung keine Umstände außer acht gelassen hat, die für eine andere Beurteilung sprechen. Eine so beschränkte Prüfung reicht für die Zwecke, um die es hier geht, aus. Sie gibt zu erkennen, ob Geschäfte oder Maßnahmen getätigt oder unterlassen worden sind, die jedenfalls der Diskussion, wenn nicht sogar der Prüfung durch eine Sonderprüfung, bedürfen. Wird eine Sonderprüfung auf Grund

[91] So anscheinend *Semler* hinsichtlich des Testats des Aufsichtsrats.

des eingeschränkten Testats angeordnet, so hätte diese festzustellen, ob die Gesellschaft benachteiligt worden ist, ob der Vorstand wegen Verletzung seiner Sorgfaltspflicht bei der Beurteilung der Maßnahme zur Verantwortung zu ziehen ist.

Über eine so ausgestaltete Prüfung des Rechenschaftsberichts des Vorstands sind in der Zwischenzeit eingehende Besprechungen mit Wirtschaftsprüfern geführt worden. Zwar war die Neigung zur Übernahme einer solchen Prüfung nicht groß. Es konnte aber nicht geleugnet werden, daß die Prüfung in diesem Umfang durchführbar ist. Erinnern wir uns der Alternative, von der *Semler* gesprochen hat und die darin ausklang, daß dann die einzige Lösung darin liege, das herrschende Unternehmen schon bei Begründung des Abhängigkeitsverhältnisses zur Abfindung der Minderheit zu verpflichten. Bevor dieser, in seinen Auswirkungen auf die Wirtschaftsordnung „ungeheure" Weg in Betracht gezogen wird, sollte mit dem Vorschlag von *Flume* ein Ausweg aus dem echten Dilemma gesucht werden. Dem sollten sich auch die Wirtschaftsprüfer nicht verschließen.

Als erster Schutz für die abhängige Gesellschaft gegen eine mögliche Ausnutzung durch die herrschende Gesellschaft sollte deshalb der Rechenschaftsbericht des Vorstands mit anschließender Prüfung durch Abschlußprüfer und Aufsichtsrat vorgesehen werden.

Dabei kann es jedoch nicht bewenden. Beide Maßnahmen wirken prohibitiv. Sie schließen nicht aus, daß Geschäfte, die zu beanstanden sind, vorkommen. Sie lassen nur die Hauptversammlung durch die Verweigerung oder Einschränkung des Testats der Abschlußprüfer aufmerksam werden. Eine Sonderprüfung muß dann den Sachverhalt klären. Sie setzt die Minderheit überhaupt erst instand, Ansprüche geltend zu machen, wenn das herrschende Unternehmen die abhängige Gesellschaft benachteiligt hat. Der auf die Gesamtheit der Geschäftsführung prohibitiv wirkende Schutz muß deshalb durch eine im Einzelfall wirkende Norm über die Entschädigung der abhängigen Gesellschaft, ihrer Aktionäre und Gläubiger ergänzt werden.

Flume[92] scheint hierfür eine Organhaftung für ausreichend zu halten. Zusätzlich zu den Organen der abhängigen Gesellschaft sollen die herrschende Gesellschaft und die für sie handelnden Organe haften, wenn von ihnen Einfluß ausgeübt worden ist. Die in

---

[92] DB 1959, 192.

§ 284 E außerdem vorgesehene Haftung von Angestellten, die für die herrschende Gesellschaft handeln, soll dagegen entfallen.

Eine Organhaftung hat auch *Rautmann*[93] — allerdings als einzige Schutzmaßnahme — vorgeschlagen. Nach ihm sollen allerdings nur das herrschende Unternehmen, nicht auch dessen Organe, geschweige denn, dessen Angestellte, haften.

Die Organhaftung würde bedeuten, daß das herrschende Unternehmen auf Schadensersatz haftet, wenn es die abhängige Gesellschaft zu für sie nachteiligen Maßnahmen veranlaßt und dabei die ihm obliegende Sorgfaltspflicht außer acht gelassen hat. Das bedingt aber die Statuierung einer besonderen Sorgfaltspflicht des herrschenden Unternehmens gegenüber der abhängigen Gesellschaft.

Würdinger[94] hat sehr instruktiv die Probleme einer solchen Organhaftung aufgezeigt. Worin besteht die Sorgfaltspflicht? Die Interessen welcher Gesellschaft sind hier zu wahren? Zeichnen sich nicht unlösbare Interessenkonflikte ab? *Rautmann* bemerkt deshalb durchaus zutreffend, daß mit der Organhaftung als solcher noch nicht viel geholfen sei. „Die entscheidende Frage" sei, „welche Belange das herrschende Unternehmen zu berücksichtigen hat, damit es nicht schuldhaft die Interessen der abhängigen Gesellschaft verletzt".

Der Referentenentwurf hat es deshalb nicht auf die Verletzung einer Sorgfaltspflicht, nicht das Verschulden des Handelnden, abgestellt. Er hat die Weisungserteilung als Haftungsgrundlage genommen. Damit hat er die schwierigen Fragen ausgeschaltet. Die Abstellung auf die Sorgfaltspflicht der herrschenden Gesellschaft und der für sie Handelnden kann nämlich nicht zu einer sachgerechten Lösung führen.

Ausgangspunkt für die Ersatzpflicht kann nur die Einflußnahme auf die abhängige Gesellschaft sein, die Tatsache, daß ihre Organe veranlaßt worden sind, ein für ihre Gesellschaft nachteiliges Geschäft zu tätigen oder sonstige nachteilige Maßnahmen vorzunehmen oder zu unterlassen, und dadurch ihr, ihren Aktionären und Gläubigern ein Schaden entstanden ist. Damit handelt es sich um einen Tatbestand des § 101 AktG[95].

---

[93] Beiträge S. 193.

[94] Verhandlungen S. 25/26, vgl. auch *Mestmäcker* S. 281.

[95] Ebenso *Würdinger*, Verhandlungen S. 26.

Die Ersatzpflicht nach § 101 Abs. 1 AktG hängt jedoch nicht davon ab, daß der Handelnde irgendeine Sorgfaltspflicht verletzt hat. Es genügt, daß ihm bewußt ist, daß er die Organe der abhängigen Gesellschaft zu einer für diese Gesellschaft möglicherweise schädlichen Handlung veranlaßt. Sein Vorsatz braucht sich auch nicht auf den eingetretenen Schaden und dessen Voraussehbarkeit zu erstrecken[96]. Die alleinige Entlastung, die § 101 AktG zuläßt, ist die Berufung auf die schutzwürdigen Belange nach Abs. 3. An diese Haftung, die subjektive Voraussetzungen nur begrenzt aufstellt, ist anzuknüpfen.

Vorher bedarf es jedoch noch der Klärung, ob eine besondere Vorschrift neben § 101 AktG bzw. eine ihm entsprechende verbesserte Vorschrift (§ 110 E) überhaupt notwendig ist. Wenn es sich um einen Tatbestand des § 101 AktG handelt, müßte doch dessen Haftung genügen.

Die Antwort hat *Mestmäcker*[97] bereits gegeben. „Nicht alles, was einem außerhalb der Gesellschaft stehenden einflußreichen Lieferanten, Kunden oder Kreditgeber erlaubt ist, ohne daß er seinen Einfluß auf die Gesellschaft ausnutzt, ist auch dem Mehrheitsaktionär gestattet. In Rechnung zu stellen ist die besondere gesellschaftliche Stellung des Mehrheitsaktionärs, die ihm umfassenden, oft unsichtbaren Einfluß auf die Verwaltung gibt. Unverbindliche Wünsche, Anregungen und Hinweise können genügen, um dem umfassenden gesellschaftsrechtlichen Einfluß die für § 101 erforderliche konkrete Richtung auf einen einzelnen, gesellschaftsfremden Sondervorteil zu geben".

Was für den Mehrheitsaktionär gilt, gilt in gleichem, wenn nicht verstärktem Maße für eine herrschende Gesellschaft, gleichgültig, ob sie die abhängige Gesellschaft unter ihre Leitung gestellt hat, oder nur gelegentlich oder nur in gewisser Beziehung ihren Einfluß ausübt. Die herrschende Gesellschaft hat gegenüber sonstigen einflußreichen Personen eine besonders starke Stellung. Unter Umständen hat sie die gesamte Verwaltung der von ihr abhängigen Gesellschaft mit ihr nicht nur genehmen, sondern willfährigen Personen besetzt. Daraus ergibt sich ein Abhängigkeitszustand, der einer vielleicht nur gelegentlichen Einflußnahme nicht gleichgestellt werden kann. Die in der Abhängigkeit liegende besondere

[96] *Walter Schmidt* in Großkomm. AktG § 101 Anm. 2, *Schlegelberger-Quassowski* AktG § 101 Anm. 5.

[97] a. a. O. S. 239.

Gefährdung der abhängigen Gesellschaft rechtfertigt und fordert zum Schutz der abhängigen Gesellschaft eine gegenüber § 101 AktG bzw. § 110 E besonders verstärkte Haftungsvorschrift. Es handelt sich um einen in der Grundlage zwar gleichen, im Ausmaß der Gefährdung jedoch potenzierten Tatbestand.

Wegen der besonderen Gefahren aus der Abhängigkeit muß eine Schadenersatzpflicht vorgesehen werden, die die abhängige Gesellschaft gegen jede Schädigung schützt, die daraus entstanden ist, daß die herrschende Gesellschaft sie zu einer für sie nachteiligen Maßnahme veranlaßt hat. Dabei kann es nicht darauf abgestellt werden, ob die Einflußnahme auf Mitglieder der Verwaltung der abhängigen Gesellschaft ausgeübt worden ist, ob gerade sie zu der nachteiligen Maßnahme veranlaßt worden sind. Es muß jede Einflußnahme, auch eine solche auf Angestellte der abhängigen Gesellschaft, genügen[98].

Die wichtigste Frage ist, welche Fassung in einer solchen Sondernorm der Gedanke des § 101 Abs. 3 AktG — soweit er anzuerkennen ist — zu erhalten hat.

Das Problem kann nicht damit gelöst werden, daß § 101 Abs. 3 AktG ersatzlos gestrichen[99] bzw. eine entsprechende Vorschrift nicht aufgenommen wird. Die rechtliche Gleichstellung des herrschenden Unternehmens mit den außenstehenden Aktionären wäre damit wohl klargestellt. Es gäbe jedenfalls keine Sondernorm, auf die sich die herrschende Gesellschaft berufen könnte. „Das Problem, wie die Ausübung der Konzernleitung, der faktischen Macht, mit den Pflichten der Verwaltung in der abhängigen Gesellschaft in Einklang zu bringen ist, wird dadurch nicht gelöst"[100]. Auch die positive Formulierung, daß die „Belange des Gesamtkonzerns nicht schutzwürdiger seien als die Interessen der Minderheitsaktionäre", klärt das Problem nicht[101].

Es muß klar bestimmt werden, ob überhaupt und gegebenenfalls wann die Ersatzpflicht entfällt. Wird darüber nichts bestimmt, würde eine Vorschrift, die als alleinige Voraussetzung die Schädigung der abhängigen Gesellschaft durch Einflußnahme seitens der herrschenden Gesellschaft hat, über das Ziel hinausschießen. Sie

---

[98] Ebenso *Mestmäcker* S. 282.

[99] So *Fischer* in AcP Bd. 154, 238, 239.

[100] *Mestmäcker* S. 280.

[101] So Denkschrift des Bundesverbandes des privaten Bankgewerbes S. 50.

würde den gleichen Einwendungen wie § 284 E unterliegen, daß sie eine Erfolgshaftung normiert und außer acht läßt, daß es durchaus Fälle geben kann, in denen die Erfolgshaftung nicht gerechtfertigt ist. Fälle, in denen die Konzernleitung oder die herrschende Gesellschaft die nachteilige Maßnahme im Interesse der abhängigen Gesellschaft angeraten hat. Worauf soll sich in solchen Fällen die herrschende Gesellschaft zu ihrer Entlastung von der Ersatzpflicht berufen können?

Rautmann[102] meint, es wäre „wirklichkeitsfremd", es ausschließlich auf das Interesse des abhängigen Unternehmens abzustellen. Maßnahmen im Interesse des abhängigen Unternehmens dienten im Regelfall dem herrschenden Unternehmen. Das ist richtig. Was der abhängigen Gesellschaft dienen soll, kommt ihren Aktionären und damit auch ihrem Mehrheitsaktionär, der sie beherrschenden Gesellschaft, zugute, dient also auch deren Interessen. *Rautmann* möchte deshalb im Anschluß an *Semler*[103] die Ersatzpflicht nur dann eintreten lassen, wenn die Maßnahme *nur* unter Berufung auf ein übergeordnetes Interesse gerechtfertigt werden kann. Damit verfällt er jedoch in das Gegenteil. Besser wäre dann schon die Abstellung darauf, „ob sich eine Maßnahme aus der Interessenlage der abhängigen Gesellschaft begründen läßt." Man fragt sich jedoch sofort, was heißt hier „Interessenlage?". Interessenlage als abhängige Gesellschaft, als eine Gesellschaft, die ihre Interessen mit denen der sie beherrschenden Gesellschaft koordinieren muß? Was heißt „begründen läßt?". Soll die Möglichkeit der Begründung genügen, auch wenn das Interesse der herrschenden Gesellschaft eindeutig im Vordergrund gestanden hat, die Maßnahme ihren Interessen diente, sie sich aber gerade noch auch aus der zwielichtigen Interessenlage der abhängigen Gesellschaft begründen läßt?

Es stellt sich deshalb die Frage, ob es nicht das Beste ist, sich überhaupt von den schutzwürdigen und nicht schutzwürdigen Belangen zu lösen.

Rautmann[104] erwägt, es darauf abzustellen, ob die Maßnahme, zu der die abhängige Gesellschaft veranlaßt worden ist, „auch vom Standpunkt eines ordentlichen und gewissenhaften Geschäftsleiters der abhängigen Gesellschaft zu vertreten ist". Erfreulich

---

102 Beiträge S. 194.

103 Wirtschaftsprüfung 1958, 655.

104 Beiträge S. 194.

an dieser Formulierung ist, daß sie nicht von einer Sorgfaltspflicht der herrschenden Gesellschaft ausgeht, daß sie nicht auf die Belange des einen oder des anderen Unternehmens abstellt. Sie objektiviert die Frage der Ersatzpflicht bzw. der Befreiung von der Ersatzpflicht. Gegen sie sprechen nur zwei Bedenken. Einmal das „auch“, von dem man nicht weiß, welche rechtliche Bedeutung es haben soll oder einmal haben kann. Sodann die Abstellung auf den Geschäftsleiter der „abhängigen“ Gesellschaft, die die Interessenlage der abhängigen Gesellschaft wieder anklingen läßt.

Maßgebend für einen Wegfall der Ersatzpflicht sollte sein, ob die Maßnahme vom Standpunkt eines ordentlichen und gewissenhaften Geschäftsleiters einer *un*abhängigen Gesellschaft im Zeitpunkt ihrer Vornahme nicht zu beanstanden war. Blicken wir über die Grenzen unseres Landes hinaus, so ist dies der Gedanke, der die amerikanische Rechtsprechung beherrscht. Wer die Befugnisse der Verwaltung ausübt, auf sie Einfluß nimmt, den treffen die gesetzlichen Pflichten der Verwaltung. Die Minderheit ist auf seine Fairneß angewiesen. Seine „Rechtsbeziehungen“ zu der abhängigen Gesellschaft müssen „objektiv fair“ sein[105]. Sie sind objektiv fair, wenn auch der Geschäftsleiter einer unabhängigen Gesellschaft, auf den kein Einfluß genommen worden ist, ebenso gehandelt hätte.

Die Ersatzpflicht des herrschenden Unternehmens würde damit auf rein objektiven Voraussetzungen beruhen, nämlich, ob

1. die herrschende Gesellschaft die abhängige Gesellschaft zu einer Maßnahme veranlaßt hat,
2. diese Maßnahme für die abhängige Gesellschaft nachteilig war, sie selbst, ihre Aktionäre oder ihre Gläubiger geschädigt hat.

Die Ersatzpflicht würde nur dann nicht bestehen, wenn die herrschende Gesellschaft nachweist, daß die Maßnahme, zu der sie veranlaßt hat, im Zeitpunkt ihrer Einflußnahme, vom Standpunkt eines ordentlichen und gewissenhaften Geschäftsleiters einer unabhängigen Gesellschaft betrachtet, nicht zu beanstanden war.

Die Frage ist, ob es erforderlich ist, in diese auf rein objektive Gesichtspunkte abgestellte Ersatzpflicht noch ein subjektives Element zu tragen und der herrschenden Gesellschaft zu gestatten, sich darauf zu berufen, daß sie sich in einem entschuldbaren Irrtum befunden habe, daß sie gutgläubig gehandelt habe, sei es, daß sie die

---

[105] *Mestmäcker* S. 196, 197.

Maßnahme überhaupt nicht für nachteilig gehalten, eine Schädigung nicht vorausgesehen habe, sei es, daß sie sich über den Standpunkt des ordentlichen und gewissenhaften Geschäftsleiters einer unabhängigen Gesellschaft geirrt habe. Der Geschäftsleiter der abhängigen Gesellschaft könnte sich darauf berufen, wenn er selbst wegen Verletzung seiner Sorgfaltspflicht in Anspruch genommen würde (§ 84 AktG). Die amerikanische Rechtsprechung scheint dies zuzulassen[106]. M. E. ist das abzulehnen. Die Sachlage verträgt insoweit keinen Vergleich mit der Rechtslage des Geschäftsleiters. Dieser steht in einem bestimmten Rechtsverhältnis zur Gesellschaft, aus dem sich für ihn Rechte und Pflichten ergeben. Er hat, was in diesem Zusammenhang besonders wichtig ist, insbesondere das Recht, aber auch die Pflicht, Geschäftsführungsmaßnahmen vorzunehmen. Die Pflicht zur Geschäftsführung darf nicht dadurch für ihn ein Risikogeschäft werden, daß er mit dem Ausgang belastet wird. Es entspricht einem Gebot der Gerechtigkeit, daß er für solche Maßnahmen nicht zur Verantwortung gezogen werden kann, hinsichtlich derer er alle ihm zumutbare Sorgfalt aufgewendet hat, gleichwohl ihm aber bei ihrer Beurteilung ein Irrtum unterlaufen ist. Diese durch die Sach- und Rechtslage gebotene Rücksichtnahme auf die Stellung des Geschäftsleiters ist nicht am Platze in den Fällen, die hier zur Erörterung stehen. Die herrschende Gesellschaft hat gegenüber der abhängigen kein Recht, geschweige denn eine Pflicht zur Vornahme von Geschäftsführungsmaßnahmen. Sie hat allein die Rechte, die ihr aus der Beteiligung an der abhängigen Gesellschaft zustehen. Diese gewähren nicht das Recht, Maßnahmen der Geschäftsführung zu treffen oder zu solchen anzuweisen. Nur wenn der Vorstand der abhängigen Gesellschaft es verlangt, werden die Aktionäre über die Hauptversammlung zu Fragen der Geschäftsführung gehört und können sie über diese entscheiden. Nichts gebietet, geschweige denn rechtfertigt, bei solcher Rechtslage dem herrschenden Unternehmen die Berufung darauf zu gestatten, daß es die Maßnahmen für nicht nachteilig gehalten und eine Schädigung nicht habe voraussehen können, daß es sich nachweisbar über die Beurteilung der Maßnahme geirrt habe. Das herrschende Unternehmen handelt ohne Recht und muß deshalb die Folgen tragen. Irrtum geht zu seinen Lasten.

---

[106] *Mestmäcker* a. a. O.

Oben ist erörtert worden, ob und welche Bedeutung es für die Erstattung des Rechenschaftsberichts hat, daß etwaige Nachteile durch Vorteile oder durch sonstige Leistungen ausgeglichen worden sind oder werden sollen. Es ist klargestellt worden, daß dem Ausgleich nur eine sehr begrenzte Bedeutung zukommt. Die gleiche Frage stellt sich bei der Ersatzpflicht. Sie ist hier nicht anders zu beantworten als oben. Es kommt nur ein Ausgleich von Vor- und Nachteilen aus innerlich zusammenhängenden Geschäften in Betracht. Als ausgleichfähige Vorteile sind nur solche anzusehen, die auf rechtsverbindlichen Verträgen beruhen.

Rautmann[107] will eine Ersatzpflicht jedenfalls insoweit entfallen lassen, „als das herrschende Unternehmen den Schaden bereits aus freien Stücken im Rahmen der §§ 276ff. E ausgeglichen hat". Es ist unklar, was er damit meint. In Betracht kämen allenfalls § 278 E (Übernahme des Verlustes der abhängigen Gesellschaft). § 279 E (Gläubigerschutz) und § 280 E (angemessener Ausgleich für die Aktionäre). Sie setzen den Abschluß eines Konzernvertrages vor; hier handelt es sich doch aber gerade um den Schutz der abhängigen Gesellschaft, wenn ein Konzernvertrag nicht besteht. Davon abgesehen ist eine Verlustübernahme kein Ausgleich. Durch sie braucht der Schaden der Gesellschaft noch nicht behoben zu sein. Die Gläubiger könnten durch eine Sicherheitsleistung geschützt werden. Der Schaden der Minderheitsaktionäre könnte freiwillig ausgeglichen werden. Soll dieser Ausgleich ein allgemeiner, für alle möglichen Schäden sein, wären wir bei einer Abart des Konzernvertrags angelangt, die nicht zulässig ist. Meint *Rautmann* aber nur den Ausgleich im Einzelfall, so steht dem natürlich nichts im Wege. Jede Ersatzpflicht kommt in Wegfall oder entsteht erst gar nicht, wenn den Betroffenen für den schädigenden Eingriff ein angemessener Ausgleich geleistet oder von vornherein zugesagt worden ist.

Nach dem Dargelegten würde also neben dem allgemeinen Schutz durch den Rechenschaftsbericht als Schutz im Einzelfall ein Ersatzanspruch gegen das herrschende Unternehmen treten, wenn die abhängige Gesellschaft auf dessen Veranlassung eine Handlung vorgenommen oder unterlassen hat, die sie geschädigt hat. Die Ersatzpflicht würde nur dann entfallen, wenn das herrschende Unternehmen nachweist, daß die Handlung oder Unter-

---

[107] Beiträge S. 194.

lassung, die es veranlaßt hat, im Zeitpunkt der Einflußnahme auch vom Standpunkt eines ordentlichen und gewissenhaften Geschäftsleiters einer unabhängigen Gesellschaft nicht zu beanstanden gewesen ist.

Der gleichen Ersatzpflicht müßte unterliegen, wer für das herrschende Unternehmen gehandelt hat. In den Grenzen des § 31 BGB können gegen diese Haftung keine durchgreifenden Bedenken erhoben werden[108]. Problematisch ist allein die Erstreckung der Haftung auf andere Personen, insbesondere auf Angestellte des herrschenden Unternehmens. § 284 E hat auch eine Haftung für alle im Auftrag des herrschenden Unternehmens handelnden Angestellten vorgesehen. Die Vorschrift ist deshalb stark kritisiert worden.

Die globale Einbeziehung aller Angestellten, die im Auftrage des herrschenden Unternehmens handeln, mag zu weit gehen. Es muß jedoch den Fakten Rechnung getragen werden. Es gibt herrschende Unternehmen, in denen, besonders wenn sie gleichzeitig Konzernspitze sind, die einheitliche Leitung der abhängigen (Konzern) Gesellschaften besonderen Abteilungen übertragen ist. Diese Abteilungen werden oft zwar rechtlich, aber doch nicht tatsächlich von einem Vorstandsmitglied geleitet. Nach den in der Rechtsprechung[109] entwickelten Grundsätzen kann es ein Organisationsmangel sein, der zur Haftung des Unternehmens führt, wenn der Leiter dieser Abteilung nicht verfassungsmäßig berufener Vertreter ist. Ebenso wie das Unternehmen gegebenenfalls für diese Personen haftet, sollten diese neben dem Unternehmen haften, wenn sie für das herrschende Unternehmen gehandelt haben. Fraglich kann nur sein, ob dies gesetzlich bestimmt oder der Rechtsprechung überlassen werden soll, diese Personen den gesetzlichen Vertretern gleichzustellen. Vielleicht empfiehlt sich das letztere, da sich diese Fälle rein tatbestandsmäßig nur sehr schwer fassen lassen.

Schließlich stellt sich noch die Frage, ob neben der Ersatzpflicht des herrschenden Unternehmens und der Personen, die als seine Vertreter handeln, noch andere Ansprüche in Betracht zu ziehen sind. In vielen Fällen wird die abhängige Gesellschaft nicht geschädigt, das herrschende Unternehmen erlangt aber von der

---

[108] *Flume* DB 1959, 192, a. M. *Rautmann* Beiträge S. 193 ohne Begründung.

[109] RGZ 157, 235; 162, 166; RG in DR 1944, 287.

abhängigen Gesellschaft durch Einflußnahme Vorteile. Die amerikanische Rechtsprechung läßt deshalb das herrschende Unternehmen nicht nur bei arglistiger Schädigung oder Mißwirtschaft haften. Sie gewährt der abhängigen Gesellschaft auch dann einen Ersatzanspruch, wenn das herrschende Unternehmen mit Mitteln der abhängigen Gesellschaft oder durch sie Vorteile erzielt hat, die sie den Minderheitsaktionären vorenthält[110]. Wenn das herrschende Unternehmen die abhängige Gesellschaft zu einem Bestandteil des eigenen Unternehmens mache, oblägen ihr die Pflichten eines Treuhänders. Es darf seine Herrschaft nur insoweit ausüben, als es auch die Interessen der Minderheitsaktionäre wie ein Treuhänder schützt. Das Unternehmen muß beweisen, daß es keine anderen Vorteile erhalten hat, als die abhängige Gesellschaft auch einem anderen gewährt haben würde[111]. So genügt es bei einer Darlehnsgewährung, zu der die abhängige Gesellschaft veranlaßt worden ist, nicht, daß sie ihr Geld und die üblichen Zinsen erhalten hat. Sie hat auch Anspruch auf den damit erzielten Spekulationsgewinn. Der Mehrheitsaktionär soll sich nicht auf Kosten der Minderheitsaktionäre Vorteile verschaffen. Unser Jubilar[112] hat gefordert, daß sich die deutsche Reform an dieser einleuchtenden Konzeption, daß derjenige, der die Herrschaft über eine Gesellschaft gewinnt, als Treuhänder gegenüber den Minderheitsaktionären anzusehen ist, orientieren sollte. Konsequent durchgeführt bedeutet dies, daß das herrschende Unternehmen alle Vorteile an die abhängige Gesellschaft abzuführen hat, die es dadurch erlangt hat, daß es die abhängige Gesellschaft veranlaßt hat, ihm Vermögensgegenstände (Geld, Betriebsanlagen, Schutzrechte) zur Verfügung zu stellen. Dem Herausgabeanspruch würde nicht entgegenstehen, daß die abhängige Gesellschaft für die Zurverfügungstellung ihrer Mittel ein angemessenes Entgelt erhalten hat.

Flume[113] will den Minderheitsaktionären der abhängigen Gesellschaft auch noch einen Abfindungsanspruch[114] geben. Eine Abfindungspflicht ist nur dann geboten, wenn der sonstige Schutz nicht ausreicht. Sie setzt ferner voraus, daß nicht nur wirtschaftlich, sondern auch rechtlich zwei Formen von Aktiengesellschaften

---

[110] *Mestmäcker* S. 203.
[111] *Mestmäcker* S. 197.
[112] Beiträge S. 56.
[113] Handelsblatt vom 17. 12. 1958, Nr. 148.
[114] Vgl. dazu *Schäffer* in „Die Aktiengesellschaft" 1959, 64.

geschaffen werden, die unabhängige und die abhängige[115]. Dann können die Minderheitsaktionäre verlangen, daß die Umgestaltung einer bisher unabhängigen Gesellschaft in eine abhängige nur geschieht, wenn sie abgefunden werden.

Der Schutz der abhängigen Gesellschaft und ihrer Minderheitsaktionäre vor Ausnutzung durch die herrschende Gesellschaft ist einmal als ein ungelöstes Rätsel bezeichnet worden. Sicherlich bleibt die Lage der Minderheitsaktionäre in der abhängigen Gesellschaft auch nach Einführung der hier zur Erörterung gestellten Maßnahmen unsicher[116]. Immerhin dürfte sie sich jedoch durch den Rechenschaftsbericht und seine Prüfung, verbunden mit einer sachgemäß ausgestalteten Ersatzpflicht, wesentlich bessern.

---

[115] Vgl. dazu *Flume*, Handelsblatt a. a. O.

[116] Vgl. die entsprechende Bemerkung von *Mestmäcker* S. 368.

ZUR REFORM DES KONZERNRECHTS

Von Hans Würdinger

I.

Unter dem Titel „Verbundene Unternehmen" bringt der E in den §§ 270ff. Vorschriften, welche verschiedene Tatbestände betreffen. Sie sind jedoch dadurch verbunden, daß sie in der Legaldefinition des § 15 E unter dem Begriff „Verbundene Unternehmen" zusammengefaßt werden. Die Zusammenfassung verschiedener Tatbestände unter einem gemeinsamen Oberbegriff ist gerechtfertigt, wenn die in Klammer gesetzten verschiedenen Sachverhalte wegen der Übereinstimmung der rechtspolitischen Grundlagen einheitlichen Rechtsgrundsätzen unterstellt werden können. Eine Überprüfung der in den §§ 15, 270ff. zusammengezogenen Tatbestände unter diesem Gesichtspunkt und der daraus sich ergebenden rechtssystematischen Folgerungen indessen läßt ersehen, daß die Unterstellung unter einheitliche Vorschriften in der Weise, wie der E es vorsieht, nicht gerechtfertigt ist.

1. Zu den „Verbundenen Unternehmen" gehören nach § 15 E zunächst die herrschenden und abhängigen Unternehmen, gleichgültig, auf welchem Umstand die Abhängigkeit beruht und welchem Zwecke sie dient.

Da in jenen Fällen, in denen das herrschende und abhängige Unternehmen unter einheitlicher *Leitung* des herrschenden Unternehmens zusammengefaßt sind, nach § 17 Abs. 1 ein *Konzern* vorliegt, dieser aber in § 15 dem abhängigen Unternehmen gegenübergestellt wird, kann § 16 E nur auf solche Abhängigkeitsverhältnisse Bezug haben, bei denen eine einheitliche Leitung *nicht* besteht und auch nicht beabsichtigt ist.

Prüft man nun, welche besonderen Fragen sich bei solcher schlichter Abhängigkeit ergeben, so sind es folgende drei:

Die Abhängigkeit des Unternehmens eröffnet dem herrschenden Unternehmen, falls dieses eine Kapitalgesellschaft ist, die Möglichkeit, über das abhängige Unternehmen, falls dieses Beteiligungen an dem herrschenden besitzt, in seine eigene HV hineinzuregieren. Dieses soll durch § 127 Abs. 2 E, § 114 Abs. 6 AktGes. verhindert werden. Die Tatsache der Abhängigkeit eröffnet dem herrschenden Unternehmen ferner die Möglichkeit, das Verbot des Erwerbs eigener Aktien dadurch zu umgehen, daß es diese Aktien durch das von ihr abhängige Unternehmen zeichnen oder erwerben läßt. Dem tragen die §§ 52, 66 E, §§ 51, 65 AktGes. Rechnung. Hierbei zeigt sich, daß die genannten Vorschriften verschiedene Abhängigkeitsverhältnisse zur Voraussetzung haben. Während das Gebot der Stimmenthaltung für alle Abhängigkeitsverhältnisse gelten muß, gleichgültig, ob sie auf Beteiligung oder Vertrag beruhen (vgl. § 16 Abs. 1 E), ist der durch die §§ 52, 66 E bezweckte Vermögensschutz der herrschenden Gesellschaft nur da erforderlich, wo die Abhängigkeit durch *Beteiligungsbesitz* der herrschenden Gesellschaft begründet ist; denn nur in diesem Fall wird deren Vermögen durch den Aktienerwerb der abhängigen Gesellschaft mit betroffen. Gemeinsam aber ist beiden Sachverhalten, daß die genannten Vorschriften auf die Verhältnisse der *herrschenden* Gesellschaft Bezug nehmen. Das Abhängigkeitsverhältnis ist sodann noch unter dem Gesichtspunkt von Bedeutung, daß sich dem herrschenden Unternehmen auch die Möglichkeit eröffnet, auf die Geschäftsführung des *abhängigen* Unternehmens durch unmittelbare Einwirkung auf den Vorstand desselben Einfluß zu nehmen. Mag das Abhängigkeitsverhältnis auch nicht dem Zwecke des herrschenden Unternehmens dienen, das abhängige Unternehmen in seine Leitung mit einzubeziehen, so wird durch die Abhängigkeit gleichwohl die *Möglichkeit* einer Einflußnahme eröffnet. Auf Einflußnahmen solcher Art beziehen sich die §§ 110 E, 101 AktGes. Sie beschränken sich indessen darauf, bei *vorsätzlicher* Schädigung der abhängigen Gesellschaft durch den Einflußnehmenden eine Ersatzpflicht zu statuieren.

Im E nun werden unter dem Aspekt der möglichen Einflußnahme des herrschenden Unternehmens auf das abhängige Unternehmen die Abhängigkeitsverhältnisse unterschiedslos in die Vorschriften des 3. Buches über „Verbundene Unternehmen“ einbezogen und der scharfen Kausalhaftung des § 284 unterstellt. Damit ist zugleich auch der mit dieser Bestimmung verfolgte rechtspolitische Zweck unterschiedslos auf alle Abhängigkeitsverhältnisse übertragen. Der Zweck dieser Vorschriften jedoch ist auf *Konzerne* im Sinne des § 17 Abs. 1 E beschränkt. Er besteht darin, Konzerngesellschaften, welche die Absicht haben, das Konzerninteresse gegenüber den abhängigen Konzernmitgliedern durchzusetzen, davon abzuhalten, dieses in Ausübung der unkontrollierbaren faktischen Konzernmacht zu tun und sie zu veranlassen, einen entsprechenden *Konzernvertrag* zu schließen. Nach der amtlichen Erläuterung freilich soll der Zweck des § 284 E keineswegs nur Konzerne betreffen, sondern schlechthin für alle Abhängigkeitsverhältnisse gelten. Die scharfe Fassung des § 284 E nämlich soll in erster Linie ein *Unterlassen* bewirken, nämlich das Unterlassen einer Einwirkung auf die Geschäftsführung der abhängigen Gesellschaft, die unter Mißachtung der aktienrechtlichen Zuständigkeitsordnung (§§ 70, 103 AktGes.) erfolgt. Dieser Zweck würde in der Tat sich gleichermaßen gegenüber Konzernen wie gegenüber den nur schlichten Abhängigkeitsverhältnissen des § 16 E verfolgen lassen. Wird aber darin das Schwergewicht der rechtspolitischen Rechtfertigung des § 284 E erblickt, dann ist es schwer möglich, eine überzeugende Begründung dafür zu finden, warum alsdann in § 110 E, der gleichfalls eine solche Einflußnahme auf die Geschäftsführung der Gesellschaft zum Gegenstande hat, die Sanktionen sehr viel schwächer sind. Die in § 284 E zum Ausdruck kommende Mißbilligung der Verletzung der aktienrechtlichen Zuständigkeitsordnung könnte doch unmöglich in § 110 E eine geringere sein. Die Bedeutung des § 284 E kann daher nicht sosehr darin bestehen, das Unterlassen einer Einwirkung zu bezwecken, sondern den Abschluß eines Konzernvertrages zu erwirken, der es in der Konzernleitung in legaler Weise ermöglicht, die abhängigen Konzerngesellschaften ihrer Leitung zu unterwerfen und die Konzerninteressen zur Durchsetzung zu bringen. Bei den Abhängigkeitsverhältnissen aber, welche in § 16 E definiert sind, liegt ein solcher Konzernzweck überhaupt nicht vor, so daß bei den Tatbeständen dieser Art auch die rechtspolitische Tendenz des § 284 nicht am Platze ist. Hat beispielsweise eine Bank im Zuge einer Sanierungsmaßnahme vorübergehend die Aktienmehrheit des zu sanierenden Unternehmens erworben, dann ist die Bank nach § 16 Abs. 2 E „herrschendes" Unternehmen geworden. Niemals jedoch hat die Bank die Absicht, sich mit diesem Unternehmen zu einem Konzern im Sinne des § 17 Abs. 1 E zu vereinigen. Sollte aber die Bank das beherrschte Unternehmen etwa veranlassen, einen unrentablen Geschäftszweig aufzugeben oder andere Maßnahmen zu ergreifen, die der Sanierung dienen, dann trifft sie die volle Wucht der in § 284 E statuierten Erfolgshaftung. In Fällen solcher Art indessen müßte es genügen, es bei der Haftung des § 101 AktGes., § 110 E bewenden zu lassen, wobei freilich der subjektive und objektive Tatbestand dieser Vorschrift zu berichtigen wäre.

II

In § 270 stellt der E 5 Vertragstypen auf, die laut Überschrift „Unternehmungsverträge" genannt werden, mit der Maßgabe, daß die an solchen Verträgen beteiligten Unternehmen „Verbundene Unternehmen" darstellen, für welche das Dritte Buch des E Sonderbestimmungen enthält. Diese Sonderbestimmungen betreffen teils den Abschluß, die Änderung und Beendigung von Unternehmensverträgen, teils Konsequenzen, welche ihrem rechtspolitischen Sinn nach auf Konzernverhältnisse zugeschnitten sind.

Es ergibt sich nun einerseits, daß die in § 270 E aufgezählten Verträge unter sich sehr uneinheitlich sind und deshalb schwerlich einer völligen Gleichbehandlung in bezug auf den Abschluß oder die Beendigung unterstellt werden können, andererseits, daß die dem Sinne nach an Konzernen orientierten weiteren Bestimmungen nicht für alle Fälle passen, in welchen Unternehmen vorliegen, die durch einen sog. Unternehmensvertrag verbunden sind.

In § 270 Nr. 1, 3 und 4 werden zunächst jene Verträge aufgeführt, die auch in § 256 AktGes. genannt sind. Wie schon nach § 256 AktGes. bedürfen diese Verträge nach § 270 Abs. 1 E zu ihrer Wirksamkeit der Zustimmung der HV. Die genannten Verträge sind dadurch gekennzeichnet, daß die Gesellschaft aufhört, ihr Unternehmen für Rechnung ihrer Aktionäre zu betreiben; sei es, daß, wie im Falle der Gewinngemeinschaft, das Unternehmen fortan zugleich für Rechnung eines Dritten geführt wird, sei es, daß das Unternehmen einem Pächter überlassen und die Gesellschaft dadurch zur Rentnergesellschaft wird, sei es daß sie ihr Unternehmen fortan für fremde Rechnung betreibt und damit aufhört, selbst Gewinn zu erzielen.

In § 250 Nr. 5 wird nun der Bereich der genehmigungsbedürftigen Verträge erweitert. Einbezogen sind zunächst jene Verträge, durch welche die AG „sich in den wesentlichen Fragen der Geschäftsführung den Weisungen eines anderen" unterwirft. Hier ist es der Gesichtspunkt, daß der Berechtigte auf Grund des Vertrages die Möglichkeit erlangt, auf Grund der Pflicht der AG zur Weisungsbefolgung Einfluß auf die Geschäftsführung der Gesellschaft auszuüben, der den Gesetzgeber veranlaßt, auch hier die HV zur Entscheidung zu berufen. Eine Unterwerfung unter die Weisung eines anderen, welche die wesentlichen Fragen der Geschäftsführung umfaßt, kann aber durchaus im Rahmen eines gewöhnlichen *Umsatzgeschäftes*, nämlich eines Dienstleistungsverhältnisses erfolgen, wenn die geschuldeten Dienstleistungen den Gegenstand der Gesellschaft erschöpfen. Das kann z. B. der Fall sein bei Transportleistungen einer Transportgesellschaft. Verpflichtet eine solche Gesellschaft sich gegenüber einem anderen Unternehmen zur entgeltlichen, jedoch ausschließlichen Beförderung nach Weisung des anderen Unternehmens, dann ist der Tatbestand des § 270 Nr. 5 dem Wortlaut nach erfüllt. Dasselbe kann gegeben sein im Rahmen einer Gesellschaft bürgerlichen Rechts, wenn eine Gesellschafterin, z. B. ein Pipeline-Unternehmen, als ihre Beitragsleistung es übernimmt, die Rohöle der anderen Gesellschaften nach deren Weisungen, aber gegen Entgelt zu befördern. Da der Geschäftsbetrieb des Pipeline-Unternehmens in Beförderungen solcher Art sich erschöpft, betrifft die Weisungsgebundenheit zwangsläufig die wesentlichen Fragen ihrer Geschäftsführung. Wenn nun auch schon Umsatzgeschäfte solcher Art an die Zustimmung der HV gebunden werden, dann ist eine überzeugende Begründung dafür, warum dasselbe nicht auch für Umsatzgeschäfte *anderer* Art erfolgen soll, nicht mehr zu finden, so z. B. für Verträge, welche die Ablieferung der gesamten Produktion zum Gegenstand haben. Es will scheinen, als würde eine solche Ausdehnung die Gefahr in sich bergen, den festen Boden zu verlassen. Diese Gefahr trifft bei den Tatbeständen des § 256 AktGes. nicht zu; denn diese Vorschrift knüpft an den Gedanken an, daß eine Gesellschaft primär zu dem Zwecke gegründet sei, daß gemeinschaftliche Unternehmen für Rechnung ihrer eigenen Gründer oder Aktionäre zu betreiben, so daß Änderungen dieser Zweckbestimmung deshalb der Zustimmung der HV bedürfen. Bei Dienstverträgen hingegen, welche Umsatzgeschäfte bilden, wird das Unternehmen gleichwohl für Rechnung der Gesellschafter betrieben und das um so mehr, wenn der Gegenstand des Unternehmens gerade die entgeltliche Dienstleistung für andere betrifft. In diesem Falle ist das Unternehmen schon seinem statutarischen Zwecke nach auf Dienstleistungen gegenüber Dritten gerichtet, aus denen sich nach den bürgerlich-rechtlichen Grundsätzen die Pflicht zur Befolgung von Weisungen ergibt. Werden nun solche Verträge geschlossen, so liegen sie nicht außerhalb des statutarischen Gegenstandes der Gesellschaft, sondern sind gerade Vollzug desselben.

Der Grund, weshalb im E auch diese Verträge in § 270 mit einbezogen werden mit der Folge, daß die Vertragspartner als „Verbundene Unternehmen" erscheinen, liegt darin, daß in der Praxis auch *Indienststellungsverträge* als Mittel konzernmäßiger Zusammenfassung verwendet werden mit der Maßgabe, daß die Weisungsmacht der herrschenden Gesellschaft die Möglichkeit verschaffen solle, das abhängige Unternehmen ihren eigenen wirtschaftlichen Interessen dienstbar zu machen. Zwischen dem Dienstvertrag als Umsatzgeschäft und der Indienststellung des anderen Unternehmens besteht aber nur ein gradueller Unterschied. Wohl stehen beim gewöhnlichen Dienstvertrag die Vertragspartner grundsätzlich einander unabhängig gegenüber, während die Indienststellung eines Unternehmens ein Unterwerfungsverhältnis darstellt, wobei dahingestellt bleiben mag, ob einem solchen Vertrag ein bereits bestehendes Abhängigkeitsverhältnis vorausgeht oder ob es durch diesen Vertrag erst geschaffen wird. Gleichwohl ist das Abhängigkeitsverhältnis, nämlich die Weisungsgebundenheit, welche durch die Indienststellung eines anderen Unternehmens begründet wird, rechtlich von derselben Art wie jene Abhängigkeit, welche sich mit einem gewöhnlichen Dienstvertrag verbindet, bei dem der Weisungsbereich des Dienstberechtigten den Gegenstand des dienstpflichtigen Unternehmens nicht voll erschöpft.

Die Vertragsfreiheit gestattet es zwar, Verträge beliebiger Art und beliebigen Inhaltes zu schließen und die Vertragsbedingungen so zu gestalten, daß die der gesetzlichen Regelung innewohnende Ausgeglichenheit der Verteilung von Chance und Risiko, von Herrschaft und Unterworfenheit unter den Vertragspartnern beseitigt und das Risiko dem einen Vertragsteil allein aufgebürdet wird; und unter Gesellschaften ist eine solche Möglichkeit insbesondere dann gegeben, wenn die die Indienststellung ihres Unternehmens versprechende oder ihr Unternehmen verpachtende Gesellschaft sich bereits zur Zeit des Vertragsschlusses in einem Abhängigkeitsverhältnis befindet. Dennoch bleibt selbst in diesem

Falle die Rechtsnatur des Vertrages dieselbe. Die Tatsache, daß der Vertrag zwischen einem herrschenden und einem abhängigen Unternehmen geschlossen wird, ist, wie sich zeigen wird, zwar für das Zustandekommen des Konsenses von Bedeutung, sie verändert aber nicht die rechtliche Natur des Vertrages selbst. Wird etwa in einem Pachtvertrag vereinbart, daß die Pächterin zu Neuinvestitionen beliebig berichtigt sei mit der Maßgabe, daß die Verpächterin bei Beendigung des Pachtverhältnisses diese Anlagen zu übernehmen und die aufgewendeten Kosten abzüglich der Wertverminderung derselben durch Abnutzung zu tragen habe, so genießt die Verpächterin die Chance der Investition, die Verpächterin dagegen das Risiko einer etwaigen Fehlinvestition, falls Pächterin bei Mangel der Rentabilität beliebig zu kündigen befugt ist.

Bei Verträgen unter physischen Personen, die eine wirtschaftliche Knebelung eines Vertragsteiles enthalten, kommt dem belasteten Partner der Schutz des § 138 BGB zugute. Seine Anwendbarkeit auf juristische Personen jedoch ist problematisch, da juristische Personen als reine Zweckgebilde ethisch wertfrei sind. Wohl hat das Reichsgericht in RG 3, 129; 82, 308 auch zwischen juristischen Personen geschlossene Verträge, die eine völlige Unterwerfung einer Gesellschaft unter die andere bewirken sollten, mit der Begründung für nichtig erklärt, daß juristische Personen sich ebensowenig wie natürliche Personen freiwillig selbst „entmündigen" können. Im Hinblick auf die im Schrifttum vorgebrachte Kritik mag es indessen zweifelhaft sein, ob diese Rechtsprechung aufrechterhalten bleibt. Ob daraus die Konsequenz zu ziehen sei, bei Verträgen unter Kapitalgesellschaften als Ersatz für den durch § 138 BGB gewährleisteten Schutz jene Vorschriften des bürgerlichen Schuldrechts, in denen die Risikoverteilung grundsätzlich zum Ausdruck kommt, so z. B. das Entstehen des Aufwendungsersatzanspruches in Fällen der Geschäftsführung für fremde Rechnung, als *zwingend* zu erklären, wie es bereits in anderen Zusammenhängen geschehen ist (vgl. § 662 HGB), mag dahingestellt bleiben. Sofern es möglich ist, abhängigen Unternehmungen in anderer Weise einen Schutz gegen unangemessene Vertragsbedingungen zu verleihen — und die nachfolgenden Ausführungen werden diese Möglichkeit dartun —, sollte dieser Weg der Beschränkung der Vertragsfreiheit nicht beschritten werden.

Worauf es in diesem Zusammenhang ankommt, ist zunächst etwas anderes. Die in § 256 AktGes., § 270 Nr. 1, 3 und 4 E genannten Verträge stellen *obligatorische* Verträge dar, welche von juristischer Person zu juristischer Person geschlossen werden und nur diese berechtigen und verpflichten, die interne Organisation der beteiligten Gesellschaften und die rechtliche Stellung ihrer Organe dagegen nicht berühren. Das gilt auch von jenen Dienstverträgen, welche wegen der weitgespannten Dienstleistungen und des daraus sich ergebenden entsprechend weitgespannten Weisungsrechtes des dienstberechtigten Unternehmens dem Wortlaut des § 270 Nr. 5 entsprechen. Allen diesen Verträgen ist gemeinsam, daß sie *Kausalgeschäfte* des Schuldrechts bilden, daher sowohl den allgemeinen Grundsätzen des Schuldrechts, z. B. über Unmöglichkeit, Verzug und sonstige Leistungsstörungen, über Gefahrtragung und Erfüllung unterliegen, und daß die zugrundeliegende Kausa die aus ihnen entspringenden Rechte und Pflichten inhaltlich bestimmt und zugleich begrenzt. Alle diese Verträge haben im bürgerlichen Schuldrecht ihre grundsätzliche Regelung erfahren und unterliegen als Dauerschuldverhältnis zugleich dem zwingenden Recht der fristlosen Kündigung aus wichtigem Grunde.

Diese schuldrechtlichen Verträge nun, für deren Abschluß und für deren sachgemäße Handhabung und Erfüllung die Vorstände beider Gesellschaften verantwortlich bleiben, sind bei Anwendung der bürgerlich-rechtlichen Grundsätze *nicht* geeignet, der Durchsetzung *beliebiger* Konzerninteressen zum Nachteil eines anderen Vertragspartners zu dienen. Wohl ist eine Vertragsgestaltung möglich, welche dem einen Partner Vorteile verschafft, dem anderen Nachteile auferlegt. Beides wird durch die Vertragsbedingungen und die darin begründeten Rechte und Pflichten begründet, zugleich aber auch begrenzt. Nur soweit der Vertragsinhalt es vorsieht, können die Parteien Rechte gegeneinander erlangen und erzwingen. Die Rechtslage ist hier für juristische Personen keine andere wie für physische Personen. Das Gesagte gilt insbesondere auch für die Verträge, welche auf Indienststellung eines Unternehmens gerichtet sind. Beispiele solcher Verträge sind enthalten in *Haussmann*, Recht der Unternehmenszusammenfassungen, 2. Teil, Die Praxis (1932) S. 124ff. Obwohl die verpflichtete Gesellschaft ihren „gesamten Geschäftsbetrieb einschließlich ihres gesamten beweglichen und unbeweglichen Vermögens sowie aller laufender Verträge, ihres gesamten Personals und ihrer gesamten Arbeitstätigkeit“ ausschließlich in die Dienste der berechtigten Gesellschaft stellt und „eine anderweitige Tätigkeit nur mit Zustimmung der berechtigten Gesellschaft übernehmen darf", ist aus solchen Verträgen gleichwohl *nur* die juristische Person als solche verpflichtet, während die aktienrechtliche Stellung ihrer Organe unangetastet bleibt, so auch die Verantwortlichkeit des Vorstands dafür, daß der Vertrag erfüllt wird, daß weitergehende Weisungen aber als außerhalb des Vertrages liegend unberücksichtigt bleiben. Die Verträge lassen sodann weiter ersehen, daß die Indienststellungen jeweils zu bestimmten *Zwecken* oder Tätigkeiten erfolgen, sei es, daß geschuldet wird der ausschließliche Vertrieb der Waren der herrschenden Gesellschaft für deren Rechnung oder daß die verpflichtete Gesellschaft als Fabrikationsbetrieb bestimmte Produkte für ein Warenhaus herzustellen hat, woraus sich zugleich die Grenzen des Weisungsrechts und der Weisungsgebundenheit ergeben; denn, ebensowenig wie beim Dienstvertrag können so auch im Rahmen eines Indienststellungsverhältnisses durch Weisungen Tätigkeitspflichten begründet werden, die jenseits des vertraglich bestimmten und durch den Vertragszweck beschränkten Tätigkeitsbereiches liegen; sondern es kann immer nur der Inhalt der geschuldeten Leistung innerhalb des vertraglichen Rahmens konkretisiert werden. Das dienstberechtigte Unternehmen vermag daher mittels der Weisungen auch nur insoweit sein eigenes Interesse (Konzerninteresse) gegenüber dem dienstpflichtigen Unternehmen durchzusetzen, als der Vertrag es gestattet, und es macht hierbei keinen Unterschied, ob die vertragsbeteiligten Unternehmen einander unabhängig gegenüberstehen oder sich in einem Herrschafts- und Abhängigkeitsverhältnis befinden.

Was für den Indienststellungsvertrag gesagt wurde, gilt gleichermaßen für die anderen in § 270 Nr. 1, 3 und 4 E aufgeführten Vertragstypen.

Mit diesen Feststellungen nun ist die in § 283 Abs. 1 E vorgesehene Regelung nicht verträglich. Nach dieser Vorschrift soll in all jenen Fällen, in denen ein Unternehmensvertrag den anderen Vertragsteil berechtigt, einer AG in den wesentlichen Fragen der Geschäftsführung Weisungen zu erteilen, der weisungsberechtigte Vertragspartner schlechthin befugt sein, die weisungspflichtige Gesellschaft zu Maßnahmen zu bestimmen, welche sie oder ihre Aktionäre schädigen, sofern dieses schutzwürdigen Belangen des weisungsberechtigten Vertragsteiles oder eines anderen, mit ihm und der Gesellschaft konzernverbundenen Unternehmens dient. Das Recht, die weisungspflichtige Gesellschaft oder ihre Aktionäre zu schädigen, wenn dieses schutzwürdigen Interessen des weisungsbefugten Unternehmens dient, soll also integrierender Bestandteil *aller* einschlägigen Unternehmensverträge sein, unabhängig davon, welcher Art die vereinbarten Vertragsbedingungen sind. Diese Regelung enthält eine nicht gerechtfertigte Benachteiligung der weisungsgebundenen Gesellschaft, und sie verschafft dem berechtigten Unternehmen Eingriffsmöglichkeiten, die sie in dem zugrunde liegenden Vertrag möglicherweise überhaupt nicht erstrebt hat.

Es sei nun nicht verkannt, daß der Entwurf mit der Regelung des § 283 Abs. 1 einem bei Konzernen vorhandenen berechtigten Interesse entgegenkommen will, nämlich dem Interesse, die zum Konzern gehörenden Gesellschaften der einheitlichen Leitung der Konzernspitze mit der Maßgabe unterzuordnen, daß die Konzernleitung die legale Möglichkeit erlangt, den Vorständen der Konzerngesellschaften unmittelbar bindende Anweisungen zu erteilen und ihnen aus Konzerninteresse auch Maßnahmen aufzuerlegen, die für die betroffene Gesellschaft nachteilig sind, ohne daß sich daraus eine Haftung der Konzernspitze und der angewiesenen Organe ergibt. Ein solcher Rechtszustand jedoch ist, wie dargelegt, mittels obligatorischer Kausalverträge, die nur von juristischer Person zu juristischer Person wirken, nicht erreichbar, weil zum einen durch diese Verträge die interne Rechtsstellung, also auch die Verantwortlichkeit der Organe der betroffenen Gesellschaften nicht berührt wird, daher der Vorstand, sofern er den Vertrag allein zu schließen vermag, sich haftbar macht, wenn er Bedingungen akzeptiert, die für seine Gesellschaft schädlich sind, oder, weil der HV-Beschluß, falls der Vertrag der Genehmigung der HV bedarf, nach § 197 Abs. 2 AktGes., § 230 Abs. 2 E der Anfechtung unterläge, falls er dem Konzern auf Kosten der Gesellschaft Vorteile verschafft.

Es sind daher die genannten *obligatorischen* Verträge aus der Regelung des Dritten Buches über „Verbundene Unternehmen" herauszunehmen und in einer an den § 256 AktGes. anknüpfenden Sonderregelung zu behandeln, die jenen speziellen Bedürfnissen Rechnung trägt, die sich gerade mit diesen Verträgen verbinden. Diese Bedürfnisse sind aber nicht Wahrung der Interessen der Konzernleitung, sondern Wahrung der Interessen der Aktionäre.

Der Gesetzgeber hat zwar bei solchen Verträgen zwischen Gesellschaften ebensowenig wie bei Vertragsschlüssen unter Einzelpersonen Veranlassung, den Abschluß von ungünstigen Verträgen *selbst*, etwa durch Aufstellung einer Zwangsordnung zu verhindern. Wohl aber hat er die Aufgabe, dafür zu sorgen, daß die *Aktionäre* sich einem ungünstigen Vertrag widersetzen können. Dieses wird in den in § 256 AktGes. genannten Verträgen durch das Erfordernis der Zustimmung der HV, bei jenen Verträgen, welche der Vorstand kraft eigener Zuständigkeit zu schließen vermag, durch seine Verantwortlichkeit gegenüber der Gesellschaft für die Qualität des Vertrages bewirkt. Bei Verträgen im Sinne des § 256 AktGes. muß es auch genügen, die Einreichung zum Handelsregister aufzuerlegen, während die übrigen, im Entwurf § 270 Abs. 4 und 5, §§ 271 bis 275 vorgesehenen Vorschriften auf sie nicht passen.

Der durch § 256 AktGes. bewirkte Schutz der Aktionäre gegen den Abschluß ungünstiger Verträge, der darin besteht, daß die HV dem Abschluß zuzustimmen hat, ist jedoch in jenen Fällen illusorisch, wo der Vertrag zwischen einem herrschenden und abhängigen Unternehmen geschlossen wird, sofern das herrschende Unternehmen infolge seines Beteiligungsbesitzes oder der ihm zur Verfügung stehenden Stimmenmacht die HV der abhängigen Gesellschaft beherrscht. Da das herrschende Unternehmen in der HV der abhängigen Gesellschaft ihr Stimmrecht zur Genehmigung ihres eigenen Vertrages auszuüben befugt ist, der Wille der herrschenden Gesellschaft mithin zugleich zum Willen der abhängigen Gesellschaft wird, kann hier von einem Konsens zweier Vertragspartner überhaupt nicht mehr gesprochen werden. Das herrschende Unternehmen schließt vielmehr den Vertrag mit sich selbst mit der Wirkung, daß dabei zugleich der Vorstand der abhängigen Gesellschaft seiner Verantwortlichkeit für den Vertragsabschluß gemäß § 84 Abs. 3 AktGes. enthoben wird. Demgegenüber ist die in § 197 Abs. 2 vorgesehene Möglichkeit der Anfechtung des HV-Beschlusses durch die konzernfreien Aktionäre ein nur unzureichender Behelf. Es zeigt sich, daß das ursprüngliche Gebot der Stimmenthaltung des § 252 Abs. 3 HGB durchaus gerechtfertigt war. Der hiergegen oft erhobene Einwand, es würde alsdann die Minderheit allein entscheiden, trifft insofern nicht zu, als die Billigung auch des Großaktionärs der abhängigen Gesellschaft bereits darin zum Ausdruck kommt, daß er als herrschendes Unternehmen den Abschluß des Vertrages selbst erstrebt. Der erwähnte Einwand enthält daher nur die Beschwerde des Großaktionärs darüber, daß es ihm nicht gestattet sein soll, den Vertrag allein mit sich selbst zu schließen und dabei die Verwaltung der abhängigen Gesellschaft gegenüber ihren opponierenden Aktionären zu entlasten. Eine solche Beschwerde kann Gehör nicht beanspruchen.

III

Der Entwurf trägt in § 283 Abs. 1 dem Gesichtspunkt Rechnung, daß in einem Konzernverband die Konzernleitung die Möglichkeit haben muß, die einzelnen Konzerngesellschaften ihrer einheitlichen Leitung *unbeschränkt*, also nicht nur im Rahmen zweckbegrenzter Verpflichtungsverträge unterzuordnen und ihnen gegenüber die Konzerninteressen durchzusetzen, selbst wenn es dem einzelnen Konzernmitglied zum Nachteil gereicht; und die Konzernspitze muß, sofern das Konzerninteresse ein wirtschaftlich gerechtfertigtes, daher auch ein schutzwürdiges ist, diese Möglichkeit der Beeinträchtigung der eingegliederten Gesellschaft erlangen, ohne selbst dadurch haftbar zu werden und ohne den Vorstand der eingegliederten Gesellschaft einer Haftung gegenüber seiner Gesellschaft auszusetzen.

Eine solche Rechtslage läßt sich, wie dargelegt, mit dem Mittel des obligatorischen Vertrages nicht erreichen. Hier ist eine Rechtsgestaltung erforderlich, welche sich nicht darauf beschränkt, die juristische Person als solche obligatorisch für bestimmte Zwecke zu verpflichten, sondern welche unmittelbar gesellschafts*interne*, gleich der Satzung, organisatorische Wirkung hat. Dem dient der sog. *Organisationsvertrag*, den das geltende Recht bereits in Gestalt des auf Feststellung der Satzung gerichteten Vertrages (§ 2 AktGes.) und des Verschmelzungsvertrages kennt. Der kausalose *Unterwerfungsvertrag*, der dem Gesetzgeber bei der Formulierung der §§ 270 Nr. 5, 275, 283 Abs. 1 E vorschwebte, ist nun ein weiterer Fall dieser Art; er soll durch den Entwurf gesetzlich *neu* eingeführt werden. Als Organisationsvertrag regelt der Unterwerfungsvertrag gleich der Satzung die organisationsrechtlichen Grundlagen der Gesellschaft. Aus diesem Grunde ist es zutreffend, wenn der Entwurf die Wirksamkeit des Vertrages gleich einer Satzungsänderung von der Eintragung ins Handelsregister abhängig macht, § 270 Abs. 5. Der Unterwerfungsvertrag schafft gleich der Satzung, jedoch neben ihr und in leichterer Form als die Satzung abänderbar (vgl. §§ 271 bis 273 E), *kausalose objektive*

Normen, die denselben Auslegungsgrundsätzen unterliegen wie die Satzung. Mit diesem Vertrag wird eine gesellschaftsinterne objektive Organisation bindend festgestellt, welche nicht unmittelbar subjektive Rechte und Pflichten begründet, sondern rechtliche *Zuständigkeiten* und Schranken derselben festlegt, aus denen sich subjektive Rechte und Pflichten, wie aus den objektiven Normen der Satzung, erst dadurch ergeben, daß die Beteiligten Mitglied oder Organ dieser Gesellschaft werden. So regelt auch der Unterwerfungsvertrag die Zuständigkeit der Konzernspitze zur Leitung der unterworfenen Gesellschaft, und er bindet die Organe der unterworfenen Gesellschaft, diese Weisungen zu befolgen. Diese Bindung besteht nicht nur für den Vorstand der abhängigen Gesellschaft, sondern auch für deren HV. Sollten etwa konzernfreie Aktionäre über die Mehrheit der Stimmen verfügen und in einem gemäß § 103 Abs. 2 AktGes. gefaßten HV-Beschluß der von der Konzernspitze im Rahmen ihrer Zuständigkeit erlassenen Weisung entgegenwirken, so wäre auch dieser Beschluß wegen Verletzung der organisatorischen Grundlagen der Gesellschaft gleich einer Satzungsverletzung anfechtbar. Für den Vorstand der abhängigen Gesellschaft aber ergibt sich aus der objektiven Regelung des Unterwerfungsvertrages gleichwie aus der Regelung der Satzung die seiner Gesellschaft gegenüber bestehende subjektive Rechtspflicht, die Weisungen der Konzernspitze zu befolgen. Das Gesagte schließt indessen nicht aus, daß der Unterwerfungsvertrag neben den organisatorischen Normen auch Bestandteile enthält, die *obligatorischer* Natur sind und Rechtsbeziehungen zwischen den Gesellschaften als juristische Personen begründen, wie solche ja auch in der Satzung und im Verschmelzungsvertrag enthalten sein können. Dahin gehört z. B. eine im Rahmen des Unterwerfungsvertrages übernommene Dividendengarantie der herrschenden Gesellschaft. Diese steht alsdann zu den organisatorischen Bestandteilen des Vertrages nicht im Verhältnis des Leistungsaustausches, des gegenseitigen Vertrages, so daß die §§ 320ff. BGB hierauf nicht anwendbar sind.

Da die organisatorischen Normen des Unterwerfungsvertrages, so insbesondere die Normierung der Zuständigkeit der Konzernspitze zur Leitung der unterworfenen Gesellschaft, eine objektive kausalose Regelung der gesellschaftsinternen Verhältnisse darstellt, entfällt bei ihr auch die aus der causa eines Verpflichtungsgeschäftes sich ergebende Schranke des Weisungsrechtes. Die

Schranken und Grenzen der Leitungsmacht sind daher als Schranken und Grenzen der Zuständigkeit der Konzernleitung im Gesetz zu bestimmen. Dieses ist für die Leitungsmacht in den §§ 275, 283 Abs. 1 E geschehen. Hiernach können bindende Weisungen der Konzernspitze, falls sie die unterworfene Gesellschaft schädigen, nur dann erteilt werden, wenn sie *schutzwürdigen* Interessen des Konzerns oder eines anderen konzernzugehörenden Unternehmens dienen. Für die Einhaltung dieser Schranke bleibt der Vorstand und der Aufsichtsrat der unterworfenen Gesellschaft seiner Gesellschaft gegenüber verantwortlich. Wiewohl demnach Vorstand und Aufsichtsrat der unterworfenen Gesellschaft an die Weisungen der Konzernspitze gebunden sind, bleibt ihre aktienrechtliche Stellung und Verantwortung unverändert bestehen; modifiziert wird allein der *Inhalt* ihrer Aufgaben und Pflichten. Waren sie bisher ihrer Gesellschaft gegenüber verpflichtet, den statutarischen Gegenstand des Unternehmens mit ihrer Geschäftsführung zu vollziehen, so tritt nunmehr durch den Unterwerfungsvertrag auch die Verpflichtung hinzu, die im Rahmen der Zuständigkeit (§ 283 Abs. 1 E) erteilten Weisungen der Konzernspitze zu befolgen, die ihrer Rechtsnatur nach dem statutarischen Gegenstand des Unternehmens gleichstehen. Es wäre daher verfehlt, die Leitungsmacht der Konzernspitze etwa dadurch begründen zu wollen, daß bei abhängigen Gesellschaften der Vorstand statutarisch an die Weisungen des Aufsichtsrats soll gebunden werden können.

Wenn also nach dem Gesagten die Konzernspitze solchermaßen eine Zuständigkeit zur Leitung der ihr unterworfenen Gesellschaft erlangt, ohne damit selbst zum Organ der abhängigen Gesellschaft zu werden, so ist ihr zum anderen bei Ausübung dieser Macht eine organgleiche Verantwortlichkeit aufzuerlegen. Auch dieses wird durch § 283 E bewirkt.

Wird nun, wie oben dargelegt, bei Abschluß des Unterwerfungsvertrages durch Wiedereinführung des in § 252 HGB enthaltenen Stimmrechtsverbotes der herrschenden Gesellschaft der Schutz der konzernfreien Aktionäre verstärkt, dann kann auch von der Regelung der *Abfindung* gemäß § 281 E abgesehen werden.

Neben dem die *Leitungsmacht* der Konzernspitze begründenden Unterwerfungsvertrag ist bei Konzernen auch das Bedürfnis anzuerkennen, die *Vermögen* der einzelnen Konzerngesellschaften trotz Aufrechterhaltung der rechtlichen Selbständigkeit (Rechtsfähigkeit) derselben als eine Vermögenseinheit zusammenzufassen, sei es zu dem Zwecke, bei den Untergesellschaften die Möglichkeit der Erzielung eines eigenen Gewinnes auszuschalten (Organschaft), oder sei es zu dem Zwecke, der Konzernspitze das freie Verfügungsrecht auch über das Gesamtvermögen der Konzernmitglieder zu verschaffen (Substanzkoppelung).

Dieses sind die in § 270 Nr. 2 E genannten Verträge. Auch sie sind Organisationsverträge der dargestellten Art und *nur* als solche, nicht dagegen als obligatorische Verpflichtungsgeschäfte erfaßbar und mit dem Aktienrecht vereinbar. Sie bewirken eine Spaltung und Aufteilung der Kompetenz der Untergesellschaft als Eigentümerin ihres Vermögens insofern, als die in ihr erzielten Überschüsse ipso iure nicht ihrer Disposition, sondern derjenigen der Konzernspitze unterstehen oder als die Konzernspitze die selbständige Verfügungsmacht nicht nur in bezug auf die Überschüsse, sondern auf das Vermögen der abhängigen Gesellschaft im ganzen erlangt. Da auch hier die Verfügungsmacht nichts anderes als eine kausalose objektive Zuständigkeitsregelung darstellt, die eine Beschränkung aus einer zugrunde liegenden causa nicht erfährt, ist es wiederum Aufgabe des Gesetzgebers, die Schranken gesetzlich zu bestimmen. Dieses ist in den §§ 276 bis 279 E geschehen. Von einer kritischen Würdigung der Angemessenheit der einzelnen Vorschriften muß hier abgesehen werden.

Bei den vorstehenden Ausführungen galt es, die rechtliche Natur des Unterwerfungsvertrages und des Organ- bzw. Substanzkoppelungsvertrages und die Gegensätzlichkeit derselben zum kausalen Verpflichtungsgeschäft klarzustellen.

Diese Ausführungen aber sind zugleich ein juristisches *Novum*. Ihre rechtspolitische Rechtfertigung und rechtssystematische Folgerichtigkeit möge durch Diskussion und Kritik auf Probe gestellt werden. Es will indessen scheinen, als sei es diese Rechtsgestaltung, welche den Vorschriften des Entwurfs in den §§ 270ff. zugrundeliegt, weshalb auch die in § 270 E (§ 256 AktGes.) geregelten obligatorischen Verträge als ein aliud herauszunehmen sind. Zum anderen ist nicht zu bestreiten, daß mit Einführung der beiden genannten Organisationsverträge als neues rechtliches Gestaltungsmittel der Gesetzgeber den Konzernbedürfnissen nicht nur in besonderer Weise Rechnung trägt, sondern eine Entwicklung in legale Formen bringt, die durch die Macht des Lebens sich bereits contra legem in der Praxis der Gesellschaften vollzogen hat.

VERSCHIEDENE RECHTSGEBIETE

ZUM PROBLEM RÜCKERSTATTUNGSRECHTLICHER GELDANSPRÜCHE WEGEN ERZWUNGENER VERÄUSSERUNG VON WERTPAPIEREN

Von Heinz Pinner

I

Deutsche, die infolge nationalsozialistischer Verfolgungen von 1933 an zur Auswanderung gezwungen waren, bedurften erheblicher Teile ihres Vermögens zur Zahlung der ihnen auferlegten diskriminatorischen Abgaben (Reichsfluchtsteuer, Judenvermögensabgabe, Golddiskontbankabgabe usw.). Was übrig blieb und nicht zur Bestreitung der Kosten der Auswanderung dienen mußte, wurde nach Möglichkeit zur Erlangung von Transfers benutzt. In vielen, wenn nicht den meisten Fällen reichte das vorhandene Bargeld bzw. Bankguthaben für diese Zahlungen nicht aus. Wertpapiere mußten zur Zahlung herangezogen werden. Das konnte auf zweierlei Weise geschehen. Die Wertpapiere konnten in natura an das Reich bzw. die von ihm bestimmten Stellen abgeliefert werden. Oder die Papiere wurden im Auftrag des Zahlungsverpflichteten durch seine Bank verkauft und der Erlös an das Reich bzw. die von ihm bestimmten Stellen überwiesen. Welcher Weg im Einzelfall gegangen wurde, hing nahezu ausnahmslos vom Zufall ab. Zufall sollte keinen Einfluß auf die Beurteilung der Ansprüche der früheren Eigentümer solcher Wertpapiere haben. Tatsächlich hat jedoch die bisherige höchstrichterliche Rechtsprechung diesem Zufall entscheidende Bedeutung beigemessen.

Sind die Wertpapiere in natura abgeliefert worden, so wird nach einstimmiger Rechtsprechung in der früheren amerikanischen und britischen Zone sowie in Berlin — die Rechtslage in der früheren französischen Zone wird wegen der grundlegenden Abweichung der VO 120 von den Rückerstattungsgesetzen der andern Zonen im Rahmen der vorstehenden Ausführungen nicht behandelt — das Vorliegen eines rückerstattungsrechtlichen Geldanspruchs bejaht.

Der Berechtigte erhält für Aktien den Wiederbeschaffungswert vom 1. April 1956 (BRüG § 16, Abs. 1) und für festverzinsliche Wertpapiere einen DM-Betrag in Höhe von 10% des RM-Betrages der Papiere (BRüG § 20). Für entgangene Dividenden, Zinsen oder sonstige geldwerte Vorteile wird dem Schadensersatzbetrag ein Betrag von 10% bzw. 25% hinzugerechnet (BRüG § 16, Abs. 2 und § 20, Abs. 3).

Sind die Wertpapiere jedoch im Auftrag der zur Auswanderung gezwungenen Person von einer Bank verkauft worden und ist die Zahlung der diskriminatorischen Abgabe bzw. des Transferbetrages aus dem Verkaufserlös erfolgt, dann lehnt die höchstrichterliche Rechtsprechung das Vorliegen eines rückerstattungsrechtlichen Geldanspruchs wegen der Wertpapiere ab. (So ORG Berlin vom 30. 1. 1959 in RzW 1959, 208; ORG Herford vom 30. 6. 1958 in RzW 1958, 349; ORG Nürnberg vom 27. 1. 1958 in RzW 1958, 167 und vom 22. 5. 1958 in RzW 1958, 292).

Das Ergebnis dieser ständigen Rechtsprechung der Obersten Rückerstattungsgerichte, das von einem reinen Zufall abhängt, ist so unbefriedigend, daß eine Nachprüfung geboten erscheint. Hieran kann das Bedenken, das man gegen eine Nachprüfung und ein Aufgeben einer ständigen Rechtsprechung haben kann, im vorliegenden Fall nichts ändern. „Es würde auch die Autorität des höchsten Gerichts nicht beeinträchtigen, wenn einmal ein als nicht richtig erkannter Standpunkt aufgegeben werden würde ... Der Gesichtspunkt der Rechtssicherheit, der Stetigkeit und der Gleichmäßigkeit gilt auf diesem kurzlebigen Rechtsgebiet nur mit starken Vorbehalten.“ Diese Worte von Rechtsanwalt Dr. *Walter Schwarz* in seinem Vortrag vom 12. November 1958 in Frankfurt a. M. „Gesetz und Wirklichkeit“ galten für das Bundesentschädigungsgesetz. Sie sind genau so richtig und wahr für das Rückerstattungsgesetz.

II

Die Obersten Rückerstattungsgerichte haben ihre Rechtsprechung, wie folgt, begründet:

1. *ORG Berlin*: Die grundlegende Entscheidung (ORG/A/123 in Entsch. Slg. 4, 15) datiert vom 26. November 1954. Sie wird darauf gestützt, daß Geld, gleichgültig woher es stammt, gleichgültig wofür es verwandt wird und gleichgültig, ob die Verwendung freiwillig oder unter Zwang erfolgt, kein feststellbares Vermögen i. S.

des Art. 1 REAO sei. Ergänzend wird auf Art. 17 REAO hingewiesen. Dieser Artikel bestimmt, daß Geld, soweit seine Rückerstattung überhaupt in Frage komme, „seiner Identität nach noch feststellbar" sein müsse. Das gleiche soll gelten, wenn es sich nicht um Barzahlung sondern um eine Banküberweisung oder Zahlung durch Scheck handelt.

In der wenige Tage später erlassenen Entscheidung vom 9. Dezember 1954 (ORG/A/139 in Entsch. Slg. 4, 17) wird die Entscheidung ORG/A/123 bestätigt und hinzugefügt, daß die Tatsache, daß das zur Zahlung einer Reichsfluchtsteuer benutzte Geld aus dem Verkauf von Wertpapieren stamme, auf die in bar oder durch Banküberweisung erfolgte Zahlung der Reichsfluchtsteuer keinen Einfluß habe. Es sei daher kein Rückerstattungsanspruch gegeben.

In allen folgenden Entscheidungen (ORG/A/133, Bd. 4, 129; ORG/A/52 u. 53, Bd. 5, 21; ORG/A/166, Bd. 5, 157; ORG/A/336, 102, 140, 104, 118 u. 176, Bd. 5, 243/244; ORG/A/402, Bd. 6, 131; ORG/A/443, Bd. 6, 143; ORG/A/326, 1103, 278, 676, 155, 741 u. 415, Bd. 6, 123/124; ORG/A/423, Bd. 7, 49; ORG/A/268, Bd. 7, 76; ORG/A/441, Bd. 7, 211; ORG/A/249, 816, 507 u. 599, Bd. 7, 224; ORG/A/685 u. 992, Bd. 8, 262; ORG/A/1207, 483, 595 u. 1464, Bd. 9, 274/275; ORG/A/1364, Bd. 10, 64 und ORG/A/1467, RzW 1959, 208) hat ORG Berlin gegenüber allen Einwendungen im wesentlichen lediglich immer wieder auf die ersten grundlegenden Entscheidungen Bezug genommen und damit die Einwendungen zurückgewiesen.

2. *ORG Herford*: Die grundlegenden Entscheidungen des früheren Board of Review (BoR 51/131, RzW 1952, 110 und BoR 50/17, Entsch. Slg. 11, 4/5), denen sich ORGBrZ (SCR 53/753, RzW 1955, 198) angeschlossen hat, beruhen auf denselben Gründen wie die Entscheidungen des ORG Berlin. Ihnen folgt ORG Herford (ORG/II/6, RzW 1956, 100; ORG/II/7, RzW 1956, 167; ORG/II/22, RzW 1956, 351; ORG/II/81, RzW 1957, 306; ORG/II/301, RzW 1958, 293 und ORG/II/222, RzW 1958, 349).

3. *ORG Nürnberg*: In der früheren amerikanischen Zone werden im Gegensatz zu der früheren britischen Zone und zu Berlin Geld und Bankguthaben als feststellbare Vermögensgegenstände angesehen. Ihre Entziehung unterliegt dort also der Rückerstattung. Das ist grundsätzlich bereits von dem früheren Court of Restitution Appeals ausgesprochen worden (Entsch. Nr. 168, Entsch. Slg. II,

741; Nr. 304, III, 865; Nr. 312, IV, 9). ORG Nürnberg ist dieser Ansicht gefolgt (ORG/III/554, Entsch. Slg. VI, 311; ORG/III/636, RzW 1958, 213 und ORG/III/667 vom 23. 4. 1959).

Der rückerstattungsrechtliche Geldanspruch wegen zwangsweise verkaufter Wertpapiere wird auch vom Board of Restitution Appeals und vom ORG Nürnberg abgelehnt. Die Ablehnung wird damit begründet, daß das Reich an den Wertpapieren nie die Eigentümerstellung erlangt habe. Dies aber wäre Voraussetzung für eine rückerstattungsrechtliche Verbindlichkeit des Reichs (Board of Restitution Appeals Entsch. Nr. 467, Entsch. Slg. V, 382; ORG Nürnberg ORG/III/583, Entsch. Slg. VII, 36; ORG/III/591, VII, 70; ORG/III/601, VII, 104; ORG/III/608, VII, 135; ORG/III/609, VII, 137; ORG/III/614, VII, 160; ORG/III/615, VII, 162; ORG/III/634, RzW 1958, 167 und ORG/III/650, RzW 1958, 22).

III

Die große Zahl der vorstehend angeführten Entscheidungen sämtlicher Oberster Rückerstattungsgerichte sowie die Tatsache, daß diese sich bis in die jüngste Gegenwart erstrecken, zeigt, daß diese Rechtsprechung noch nicht als eine endgültige Erledigung der Streitfrage angesehen worden ist. Die Obersten Rückerstattungsgerichte haben zwar starr an ihrer ursprünglichen Ansicht festgehalten, sie haben sich aber nahezu ausnahmslos nicht die Mühe gemacht, sich mit den dagegen erhobenen Einwendungen auseinanderzusetzen. Im wesentlichen haben sie sich lediglich immer wieder auf die ersten und grundlegenden Entscheidungen bezogen. Im folgenden sollen nun die Einwendungen, die gegen diese Rechtsprechung erhoben worden bzw. zu erheben sind, untersucht werden. Es soll geprüft werden, ob sie wirklich so unerheblich sind, daß sie mit einem Hinweis auf die alten Entscheidungen als widerlegt angesehen werden können oder ob sie so erheblich sind, daß sie noch heute zu einer Änderung der Rechtsprechung führen sollten.

IV

ORG Herford und ORG Berlin stehen mit der Ablehnung rückerstattlicher Geldansprüche bei Barzahlung, Banküberweisung oder Zahlung durch Scheck im Gegensatz zu ORG Nürnberg. Der Grund wird in der Verschiedenheit der Rückerstattungsgesetze erblickt, insbesondere der Abweichung der Art. 16 BrREG und 17 REAO von Art. 20 AmREG. ORG Herford und ORG Berlin stützen sich in erster Linie darauf, daß es an einem „feststellbaren Vermögensgegenstand“ fehle. Was unter „feststellbaren Vermögensgegenständen“ zu verstehen ist, ist Gegenstand zahlreicher Diskussionen in Literatur und Judikatur gewesen. Die Ansichten über „feststellbare Vermögensgegenstände“ haben stark geschwankt. Die Abgrenzung von „feststellbaren“ und von andern Vermögensgegenständen, mit andern Worten von Rückerstattung und Entschädigung hat wiederholt gewechselt. ORG Nürnberg hat in einer kürzlich erlassenen Entscheidung vom 23. 4. 1959 (ORG/III/667) Feststellungen getroffen, die bisher noch nicht getroffen waren. ORG Nürnberg führt in dieser Entscheidung u. a. folgendes aus:

„Die Verwendung des Ausdrucks ‚Feststellbare Vermögensgegenstände‘ hat viel Verwirrung gestiftet. Sie hat für alle mit dem Gesetz befaßten Gerichte zu ständigen, störenden und verwirrenden Problemen geführt. Dabei besteht kein Grund zu der Annahme, daß sich die Väter des Rückerstattungsgesetzes auf eine Art von Eigentum in einem Sinn beziehen wollten, in dem die Begriffe bewegliche und unbewegliche Gegenstände verschiedene Arten von Eigentum bezeichnen.“

Zu einer Klärung dieser Sache tragen Unterlagen bei, auf die unsere Aufmerksamkeit vor kurzem gelenkt worden ist. Sie stellen eine starke Stütze für die vernunftgemäße Anschauung dar, daß das Wort „feststellbar“, als es in einem frühen Entwurf des Rückerstattungsgesetzes zum ersten Mal verwendet wurde, lediglich klarstellen sollte, daß das Gesetz in seinem damaligen Entwurfsstadium nur solche Vermögensgegenstände umfassen sollte, die im Zeitpunkt der Anmeldung des Anspruchs noch vorhanden waren, von denen ermittelt war, wo sie sich befanden und die ihrer Identität nach festgestellt waren. Diese frühe Fassung des Rückerstattungsgesetzes ähnelt der Verordnung Nr. 120, die später in der früheren französischen Zone erlassen worden ist, und die vorstehende Auffassung ist die gleiche wie die, welche von den zuständigen Gerichten, die mit der Auslegung der französischen Gesetzgebung befaßt sind, gegeben worden ist.

Bevor das Gesetz in der früheren amerikanischen Zone erlassen worden ist, sind die Entwürfe vielen bedeutenden Änderungen unterzogen worden, so sind u. a. Bestimmungen in das Gesetz aufgenommen worden, die bei Verlust oder Verschlechterung entzogener Vermögensgegenstände eine Zubilligung von Schadensersatz gestatten. Damit hatte aber der einzige Grund die Einfügung des Wortes „feststellbar“ zu bestehen aufgehört. Unglücklicherweise ist das Wort aber im Gesetz verblieben.

Aus dem Vorstehenden wird offenbar, daß der Ausdruck „feststellbare Vermögensgegenstände“ nichts anderes bedeutet als das Wort „Vermögensgegenstände“ für sich allein. Bei der Auslegung der Rückerstattungsgesetze in der früheren amerikanischen und der früheren britischen Zone sowie in den Westsektoren Berlins hat der Ausdruck stets eine weite Interpretation erfahren, und die mit dem Wort „feststellbar“ verbundene Einschränkung hat in keinem Fall, in dem der Gegenstand des Anspruchs zu Recht als „Vermögensgegenstand“ bezeichnet werden konnte, zu einer Versagung des Rechts auf Rückerstattung geführt. Die einzige Ausnahme besteht bei Geld, wobei der Anspruch angesichts der besonderen Bestimmungen des britischen und des Berliner Gesetzes, die sich mit Geld befassen, immer dann zurückgewiesen worden ist, wo das Geld im Zeitpunkt des Rückerstattungsbegehrens „seiner Identität nach (nicht) feststellbar war.“

Diese Feststellung des ORG Nürnberg, die es auf Grund von in alten Akten des Court of Restitution Appeals bzw. des durch die Ausführungsverordnung Nr. 4 zum Gesetz Nr. 59 der Militärregierung vom 10. August 1948 errichteten Board of Review getroffen hat, läßt das ganze Problem in einem neuen Licht erscheinen. Offensichtlich ist das Wort „feststellbar“ im AmREG nur infolge eines Versehens stehen geblieben. Nachdem das endgültige Gesetz im Gegensatz zu früheren Entwürfen nicht nur Rückgabe in Natur, sondern auch Schadensersatz bei Verlust und Verschlechterung vorsah, war das Wort „feststellbar“ nicht länger am Platz und hätte entfernt werden sollen. Wenn die späteren Gesetze in der früheren britischen Zone und in Berlin trotz gewisser grundsätzlicher und wesentlicher Abweichungen sich das Gesetz der früheren amerikanischen Zone zum Vorbild nahmen (so *Godin*, Art. 1 BrREG, Anm. 1), und hierbei den Begriff „feststellbare Vermögensgegenstände“ übernahmen, so gelten die Ausführungen des ORG Nürnberg auch für sie. Damit verliert das Wort „feststellbar“ seine Bedeutung auch für den Bereich des BrREG und der REAO.

Nun haben allerdings, worauf auch ORG Nürnberg hinweist, BrREG und REAO die Sonderbestimmung des Art. 16 bzw. 17, wonach Geld, um rückerstattungsfähig zu sein, „seiner Identität nach noch feststellbar" sein muß. Es ist somit zu untersuchen, ob und welche Bedeutung diese Bestimmung hat, wenn man davon ausgehen muß, daß das Wort „feststellbar" keine Bedeutung mehr hat. Soweit es sich um den seltenen Fall der Barzahlung diskriminatorischer Abgaben oder für Transfers handelt, ist die Frage im Rahmen der vorstehenden Untersuchung, die sich mit Banküberweisungen und Scheckzahlungen befaßt, ohne Bedeutung. Immerhin sei so viel gesagt, daß bei Barzahlung, d. h. also bei der Hingabe von Münzen oder Banknoten es wohl auch bei Bedeutungslosigkeit des Wortes „feststellbar" im Hinblick auf die hinzugefügten Worte „seiner Identität nach noch" dabei verbleiben muß, daß keine rückerstattungsrechtlichen Ansprüche gegeben sind. Anders liegt es aber in dem Regelfall, daß Zahlung durch Banküberweisung erfolgt ist. In ihren grundlegenden Entscheidungen haben ORG Herford und ORG Berlin Barzahlung und Banküberweisung gleichgestellt. In ihren späteren Entscheidungen haben sie sich immer wieder auf diese Gleichstellung bezogen. Die Gleichstellung wurde damit begründet, daß ein Bankguthaben zwar ein feststellbarer Vermögensgegenstand sei (so OLG Köln, RzW 1952, 112), daß aber bei Banküberweisungen im Gegensatz zu einer Beschlagnahme eines Bankkontos kein feststellbarer Vermögensgegenstand entzogen würde. Es kann dahingestellt bleiben, ob diese Ansicht je richtig gewesen ist oder ob nicht Geld und Bankguthaben nie gleichzustellen waren. Wenn aber nun das Wort „feststellbar" seiner Bedeutung entkleidet bzw. beseitigt ist, dann bleibt nur „Vermögensgegenstand" übrig. Daß ein Bankguthaben ein „Vermögensgegenstand" ist, kann nicht verneint werden. Ebensowenig kann verneint werden, daß eine Banküberweisung zur Zahlung diskriminatorischer Abgaben oder für Transfers, die unter Druck der aufgezwungenen Auswanderung erfolgt, eine Entziehung darstellt und zwar eine solche durch das Reich. Es ist gewiß richtig, daß eine Banküberweisung, wie dies in den Entscheidungen des ORG Herford und des ORG Berlins ausgeführt ist, juristisch nicht die Abtretung einer Forderung gegen die Bank an das Reich darstellt. Der Zahlungspflichtige als Gläubiger weist die Bank, seinen Schuldner an, eine Zahlung auf das Konto des Reichs oder einer vom Reich bestimmten Stelle zu leisten. Durch die Überweisung seitens der Bank erlischt die Forderung des Zahlungspflichtigen gegen die Bank und das Reich erwirbt eine Forderung gegen seine Bank in der gleichen Höhe. Rein rechtlich betrachtet erwirbt also das Reich die Forderung des Zahlungspflichtigen nicht, es entzieht sie nicht. Wirtschaftlich gesehen ist es aber nichts anderes als gerade dies. Wirtschaftlich macht es keinen Unterschied, ob das Reich das Bankguthaben beschlagnahmt oder ob es den Zahlungspflichtigen zwingt, seiner Bank einen Überweisungsauftrag zu geben. Dann aber sollte, dann aber muß die Rechtsprechung dem Rechnung tragen. „Die Schnittführung zwischen Wegnahme und Überweisung von Geldguthaben ist gewiß hart und unbefriedigend; denn es kann sehr wohl eingewandt werden, daß die ‚freiwillige' Überweisung unter Drohung einer echten Wegnahme ähnlich sieht." (So *Schwarz* in „Rückerstattung und Entschädigung", Seite 53). Tatsächlich sieht die „freiwillige" Überweisung der Wegnahme nicht nur ähnlich sondern ist mit ihr identisch. Deshalb kann auch der Schlußfolgerung von *Schwarz* a. a. O. „Nichtsdestoweniger werden Härten und Unbilligkeiten im Grenzbereich der Ordnung des Ganzen zuliebe in Kauf genommen werden müssen", mit denen er Banküberweisung der Barzahlung gleichstellt und einen rückerstattungsrechtlichen Anspruch verneint, nicht gefolgt werden. Direkte und indirekte Wegnahme verschieden zu behandeln mag sich bei Haften an dem Wortlaut des Gesetzes halten lassen; dem Sinn und Zweck des Gesetzes entspricht es aber nicht. Ihm gerecht zu werden ist aber Aufgabe der Rechtsprechung.

Verschiedentlich ist angeregt worden, daß es im Interesse einer Vereinheitlichung der Rechtsprechung wünschenswert wäre, wenn ORG Nürnberg seine Ansicht ändern und in Übereinstimmung mit ORG Herford und ORG Berlin Geld sowie Banküberweisungen nicht als feststellbare Vermögensgegenstände ansehen würde (so *Blessin-Wilden* BRueG § 12 Anm. 4; *Schwarz* in RzW 1958, 248; *Alexander* in RzW 1958, 249). Es kann keinem Zweifel unterliegen, daß eine einheitliche Rechtsprechung für das gesamte Geltungsgebiet der Rückerstattungsgesetzgebung erwünscht und zweckmäßig wäre. Daß dies nicht erreicht werden kann, liegt an der Verschiedenheit der einzelnen in den früheren Besatzungszonen erlassenen Gesetze. Ein Versuch, eine Vereinheitlichung auf § 12 BRueG zu stützen, muß an dem sehr beschränkten Geltungsbereich dieser Vorschrift scheitern (ORG Nürnberg vom 23. 4. 1959 — ORG/III/667 —; *Duex* in RzW 1959, 155). Wäre sie zu erreichen, dann wäre es erwünschter, daß sich ORG Herford und ORG Berlin dem ORG Nürnberg anschlössen, als umgekehrt. Das

Ergebnis der Rechtsprechung des ORG Herford und des ORG Berlin ist ein unbefriedigendes, ungerechtes und vom Zufall abhängiges; die Rechtsprechung des ORG Nürnberg wird den Tatsachen, wie sie in den Jahren nach 1933 lagen, und dem Sinn und Zweck des Gesetzes gerecht. Der gegen die Rechtsprechung des ORG Nürnberg u. a. erhobene Einwand, daß bei Aufrechterhaltung dieser Rechtsprechung die zur Befriedigung der Rückerstattungsansprüche zur Verfügung gestellten Mittel — 1,5 Milliarden DM — nicht ausreichen würden, wäre seitens des Reichs besser nie geltend gemacht worden. „Ein Gericht sollte sich nicht davor scheuen, daß das Recht etwas kostet" (Dr. *Adolf Arndt* MdB am 22. 1. 1959 im Bundestag). ORG Nürnberg hat sich davor nicht gescheut und den Einwand würdig und überlegen mit dem Hinweis zurückgewiesen, daß die Bundesbehörden, wenn sie den Wunsch hätten, Ansprüche der vorliegenden Art — Rückerstattung von Geld — voll zu befriedigen, durch nichts daran gehindert seien, die erforderlichen Mittel hierzu zur Verfügung zu stellen (ORG Nürnberg vom 23. 4. 1959 — ORG/III/677).

Was vorstehend in bezug auf Banküberweisungen gesagt ist, gilt in gleicher Weise für Zahlungen durch Scheck.

Danach wäre also auch im Bereich des BrREG und der REAO eine Banküberweisung oder Scheckzahlung zur Bezahlung diskriminatorischer Abgaben oder für Transfers die Entziehung eines feststellbaren Vermögensgegenstandes bzw. eines Vermögengegenstandes, die rückerstattungsrechtliche Geldansprüche auslöst. Ihre Befriedigung unterliegt den Vorschriften der §§ 15—26 BRüG.

V

Nach den vorstehenden Ausführungen würde die Rechtslage in der früheren amerikanischen und britischen Zone sowie in Berlin in bezug auf rückerstattungsrechtliche Geldansprüche der bisher behandelten Art die gleiche sein. Diese Ansprüche wären zu bejahen. Wenn nun der Verfolgte, um die Zahlung leisten zu können, Wertpapiere veräußern mußte, so wird ihm durch die Zubilligung eines rückerstattungsrechtlichen Anspruchs wegen des überwiesenen Betrages nicht der Schaden ersetzt, den er durch den Zwangsverkauf der Wertpapiere erlitten hat. Diesen zu ersetzen haben bisher die drei Senate des ORG abgelehnt. Die Begründung der Ablehnung ist eine gleichlautende: Rückerstattungspflichtig sei nach dem Gesetz ausschließlich ein jetziger oder früherer Inhaber der Eigentümerstellung. Bei einem Verkauf der Wertpapiere durch eine Bank im Auftrage des Verfolgten habe das Reich eine solche Stellung nie erlangt. Daher sei kein rückerstattungsrechtlicher Anspruch gegeben, selbst wenn das Reich durch einen von ihm ausgeübten Zwang den Verlust der Papiere verursacht hätte. Es ist richtig, daß die einschlägigen Bestimmungen der drei Rückerstattungsgesetze — AmREG Art. 30, BrREG Art. 26, Abs. 2 und REAO Art. 27, Abs. 2 — voraussetzen, daß der Pflichtige zu irgend einem Zeitpunkt Inhaber der Eigentümerstellung war. Unbestreitbar ist nun aber, daß das Reich Inhaber der Eigentümerstellung bezüglich des Bankguthabens geworden ist, wenn man in der Zahlung durch Banküberweisung oder durch Scheck eine Entziehung erblickt. Mit Recht weist *Calvelli-Adorno* in RzW 1957, 340ff. darauf hin, daß es sich in den hier behandelten Fällen nicht um Rückerstattung, sondern um Schadensersatz handelt und daß mit der Feststellung der „Person" des im Rückerstattungsverfahren passiv legitimierten noch nichts über den „Umfang" des zu ersetzenden Schadens gesagt sei. „Das Reich haftet zwar immer nur als Entzieher des Reichsmarkguthabens, niemals als Entzieher der Wertpapiere, aber es haftet für den *durch* die Entziehung des Reichsmarkguthabens verursachten Schaden in dem vom Gesetz vorgeschriebenen Umfang". Wenn der Verfolgte durch das Reich zu einer Zahlung gezwungen wurde und, um diese Zahlung leisten zu können, Wertpapiere verkaufen mußte, dann ist der *durch* die Entziehung des Bankguthabens verursachte Schaden nicht nur der Betrag dieses Guthabens sondern darüber hinaus auch der Wert der zwangsweise verkauften Wertpapiere. Oberlandesgerichte wie OLG Frankfurt und OLG München haben Wege gesucht und gefunden, um gegenüber dem Haften am Wortlaut des Gesetzes dessen Sinn und Zweck gerecht zu werden. OLG Frankfurt hat in seinen Entscheidungen vom 1. 11. 1955 (2 W 154/55), 17. 8. 1955 (2 W 68/55), 20. 12. 1955 (2 W 163/55 R), 29. 11. 1955 (2 W 149/55 R), 2. 10. 1956 (2 W 75/56 R) und 30. 10. 1956 (2 W 83/56 R) darauf hingewiesen, daß das Reich als Entzieher des Bankguthabens auch für den mittelbaren Schaden durch Verlust der Wertpapiere zu haften habe, auch wenn es an diesen nie die Eigentümerstellung gehabt habe. OLG München hat seine Entscheidungen vom 17. 4. 1956 (Wi 38/54) und vom 12. 12. 1956 (Wi 99/55) sowohl mit denselben Erwägungen als auch damit begründet, daß der

Eigentümerstellung eine Anmaßung der Eigentümerstellung gleichzustellen sei. Diese sei insbesondere dann anzunehmen, wenn das Reich den Verfolgten subjektiv zur Veräußerung der Wertpapiere tatsächlich gezwungen habe, damit er die diskriminierende Abgabe — dasselbe würde für eine Transferzahlung zu gelten haben — entrichten könne. Hier haben wir zwei Oberlandesgerichte, die richtige, zumindest aber vertretbare Wege gefunden haben, die bisherige formalistische, am Wortlaut haftende, dem Sinn und Zweck des Gesetzes in keiner Weise gerecht werdende Rechtsprechung zu ändern. ORG Nürnberg hat gegenüber allen diesen Entscheidungen abgelehnt, einen der Wege mitzugehen, ist bei seiner Ansicht verblieben und hat die Entscheidungen aufgehoben (Entsch. Slg. Bd. VII, 36, 70, 135, 137, 161, 162 und 104). Die Ausführungen, mit denen ORG Nürnberg die Aufhebung der Entscheidungen des OLG Frankfurt und des OLG München begründet, vermögen nicht zu überzeugen. OLG München hat sich auch mit dieser Ablehnung nicht zufrieden gegeben und seinen gegenteiligen Standpunkt in zwei eingehend begründeten Entscheidungen vom 30. 12. 1957 und 31. 1. 1958 (RzW 1958, 214ff.) aufrechterhalten. „Wenn Instanzgerichte sich nicht mit der Rechtsprechung des höchsten Gerichts abzufinden vermögen, wenn sie bei aller Achtung vor der Autorität des höchsten Gerichts mit dankenswertem Mut an der Entscheidung festhalten, die ihnen ihr rechtliches Gewissen diktiert, dann sollte dies doch zu denken geben“ (so *Walter Schwarz* in seinem oben erwähnten Vortrag vom 12. 11. 1958). Das ORG Nürnberg hat sich leider auch von diesen Ausführungen nicht überzeugen lassen. Es hat allerdings in einem Spezialfall, dem Fall eines sogenannten „Heimeinkaufsvertrages“ den rückerstattungsrechtlichen Anspruch gegen das Reich auch wegen der Wertpapiere anerkannt, betont aber ausdrücklich, daß dies auf den besonderen Umständen des Falles beruhe und daß der Anspruch nicht anerkannt worden wäre, wenn es sich lediglich um den Verkauf von Wertpapieren zum Zweck der Bezahlung diskriminierender Abgaben gehandelt hätte (ORG/III/641, RzW 1958, 251). Wenig später, am 22. 5. 1958 ist die Ablehnung der Ansicht des OLG München erneut bestätigt worden (ORG/III/650, RzW 1958, 292). Und auch die neueste Entscheidung des ORG Nürnberg vom 20. 3. 1959 (ORG/III/664) hat keine Wandlung gebracht.

ORG Berlin hat in einer Entscheidung vom 29. 8. 1958 (RzW 1958, 425) folgendes ausgeführt: „Sodann erfordert der Begriff der

Entziehung nicht, daß der Entziehungsgegenstand selbst direkt in das Vermögen des Entziehers überführt worden sein muß ... Denn es kann unter dem vom Entzieher ausgeübten Verfügungsrecht nicht nur ein solches gemeint sein, daß auf den Entzieher in ‚rechtlicher' Weise, sei es kraft Gesetzes oder Vertrages, übergegangen ist, sondern gerade auch solche Verfügungsrechte, die sich der Entzieher gegen das Gesetz oder ohne Gesetz mittels Verfolgungszwanges und unter diskriminierender Willensbeugung des verfolgten Rechtsinhabers angemaßt hat ... Er (d. h. der Entzieher) haftet, wenn er Verfügungsrechte an dem Entziehungsgegenstand erlangt oder sich angemaßt hat, als Entzieher für den durch seine Verfügung schuldhaft verursachten gänzlichen oder teilweisen Untergang der Sache ohne Rücksicht darauf, wie er den Entziehungsgegenstand seinen Interessen dienstbar gemacht und ob er hierbei den vollen oder gar keinen Gegenwert vereinnahmt hat". Mit dieser Entscheidung schien ORG Berlin den richtigen Weg beschritten zu haben. Man konnte aus ihr die Hoffnung schöpfen, daß das Gericht bei nächster Gelegenheit eindeutig aussprechen würde, daß zwangsweiser Verkauf von Wertpapieren zum Zweck der Zahlung diskriminierender Abgaben oder für Transfers rückerstattungsrechtliche Ansprüche auslöst. Diese Hoffnung hat getrogen, wie die Entscheidung des ORG Berlin vom 30. 1. 1959 (RzW 1959, 208), die solche Ansprüche erneut unter Berufung auf die grundlegenden Entscheidungen und ohne Erwähnung der Entscheidung vom 29. 8. 1958 ablehnt.

In dieser Entscheidung äußert sich ORG Berlin auch, ohne einen Anlaß hierfür anzugeben, wie folgt: „Davon abgesehen drängt sich die Frage auf, ob es der Berechtigte etwa auch für wirtschaftlich gerechtfertigt hält, die seinerzeit wegen der Reichsfluchtsteuer verkauften Vermögensgegenstände in einzelnen Rückerstattungsverfahren von den Erwerbern herauszuverlangen und gleichzeitig zu versuchen, wegen eben dieser Gegenstände auch vom Deutschen Reich einen als Schadensersatz bezeichneten Geldbetrag zu erlangen". Welche Veranlassung für ORG Berlin zu diesen Ausführungen bestand, ist aus den Gründen, soweit sie bekannt geworden sind, nicht zu entnehmen. In keinem Fall aber sollte die Entscheidung der Frage von solchen Erwägungen beeinflußt werden. Es steht objektiv fest, daß selbstverständlich nie ein Anspruch auf doppelten Ersatz bestehen kann. Wenn und soweit auf Grund rückerstattungsrechtlicher Vorschriften ein Rückerstattungsanspruch gegen einzelne Erwerber bzw. Entzieher gegeben und bejaht wird, kann selbstverständlich eine rückerstattungsrechtliche Haftung des Reiches daneben nicht auch noch in Frage kommen. Im Fall der Veräußerung von Wertpapieren wird allerdings in den meisten Fällen kein Anspruch gegen den Erwerber gegeben sein, so daß das Reich allein als Pflichtiger in Frage kommt.

Soweit eine zwangsweise Veräußerung von Wertpapieren zur Zahlung unrechtmäßiger Abgaben erfolgte, ist daher nach den vorstehenden Ausführungen ein rückerstattungsrechtlicher Schadensersatzanspruch gegen das Reich gegeben, sei es mit der Begründung der Haftung für mittelbaren Schaden sei es mit der Begründung der Anmaßung einer Eigentümerstellung. „Es würde doch wohl grob gegen den Geist des USREG verstoßen, wenn man den Alleinschuldigen oder Hauptschuldigen der zwangsweisen Entziehung, die vielleicht auch noch seinen Interessen gedient hat, von der rückerstattungsrechtlichen Haftung freistellen wollte". Diese Worte des OLG München in der Entscheidung vom 31. 1. 1958 (RzW 1958, 215) sehen vom formalistischen ab und treffen sachlich das richtige, das genau so für den Bereich des BrREG und der REAO gilt.

Ist die zwangsweise Veräußerung von Wertpapieren zum Zweck der Beschaffung von Mitteln für einen Transfer erfolgt, dann müssen der Transferverlust und die Entziehung der Wertpapiere scharf von einander getrennt werden. Der Transferverlust als solcher, d. h. der Kursverlust, den der Verfolgte anläßlich der Transferierung erlitten hat, ist kein feststellbarer Vermögensgegenstand, fällt daher nicht unter die Vorschriften der Rückerstattungsgesetze und ist nach BEG zu entschädigen. Neben und getrennt von diesem Transferverlust besteht aber der Schaden, der durch den erzwungenen Verkauf der Wertpapiere entstanden ist. Der BGH hat sich in zwei grundlegenden Entscheidungen vom 22. 11. 1954 und 10. 12. 1955 (RzW 1955, 55 und 1956, 84) mit der rechtlichen Würdigung des Transferverlustes bzw. der hierbei erfolgten zwangsweisen Veräußerung von Wertpapieren befaßt. Im Hinblick auf den Wortlaut der veröffentlichten Leitsätze „Ein Transferverlust, der durch den Verkauf inländischer Wertpapiere gegen ausländische Devisen entsteht, ist kein feststellbarer Vermögensgegenstand" (RzW 1956, 84) bzw. „Ein Transferverlust ist kein feststellbarer Vermögensgegenstand" (RzW 1955, 55) ist verschiedentlich der Eindruck entstanden. als ob der BGH in Fällen des Verkaufs von Wertpapieren zum Zweck eines Transfers die Möglichkeit des Vorliegens eines rückerstattungsrechtlichen Tatbestandes verneint hätte (so *Wilden* RzW 1956, 178). Dieser Eindruck ist unrichtig. In seiner Entscheidung in RzW 1956, 84 bejaht der BGH in den beiden letzten Absätzen ausdrücklich die Möglichkeit des Vorliegens von rückerstattungsrechtlichen Ansprüchen bei einem Verkauf von Wertpapieren für Transferzwecke. In seiner Anmerkung zu der Entscheidung des BGH in RzW 1955, 55 weist *Schwarz* (RzW 1955, 56) mit Recht darauf hin, daß es für diese Entscheidung lediglich darauf ankam, ob Entschädigungsansprüche gegeben seien, so daß die Frage, ob der Vorgang etwa auch rückerstattungsrechtliche Ansprüche auslösen könne bzw. ausgelöst hätte, gar nicht zu erörtern war. Das Vorliegen eines Entschädigungsanspruchs im Fall eines Transfers, für den die Mittel zwangsweise durch Verkauf von Wertpapieren geschaffen werden mußten, schließt also in keiner Weise die Möglichkeit von rückerstattungsrechtlichen Ansprüchen wegen der Wertpapiere aus. Bejaht man, daß bei einem mit Hilfe des Verkaufs von Wertpapieren vorgenommenen Transfer sowohl Entschädigungsansprüche als rückerstattungsrechtliche Ansprüche vorliegen können, dann ist die Rechtslage in bezug auf die für einen Transfer verkauften Wertpapiere keine andere als die bei zum Zweck der Bezahlung diskriminierender Abgaben verkaufter. Auch hier sei nochmals hervorgehoben, daß selbstverständlich eine Doppelbefriedigung nicht in Frage kommen kann. Hierfür ist sowohl durch § 9 BEG als auch durch § 25 BRüG Vorsorge getroffen (*Van-Damm-Loos* § 56 Anm. 12d; *Blessin-Wilden,* BEG § 56, Anm. 32).

In der bisherigen Literatur ist die Verneinung rückerstattungsrechtlicher Ansprüche in Fällen der hier behandelten Art im wesentlichen mißbilligt worden. So sagen:

a) *Wilden* in RzW 1956, 178: „Wesentlich ist vielmehr, daß der Verfolgte für den Erwerb der Devisen Wertpapiere hingegeben hat, sei es nun, daß er diese Papiere gegen Reichsmark verkauft und den Erlös zum Erwerb der Devisen verwendet oder sei es auch, daß er die Wertpapiere unmittelbar gegen Devisen eingetauscht hat. In beiden Fällen bedeutet die Hingabe der Wertpapiere eine Entziehung im Sinne der Rückerstattungsgesetze . . ."

b) *Blessin-Wilden,* BEG § 56 Anm. 32: „Häufig wurden aber Wertpapiere nicht unmittelbar an die Dego abgeliefert, sondern entsprechend dem Runderlaß des RWM vom 4. 2. 1939—IV 22—/39 C XI— an die Preußische Staatsbank (Seehandlung) abgeführt, die sie verkaufte und den vollen Erlös an die Dego zahlte, oder die depothaltende Bank veräußerte die Wertpapiere und überwies der Dego den Erlös ... Es kann keinen Unterschied machen, ob für die hingegebenen Wertpapiere oder erst nach ihrem Verkauf für den Erlös die Devisen zugeteilt wurden ... In der Hingabe der Wertpapiere, durch deren Veräußerung sich der Verfolgte die Mittel zum Ankauf der Devisen beschaffte, ist daher die Entziehung eines feststellbaren Vermögensgegenstandes zu sehen, dessen Schaden im Rückerstattungsrecht auszugleichen ist".

c) *Van Damm-Loos*, § 56 Anm. 12: „Meistens wurden die Papiere durch die Bank des Verfolgten zum Tageskurs verkauft oder an die Preußische Staatsbank (Seehandlung) ausgeliefert und der Erlös an die Dego überwiesen ... Die Hingabe der Wertpapiere ist zwar in beiden Fällen eine Entziehung durch Rechtsgeschäft ... Die vorstehend aufgeführten Grundsätze gelten auch für den Fall, daß der Verfolgte selbst Vermögensgegenstände veräußert und den Erlös transferiert hat".

d) *Blessin-Wilden*, BRüG Einleitung, Anm. 32: Wenn ein feststellbarer Vermögensgegenstand veräußert und der Erlös transferiert wurde, so liegt immer ein rückerstattungsrechtlich zu beurteilender Sachverhalt vor".

e) *Calvelli-Adorno* in RzW 1957, 342: „Die sogenannte Judenvermögensabgabe ist in vielen Fällen durch Hingabe von Wertpapieren an die Preußische Staatsbank beglichen worden; nicht selten wurde von denselben Verfolgten ein Teilbetrag der Abgabe auf diesem Weg, ein anderer Teil durch Reichsmarkzahlung beglichen, der letztere oft nach unvermeidlicher Veräußerung von Wertpapieren. Kein Verfolgter wird es verstehen, warum er (wie unstreitig) bezüglich des erstgenannten Teilbetrages Wertersatz für die genannten Papiere, bezüglich des letzteren nur für den Reichsmarkbetrag erhalten sollte."

Den hier zitierten Ansichten der führenden Kenner und Kommentatoren der Entschädigungs- und Rückerstattungsgesetzgebung haben die Obersten Rückerstattungsgerichte keinerlei Beachtung geschenkt. Unter Berufung auf ihre ersten grundsätzlichen Entscheidungen haben sie wieder und immer wieder die gegen sie gerichteten Angriffe zurückgewiesen. Sie haben sich dabei auf den Wortlaut der Gesetze berufen. Den Sinn und Zweck der

Gesetze, Rückerstattung in größtmöglichem Umfang zu bewirken, haben sie außer Betracht gelassen. Wenn sie geglaubt haben sollten, so handeln zu müssen, weil der nach ihrer Ansicht unzweideutige Wortlaut der Gesetze keine Abweichung zuließe, so seien sie auf die von *Küster* in RzW 1958, 210f zitierten wirklichkeitsnahen Ausführungen des BGH vom 29. 1. 1957 (NJW 1957, 949) verwiesen: „Es ist der Revision beizupflichten, daß die Auslegung einer Vorschrift nach Sinn und Zweck auch gegenüber einem anscheinend unzweideutigen Wortlaut nicht ausgeschlossen ist, weil die Worte einer Vorschrift nur der möglicherweise unvollkommene Ausdruck der maßgebenden Gedanken sind". Was der BGH in diesem richtungsweisenden Satz im Hinblick auf die im Jahre 1901, also zu einer Zeit, in der Gesetze und Verordnungen nur nach gründlichster Beratung und sorgfältigster Vorbereitung erlassen wurden, erlassene VO betr. den Verkehr mit Arzneimitteln sagt, muß in vielfach verstärktem Maß für die Rückerstattungsgesetze, die unter den ungünstigsten gesetzgeberischen Voraussetzungen erlassen worden sind, gelten. Auf einem so umkämpften und schwierigen Gebiet sollte auch eine weitere richtungweisende Formulierung beachtet werden, wie sie das OVG Berlin in seiner Entscheidung vom 10. 11. 1954 (RzW 1955, 117) gefunden hat: „Er — d. h. der erkennende Senat — war aber der Auffassung, daß nur eine großzügige Auslegung des Begriffs ... dem Sinn und Zweck des Gesetzes entspricht und daher den Vorzug vor jeder anderen Auslegung verdient, welche die Wiedergutmachung erschweren oder zunichte machen würde".

VI

Die vorstehenden Ausführungen zeigen, daß rückerstattungsrechtliche Ansprüche wegen des Wertes von Wertpapieren, die zwangsweise zur Bezahlung diskriminierender Abgaben oder für Transfers verkauft werden mußten, gegeben sind und daß die bisher ständige Rechtsprechung der Obersten Rückerstattungsgerichte, die die Haftung des Reichs verneinten, nicht aufrecht erhalten werden sollte. Auch wenn diese ständige Rechtsprechung über eine Reihe von Jahren ergangen ist, ist es noch nicht zu spät, eine am Wortlaut haftende, auf Zufälligkeiten abgestellte Rechtsprechung dahin zu ändern, daß sie von nun an dem Willen des Gesetzgebers und dem Sinn und Zweck der Gesetze gerecht wird.

Etwaige Bedenken der Obersten Rückerstattungsgerichte gegen ein Abgehen von einer als ständig angesehenen Rechtsprechung können nicht besser widerlegt werden als durch die mutigen und überlegenen Worte des früheren Board of Restitution Appeals in seiner Entscheidung vom 4. 5. 1955 (Entsch.Slg. V, 387ff.), mit denen er das Abgehen von seiner eigenen früheren, nunmehr für falsch erkannten Ansicht, wie folgt, begründet:

„Sicherlich kann dieses Gericht seine eigenen, einmal festgelegten Auslegungen einfach dadurch dauernd beibehalten, daß sie in allen neuen Fällen bei Einlegung von Rechtsmitteln ungeachtet irgendwelcher Abweichungen der Vorinstanzen zum Ausdruck gebracht werden. Aber ein solches Verfahren wäre willkürlich und würde eine starke Dissonanz in einem Programm hervorbringen, welches, um erfolgreich zu sein, in größtmöglichem Maß harmonisch sein muß . . . Da ihm — d. h. dem Court of Restitution Appeals — in der früheren Rechtsprechung des Court of Restitution Appeals ein grundlegender Irrtum erkennbar ist, kann es die dort festgelegten Auslegungen nicht mehr beibehalten . . .

Es soll eingeräumt werden, daß es wünschenswert ist, von den rechtlichen Gesichtspunkten, die durch eine lange Reihe von Vorentscheidungen festgelegt sind, nicht abzugehen, es sei denn daß zwingende Gründe vorliegen. Die Übung derartigen Präzedenzfällen zu folgen, hat die Tendenz, die Waage der Gerechtigkeit im Gleichgewicht zu halten, während eine Abkehr von dieser Übung mit der Auffassung jedes neuen Richters zu einer andern Einstellung der Waage führen kann. Die Bedeutung des stare decisis hängt jedoch weitgehend von der Natur der entschiedenen Fragen ab. Wenn sich ergangene Entscheidungen auf Form von Rechtsgeschäften bezogen haben und allgemeine Rechtsgeschäfte unmittelbar betreffen, so wird die Bedeutung der Beibehaltung einer konstanten Rechtsprechung offensichtlich. Kein Gericht hat die Freiheit, eine aufgestellte Regel zu ändern, wenn eine solche Änderung alles umstoßen würde, was in der in einem früheren Fall festgelegten Form geschehen ist. In dem derzeitigen Bereich der Rechtsprechung sind jedoch keine neuen Rechtsgeschäfte unter Berufung auf frühere Entscheidungen dieses Gerichts abgeschlossen worden . . . Die Rechtsgeschäfte oder Handlungen, die die Ansprüche gegen die verschiedenen Gemeinden begründeten, haben alle lange vor Erlaß des REG stattgefunden. Welche Rechte oder Verpflichtungen auch immer aus diesen Ereignissen folgen, sie blieben unwiderruflich festgelegt ... Der Entschluß, einer derartigen Entscheidung nicht zu folgen, ist demnach keine erhebliche Abkehr von dem Grundsatz des stare decisis ...

Dieses Gericht hat nicht ohne gebührende Rücksicht auf das Bedürfnis der Erhaltung der Zuverlässigkeit, der Beständigkeit und des Gleichmaßes seiner Rechtswissenschaft gehandelt. Es weicht von den früheren Entscheidungen nur deswegen ab, weil dies im Interesse der Wiederherstellung klarer und augenfälliger Rechtsgrundsätze notwendig ist".

Diese von hoher Warte gesprochenen, von tiefstem Verantwortungsbewußtsein für die Wahrung des Rechts getragenen Worte sollten beim ORG Nürnberg, ORG Herford und ORG Berlin nicht ungehört verhallen und ihnen den Weg zeigen, dem Willen des Gesetzgebers unter Aufgabe der bisherigen Rechtsprechung Rechnung zu tragen.

ZUR RECHTSNATUR DES ORDERLAGERSCHEINES

Von Rolf Serick

I. Das Problem

1. Rechtslage im deutschen Recht

Der Bundesgerichtshof hat vor kurzem zu der Frage Stellung genommen, inwieweit die Übertragung eines indossierten Orderlagerscheines (durch Einigung und Übergabe) auf die Eigentumsverhältnisse am eingelagerten Gut einwirkt[1]. Das Urteil verdient besonderes Interesse, weil bisher eine höchstrichterliche Entscheidung zu dem Problem, ob das Eigentum an der Ware stets dem Eigentum am indossierten Orderlagerschein folgt, gefehlt hat. Über folgenden Sachverhalt war zu befinden: ein Sicherungsnehmer veranlaßte einen Sicherungsgeber, an dessen Vertragstreue er Zweifel hegte, Vorbehaltswaren, die der Sicherungsgeber als freies, unbelastetes Eigentum zur Sicherungsübertragung anbot, zunächst einzulagern und ihm dann einen Orderlagerschein zu übereignen. Der Sicherungsnehmer wurde Eigentümer des indossierten Papiers; die Parteien stritten darüber, ob damit auch zwingend das Eigentum an den Waren übergegangen ist. Der Bundesgerichtshof führte aus, die Übergabe eines indossierten Orderlagerscheines habe lediglich dieselben Rechtswirkungen wie die Übergabe der eingelagerten Ware; der Eigentumserwerb am Papier habe nicht stets den Eigentumserwerb an der Ware zur Folge. Er ist damit der heute h. L. gefolgt, wobei freilich schon hier gesagt werden muß, daß die führenden Kommentare unser Problem: geht Eigentumserwerb am Gut und am Papier immer Hand in Hand? als „höchst streitig" bezeichnen[2].

[1] Vgl. BGH 19. 6. 1958, NJW 1958, 1485 = BB 1958, 723 = LM § 365 HGB Nr. 1 (Blatt 938) = DB 1958, 834 = KTS 1958, 151.

[2] Vgl. *v. Godin*, Kommentar zum HGB 2. Aufl. (1956) § 365, 10 S. 444; ebenso RGR-Kommentar zum HGB (1941) (*Gadow*) § 365, 10 S. 407; *Staub-Gadow*, Kommentar zum HGB (1933) § 365, 10 S. 389.

Eine Bestandsaufnahme ergibt im einzelnen: In der Wissenschaft wird, wie gesagt, überwiegend die Ansicht vertreten, daß das Eigentum an der Ware nicht zwingend dem Eigentum am Papier folgt[3]. Diese Auffassung ist von *Ernst Heymann* mit seinem im Jahre 1905 erschienenen Aufsatz über „Die dingliche Wirkung der handelsrechtlichen Traditionspapiere (Konnossement, Ladeschein, Lagerschein)"[4] zum ersten Male für das bürgerliche Recht wissenschaftlich fundiert worden. Zu Beginn dieses Jahrhunderts war noch der sogenannte „Parallelismus" herrschend, der besagt: Das Recht am Gut folgt stets dem Recht am Papier[5]. In neuerer Zeit wird der Parallelismus insbesondere wieder von *Duden* vertreten[6], aber auch andere Autoren lassen diese These anklingen[7].

2. Ausblick auf Auslandsrecht

Da im deutschen Recht eine eindeutige gesetzliche Lösung fehlt, sollte bei der Entscheidung, welcher Ansicht der Vorzug zu geben ist, die Einstellung anderer Rechte nicht unbeachtet bleiben. Gerade beim Lagerschein handelt es sich um ein Rechtsinstitut, das

---

[3] Vgl. dazu *Schlegelberger-Hefermehl*, Handelsgesetzbuch III (1956) § 366, 42 S. 1588; *Schlegelberger-Schröder*, Handelsgesetzbuch IV (1957) § 424, 6 S. 2275; *v. Godin*, a. a. O.; RGR-Komm. z. HGB (1941) (*Gadow*) § 365, 10 S. 407; *Ulmer*, Das Recht der Wertpapiere (1938) 26; *Staub-Gadow* a. a. O.; *Müller-Erzbach*, Deutsches Handelsrecht (1928) 540; *Jacobi*, Die Wertpapiere, in: Ehrenberg, Handbuch des gesamten Handelsrechts IV/1 (1917) 553 und *M. Wolff*, Die Gegenstände des Handelsrechts (ebenda) IV/1 S. 70; *Ritter*, Kommentar zum HGB (1932) 2. Aufl. § 366, 10b S. 510.

[4] In: Festgabe für *Felix Dahn* (1905) III, 133 (230ff.).

[5] *Staub*, Kommentar zum HGB (6. und 7. Aufl. 1900) § 365, 10 S. 1165; *Wimpfheimer*, Der Lagerschein nach deutschem Recht (1903) 37f.; *Brütt*, Die abstrakte Forderung nach deutschem Reichsrecht (1908) 299 (für Konnossemente); *Strohal*, Der Sachbesitz nach dem BGB, Jherings Jahrbücher für die Dogmatik des bürgerlichen Rechts 38 (1898) 1 (96); *Burchard*, Das Lagergeschäft auf Grund des Handelsgesetzbuches vom 10. 5. 1897 und des Bürgerlichen Gesetzbuchs für das deutsche Reich, Zeitschrift für Eisenbahnrecht 16 (1899) 359 (362f.); für die Zeit vor Inkrafttreten des Handelsgesetzbuchs vgl. *Goldschmidt*, Handbuch des Handelsrechts I/2 (1868) 825; RG 2. 2. 1881, RGZ 4, 145f. (für Orderkonnossemente).

[6] Vgl. *Baumbach-Duden*, Handelsgesetzbuch 13. Aufl. (1959) § 424, 3 B S. 691f.

[7] Vgl. *Hueck*, Das Recht der Wertpapiere (1957) 13; *Staub-Koenige*, Handelsgesetzbuch IV (1927) § 424, 3 S. 791 meint: „Der gutgläubige Erwerber eines indossablen und indossierten Lagerscheines erwirbt das lastenfreie Eigentum des Gutes". Dazu ferner *Rehfeldt*, Wertpapierrecht (1955) 31.

über die Produktenbörse im internationalen Handel größte Bedeutung hat, in anderen Ländern in entsprechender Form wie im heimischen Recht bekannt ist und wegen der immer weiter voranschreitenden internationalen Verknüpfung des Handels einen eminent übernationalen Gehalt hat. Wertmaßstäbe anderer Rechtsordnungen zur Auslegung gerade solcher Normen des heimischen Rechts heranzuziehen, stellt, wie mehr und mehr anerkannt wird, eine legitime Interpretationsmethode dar[8].

Bei einer auslandsrechtlichen Untersuchung nun lassen sich zunächst zwei strukturell verschiedene Systeme des Lagerscheines feststellen. Das sogenannte „Einscheinsystem", das in Deutschland, aber auch etwa in den USA gilt, kennt nur einen einfachen Lagerschein. Beim „Zweischeinsystem" dient der eine sog. Lagerbesitzschein zur Übereignung der Ware, der andere, der sog. Lagerpfandschein, der Verpfändung. Beispiele für dieses System sind vor allem Frankreich, Belgien, Spanien, Argentinien und Italien[9].

Die auslandsrechtliche Erörterung hat zum Ziel, festzustellen, ob der Erwerb des einen oder (falls vorhanden) des anderen Scheins auch das Eigentum oder ein Pfandrecht an der eingelagerten Ware nach sich zieht. Unter welchen Voraussetzungen aber der Erwerb des Scheines selbst rechtswirksam stattfindet, negativ ausgedrückt, welche Gründe im Einzelfall ihm entgegenstehen könnten (etwa Geschäftsunfähigkeit, mangelnde Vertretungsbefugnis des Lagerscheinveräußerers, Kenntnis des Erwerbers davon, daß der Order-

---

[8] Vgl. hierzu allgemein folgende Aufsätze: *E. Rabel*, Aufgabe und Notwendigkeit der Rechtsvergleichung (1925); *Zweigert*, Die Rechtsvergleichung als universale Interpretationsmethode, RabelsZ 15 (1949/50) S. 5ff.; ferner etwa: *Zweigert*, Die Rechtsvergleichung im Dienste der Rechtsvereinheitlichung, in: Deutsche Landesreferate zum III. Internationalen Kongreß für Rechtsvergleichung in London 1950 (Tübingen 1950) 251ff.; *Roscoe Pound*, What may we expect from comparative law? 22 A.B.A.J. (1936) 56ff.. An Büchern etwa: *P. Arminjon-B. Nolde-M. Wolff*, Traité de droit comparé, (Paris 1950); *A. R. David*, Traité élémentaire de droit civil comparé, (Paris 1950); *F. A, Schnitzer*, Vergleichende Rechtslehre (Basel 1945); an Gerichtsentscheidungen vgl. etwa: Österr. Oberster Gerichtshof 10. 5. 1950, Österr. JZ 1950, 341f.

[9] Vgl. dazu *Vogels*, Lagergeschäft und Lagerschein (Warrant), in: Rechtsvergleichendes Handwörterbuch für das Zivil- und Handelsrecht des In- und Auslandes V (1936) 251 (256); *H. J. Abraham*, Der Lagerschein (1933) 143ff.; *Lamberti*, Der Orderlagerschein (Diss. 1936) 38; *v. Arnswaldt*, Der handelbare Orderlagerschein (Diss. 1930) S. 7.

lagerschein-Inhaber nicht Eigentümer der eingelagerten Ware ist — sie wurde etwa gestohlen und dergl. —), muß weitgehend vernachlässigt werden.

II. Lösungen ausländischer Staaten und der 8. Haager Konferenz

1. Auslandsrecht

Auf Grund der auslandsrechtlichen Analyse unseres Problems zeichnen sich verschiedene Lösungen ab, die sich freilich nicht gleichwertig gegenüberstehen.

a) Lagerschein überträgt Recht am eingelagerten Gut. — In den *Vereinigten Staaten von Amerika* ist zwischen bundesstaatlicher und einzelstaatlicher Gesetzgebung zu unterscheiden. Die Regelung des Lagerscheines fällt in die Kompetenz der Einzelstaaten[10], das heißt, es gibt insoweit kein einheitliches Bundesrecht[11]. Um der unvermeidlichen Rechtszersplitterung entgegenzutreten, wurden im Jahre 1906 zwei "Uniform Acts", der Uniform Warehouse Receipts Act[12] und der Uniform Sales Act[13], unter Beteiligung der maßgeblichen Vertreter der Einzelstaaten abgefaßt und den Gesetzgebern mit der Empfehlung zugeleitet, die Uniform Acts in geltendes einzelstaatliches Recht zu überführen. Beide Gesetze, die sich inhaltlich überschneiden, stellen übereinstimmend gewisse Grundsätze über den Lagerschein auf, insbesondere, daß das Recht am Lagerschein und das Recht an der Ware bei Übertragung des Lagerscheines miteinander verbunden bleiben. Dieses Prinzip erschien den Urhebern dieser Gesetze so wichtig, daß es eine hohe Chance bekommen sollte, in einer Vielzahl von Staaten geltendes Recht zu werden. Denn welches der beiden Gesetze ein Einzelstaat auch annahm — immer hatte er im Verhältnis zu einem anderen, der sich entgegengesetzt entschied, wenigstens ein übereinstimmendes Lagerscheinrecht. Eine gleichförmige einzelstaatliche Gesetz-

---

[10] Vgl. dazu Art. 1 sec. 8 clause 1 i. V. mit clause 3 der amerikanischen Verfassung (abgedr. in United States Code Annotated, Constitution S. 169ff. mit 200ff.).

[11] Zum Verhältnis einzelstaatlicher Rechte zum Federal Law vgl. *Arminjon-Nolde-Wolff*, Traité de droit comparé II (Paris 1950) Nr. 710f. S. 570f.; *Hart*, The Relations between State and Federal Law, 54 Col. L. Rev. (1954) 489ff.

[12] Abgedruckt in 3 Uniform Laws Annotated (im folgenden ULA), S. 1ff.

[13] Abgedruckt in 1 ULA S. 1ff.

gebung auf dem in Frage stehenden Gebiet wurde tatsächlich auch erreicht[14].

Die maßgebende Bestimmung im Warehouse Receipts Act ist nun sec. 41. Sie spricht dem rechtmäßigen Erwerber des Papiers ipso iure die Rechte am eingelagerten Gut zu, wobei ausdrücklich einzelne Modalitäten berücksichtigt werden[15]. Die erwähnte Bestimmung stimmt mit sec. 33 des Uniform Sales Act fast wörtlich überein. Aus den Kommissionsberichten zu beiden Gesetzen ergibt sich eindeutig, daß ihren Verfassern als Leitbild eine Regelung vorschwebte, die den nordamerikanischen Handelsbräuchen am nächsten kommt: Wer Berechtigter des Lagerscheins geworden ist, erlangt damit auch die dingliche Berechtigung am Lagergut selbst[16]. Lehre und Rechtsprechung sind diesem Weg gefolgt; die heute h. M. läßt sich etwa dahin zusammenfassen: "The general rule is that the title to property represented by a warehouse

[14] Zum Geltungsbereich des Warehouse Receipts Act, den fast alle Einzelstaaten zum Gesetz machten, vgl. 3 ULA, Table IV, S. XXV; zum Geltungsbereich des Uniform Sales Act: 1 ULA, Table III, S. XV. Daraus ergibt sich: in Massachusetts und Pennsylvania ist zwar nicht der erstgenannte, wohl aber der zweite Act geltendes Recht geworden.

[15] Zur Erleichterung für den Leser sei es erlaubt, die für den Text wesentlichen Gesetzesstellen ausführlich wiederzugeben. Sec. 41 hat folgenden Wortlaut: "A person to whom a negotiable receipt has been duly negotiated acquires thereby:

(a) Such title to the goods as the person negotiating the receipt to him had or had ability to convey to a purchaser in good faith for value, and also such title to the goods as the depositor or person to whose order the goods were to be delivered by the terms of the receipt had or had ability to convey to a purchaser in good faith for value, and

(b) The direct obligation of the warehouseman to hold possession of the goods for him according to the terms of the receipt as fully as if the warehouseman had contracted directly with him."

[16] Vgl. die Commissioners' Note zu sec. 41 des Uniform Warehouse Receipts Act, 3 ULA § 41, S. 169: "This section follows the mercantile theory of making the negotiable receipt represent not simply the title the person negotiating it had, but also whatever property the depositor had, that being what the receipt represented"; die Commissioners' Note zu sec. 33 des Uniform Sales Act, 1 ULA § 33, S. 401 drückt sich ganz entsprechend aus: "This section follows the custom of merchants.It makes the document represent the depositor's right in the goods, so that a purchaser of the document, if he acquires a good title thereto, acquires not simply the rights of his vendor, but whatever property the original depositor had, that being what the document represented."

receipt may be transferred by a transfer of the receipt"[17]. 1952 wurde ein neuer Uniform Commercial Code fertiggestellt, der das Handelsrecht noch weitergehend als bisher vereinheitlichen, aber auch verbessern soll[18]. Er ist bis jetzt allerdings erst in wenigen Einzelstaaten in Kraft gesetzt worden. Besonderes Interesse verdient die in sec. 7—502 vorgesehene Regelung des Lagerscheines: "A holder to whom a negotiable document of title has been duly negotiated acquires thereby: a) title to the document, b) title to the good"[19].

In der *Schweiz* bestimmt Art. 925 Abs. 1 ZGB: „Werden für Waren, die einem Frachtführer oder einem Lagerhaus übergeben sind, Wertpapiere ausgestellt, die sie vertreten, so gilt die Übertragung einer solchen Urkunde als Übergabe der Ware selbst." Die Lehre interpretiert diese Norm dahin: die rechtswirksame Abtretung des Papiers hat den unmittelbaren Eigentumsübergang zur Folge[20].

In den *nordischen Staaten* wurde durch eine Kommission, der Vertreter von Schweden, Dänemark und Norwegen angehörten, im Rahmen des gemeinsamen Gesetzgebungsprogramms ein Gesetzentwurf über Lagerhäuser und Lagerscheine ausgearbeitet und 1930 den drei Ländern zur Kodifikation unterbreitet[21]. Im däni-

---

[17] 56 American Jurisprudence, Warehouses § 39 S. 341 mit vielen Entscheidungsnachweisen; auch 56 American Jurisprudence, Warehouses § 29 S. 335; an Entscheidungen vgl. etwa: Central State Bank v. McFarlin, 257 Fed. Rep. 535 (537) (1919): "The indorsement of the warehouse certificates to the bank transferred the legal title to the wheat and products which they represented."

[18] Dazu *Ruprecht*, Das Recht des Warenkaufs im amerikanischen Uniform Commercial Code, RabelsZ 19 (1954) 427ff.

[19] Vgl. Uniform Commercial Code 1957 (Official Text with Comments) (Brooklyn 1958) S. 513.

[20] *G. Beeler*, Die Wertpapiere im schweizerischen Recht (Aarau 1937) S. 264: „Diese Urkunden (Konnossement, Ladeschein, Lagerschein und Warrant, Einfügung durch den Verfasser) sind Wertpapiere, die die Waren selbst vertreten. Abtretung des Papiers bewirkt daher Eigentumsübergang an der Ware selbst"; Kommentar zum schweizerischen Zivilgesetzbuch IV 3 (Sachenrecht) (Homberger) (Zürich 1938) Art. 925, 3 S. 49; *H. Schmid*, Das Traditionsprinzip im neueren schweizerischen Sachenrecht (Diss. Zürich 1945) S. 71; *Th. Guhl*, Das schweizerische Obligationenrecht (5. Aufl. Zürich 1956) S. 404. *Th. Jaeger*, Das Lagerhausgeschäft und die Warenpapiere, Schwz. JZ XIV (1917) 1ff.

[21] Vgl. dazu *Abraham*, Schwedisches Gesetz über Lagerhäuser und Lagerscheine vom 21. Mai 1931, RabelsZ 7 (1933) 709; *Munktell*, Bericht über Schweden, Norwegen und Dänemark, ZfH 102 (1936) 99 (110).

schen Text ist besonders hervorgehoben, daß durch die Tradition des Lagerscheines oder des Lagerpfandscheines der Erwerber stets entweder das Eigentum oder ein Pfandrecht am Lagergut erhält; im schwedischen und finnischen Recht ist die Rechtslage gleich, ohne daß freilich in den Gesetzestexten ein ausdrücklicher Passus dieses Inhalts enthalten wäre[22].

Das *spanische Recht* befaßt sich an verschiedenen Stellen mit Orderlagerscheinen: einmal in Art. 194ff. des Código de Comercio[23], in denen der Orderlagerschein als solcher und seine Rechtswirkungen umschrieben werden. Art. 195 bestimmt, daß der Inhaber des Lagerscheines auch das volle Eigentum an der Ware innehat[24]. Diese Regelung im Handelsgesetzbuch wird durch ein Gesetz vom 22. 9. 1917 ergänzt[25], das neben dem Orderlagerschein eine Art Lagerbesitzschein zuläßt, der vorwiegend zur Verpfändung dient. Art. 16 dieses Gesetzes befaßt sich mit den Rechtswirkungen bei der Übertragung des einen, des anderen oder beider Scheine. Für den vorliegenden Zusammenhang ist von Bedeutung, daß mit der Übertragung des Orderlagerscheines ausdrücklich der Eigentumsübergang an der Lagerware statuiert wurde[26].

In *Argentinien* ist zunächst von einem allgemeinen Gesetz aus dem Jahre 1878 auszugehen, das in seinem Art. 11 Lagerschein und Eigentum an der Ware zwingend verbindet[27]. Ein späteres speziel-

---

[22] Vgl. dazu *Abraham*, a. a. O. S. 712.

[23] Vom 22. 8. 1885, Gaceta de 16. 10. 1885, abgedruckt bei *Polo*, Leyes mercantiles y economicas I (Madrid 1956) S. 1061.

[24] Die maßgebende Stelle lautet: „El poseedor de los resguardos tendrá pleno dominio sobre los efectos depositados en los almacenes de la Compañía."

[25] Gaceta de 25. 9. 1917, abgedruckt bei *Polo*, a. a. O. S. 1068.

[26] Vgl. Art. 16 Abs. III des erwähnten Gesetzes (bei *Polo* a. a. O. S. 1072): „La cesión del resguardo de depósito, sin hacer al propio tiempo la del resguardo de garantía o warrant, no dará derecho sino a disponer de los productos depositados con las limitaciones que consten en el contrato que este último garantice; la entrega del resguardo de garantía, sin llevar aneja la del resguardo de depósito, no transmitirá el dominio de los productos depositados, sino que significará solamente que quedan pignorados, y, por último, la cesión de los dos resguardos representará la traslación absoluta de dominio sin limitación alguna, de los referidos productos." Daß im spanischen Recht das Eigentum an der Ware durch den Lagerschein übertragen wird und seine Verpfändung ein unmittelbares Pfandrecht an der Ware begründet, wird nicht in Zweifel gezogen, vgl. etwa *Constans*, Estudios de Derecho Mercantil II (Madrid 1945) S. 90.

[27] Reg. Nac. Rep. Arg. 1878, S. 117, abgedruckt bei: *Alconada Aramburú*, Código de Comercio y Leyes Complementarias Anotados II (Buenos Aires

leres Gesetz von 1914 betreffend Einlagerung von landwirtschaftlichen Erzeugnissen bekennt sich für den Fall der Begebung des Lagerscheines ebenfalls zu dieser Regelung[28].

b) Vermittelnde Lösungen. — In *England* gilt die zwingende Gleichschaltung von Eigentumserwerb am Lagerschein und am eingelagerten Gut nicht; der Schein überträgt lediglich den Besitz (possession)[29]. Diese Tatsache bedarf jedoch der Erläuterung. Nach englischem Recht geht schon auf Grund eines gültigen Kaufvertrages das Eigentum auf den Erwerber über[30], es sei denn, daß der Verkäufer nicht Eigentümer war. In diesem Fall wird selbst ein gutgläubiger Erwerber grundsätzlich nicht geschützt. Es gilt als allgemeine Regel der Satz: "Ownership of goods can only be transferred by the owner"[31]. Er muß sich aber gerade bei Orderlagerscheinen kraft Gesetzes — es handelt sich um den Factors Act[32] — eine wichtige Durchbrechung gefallen lassen. Wenn der Eigentümer der eingelagerten Ware damit einverstanden ist, daß ein "mercantile agent" einen Lagerschein in Händen hat, ohne im übrigen verfügungsbefugt zu sein, so überträgt der agent einem Dritten das

1956) S. 1525. Art. 11 lautet: „El certificado, aunque sea separado del warrant, es el título que acredita la propiedad de las mercaderías, sin perjuicio de los derechos prendarios del tenedor del warrant." Vgl. dazu auch Art. 10 dieses Gesetzes: „El warrant endosado sin el certificado, constituye un derecho prendario sobre las mercaderías depositadas."

[28] Ley vom 30. 9. 1914, Bol. Of. 20/11/914; Certificados de depósito de frutos o productos agrícolas, abgedruckt bei *Alconada Aramburú* a. a. O. S. 1537f. Art. 9: „El efecto del endoso, tratándose de un certificado de depósito, es la trasmisión de la propiedad de las cosas a que se refiere, con los gravámenes que tuvieren en caso de existir warrant negociado, y tratándose del warrant, de los derechos creditorios del mismo."

[29] Vgl. etwa die Hinweise bei: *Goodeve-Kersley*, Modern Law of Personal Property (9. Aufl., London 1949) S. 133f.; *Benjamin-Finnemore-James*, A Treatise on the Law of Sale of Personal Property with References to the French Code and Civil Law (8. Aufl., London 1950) S. 859; *E. Heymann*, Die dingliche Wirkung der handelsrechtlichen Traditionspapiere (Konnossement, Ladeschein, Lagerschein) in: Festschrift für Dahn III (1905) S. 135 (233f.). Die Darstellung bei *Lamberti*, Der Orderlagerschein (Diss. 1936) S. 39f. ist insoweit unzutreffend.

[30] Vgl. An Act for Codifying the Law Relating to the Sale of Goods 1893, 56 and 57 Vict. c. 71 s. 17 —" (1) Where there is a contract for the sale of specific or ascertained goods the property in them is transferred to the buyer at such time as the parties to the contract intend it to be transferred."

[31] *Goodeve-Kersley*, a. a. O. S. 95.

[32] An act to amend and consolidate the Factors Acts, 1889, 52 and 53 Vict. c. 45 (im folgenden Factors Act zitiert).

Eigentum (wobei das Zweitgeschäft nicht notwendig ein Kauf sein muß)[33]. Für einen Sonderfall bestimmt der Factors Act sogar, daß das Recht am Papier und das Recht an der Ware stets zusammenfallen, ohne daß sich der Lagerschein mit Einwilligung des Wareneigentümers beim Verfügenden befinden müßte: die rechtswirksame Begründung eines Pfandrechts an dem Papier hat die Begründung eines solchen an der Ware zwingend zur Folge[34].

Im *französischen Recht* ist sedes materiae eine Ordonnance aus dem Jahre 1945[35], die für Lagergeschäfte zwei Scheine zuläßt, den sogenannten „récépissé", der der Übereignung, und der „warrant", der der Verpfändung der eingelagerten Ware dient[36]. Der récépissé nun „repräsentiert" lediglich den Besitz des Gutes; er kann durch Indossament übertragen werden. Bezüglich des Eigentums an der

---

[33] Vgl. Factors Act, sec. 2: "(1) Where a mercantile agent is, with the consent of the owner, in possession of goods or of the documents of title to goods, any sale, pledge, or other disposition of the goods, made by him when acting in the ordinary course of business of a mercantile agent, shall, subject to the provisions of this Act, be as valid as if he were expressly authorised by the owner of the goods to make the same; provided that the person taking under the disposition acts in good faith, and has not at the time of the disposition notice that the person making the disposition has not authority to make the same.

(2) Where a mercantile agent has, with the consent of the owner, been in possession of goods or of the documents of title to goods, any sale, pledge, or other disposition, which would have been valid if the consent had continued, shall be valid notwithstanding the determination of the consent; provided that the person taking under the disposition has not at the time thereof notice that the consent has been determined.

(3) Where a mercantile agent has obtained possession of any documents of title to goods by reason of his being or having been, with the consent of the owner, in possession of the goods represented thereby, or of any other documents of title to the goods, his possession of the first-mentioned documents shall, for the purposes of this Act, be deemed to be with the consent of the owner.

(4) For the purposes of this Act the consent of the owner shall be presumed in the absence of evidence to the contrary."

Vgl. dazu auch *Zweigert*, Rechtsvergleichend-Kritisches zum gutgläubigen Mobiliarerwerb, RabelsZ 23 (1958) 1 (6).

[34] Vgl. Factors Act sec. 3: "A pledge of the documents of title to goods shall be deemed to be a pledge of the goods."

[35] Ordonnance du 6 août 1945. Relative aux magasins généraux, Sirey (Lois annotées) 1945, S. 1947 = J. O. 6—7 août 1945 p. 4882 = Dalloz, Code de Commerce (Paris 1958) S. 735.

[36] Vgl. Art. 20 und 21 der erwähnten Ordonnance.

Ware gilt, daß der Erwerber schon auf Grund des obligatorischen Rechtsgeschäftes Eigentum erlangt (Art. 711 und 1138 Cc): das indossierte Papier verschafft dann den noch fehlenden Besitz. Der Schein kann auch ohne gleichzeitige Eigentumsübertragung begeben werden, z. B. zu dem Zweck, daß der Inhaber des Papiers die Ware vom Lagerhaus als Beauftragter herausverlangen oder sie weiterveräußern kann[37]. Wenn die Berechtigung am Papier und an der Ware auseinanderfällt, ist Art. 24 II der angeführten Ordonnance zu beachten. Er lautet: „L'endossement du récépissé transmet au cessionaire le droit de disposer de la marchandise ...", eine Bestimmung, die in Verbindung mit Art. 2279 Cc. zu lesen ist („En fait de meubles, la possession vaut titre ..."). Die Legitimation des Inhabers eines indossierten Lagerscheines, der einem gutgläubigen Erwerber die Ware veräußert, wird durch dieses Zusammenspiel der Normen besonders evident. Was den zweiten Schein, den Orderlager-Verpfändungsschein (warrant) angeht, so bekennt sich insoweit das französische Recht voll zum Parallelismus. Die Indossierung des vom récépissé getrennten warrants läßt nämlich an der eingelagerten Ware ein Pfandrecht unmittelbar zugunsten des Indossatars entstehen[38], und zwar selbst dann, wenn der Verpfänder nicht Eigentümer der Ware ist[39].

c) Lagerschein überträgt nur Besitz an der eingelagerten Ware.— Im *italienischen Recht* ist der Orderlagerschein in den neuen Codice civile von 1942 (Art. 1790ff.) aufgenommen und gegenüber seiner alten Rechtsform im Codice di commercio von 1882 (Art. 461ff.) modifiziert worden. Zwar wird am Zweischeinsystem festgehalten (die „fede di deposito" dient der Übereignung, die „nota di pegno" der Verpfändung); es findet sich aber im neuen Recht keine dem früheren Art. 465 II Codice di commercio entsprechende Bestim-

---

[37] Vgl. *Lescot-Roblot*, Les effets de commerce II (Paris 1953) no. 383 S. 314.

[38] Vgl. Art. 24 I der o.a. Ordonnance: „L'endossement du warrant séparé du récépissé vaut nantissement de la marchandise au profit du cessionnaire du warrant."

[39] Vgl. *Dalloz*, Encyclopédie juridique (Répertoire de droit commercial et des sociétés) II (Paris 1957) sub warrant, no. 8 S. 939. Zum belgischen Recht, in dem ebenfalls wie in Frankreich das sogenannte Zweischeinsystem gilt und wo sich ähnliche Lösungen wie im französischen Recht finden, vgl. die gesetzliche Grundlage: Loi du 18 novembre 1862 portant institution du système des warrants (Moniteur 20 novembre), abgedruckt in *Servais-Mechelynck*, Les codes belges I 1956 S. 960. Dazu auch *van Ryn-Heenen*, Principes de droit commercial II (Bruxelles 1957) no. 1287ff. S. 274ff.

mung. In der zuletzt erwähnten Norm wurde ausdrücklich gesagt, die Begebung beider Scheine bewirke die Übertragung des Eigentums am Lagergut, die Übertragung des Pfandscheines eine Pfandrechtsbestellung an der Ware; endlich: die Begebung des „fede di deposito" allein übertrage das Eigentum an der Ware, das allerdings mit dem Pfandrecht des Dritten belastet sei[40]. Aus dem Fehlen dieser Norm in der Neukodifizierung des Rechts der Lagerscheine haben Lehre und Rechtsprechung gefolgert, daß heute die Indossierung und Übergabe des Orderlagerscheins nur besitzrechtliche Folgen nach sich zieht und die materielle Berechtigung am Gut unberührt läßt[41]. Diese Lösung muß aber im Zusammenhang mit der neuen italienischen Regelung des gutgläubigen Erwerbs gesehen werden. Nach Art. 1153—1157 C. Civ. erwirbt nämlich der Gutgläubige vom Besitzer auch dann Eigentum, wenn die Sachen dem Eigentümer abhanden gekommen sind[42]. Der indossierte Orderlagerschein verschafft aber dem Veräußerer das für den gutgläubigen Erwerb notwendige Legitimationszeichen: Er weist ihn als Besitzer der eingelagerten Ware aus.

2. Lösung der Haager Konferenz

Die 7. und 8. Haager Konferenz für internationales Privatrecht[43] hatte sich u. a. auch mit der kollisionsrechtlichen Regelung internationaler Kaufverträge zu befassen. Für die vorstehende Untersuchung interessiert insbesondere das Abkommen über die Eigen-

[40] Art. 465/II des alten Codice di Commercio (abgedruckt bei Franchi, Cinque codici (Milano 1925) hat folgenden Wortlaut: „La girata dei due titoli produce il trasferimento della proprietà della cosa depositata; la girata della sola nota di pegno conferisce al giratario il diritto de pegno sulla cosa medesima, e la girata della sola fede di deposito gliene trasferisce la proprietà, salvi i diritti del creditore munito della nota di pegno."

[41] Vgl. dazu *Scialoja-Branca-Fiorentino,* in Commentario del codice civile IV (Delle obbligazioni) (Bologna-Roma 1956) Art. 1790, 1791, 6, S. 121f.; Corte Suprema di Cassazione 23. 6. 1942, Il foro italiano 68 (1943), I, 266ff.; a. A. *d'Amelio-Finzi,* Codice Civile Commentario, II/1 (Firenze 1947) Art. 1790—1794, 1 S. 714.

[42] Vgl. dazu die Begründung in den Motiven: Codice civile, Secondo Libro; Progetto e Relazione (Roma 1937) 229ff.; *Zweigert,* a. a. O. S. 10f.

[43] Zur 7. Haager Konferenz vgl. *Dölle,* Die 7. Haager Konferenz, RabelsZ 17 (1952) 161ff. (169); zur 8. Haager Konferenz vgl. *Petersen,* Die 8. Haager Konferenz, RabelsZ 24 (1959) 1ff.; *Gutzwiller,* Die 8. Haager Konferenz für internationales Privatrecht, Schweizerisches Jahrbuch für internationales Recht 13—1956 (1957) 9ff.

tumsübertragung bei internationalen Mobiliarkäufen, das Delegierte von zwanzig Staaten, darunter auch der Bundesrepublik Deutschland, im Laufe der 8. Haager Konferenz (1956) erarbeitet haben[44].

Zu klären war die Frage, was für internationale Kaufgeschäfte zu gelten hat, wenn z. B. der Verkäufer durch Begebung eines Dokumentes in einem Land erfüllt, in dem der Schein, etwa der Orderlagerschein, die Ware repräsentiert und zugleich das Eigentum überträgt (z. B. in New York), die Ware selbst sich aber in einem Land befindet, das einen Parallelismus von Schein- und Rechtserwerb an der Ware nicht anerkennt (z. B. Deutschland, wenn man der h. M. folgt). Soll bezüglich des Eigentumsüberganges an der Ware das Recht des Landes gelten, wo dem Käufer die Dokumente übergeben wurden, oder soll als Anknüpfungspunkt für das maßgebende Recht der Ort dienen, wo sich die Ware selbst befindet? Soll im Beispielsfall das Eigentum an der Ware schon mit der Indossierung und Übergabe des Papiers in New York übergehen, obwohl nach deutschem Recht dadurch allein noch keine Übereignung stattfinden könnte?

In Art. 3 des Abkommens findet sich folgende Lösung für den oben aufgezeigten Konflikt: wenn der Orderlagerschein die Ware vertritt, so bleibt der Käufer Eigentümer, falls er das Eigentum nach dem heimischen Recht des Landes erworben hat, in dem ihm die Dokumente ausgehändigt wurden[45]. Im gewählten Beispielsfall wird der Lagerscheinerwerber schon in New York Eigentümer der Ware und zwar auch mit Wirkung für das deutsche Recht. Im Haag ist damit von einem internationalen Gremium nach langen Beratungen und breitem Erfahrungsaustausch auch kollisionsrechtlich der Konzeption der Vorrang eingeräumt worden, daß der Schein nicht nur den Besitz an der Ware, sondern das Recht an ihr selbst überträgt.

[44] Es ist der Bundesrepublik zur Ratifizierung zugeleitet worden; zu den Erfolgsaussichten vgl. *Petersen*, a. a. O. S. 20f.

[45] Vgl. Art. 3 des Projet de Convention sur la loi applicable au transfert de la propriété en cas de vente à caractère international d'objets mobiliers corporels in: Conférence de la Haye de droit international privé, Actes de la Huitième Session (La Haye 1957) 340f. (341): „En outre, s'il s'agit d'une vente sur documents et que ces documents représentent les objets vendus, demeure acquise à l'acheteur la propriété qui lui a été reconnue par la loi interne du pays où il a reçu les documents", mit dem Kommissionsbericht von *van Hecke*, in Conférence de la Haye de droit international privé, Documents relatifs à la Huitième Session (La Haye 1957) 6, 16ff.; vgl. dazu ferner *Gutzwiller*, a. a. O. S. 24ff.

III. Konsequenzen für das deutsche Recht

1. Parallelismus als geltendes Recht

Die rechtsvergleichende Untersuchung und die von der 8. Haager Konferenz für den Bereich des Kollisionsrechts erarbeitete Lösung nötigen zu dem Schluß: Der wünschenswerte Anschluß des heimischen Handels an die Rechtsauffassung des internationalen Verkehrs kann auf dem Gebiete des Lagerscheinwesens nur erreicht werden, wenn im deutschen Recht der rechtswirksame derivative Erwerb des Orderlagerscheines zugleich den Erwerb des eingelagerten Gutes nach sich zieht[46]. Diese Forderung läßt sich de lege lata verwirklichen, wenn die §§ 364, 365, 424 HGB nicht jeder für sich allein, sondern im Zusammenhang gelesen und dahin verstanden werden: das Eigentum an der eingelagerten Ware geht durch Übereignung und Übergabe des indossierten Papiers über. Bei dieser Interpretation behält § 424 HGB seine eigenständige Bedeutung für die Form, in welcher der Erwerber bei einer solchen Übereignung den Besitz an der Ware erlangt. Eine darüber hinausgehende Funktion kann und braucht dieser Norm nicht zugesprochen werden.

Eine Folge dieser Konzeption ist, daß mit dem rechtswirksamen derivativen Eigentumserwerb eines mit Begebungsvermerk versehenen Orderlagerscheines stets und zwingend Eigentum an der Ware erworben wird; für eine zweite rechtsgeschäftliche Übereignung der Ware nach §§ 929ff. BGB ist daneben kein Raum. Wenn aber eine nochmalige Einigung über die Ware selbst nicht erforderlich ist, fehlt auch für die Anwendbarkeit der §§ 929ff. BGB bezüglich der Waren jeglicher Ansatzpunkt. Ob andererseits der Lagerschein, auf den es allein ankommt, erworben wird, bestimmen ausschließlich die §§ 929ff. BGB i. V. mit § 365 HGB und Art. 16 WG. Die Tatsache etwa, daß der Veräußerer des Orderlagerscheines geschäftsunfähig oder in der Verfügungsmacht beschränkt war, oder

[46] Die rechtsvergleichende Untersuchung hat, wie am Rande bemerkt werden darf, zwar gezeigt, daß das italienische Recht, das der Übergabe des Scheines nur eine besitzübertragende Funktion beimißt, der extremen deutschen Lösung der h. M. insoweit sehr nahe kommt. Gleichwohl ist das italienische Recht als Stütze für die Ansicht der h. M. ungeeignet. Denn in Italien ist — anders als bei uns — auch an gestohlenen Sachen gutgläubiger Erwerb möglich, während in Deutschland die Lehre gerade diese Konsequenz des Parallelismus nicht hinnehmen möchte; vgl. *Schlegelberger-Hefermehl* § 366, 42 S. 1589.

daß es sich bei der eingelagerten Ware um Diebesgut handelte, kann bei dem Eigentumserwerb der Ware durch Übereignung des Orderlagerscheines infolgedessen zwingend nur über eine Verbindung der §§ 929ff. BGB mit § 365 HGB und Art. 16 WG Berücksichtigung finden[47]; auch *Hefermehl* übersieht, daß eine isolierte Anwendung der §§ 929ff. BGB (auch von § 935 BGB) ausgeschlossen ist. Er meint einerseits: „Bei einem Orderlagerschein ... wird daher die lagernde ... Ware durch Übereignung und Übergabe der indossierten Urkunde übereignet. Der Erwerber erlangt das Eigentum am Traditionspapier, den verbrieften Auslieferungsanspruch gegen den Lagerhalter ... und das Eigentum an der Ware"[48].

Andererseits aber finden sich bei ihm folgende Sätze: „Die Voraussetzungen, die für den gutgläubiger Erwerb der Ware selbst gelten, sind von den Voraussetzungen für den Erwerb indossabler Traditionspapiere verschieden. So würde z. B. der Erwerber eines abhanden gekommenen Traditionspapiers nach § 365 HGB, Art. 16 Abs. 2 WG das Eigentum am Papier erwerben können, während dies für die Ware selbst nach § 935 BGB nicht möglich wäre. Art. 16 Abs. 2 WG schützt ferner im Gegensatz zu §§ 366 HGB, 932 BGB auch den guten Glauben an die Geschäftsfähigkeit des Veräußerers ... Würde man in diesem Falle den umfassenderen Vertrauensschutz des Art. 16 Abs. 2 WG auch auf die Ware selbst erstrecken, so würde dies im praktischen Ergebnis dazu führen, daß ein Geschäftsunfähiger dem Erwerber das Eigentum an der Ware verschaffen könnte, wenn er nicht die Ware, sondern das Traditionspapier übergibt"[49].

Rechtsdogmatisch lassen sich die zuletzt angeführten Bemerkungen *Hefermehls* nur halten, wenn für den Eigentumsübergang an der Ware neben der Übereignung des indossierten Orderlagerscheines noch eine zweite Übereignung, nämlich die der Ware selbst, gefordert wird. Sie wäre dann allerdings nur nach bürgerlichem Recht zu beurteilen. In diesem Zusammenhang ist zu betonen, daß eine rein bürgerlichrechtliche Übereignung der Ware natürlich auch bei Vorliegen eines Orderlagerscheines weiterhin möglich ist. Das Eigentum an der Ware wird dann ohne Zuhilfenahme des Traditionspapiers und zwar in der Regel durch Einigung über den Eigentumsübergang an der Ware und Abtretung des

[47] Dazu unten III 2.

[48] *Schlegelberger-Hefermehl* § 363 HGB, 42 S. 1497.

[49] *Schlegelberger-Hefermehl* § 366, 42 S. 1589.

gegen den Lagerhalter gerichteten Herausgabeanspruchs (§§ 929, 931 BGB) übertragen[50] mit der Folge, daß der Erwerbsvorgang ausschließlich nach den §§ 929ff. BGB, insbesondere § 935 BGB, aber auch § 936 Abs. 3 BGB zu beurteilen ist.

Der Satz, das Eigentum an der Ware folge stets dem Eigentum am Papier, bedarf nach den vorstehenden Überlegungen einer Präzisierung. Er muß lauten: die rechtswirksame Übereignung eines indossierten Orderlagerscheines hat stets und zwingend den Übergang des Eigentums an der eingelagerten Ware zur Folge.

Eigentum am Papier und an der Ware können sehr wohl auseinanderfallen, wie am Beispiel des Kaufs unter Eigentumsvorbehalt noch zu zeigen sein wird. Beim Indossatar eines Orderlagerscheines, dem das Papier rechtmäßig übereignet worden ist, tritt aber eine zwingende Verbindung ein. Diese Auffassung ist im übrigen in deutschen Handelskreisen schon so weit verbreitet, daß sich der Bundesgerichtshof in der eingangs erwähnten Entscheidung mit der Rechtswirkung eines etwaigen Handelsbrauchs solchen Inhalts auseinanderzusetzen hatte[51].

Der Begründer der in Deutschland heute überwiegend vertretenen Lehre von der Rechtsnatur des Orderlagerscheines, nämlich *Ernst Heymann*, ist paradoxerweise zugleich der wärmste Befürworter des Parallelismus gewesen. Über ein halbes Jahrhundert ist seit seinen Ausführungen verstrichen, und in dem Maße, in dem sich seine neue Auffassung durchsetzte, sind seine Gründe für den (tot geglaubten) Parallelismus in Vergessenheit geraten. Es sei deswegen erlaubt, einige seiner Bemerkungen zu wiederholen. *Heymann* erachtet die Wirkungen des Parallelismus als günstig für den großen Verkehr; sie fügten sich außerdem gerade im Blick auf gestohlene Waren den Grundgedanken unseres bürgerlichen Eigentumserwerbsrechts leicht ein. Bei Versteigerungen werde ein Eigentumserwerb auch an abhandengekommenen Sachen gestattet. Der hier zugrunde liegende Gedanke ist seiner Meinung nach auch für den Rechtserwerb mittels Traditionspapiers maßgebend: „Denn auch hier wird die abhandengekommene Sache mittels des Konnossements, Ladescheins oder Lagerscheins in den großen Verkehr, auf den großen Markt gebracht, dem die Nachprüfung der Herkunft der Ware nicht recht zugemutet werden kann"[52]. *Heymann* bedauert,

---

[50] Vgl. *Schlegelberger-Hefermehl* § 363, 43 S. 1497.

[51] Vgl. BGH 19. 6. 1958, LM § 365 HGB Nr. 1, (oben Note 1).

[52] Vgl. *Heymann*, a. a. O. S. 232.

die §§ 424, 450, 647 HGB nicht im Sinne des Parallelismus interpretieren zu können, und läßt die von ihm befürwortete Auslegung dieser Normen dahin ausklingen: „Ganz zweifelsfrei ist die Frage freilich durchaus nicht"[53].

2. Einzelne Rechtsfolgen des Parallelismus

Der Parallelismus nun, der in der vorliegenden Untersuchung schon de lege lata als gültig erachtet wird, besagt im einzelnen: der Indossatar eines Lagerscheines, der vom berechtigten Indossanten erwirbt, erlangt mit dem Eigentum am Schein stets das Eigentum an der Ware, gleichgültig, ob der Indossant Eigentümer der eingelagerten Ware war, ja sogar auch dann, wenn es sich um gestohlenes Gut handelt. An dem Ergebnis ändert sich nichts, wenn die Unkenntnis des Indossatars von dem Eigentum des Dritten an der Ware auf grober Fahrlässigkeit beruhte.

Ein gutgläubiger Indossatar erwirbt auch einen Orderlagerschein (und damit das Eigentum an der Ware), der dem Berechtigten abhanden gekommen ist; ferner wenn der Veräußerer des Scheines geschäftsunfähig war; wenn ihm die Kaufmannseigenschaft fehlte, der Erwerber ihn aber für verfügungsbefugt hielt[54]. Ob der Indossatar den Schein erworben hat, ist ausschließlich auf Grund des Normenkomplexes der §§ 929 BGB, § 365 HGB, Art. 16 WG zu beantworten.

Die aufgezeigten Konsequenzen ermöglichen im übrigen keineswegs mißbräuchliche Verfügungen über die unter fremdem Eigentum stehenden eingelagerten Waren. Das Eigentum an der Ware wird ja nur dann erworben, wenn der Sicherungsnehmer kraft Rechtsgeschäftes Eigentümer des Orderlagerscheines — durch Begebungsvermerk, Einigung über den Rechtsübergang und Übergabe des Papiers — geworden ist[55]. Eine Übergabe des Scheines allein — ohne Einigung etwa — hat lediglich besitzrechtliche Wirkungen; der Veräußerer bleibt Eigentümer des Scheines und der Ware. Liegt die notwendige rechtsgeschäftliche Einigung vor, so kann sie wegen eines Verstoßes gegen §§ 138, 134 BGB nichtig

[53] Vgl. *Heymann*, a. a. O. S. 234, der dort fortfährt: „Gesetzgeberisch wird jedenfalls die Einführung (des Parallelismus, Einfügung durch den Verfasser) zu erwägen sein, sie ist für den großen Verkehr sehr wünschenswert."

[54] Dazu *Staub* (1900) § 365, 10 S. 1165f.

[55] Vgl. *Schlegelberger-Hefermehl* § 364, 2 S. 1501.

sein[56]. Ein Dritter, der weiß, daß die eingelagerte Ware Diebesgut ist oder einem Vorbehaltskäufer gehört, der sich ihm gegenüber mit einer bestimmten Art der Weiterveräußerung ausdrücklich nicht einverstanden erklärt hat (dieser Fall wird unter III 3 näher untersucht), erwirbt den Orderlagerschein ebensowenig wie derjenige, der hinsichtlich bestimmter Waren grob fahrlässig ist, aber die Einlagerung der Ware veranlaßt, um sich über die Indossierung eines Orderlagerscheines das Eigentum zu erschleichen.

3. Zur Sicherungsübereignung eingelagerter Vorbehaltsware

Kenntnis des Erwerbers davon, daß bestimmte eingelagerte Waren regelmäßig unter Eigentumsvorbehalt geliefert werden, steht dem Erwerb des Eigentums am Orderlagerschein, der über eine solche Warenart ausgestellt worden ist, auch bei einer Sicherungsübereignung des Papiers nicht entgegen. Dem Lagerscheinerwerber kann hier sittenwidriges Verhalten keinesfalls vorgeworfen werden: Wer den Orderlagerschein in Händen hat, ist für den Handel nach außen hin legitimiert, über die eingelagerte Ware — sei es als Eigentümer, sei es als Ermächtigter — zu verfügen. Um diese These zu begründen, muß kurz auf Kaufverträge unter Eigentumsvorbehalt über eingelagerte Waren eingegangen werden. Der Vorbehaltsverkäufer ist nach §§ 433, 455 BGB zur aufschiebend bedingten Übereignung und körperlichen Übergabe der Waren verpflichtet. Er könnte theoretisch dieser Verpflichtung dadurch nachkommen, daß er einen mit Begebungsvermerk versehenen Orderlagerschein dem Vorbehaltsverkäufer (mit der in § 424 HGB statuierten Wirkung) übergibt und sich über den Eigentumsübergang am Schein aufschiebend bedingt einigt. Nach Auffassung des Parallelismus ist der Vorbehaltskäufer dann lediglich aufschiebend bedingter Eigentümer des Scheines und damit der Ware geworden. Ein bezüglich der aufschiebenden Bedingung gutgläubiger Indossatar erwirbt freilich den Schein (§ 365 HGB, Art. 16 WG) und Eigentum an der Ware. Ein Vermerk über den Eigentumsvorbehalt auf dem Orderlagerschein wäre auf Wunsch des Verkäufers zwar zulässig[57], entwertete aber den Orderlagerschein und findet sich deswegen in der Praxis fast nie. Dann aber ist das Vorbehaltseigentum

---

[56] Dazu *Gadow*, Wareneigentum und Lagerscheinberechtigter, JR 1935, 109f. (auch § 826 BGB kann Bedeutung erlangen).

[57] Vgl. dazu auch § 38 der Verordnung über Orderlagerscheine vom 16. 12. 1931, RGBl. I, 763.

des Verkäufers bei einer unberechtigten Begebung des Orderlagerscheines aufs höchste gefährdet. In der Wirtschaft, die ja ihre Rechtsgeschäfte so abwickelt, als wäre der Parallelismus geltendes Recht, ist daher ein anderes Verfahren üblich geworden: Die nach § 433 BGB vom Verkäufer geschuldete Übergabe der Ware wird dadurch ersetzt, daß der Käufer einen sog. Freistellungsschein erhält. Er ist seiner Rechtsnatur nach eine Anweisung an den Lagerhalter, die Ware an einen anderen als den Aussteller (und Einlagerer) auszuliefern; freilich stellt er keine Anweisung nach § 363 HGB dar[58]. Der Käufer kann nun allerdings auf Grund des Freistellungsscheines die Ausstellung eines (Erst-)Orderlagerscheines fordern, wobei der Lagerhalter gewöhnlich bei dem Einlagerer zurückfragt und eine Stellungnahme erbittet. M. E. darf das Lagerhaus die Ausfertigung des Lagerscheines verweigern, wenn sie der Einlagerer und Vorbehaltsverkäufer untersagt oder wenn er dem Lagerhaus etwa als Eigentümer schon bei der Einlagerung eine Ausstellung ohne seine Zustimmung ausdrücklich verboten hat. Für den Lagerhalter liegt dann ein wichtiger Grund i. S. des § 33 II 1 der Orderlagerscheinverordnung vor[59]. § 33 dieser Verordnung spricht im übrigen auch nur davon, daß der Lagerhalter dem Einlagerer (und nicht dem Inhaber eines Freistellungsscheines) auf dessen Verlangen verpflichtet ist, einen Lagerschein auszustellen. Ist der Vorbehaltsverkäufer mit der Aushändigung des Orderlagerscheines an den Käufer einverstanden, so wird dieser Eigentümer des Scheines; Eigentümer der Ware bleibt hingegen der Verkäufer. Der Parallelismus gewinnt dann bei der rechtswirksamen Übereignung des mit dem Begebungsvermerk versehenen Orderlagerscheines durch Einigung und Übergabe an einen Dritten Bedeutung: Das Eigentum des Vorbehaltsverkäufers an der Ware geht nun zwingend unter.

Der Vorbehaltsverkäufer kann dem Vorbehaltskäufer — dem Eigentümer des Orderlagerscheines — nicht mit dinglicher Wirkung gegen jedermann verbieten, bestimmte Verfügungen über den Schein vorzunehmen (§ 137 BGB). Da der Verkäufer aber bis zur rechtswirksamen Verfügung über den Orderlagerschein immer noch Eigentümer der eingelagerten Ware ist, kann er sehr wohl einen Dritten in positive Kenntnis davon setzen, daß der Käufer nicht etwa berechtigt ist, ihm die Ware mit Hilfe des Scheines zur Siche-

---

[58] Vgl. *Baumbach-Duden* (1959) § 424 E S. 690; RG 9. 2. 1921, RGZ 101, 297 (299f.); dazu auch BGH 27. 6. 1952, BGHZ 6, 378ff.

[59] Dazu *Vogels*, Verordnung über Orderlagerscheine (1932) § 33, 4 S. 141f.

rung zu übereignen. Der Vorbehaltskäufer, der gleichwohl die Sicherungsübereignung des Scheines (und damit der Ware) vornimmt, begeht strafrechtlich eine Unterschlagung oder Untreue. Der Lagerscheinerwerber würde sich bei positiver Kenntnis zumindest der Beihilfe an einer Straftat schuldig machen und wegen eines Verstoßes gegen § 138 BGB den Orderlagerschein und damit auch das Eigentum am eingelagerten Gut nicht erwerben.

Hat sich endlich der Einlagerer vor Abschluß des Kaufvertrages unter Eigentumsvorbehalt schon selbst einen Orderlagerschein ausstellen lassen, so darf trotz des Freistellungsscheines dem Käufer kein zweiter Orderlagerschein ausgestellt werden[60]. Eine Übereignung der Ware mit Hilfe des Freistellungsscheines ist nach § 929ff. BGB zu beurteilen. Der Übergabe dieses Scheines fehlt die in § 364 HGB vorgesehene Transportwirkung[61]; für die Anwendbarkeit von § 424 HGB ist ebenfalls kein Raum. Dann gilt auch bei der Sicherungsübereignung von Waren auf Grund eines Freistellungsscheines wieder die besondere Nachforschungspflicht, die Rechtsprechung und Lehre dem Sicherungsnehmer bezüglich seiner Gutgläubigkeit auferlegen. Der Vorbehaltsverkäufer ist infolgedessen gegen Verfügungen eines vertragsuntreuen Käufers in hohem Maße geschützt.

IV. Der Orderlagerschein als Veräußerungslegitimation

1. Rechtsschein

Die h. M. lehnt, wie unter I dargestellt, den Parallelismus für das geltende Recht ab. Schließt man sich ihr an, so muß die eingangs erwähnte Entscheidung des Bundesgerichtshofs noch unter einem Aspekt betrachtet werden, den die Ausführungen unter III nahelegen: es handelt sich um die Frage, ob der Orderlagerschein als Veräußerungslegitimation angesehen werden kann.

Bei Sicherungsübereignungen von Waren, die normalerweise unter Eigentumsvorbehalt stehen, obliegt dem Sicherungsnehmer im Interesse des wahren Eigentümers[62] eine besondere Nachforschungspflicht[63]; nur wenn er sie erfüllt, kann er gutgläubig Eigen-

[60] Vgl. § 33 VI OLSchVO.
[61] Vgl. RGZ 101, 300.
[62] Vgl. RG 20. 5. 1904, RGZ 58, 162 (164).
[63] H. M., vgl. dazu etwa *Palandt-Hoche* (1959) § 932, 2b; a. A. *Westermann*, Lehrbuch des Sachenrechts (3. Aufl. 1956) § 46, 2 S. 227, der eine grundsätzliche Nachforschungspflicht bei Vorbehaltswaren verneint.

tum an der ihm veräußerten Ware erlangen. Hat ein Vorbehaltsverkäufer selbst den Rechtsschein hervorgerufen, der Sicherungsgeber sei Eigentümer oder wenigstens verfügungsbefugt, so dürfen die Interessen des Sicherungsnehmers, etwa einer Bank, denen des Vorbehaltslieferanten vorgehen: die Nachforschungspflicht ist dem Sicherungsnehmer ja nur in dessen Interesse auferlegt worden. Der Sicherungsnehmer muß m. a. W. dort keine Belege und dergl. einfordern, wo der Sicherungsgeber auf Grund besonderer Umstände, die dem Vorbehaltslieferanten zuzuschreiben sind, auch zur Sicherungsübereignung von Vorbehaltswaren legitimiert erscheint. Er darf dann den Versicherungen seines Kunden, Eigentümer oder verfügungsbefugt zu sein, zugunsten seiner eigenen Geschäftsbeziehungen vertrauen.

Ist der Orderlagerschein geeignet, einen solchen Rechtsschein hervorzurufen? Vor einer Antwort ist es angebracht, den Blick auf Rechtsinstitute zu richten, die für den gutgläubigen Erwerb eine ähnliche Funktion haben könnten. Hier bietet sich insbesondere der Kraftfahrzeugbrief an. Wer nämlich den Parallelismus ablehnt, muß für die Übereignung eingelagerter Waren ebenso wie für die Übereignung eines Kraftfahrzeugs allein auf die §§ 929ff. BGB abstellen. Dem Kraftfahrzeugbrief kommt nun bekanntlich die Aufgabe zu, den Vorbehaltseigentümer vor vertragswidrigen Veräußerungen zu schützen; er dient der Sicherung des Eigentumsvorbehalts; der Vorbehaltsverkäufer kann den Brief bis zur Bezahlung der letzten Rate zurückhalten. Ein Dritter, der ein gebrauchtes Auto ohne gleichzeitige Vorlage oder Übergabe des Kraftfahrzeugbriefes erwirbt, wird in der Regel nicht damit gehört, er sei i. S. des § 932 BGB gutgläubig gewesen[64]. Hier zeigt sich die für den Bereich des Zivilrechts eigentlich bedeutsame Funktion des Kraftfahrzeugbriefes: er sichert in erster Linie das Eigentum am Kraftwagen[65]. Ein Vorbehaltsverkäufer, der dem Käufer vor Bezahlung des vollen Kaufpreises den Brief aushändigt, verursacht den Rechtsschein, der Käufer sei Eigentümer. Verfügt der Käufer unter

---

[64] Vgl. BGH 19. 10. 1955, WM 1956 IV 158; dort zitiert BGH 24. 5. 1954, IV ZR 50/54 (unveröffentlicht); OLG Hamburg 8. 2. 1951, MDR 1951, 354 (355f.); RGR-Kommentar (1959) § 932, 43, 44 S. 465, auch 26, S. 462; *Capeller*, Zur neueren Rechtsprechung über die Sicherungsübereignung, BB 1954, 889.

[65] Vgl. BGH 10. 7. 1953, BGHZ 10, 242 (245) = BB 1953, 693 = NJW 1953, 1505 = MDR 1953, 672.

Vorlage oder Übergabe des Kraftfahrzeugbriefes vertragswidrig über das Auto, so darf dem Erwerber nicht grob fahrlässiges Verhalten vorgeworfen werden, wenn er gerade im Blick auf den Kraftfahrzeugbrief der Versicherung des Veräußerers, Eigentümer zu sein, vertraut und weitere Nachforschungen unterlassen hat (es sei denn, schwerwiegende Verdachtsmomente sprächen gegen die Eigentümerstellung des Veräußerers). Der Vorbehaltsverkäufer muß den Rechtsschein, den er unter Verletzung seiner eigenen Interessen mit der Aushändigung des Briefes geschaffen hat, gegen sich gelten lassen. Das trifft für jede Art von Veräußerungen zu: für eine solche auf Grund eines Zweitkaufs, insbesondere aber auch für eine Eigentumsübertragung zur Sicherung eines Darlehens.

2. Zur Funktion des Orderlagerscheines

Entsprechende Erwägungen drängen sich auf, wenn der Sicherungsgeber Vorbehaltswaren, die sich in einem Lagerhaus befinden, zur Sicherung übereignet und zugleich einen Orderlagerschein indossiert. Nach der herrschenden, hier jedoch abgelehnten Meinung hat der rechtsgeschäftliche derivative Erwerb des Eigentums am indossierten Orderlagerschein nicht ipso iure den Erwerb des Eigentums an der eingelagerten Ware zur Folge; das Recht an der Ware folgt nach dieser Ansicht nicht zwingend dem Recht am Papier. Da bei dieser Hypothese die Übergabe des Lagerscheines lediglich die Übergabe der Ware ersetzt (§ 424 HGB), könnte ein Sicherungsnehmer nur über die Regeln des gutgläubigen Erwerbs (§§ 932ff. BGB, 366 HGB) Sicherungseigentum an eingelagerten Vorbehaltswaren erwerben.

Ist nun der Sicherungsnehmer gutgläubig, wenn er sich lediglich auf die Versicherung des Orderlagerscheininhabers, Eigentümer eingelagerter Vorbehaltswaren zu sein, verlassen hat, oder trifft ihn eine weitergehende Nachforschungspflicht? Hier kommt es, ebenso wie beim Kraftfahrzeugbrief, entscheidend auf die Funktion des Orderlagerscheines an. Wie gezeigt, erhält der Vorbehaltskäufer in der Praxis vom Verkäufer regelmäßig vor der vollen Bezahlung lediglich einen sogenannten Freistellungsschein über die eingelagerten Waren. Dieser Vorgang ersetzt die in § 433 BGB geforderte Besitzverschaffung und genügt für die Weiterveräußerung der Vorbehaltswaren im normalen Geschäftsverkehr, die durch Einigung über den Eigentumsübergang an der Ware und Begebung des Freistellungsscheines vorgenommen werden kann. Der Freistellungsschein ist dadurch zur normalen Veräußerung der eingelagerten Ware geeignet, aber auch ausreichend, wenn dem Vorbehaltskäufer eine Weiterveräußerungsermächtigung eingeräumt worden ist.

Nun kann der Inhaber des Freistellungsscheines, der zum Empfang des eingelagerten Gutes berechtigt ist, grundsätzlich von dem Lagerhalter die Ausstellung eines Orderlagerscheines fordern[66], der in der Praxis insbesondere von Banken für die Beleihung eingelagerten Gutes im Wege der Sicherungsübereignung verlangt wird. Der Vorbehaltslieferant, der zwar mit einer Weiterveräußerung der Ware auf Grund eines Kaufs, nicht aber mit einer Sicherungsübereignung einverstanden ist, muß also seinerseits dafür Sorge tragen, daß der Käufer nur einen Freistellungs-, nicht aber einen Orderlagerschein erlangt[67]. Unterläßt er entsprechende Maßnahmen, so verursacht er durch den Orderlagerschein, den der Käufer in Händen hat, Dritten gegenüber den Rechtsschein, die Vorbehaltsware sei entweder bezahlt (dann erwirbt der gutgläubige Dritte Eigentum über §§ 932ff. BGB), oder der Inhaber des Papieres sei auch zu anderen Verfügungen als zur Weiterveräußerung im normalen Geschäftsverkehr, insbesondere zu Sicherungsübereignungen, berechtigt (hier käme § 366 HGB zum Zuge). Dieser Rechtsschein bewirkt, daß ein Sicherungsnehmer sich auf die Versicherung des Veräußerers verlassen darf, an der Ware berechtigt zu sein, und nur bei Vorliegen besonderer Verdachtsgründe die Pflicht hat, zusätzliche Nachforschungen anzustellen[68].

Der Sicherungsnehmer darf freilich der Legitimation des Sicherungsgebers durch einen Orderlagerschein nicht vertrauen, wenn er selbst erst veranlaßt hat, daß das Sicherungsgut gegen Ausstellung eines Orderlagerscheines vom Sicherungsgeber eingelagert wurde,

[66] Vgl. § 33 OLSchVO.

[67] Dazu oben III 3; also etwa durch Mitteilung an das Lagerhaus, daß sich der Einlagerer verpflichtet habe, keinen Orderlagerschein zu verlangen; durch einen Vermerk auf dem Freistellungsschein usw.; durch Verweigerung der Ausstellung bei Rückfrage des Lagerhauses; durch Ausstellung des Papiers an eigene Order und Nichtbegebung des Papiers bis zur vollen Bezahlung, dazu auch § 33 VI der OLSchVO.

[68] Vgl. dazu *Dönhoff*, Der Verkehrsschutz im Handel mit Traditionspapieren, BB 1956, 707 (708 Note 26); *Baumbach-Duden* (1959) § 424, 3 B S. 692. Der Gedanke des verursachten Rechtsscheins findet sich auch im englischen Recht für den Fall, daß ein Orderlagerschein sich "with consent" in Händen eines über die eingelagerte Ware nicht verfügungsberechtigten "mercantile agent" befindet, dazu oben II 2, auch Note 33.

wie dies in dem der Entscheidung des Bundesgerichtshofes vom 19. 6. 1958 zugrunde liegenden Sachverhalt der Fall war[69]. Deswegen wird auch durchaus zutreffend in diesem Urteil die Funktion des Orderlagerscheines als Veräußerungslegitimation nicht erörtert. Für die Beurteilung des guten Glaubens des Sicherungsnehmers wurden und mußten vielmehr die allgemeinen Maßstäbe herangezogen werden, die für die Nachforschungspflicht bei einer Sicherungsübereignung von Waren gelten, bei denen mit dem Vorliegen eines Eigentumsvorbehalts gerechnet werden muß.

---

[69] Vgl. BGH 19. 6. 1958, NJW 1958, 1485 (oben Note 1).

ÖFFENTLICHKEIT ODER PUBLICITY?

Von Eberhard Schmidt

Der üble Trend zur Publicity, von dem der Massenmensch dieses fragwürdigen Jahrhunderts ergriffen worden ist, hat im Bereiche des Gerichtsverfassungsrechtes eine erstaunliche Begriffsverwirrung zur Folge gehabt. GVG § 169 erklärt in lapidarer Kürze: „Die Verhandlung vor dem erkennenden Gericht einschließlich der Verkündung der Urteile und Beschlüsse ist öffentlich". Es ist noch nicht lange her, daß die Bedeutung dieses „öffentlich" ganz allgemein dahin und nur dahin verstanden worden ist, „daß die Hauptverhandlungen in Räumen stattfinden, zu denen während der Dauer der Verhandlung grundsätzlich jedermann der Zutritt offensteht". So noch *Schäfer* bei *Löwe-Rosenberg*[20] GVG § 169 Nr. 3 unter Berufung auf RG JW 1938, 1019. Das Problematische des Begriffs „öffentlich" hat Jahrzehnte hindurch lediglich in der Frage bestanden, welche *Einschränkungen* sich jeweils aus *Raumverhältnissen* oder aus *Publikumsandrang* ergeben und wieweit sie mit dem Begriff „öffentlich" zu vereinigen sind. Zu dieser Frage hat es zahlreiche höchstrichterliche Entscheidungen gegeben, über die *Schäfer* a. a. O. genau berichtet. Kein Zweifel hat darüber bestanden, daß § 169 GVG nur die „unmittelbare" Öffentlichkeit versteht, d. h. also die vom Gericht zu gewährleistende Möglichkeit, daß sich während der Verhandlung im Zuhörerraum des Gerichtssaales prozeßunbeteiligte Personen einfinden und von hier aus die Vorgänge im Gerichtssaal beobachten können. Daß mit dieser unmittelbaren Öffentlichkeit für die Prozeßbeteiligten allerhand psychische Belastungen verbunden sind oder doch sein können, das will der Gesetzgeber in Kauf genommen wissen. Den Prozeßbeteiligten wird gesetzlich zugemutet, zu ertragen, was sich an Peinlichkeit, Verlegenheit, Schamgefühl, Nervosität aus der Tatsache ergeben kann, daß Personen, die nicht selten aus fragwürdigsten Gründen in den Zuhörerraum kommen, alles beobachten und mit anhören. Auch daß Zuhörer das Beobachtete in Berichten an die breiteste Öffentlichkeit der Zeitungsleser bringen, ist eine Reflexwirkung des Begriffs „öffentlich", die von allen Prozeßbeteiligten ertragen werden muß.

Wer aber in den letzten Jahren beobachtet hat, wie sich Presseorgane aller Schattierungen, besonders auch illustrierte Zeitungen, ferner auch der Rundfunk der Erscheinungen der Strafrechtspflege „angenommen" haben, muß den Eindruck gewinnen, daß den Prozeßbeteiligten *heute sehr viel mehr zugemutet wird* als das, was oben aus dem Begriff „öffentlich" hergeleitet ist. In Rundfunksendungen hört man (natürlich nur in zurechtgeschnittenen Verkürzungen) Ausführungen von Staatsanwalt und Verteidiger, Aussagen von Angeklagten und Zeugen, schließlich die Verkündung des Urteilstenors, vielleicht auch noch Sätze der Urteilsbegründung. Es haben also während der Verhandlung die Prozeßbeteiligten in Mikrofone gesprochen und sprechen müssen, in Mikrofone, die doch nur mit Zustimmung des Vorsitzenden im Gerichtssaal angebracht gewesen sein können. In den Presseorganen aber liest man nicht nur *Berichte* über die Verhandlungen, man sieht vielmehr auch Abbildungen der Angeklagten in der Anklagebank, der Verteidiger, ja auch der Richter, Abbildungen, die von Photoaufnahmen herrühren, die im Gerichtssaal gemacht worden sind, möglicherweise in den sensationellsten Augenblicken, wie etwa bei oder unmittelbar vor der Urteilsverkündung. Es versteht sich, daß solche im Gerichtssaal erfolgten Aufnahmen nur mit Zustimmung des Vorsitzenden zustande gekommen sein können.

Es ist nicht schwer sich auszudenken, was ein Vorsitzender vor 50 Jahren einem Pressephotographen oder Bildberichterstatter erklärt haben würde, wenn dieser ihm mit dem Ansinnen gekommen wäre, während der Verhandlung oder überhaupt im Gerichtssaal den Angeklagten oder einen anderen Prozeßbeteiligten zu photographieren. Die Antwort wäre zweifellos so ausgefallen, daß der bildlüsterne Pressemann einen zweiten Versuch dieser Art nicht riskiert haben würde. Zweierlei aber hätte einer solchen Zurückweisung des Vorsitzenden zugrunde gelegen:

Erstens der *juristische Gedanke*, daß unter dem Gesichtspunkt der „Öffentlichkeit" keinem Prozeßbeteiligten zugemutet werden darf, mehr zu ertragen als das, was die *Anwesenheit von Zuhörern* während der Verhandlung in psychischer Hinsicht bedeutet, daß also unter gar keinen Umständen von einem Prozeßbeteiligten verlangt werden darf, durch Sprechen vor dem Mikrofon selbst etwas zur Fernübertragung seiner Äußerungen *zu leisten* oder sich als Aufnahmeobjekt einer photographischen Linse *darzubieten*. *Zweitens* aber der *berufsethische Gedanke*, daß es heiligste Pflicht des Vorsitzenden sei, die Würde des Gerichts zu wahren, dem Gedanken Rechnung zu tragen, daß eine Hauptverhandlung keine Schauverhandlung, sondern ein nicht ernst genug zu nehmender Rechtsvorgang von sehr oft schicksalhafter Bedeutung ist, endlich aber auch den Angeklagten wie jeden anderen Prozeßbeteiligten vor allem zu schützen, was über die Belastungen hinausgeht, die sich aus einer Verhandlung als solcher und aus der Tatsache ergeben, daß er sie vor Augen und Ohren anwesender Zuhörer über sich ergehen lassen muß.

Von diesen berufsethischen Gesichtspunkten sei hier nicht weiter die Rede. Ausgezeichnetes ist darüber in und zwischen den Zeilen des Referates zu lesen, das *Sarstedt* auf der Weinheimer Tagung am 16. 11. 1957 gehalten hat, sowie in dem Aufsatz des gleichen Autors in JR 1956 S. 121. Sehr beachtlich neuestens auch *Jescheck*, Schweiz. Z. f. Str. 75, S. 71.

Dagegen sei die juristische Problematik im folgenden näher beleuchtet. Es geht um zwei Fragen:

1. Sind Rundfunksendungen aus dem Gerichtssaal auch gegen den Willen eines Prozeßbeteiligten statthaft?

2. Sind Bildberichterstattungen über Vorgänge im Gerichtssaal gegen den Willen eines Prozeßbeteiligten erlaubt?

I

Die erste dieser beiden Fragen ist durch die Entscheidung des 1. Strafsenats des BGH vom 8. 2. 1957 (BGHSt. 10, 202) weitgehend geklärt. Das Bayer. Oberste Landesgericht hatte noch ein Jahr zuvor (Entsch. Strafs. 1956, 21 = JZ 1956, 228) den Standpunkt vertreten, daß über die Zulässigkeit von Rundfunksendungen aus dem Gerichtssaal von Fall zu Fall unter Abwägung der einander entgegenstehenden Interessen *seitens des Gerichtes zu entscheiden* sei. Damit ist dem Gericht eine Verantwortung aufgebürdet worden, die weit über das hinausgeht, was sich aus § 169 GVG bezüglich der gerichtlichen Verantwortung für die einwandfreie Durchführung des Grundsatzes der Öffentlichkeit ergibt. Es ist erfreulich, mit welcher Bestimmtheit sich BGHSt. 10, 202 gegen diese Auffassung gewendet hat. Die Entscheidung zeigt, daß der leidenschaftliche Widerspruch, der im Schrifttum gegen die Auffassung des Bay. ObLG erhoben worden war (vgl. *Sarstedt* JR 1956, 121, *meine* Ausführungen JZ 1956, 208, früher schon Lehrkommentar I Nr. 345a ff.), nicht vergeblich gewesen ist. Der BGH stellt den wichtigen Satz auf, daß in § 169 GVG nur die unmittelbare Öffentlichkeit gemeint sei. „In der Gewährleistung dieser unmittelbaren Öffentlichkeit erschöpfen sich die für die Allgemeinheit sich ergebenden Rechte und die für das Gericht bestehenden Pflichten." Als einen Ausfluß des durch Art. 1 Abs. 1, Art. 2 Abs. 1 GG gewährleisteten Persönlichkeitsrechts (BGHZ 13, 334!) betrachtet der BGH das Recht eines jeden Verfahrensbeteiligten in der Hauptverhandlung, es abzulehnen, zwecks Tonbandaufnahme vor einem Gerät des Rundfunks zu sprechen. In voller Übereinstimmung mit *Sarstedts* und *meinen* Ausführungen wird dazu bemerkt, daß für einen Prozeßbeteiligten bei einer Tonbandaufnahme des Rundfunks die „Gefahr gesteigerter Befangenheit" drohe, die über das hinausgehe, was sich aus der in § 169 GVG vorgeschriebenen unmittelbaren Öffentlichkeit an nachteiligen Wirkungen auf die Unbefangenheit ergebe. Eine solche Steigerung der Befangenheit aber habe der Gesetzgeber in § 169 GVG nicht in Kauf genommen, da er mit dieser Gefahr nicht habe rechnen können.

Die prozeßrechtlichen Folgerungen, die sich aus dieser Einstellung ergeben, hat der BGH nur in einzelnen Punkten gezogen. Der BGH stellt fest: Wird ein Antrag des Verteidigers auf Untersagung der Tonbandaufnahme abgelehnt, und weigert sich alsdann der Verteidiger, seinen Schlußvortrag (StPO § 258) zu halten, so ist § 137 StPO in Verbindung mit § 258 verletzt, da sich aus diesen beiden Bestimmungen die Pflicht des Gerichts ergibt, dem Verteidiger Gelegenheit zu seinen Schlußausführungen zu geben. Entbehrt infolgedessen der Angeklagte des Beistandes eines Verteidigers, so wird das Urteil regelmäßig auf dem erwähnten Verfahrensverstoß *beruhen* (§ 337 StPO). Es wäre ein unzumutbares Verlangen gegenüber dem Beschwerdeführer, in der Revisionsbegründung darzulegen, inwiefern das Urteil dadurch, daß der Verteidiger nicht den Schlußvortrag gehalten hat, zum Nachteil des Angeklagten beeinflußt worden sein kann.

Dem ist sicher zuzustimmen. Darüber hinaus aber ergibt sich folgendes:

1. Erklärt der *Angeklagte*, er werde, wenn die Mikrofone nicht abgeschaltet werden, keine Aussage machen, so ist der Vorsitzende

verpflichtet, die Abschaltung der Anlage anzuordnen. Er würde die Aufklärungspflicht des Gerichtes (§ 244 Abs. 2) verletzen, wenn er um der Tonbandaufnahme des Rundfunks willen die Hauptverhandlung mit einem die Einlassung verweigernden Angeklagten durchführen würde, während er durch Anordnung der Abschaltung mit dem Angeklagten *verhandeln* und von diesem Erklärungen zur Sache erlangen könnte.

2. Weigert sich ein *Zeuge* oder *Sachverständiger*, in das Mikrofon des Rundfunks zu sprechen, und erklärt er, er sei nach Abschaltung zur Aussage bereit, so ist der Vorsitzende *verpflichtet*, die Abschaltung anzuordnen. Es wäre eine rechtswidrige Verletzung des Persönlichkeitsrechts der Beweispersonen, würde bei einer *solchen* Aussageverweigerung von den Zwangsmitteln des § 70 StPO Gebrauch gemacht werden. Und es läge ein Verstoß gegen § 244 Abs. 2 StPO vor, wenn der Vorsitzende eine Lage schüfe derart, daß die Aussage eines Zeugen oder Sachverständigen ausfallen würde, nur weil der Vorsitzende die Mikrofone nicht abschalten läßt, in die die Beweispersonen zu sprechen sich weigern.

3. Ganz ebenso hätte der Vorsitzende die Abschaltung der Mikrofone anzuordnen, wenn der Staatsanwalt oder der Verteidiger oder ein Beisitzer dies verlangen würde.

4. Sollten Staatsanwalt, Verteidiger, Angeklagter und alle anderen Prozeßbeteiligten mit der Durchführung der Tonbandaufnahme einverstanden sein, ja sogar sie übereinstimmend beantragen, so wäre das für den Vorsitzenden noch lange kein Anlaß, die Aufnahme zu gestatten. Zunächst ist der Vorsitzende selbst genau wie alle anderen Prozeßbeteiligten berechtigt, die Verhandlung vor dem Mikrofon zu verweigern. Hiervon abgesehen, würde § 169 GVG durch eine Weigerung des Vorsitzenden (ganz gleich, aus welchem Grunde sie erfolgt, ob sie begründet oder nicht begründet wird) nicht verletzt werden. § 338 Ziff. 6 StPO wäre also nicht anwendbar, da die Weigerung des Vorsitzenden ja nicht eine gesetzwidrige Einschränkung der mit § 169 GVG gemeinten unmittelbaren Öffentlichkeit bedeuten würde, sondern lediglich den Sinn hätte, daß der Vorsitzende nicht bereit sei, eine Maßnahme zu dulden, die den Gerichtssaal mit der mittelbaren Öffentlichkeit verbindet, für die zu sorgen das Gericht keinerlei prozessuale Pflicht hat.

5. Die prozessualen Situationen, wie sie oben unter 1.—3. geschildert sind, stellen durchweg störende Vorkommnisse dar, die

den Ablauf der Hauptverhandlung beeinträchtigen, unnötige Auseinandersetzungen hervorrufen und die ebenso unnötige Gefahr von Spannungen und Gereiztheiten unter den Prozeßbeteiligten heraufbeschwören. Die Intention auf Wahrheit und Gerechtigkeit und damit die Sache der Justiz wird nicht gefördert, vielmehr erheblich beeinträchtigt. wenn der Vorsitzende solche Situationen *auch nur entstehen läßt*. Und darum gibt es für den Vorsitzenden von vornherein überhaupt nur das Eine: *Jede Tonbandaufnahme des Rundfunks im Gerichtssaal ist ein für allemal und ausnahmslos zu untersagen*. Der Vorsitzende dient damit der recht verstandenen Würde des Gerichts. Er zeigt damit, wie sehr er die seelische Lage der am Strafverfahren beteiligten Menschen versteht und bereit ist, sie vor unnötigen und gesetzlich nicht gewollten psychischen Belastungen zu schützen. Und er verhindert zugleich beim Publikum das Entstehen ganz falscher und gefährlicher Eindrücke von den Vorgängen im Gerichtssaal, die, wie *Sarstedt* JR 1956, 121 großartig dargelegt hat, durch die stets stark gekürzten und komprimierten Rundfunksendungen hervorgerufen werden. Wer wissen will, wie es im Gerichtssaal zugeht, verfüge sich dorthin und mache von der im GVG gewährleisteten unmittelbaren Öffentlichkeit Gebrauch, oder er begnüge sich mit den Presseberichten, die die der Verhandlung beiwohnenden Gerichtsberichterstatter publizieren. Aber er verlange nicht, daß durch (vollständige oder unvollständige) Rundfunkübertragung aus dem Strafprozeß ein Schauprozeß zur Unterhaltung von Rundfunkhörern gemacht wird. Das sogenannte Informationsinteresse der Allgemeinheit ist kein so hoher Wert, daß es ihm zuliebe verantwortet werden könnte, die psychischen Belastungen der vor Gericht stehenden Menschen und die der Sache der Justiz schädlichen Wirkungen in Kauf zu nehmen, wie sie im einzelnen oben geschildert sind.

II

Zur zweiten Frage habe ich bereits in Teil I meines Lehrkommentars unter Nr. 345e Stellung genommen. Inzwischen aber hat die höchstrichterliche Rechtsprechung, die sich mit den Fragen des Persönlichkeitsrechtes befaßt hat, wichtige Beiträge zur Lösung der hier interessierenden Frage beigesteuert. Danach sollte es längst über jeden Zweifel erhaben sein, daß im Gerichtssaal kein Prozeßbeteiligter, besonders natürlich kein Angeklagter, ohne seine *ausdrückliche Erlaubnis* photographiert werden darf. Ist aber schon die *Aufnahme* ohne oder gegen den Willen des Betroffenen verboten, so verbietet sich erst recht die *Verbreitung* des Bildes durch die Bildpresse. In welcher Weise die Bildberichterstatter diese völlig klare und im folgenden eingehend zu begründende Rechtslage respektieren, zeigt jeder Blick in unsere Zeitungen. Befinden sich sogen. „Prominente" auf der Anklagebank oder auch nur im Zeugenstand, so erscheinen neben den Presseberichten über das Verfahren mehr oder weniger groß aufgemachte Bilder der Angeklagten und der Zeugen und vielfach zugleich auch der Verteidiger, Bilder, die kürzlich in einem beachteten Prozeß just in *dem* Augenblick aufgenommen gewesen sind, wo den Angeklagten das Urteil verkündet werden sollte. Wer sich das Gefühl für psychische Erlebnisse anderer Menschen durch die geistig-sittlichen Verwirrungen unserer Zeit noch nicht völlig hat verkümmern lassen, wird sich klar darüber sein, daß für einen Angeklagten, besonders am Ende einer tage- oder wochenlangen Verhandlung, der Augenblick, in dem das Gericht zur Urteilsverkündung den Saal betritt, der fürchterlichste und aufregendste ist. Selbst wenn ein Gesetz die Aufnahme des Angeklagten in einem solchen Augenblick ausdrücklich *gestatten* würde, würde ich als Vorsitzender, solange das Gesetz die Aufnahme nicht ausdrücklich *befiehlt,* keinem Bildreporter das Photographieren in diesem ernstesten und feierlichsten Moment erlauben. Ich stehe allerdings nicht an, darüber hinaus es für die *Pflicht* des Vorsitzenden zu halten, daß er alle Prozeßbeteiligten *schlechthin während der ganzen Dauer der Hauptverhandlung* gegen die Neugier der photographischen Linse schützt. Daß diese Pflicht sich schon heute eindeutig aus der Rechtslage ergibt, sei im folgenden im einzelnen erläutert:

1. Es versteht sich, daß der Vorsitzende aus sitzungspolizeilichen Gründen (GVG § 176) jedes die Verhandlung störende Verhalten zu verhindern hat. Eine Störung braucht aber nicht unbedingt in einem die *äußere* Ruhe und Ordnung beeinträchtigenden ungebührlichen Verhalten zu bestehen, kann vielmehr auch dadurch zustande kommen, daß die zur Teilnahme an der Verhandlung genötigten Prozeßbeteiligten durch seelische Irritierungen abgelenkt, gereizt, unsicher oder nervös gemacht werden. Daß Derartiges der Durchführung und dem Ergebnis einer Verhandlung schweren Abtrag tut, kann niemand bezweifeln. Selbst wenn sich Bildreporter während der Verhandlung äußerlich völlig korrekt ver-

halten, kann es nicht ausbleiben, daß ihre Tätigkeit zum Zwecke der Bildberichterstattung bei Prozeßbeteiligten, vor allem bei Angeklagten, Zeugen und Verteidigern eben jene Irritierung auslöst, vor allem, wenn sie nicht photographiert werden *wollen*, aber sich gehemmt fühlen, dagegen zu protestieren, da ein solcher Protest ja immer zugleich eine Kritik an der den Pressephotographen zulassenden Maßnahme des (an der Entscheidung mitwirkenden!) Vorsitzenden enthält. Mit diesen *Möglichkeiten muß* jeder Vorsitzende rechnen. Er dürfte daher als der für eine prozeßordnungsgemäße „Verhandlung" in erster Linie Verantwortliche den Pressephotographen Aufnahmen überhaupt nur dann gestatten, wenn er sich zuvor von dem bedingungslosen und ernstlichen Einverständnis *aller* Prozeßbeteiligten vergewissert hätte. Solange das nicht geschehen ist, hat er aus sitzungspolizeilichen Gründen die Aufnahmen zu untersagen. Da kein Vorsitzender verpflichtet ist, sich auf Wunsch des Bildberichterstatters oder von Amts wegen um die Einverständniserklärung der Beteiligten zu *bemühen*, da außerdem eine Einverständniserklärung widerrufen werden könnte, so hat der Vorsitzende im Hinblick auf die bloße *Möglichkeit* der oben erwähnten, *erfahrungsgemäß zu vermutenden* Irritierung von vornherein und ohne weiteres die Bildaufnahmen während der Verhandlung zu untersagen. Einen Rechtsanspruch der bildberichterstattenden Presse verletzt er damit keinesfalls. Vgl. zum Ganzen *Schorn* LZ 1932, 1410, *Schwarz*[21] GVG § 176 Nr. 1, *KM*[4] GVG § 176 Nr. 2a.

2. Aus der Sicht der *Prozeßbeteiligten* stellt sich das Problem folgendermaßen dar:

a) Was den *Angeklagten* betrifft, so sagt § 81b StPO klar und deutlich, *welche Zwecke allein* die Aufnahme eines Lichtbildes von ihm gegen seinen Willen gestatten. Nur „soweit es für Zwecke der Durchführung des Strafverfahrens oder für die Zwecke des Erkennungsdienstes notwendig ist", dürfen gegen seinen Willen Lichtbilder von ihm aufgenommen werden. Man sage nicht, daß § 81b StPO für die Aufnahmen der Bildberichterstattung keine Bedeutung habe, da er *dazu* weder positiv noch negativ Stellung nehme. Ausdrücklich tut er das sicher nicht. Dennoch hat § 81b für unser Problem seine volle Bedeutung. Er zeigt, daß der Gesetzgeber in der gegen den Willen des Beschuldigten erfolgenden Lichtbildaufnahme eine die persönliche Freiheit beeinträchtigende Zwangsmaßnahme erblickt, die er eben darum, wie die Verhaftung, vorläufige Festnahme, Beschlagnahme, körperliche Untersuchung usw., einer *ausschließlichen* Regelung unterwirft und *allein den Behörden* zu den *von ihm bestimmten* Zwecken erlaubt. Soweit aber Bildaufnahmen hiernach *verboten* sind, richtet sich das Verbot nicht nur an Beamte und Behörden, sondern an alle, die dem Beschuldigten *als solchen* im Verfahren begegnen. Warum das nicht auch die Bildberichterstatter während der Verhandlung sein sollten, wäre völlig unerfindlich. Darauf deutet übrigens auch § 24 KUG hin, der den Gedanken des § 81 b StPO verallgemeinert und erweitert: „Für Zwecke der Rechtspflege und der öffentlichen Sicherheit dürfen von den Behörden Bildnisse ohne Einwilligung des Berechtigten sowie des Abgebildeten oder seiner Angehörigen vervielfältigt, verbreitet und öffentlich zur Schau gestellt werden." Die Ausschließlichkeit der Zweckbeziehung ist hier ebenso wichtig wie die Anordnung, daß nur und ausschließlich *Behörden* sich über den Willen des Betroffenen hinwegsetzen dürfen. *Alle anderen aber haben diesen Willen zu respektieren!* Anerkannt ist (vgl. *Ulmer*, Urheber- und Verlagsrecht 1951 S. 325), daß § 24 KUG nicht etwa so gedeutet werden darf, daß das *Gericht*, um der Strafrechtspflege größere Resonanz zu verschaffen und dem Informationsinteresse der Allgemeinheit entgegenzukommen, die Bildberichterstattung anordnen und durch die Bildaufnahmen während der Verhandlung vorbereiten lassen dürfe. Die „Zwecke der Rechtspflege" im Sinne des § 24 KUG wären damit völlig falsch verstanden. Denn was § 24 meint, sind in Ergänzung des § 81 b StPO nur die mit der *Fahndung und Sachaufklärung* zusammenhängenden „Zwecke der Rechtspflege und der öffentlichen Sicherheit". Es geht also „um Steckbriefe, das Verbrecheralbum, um Bilder, die zur Identifizierung einer Leiche dienen u. a." (*Ulmer* a. a. O., dazu Lehrkommentar Teil I Nr. 345e zu Anm. 144). Mit der Bildberichterstattung der Presse hat § 24 KUG jedenfalls im Sinne einer *Erlaubnis* nicht das Geringste zu tun.

b) Eindeutig schützen im übrigen die §§ 22, 23 KUG jede Person und somit natürlich auch alle Prozeßbeteiligten dagegen, daß ohne ihre Einwilligung Bildnisse von ihnen *verbreitet* oder öffentlich *zur Schau gestellt* werden. Von den in § 23 vorgesehenen *Ausnahmen* trifft keine auf die Vorgänge im Gerichtssaal zu. Bei einer Hauptverhandlung handelt es sich nicht um eine „Versammlung" im Sinne der Ziff. 3 des § 23, vielmehr ist sie eine „öffentliche Verhandlung" im Sinne des § 17 LUG. Es wird also in den hier maßgebenden Gesetzen zwischen „Verhandlungen" und „Versammlungen" unterschieden, und nur für „Versammlungen" gilt die Ausnahmebestimmung des § 23 Ziff. 3 KUG, wonach die Teilnehmer daran auch ohne ihre Einwilligung eine Verbreitung von Bildern dulden müssen. Aber selbst wenn man die Hauptverhandlung als „Versammlung" auffassen wollte, wäre immer noch folgendes zu bedenken: Bei den Bildreportagen aus dem Gerichtssaal werden ja garnicht die *Verhandlungen als solche* (als „Versammlungen" einmal aufgefaßt) abgebildet. Dazu würde gehören, daß das Bild einen Eindruck vom Ganzen des Verhandlungsraumes, von der Gesamtheit oder doch von der Mehrzahl der anwesenden Personen und somit vom Ganzen der bildhaft festzuhaltenden Vorgänge vermittelt. Die Bildreportage aber nimmt den oder die einzelnen Angeklagten oder sonstigen Prozeßbeteiligten aufs Korn, erfaßt allenfalls noch die eine oder andere zufällig daneben befindliche Person (Polizeibeamte, Verteidiger) und stellt dann in den Zeitungen diese Einzelnen und keineswegs die „Versammlung" als solche vor die Augen des Publikums.

Auch Ziff. 2 des § 23 KUG rechtfertigt nicht die Bildreportage aus dem Gerichtssaal gegen den Willen der abgebildeten Personen. Denn der Bildreportage geht es nicht um Festhaltung der „Örtlichkeit" des Gerichtssaales, wobei dann als „Beiwerk" Prozeßbeteiligte „*neben*" dieser Örtlichkeit zufällig auch zur Abbildung gelangen. Vielmehr ist das, was von dem Gerichtssaal als Örtlichkeit aufs Bild kommt, gerade das (zufällige und für die Reportage völlig nebensächliche) „Beiwerk" zur Abbildung der *Personen*, die *als solche* dem Publikum zur Schau gestellt werden sollen.

Es bleibt endlich der berühmte Satz der Ziff. 1 des § 23, wonach ohne die nach § 22 erforderliche Einwilligung „Bildnisse aus dem Bereiche der Zeitgeschichte" verbreitet und zur Schau gestellt werden dürfen. Aber auch hieraus läßt sich nie und nimmer eine Berechtigung herleiten, Bilder von Angeklagten und anderen Prozeßbeteiligten gegen ihren Willen in die Presse zu bringen.

Nun werden unter „Bildnissen aus dem Bereiche der Zeitgeschichte" nicht nur Abbildungen zeitgeschichtlicher *Vorgänge*, sondern auch solche sogenannter „zeitgeschichtlicher *Persönlichkeiten*" verstanden (vgl. *Ulmer* S. 326; auch BGH NJW 1956, 1554 spricht von „Personen der Zeitgeschichte"). Ob das dem § 23 Ziff. 1 KUG entspricht, muß mehr als bezweifelt werden (vgl. z. B. *Bussmann*, 42. DJT I, 41), soll aber hier dahingestellt bleiben; es sei also unterstellt, daß § 23 Ziff. 1 KUG auch die Bildnisse „zeitgeschichtlicher Persönlichkeiten" mit umfasse und daß der Gesetzgeber die geradezu ungeheuerliche Unsicherheit in Kauf genommen habe, die bezüglich der juristischen Absteckung des dazu gehörigen Personenkreises besteht (*Ulmer* S. 326, *Bussmann* S. 39).

Jedenfalls entsteht hier eine ganze Reihe bedeutsamer Fragen. Geht man von den Erscheinungen unseres Pressewesens aus, so hat man den Eindruck, daß jede Hauptverhandlung ein Vorgang aus dem Bereiche der Zeitgeschichte ist, und daß jeder, der als Prozeßbeteiligter an einer Hauptverhandlung teilzunehmen hat, zu einer „Persönlichkeit der Zeitgeschichte" wird, wenn er es wegen seiner Stellung im öffentlichen Leben nicht schon vorher gewesen ist. Und diese Eigenschaft scheint dann ein Charakter indelebilis zu sein und sogar noch im Strafvollzug der Bildreportage die aus § 23 Ziff. 1 KUG hergeleiteten Möglichkeiten zu bieten; denn wer erinnert sich nicht, daß vor Jahren die Verurteilten aus dem Nürnberger Hauptprozeß, hinter den Mauern des Spandauer Zuchthauses in Sträflingskleidung bei mannigfachen Beschäftigungen photographiert, in einer viel gelesenen illustrierten Zeitung den Augen des Publikums sichtbar gemacht worden sind!

Vom juristischen Standpunkt aus sind demgegenüber folgende Feststellungen zu machen:

Es kann gar keine Rede davon sein, daß eine Hauptverhandlung, weil sie nach GVG § 169 „öffentlich" durchzuführen ist, ein „zeitgeschichtlicher" Vorgang mit den aus § 23 Ziff. 1 KUG sich ergebenden Folgerungen sei, ganz gleichgültig, ob es sich dabei wegen der Person des Angeklagten oder wegen der abzuurteilenden Tat um eine aufsehenerregende Angelegenheit handelt oder nicht (vgl. *Bussmann* S. 24; Lehrkommentar Teil I Nr. 345e). Vielleicht hat man von dem in jeder Hinsicht exzeptionellen Nürnberger Hauptprozeß sagen können, daß er als solcher ein Vorgang aus dem Bereiche der Zeitgeschichte gewesen ist. Von den Hauptverhandlungen, die im Zuge unserer deutschen Strafrechtspflege der Gerechtigkeit dienen sollen, läßt sich das jedenfalls nicht sagen.

Eine Beziehung zu § 23 Ziff. 1 KUG könnte überhaupt nur dann entstehen, wenn eine Person, die unabhängig von dem Verfahren ohnehin schon auf Grund ihrer Stellung im öffentlichen Leben eine „zeitgeschichtliche Persönlichkeit" ist, in einer Hauptverhandlung als Angeklagter oder Zeuge eine Prozeßrolle zu spielen hat. Auch in diesem Fall gibt § 23 Ziff. 1 KUG kein Recht, von ihr im Gerichtssaal eine *Aufnahme zu machen.* Denn § 23 Ziff. 1 KUG regelt überhaupt nur die Frage der *Verbreitung* und *Zurschaustellung* eines Bildes der betreffenden Person, muß also voraussetzen, daß ein *zu Recht entstandenes* Bild vorliegt, auf das sich nun die Erlaubnis des § 23 Ziff. 1 beziehen kann. Man kann dem Gesetzgeber nicht den Unsinn unterstellen, daß sich die Erlaubnis des § 23 Ziff. 1 auch auf den Fall erstrecken soll, wo die *Aufnahme des Bildes* eine Rechts*verletzung* darstellt; denn es liegt auf der Hand, daß die mit der Aufnahme gegebene Rechtsverletzung durch Verbreitung und Zurschaustellung des Bildes ins Ungemessene vergrößert wird.

Die Frage ist also die: Kann von einer „zeitgeschichtlichen Persönlichkeit" gegen ihren Willen in einer Hauptverhandlung *in rechtlich einwandfreier Weise* ein Bild aufgenommen werden? Für *Angeklagte* ergibt sich die Verneinung dieser Frage schon aus dem, was oben unter 2a aus § 81 b StPO abgeleitet worden ist. Was andere Prozeßbeteiligte betrifft, so sollte gesagt werden müssen: Was einem Angeklagten gegenüber nicht statthaft ist, kann anderen Prozeßbeteiligten gegenüber unmöglich erlaubt sein. Aber darüber hinaus muß doch nun ganz allgemein beachtet werden, daß die Rechtsprechung des BGH bezüglich *jeder* zeitgeschichtlichen Persönlichkeit mit der früheren Rechtsprechung des RG gebrochen hat, die es bekanntlich zuließ, daß zeitgeschichtliche Persönlichkeiten auch gegen ihren Willen in jeder, auch der intimsten Situation des Privatlebens photographiert werden dürften (vgl. alles Nähere mit Entscheidungsnachweisen bei *Bussmann* a. a. O. S. 23ff.), was dann natürlich gemäß § 23 Ziff. 1 KUG auch die Statthaftigkeit der Verbreitung der so entstandenen Bildnisse zur Folge gehabt hat. Die Entscheidung des zweiten Zivilsenats vom 27. 5. 1957 (NJW 1957, 1314) hat die zeitgeschichtliche Persönlichkeit erfreulicherweise und endlich gerade gegen solche *Bildaufnahmen* geschützt, die von ihr „in ihrer privaten Umgebung ohne ihr Wissen und gegen ihren Willen" angefertigt werden. Die Entscheidung des ersten Zivilsenats vom 8. 5. 1956 (NJW 1956, 1554) hatte schon vorher die Unanwendbarkeit des § 23 Ziff. 1 KUG für den Fall ausgesprochen, daß die Veröffentlichung des Bildes „nicht einem berechtigten Informationsbedürfnis der Allgemeinheit, sondern allein den Geschäftsinteressen eines mit dieser Abbildung für seine Waren werbenden Unternehmens dient".

Diese Entscheidungen haben nun die ganze Problematik der Bildaufnahme und -verbreitung bei zeitgeschichtlichen Persönlichkeiten gewiß nicht erschöpft; aber sie enthalten Gedanken, die nur zu Ende zu denken sind, wenn man zu allgemeinen Ergebnissen kommen will.

Wenn die Entscheidung von 1957 die zeitgeschichtliche Persönlichkeit vor photographischen Überfällen in ihrer „privaten Umgebung" schützt, so bedeutet das nicht, daß außerhalb dieser „privaten Umgebung" jede Bildaufnahme gestattet ist. Die Entscheidung von 1957 zieht aus der Anerkennung des allgemeinen Persönlichkeitsrechts rechtliche Folgerungen nur in einer *einzelnen*, durch den zu *entscheidenden Fall* gebotenen Richtung. Aber der dabei obwaltende Gedanke von allgemein rechtlicher Bedeutung ist der, daß überall da, wo vernünftiges, gesittetes, anständiges, humanes Denken Rücksicht auf die Eigensphäre des Einzelnen zu nehmen hat, auch der zeitgeschichtlichen Persönlichkeit ein *Anspruch* auf diese Rücksichtnahme zusteht. Das ist ja auch der Gedanke, den § 23 Abs. 2 KUG anerkennt, soweit eine *Verbreitung* von Bildnissen in Frage kommt: wo ein „berechtigtes Interesse des Abgebildeten" der Verbreitung entgegensteht, gilt die „Befugnis" aus Abs. 1 *nicht*! § 23 Abs. 2 KUG sagt mit keinem Wort, daß seine Anwendbarkeit eine Abwägung von entgegenstehenden Interessen voraussetze; vielmehr läßt er das berechtigte Individualinteresse *allen* anderen Interessen vorgehen (Lehrkommentar I Nr. 345e). Aber selbst wenn man mit *Ulmer* S. 326 der Auffassung ist, daß nach der Fassung des § 23 Abs. 2 „die Lebensverhältnisse eine sorgfältige Abwägung der Interessen erfordern", so ist doch die Rechtslage bezüglich der Zulässigkeit von Bildaufnahmen in einer *Hauptverhandlung* ganz klar und einfach.

Aus § 169 GVG ergeben sich dabei selbst noch beachtenswerte Gesichtspunkte. Als Nicht-Prozeßbeteiligte gehören die Bildreporter zu denjenigen, die gemäß § 169 GVG von der „Öffentlichkeit" durch Anwesenheit im Gerichtssaal Gebrauch machen dürfen. Aber die auf Grund dieser Öffentlichkeit zugelassenen Personen können sich nicht nach Belieben hier oder dort im Gerichtssaal aufhalten oder gar umherbewegen, vielmehr sind sie auf Benutzung des durch eine Schranke abgegrenzten Zuhörerraums angewiesen. Diese Art der Öffentlichkeit bewahrt die Angeklagten und Zeugen jedenfalls davor, daß das anwesende Publikum ihnen ins Gesicht starrt. Es wäre eine vom Vorsitzenden zu verhindernde Störung der Ordnung, wenn Zuhörer sich in den Raum zwischen

Gerichtstisch und Anklage- und Zeugenbank drängen würden, um „besser sehen zu können". Offenbar wird ein aus dem Gesichtspunkt der „Öffentlichkeit" herzuleitendes berechtigtes Interesse, das Gesicht und das Mienenspiel der Angeklagten und Zeugen zu beobachten, *nicht* anerkannt. Schon das spricht *dagegen*, daß Abbildungen von Antlitz und Mienenspiel der *mittelbaren* Öffentlichkeit durch Bildreportagen sollten zugänglich gemacht werden dürfen.

Aber wichtiger als dies ist alles das, was sich aus dem Gesichtspunkt des „berechtigten Interesses" (§ 23 Abs. 2 KUG) ergibt, auch wenn die Prozeßbeteiligten zeitgeschichtliche Persönlichkeiten sind. Dieses „berechtigte Interesse", nicht abgebildet und durch Bildverbreitung öffentlich zur Schau gestellt zu werden, greift überall da durch, wo anständiges Denken, gesittetes Wesen, humane Gesinnung sich scheuen, dem in peinlicher Lage, in Bedrängnis, in seelischer Not oder Verlegenheit befindlichen Menschen ins Gesicht zu sehen, es sei denn, daß man ihm helfen und beistehen will oder daß rechtliche Verpflichtungen (etwa der Gerichtspersonen) dieses Ins-Gesicht-Sehen notwendig machen.

Wer wollte bezweifeln, daß damit die Situation in der Hauptverhandlung für die zur Beteiligung daran Gezwungenen im Sinne des verfassungsmäßig anerkannten Persönlichkeitswertes und des notwendigen Persönlichkeitsschutzes richtig erfaßt wird.

Gegenüber diesem berechtigten Interesse des Einzelnen ist das so viel beredete Informationsinteresse der Öffentlichkeit ein lächerliches Nichts. Was entgeht einem schon, wenn man in der Presse Bilder von Angeklagten oder Zeugen *nicht* zu sehen bekommt? Mag ein berechtigtes Interesse der Öffentlichkeit bestehen, zu erfahren, welcher Taten zeitgeschichtliche Persönlichkeiten beschuldigt werden, was in der Verhandlung in dieser Hinsicht geklärt wird und wie das Urteil lautet! *Das* sind Momente, die zu erfahren zur Meinungsbildung der am öffentlichen Leben interessierten Staatsbürger bedeutsam sind und die durch eine zuverlässige Gerichtsberichterstattung auch dem zur Kenntnis gebracht werden dürfen, der an der Verhandlung nicht teilnimmt. Aber was für Gesichter Angeklagte und Zeugen in der Hauptverhandlung bei Vernehmungen oder bei der Urteilsverkündung machen, das ist für jenes berechtigte Informationsinteresse völlig gleichgültig. Nur wer von dem unseligen Trend zur Publicity ergriffen ist, durch den heutzutage alles überrannt wird, was humanes Denken an selbstverständlichen Rücksichten aufzubringen sich verpflichtet fühlt, kann hier noch von einem berechtigten Informationsinteresse der Öffentlichkeit sprechen. Für ein Gericht darf diese Massenauffassung keinesfalls gelten. Daraus aber ergeben sich folgende Konsequenzen:

Das Gericht hat davon auszugehen, daß Prozeßbeteiligte im Gerichtssaal ein berechtigtes Interesse daran haben, in dieser Situation *nicht* photographiert zu werden, besonders wenn die Bildaufnahmen zur Verbreitung durch die Presse bestimmt sind. In diesem Recht müssen die Prozeßbeteiligten vom Vorsitzenden geschützt werden. Der Vorsitzende muß alles verhindern, was das Persönlichkeitsrecht der Prozeßbeteiligten verletzen kann; er darf daher Bildreportern nicht gestatten, im Gerichtssaal Aufnahmen zu machen, weder vom Zuhörerraum aus, noch in dem Raum zwischen Gerichtstisch und Zeugen- und Anklagebank. Sollten dennoch Aufnahmen gemacht werden, so würde der Vorsitzende sitzungspolizeilich einzugreifen (GVG §§ 176, 178) und die Beschlagnahme der Filme anzuordnen haben (OLG Koblenz HESt. 3, 59). Ein Antrag von Presseorganen, Aufnahmen zu gestatten, ist abzulehnen. Selbst wenn dem Vorsitzenden dargetan würde, daß alle im Saal Befindlichen, einschließlich des Angeklagten, die Aufnahme wünschen, würde der Vorsitzende nach den zu II 1 entwickelten Gesichtspunkten und nicht zuletzt einfach deshalb, weil es um Würde und Ernst der Strafjustiz geht, den Antrag abzulehnen haben. Da diese Ablehnung eine sitzungspolizeiliche Maßnahme darstellt, unterliegt sie keiner Beschwerde (OLG Koblenz a. a. O.; KM[4] GVG § 177 Note 3b, *Löwe-Rosenberg* [20] GVG § 176 Nr. 2d), da § 181 GVG die Beschwerde nur bei den auf § 178 beruhenden Maßnahmen (Straffestsetzungen!) gestattet, wozu aber die Ablehnung des Antrags nicht gehört.

In dieser Weise wird der Sache der Justiz und den anerkannten Persönlichkeitsrechten der Prozeßbeteiligten in gleichem Maße gedient, ohne daß *berechtigte* Interessen der Presse oder der Öffentlichkeit auch nur im geringsten zu Schaden kämen. Die Situation des Vorsitzenden ist dabei so unkompliziert und einfach wie nur möglich. Er hat vor allem keinerlei Interessenabwägung zu vollziehen, sondern nur aus GVG, KUG und GG die Konsequenzen zu ziehen, wie sie oben entwickelt sind.

Es ist ein erfreuliches Zeichen, daß gegen die Mißachtung vorstehend entwickelter Rechtsgedanken und gegen die damit heraufbeschworene Gefahr, daß sich die Intention auf Publicity neben, wenn nicht gar an die Stelle der Intention auf Gerechtigkeit setzen könnte, in der Öffentlichkeit, und zwar gerade auch von Vertretern der Presse selbst warnende Stimmen erhoben worden sind. Ich denke etwa an P. W. Wengers Leitartikel in Nr. 31/14. Jahrg. des Rhein. Merkurs (31. 7. 1959), vor allem aber an die aus echter Besorgnis heraus gesprochenen, sehr ernsten und überaus taktvollen Warnungen des Justizministers Dr. Flehinghaus (Nordrhein-Westfalen), dem für die Aufrichtigkeit, den Mut und die Sachlichkeit seiner Ausführungen der Dank aller gebührt, denen die Sache der Justiz nicht zuletzt eine Sache des Gewissens und des Herzens ist.

DER PROZESS SOKRATES

Von Benvenuto Samson

Die Geschehnisse bei uns in Deutschland in den 100 Jahren von 1850 bis zum Ende des 2. Weltkrieges haben eine gewisse Ähnlichkeit mit den uns überlieferten Ereignissen und Vorgängen, die sich im Staate Athen im 5. vorchristlichen Jahrhundert abgespielt haben. Im Anfang dieses Zeitraumes ein wirtschaftlicher und staatlicher Aufschwung ohnegleichen, furchtbare Kriege — bei uns die beiden Weltkriege, die ich zusammenfasse, da sie in der Tat wirtschaftlich, politisch und militärisch eine Einheit bilden und in Griechenland der Peloponnesische Krieg, der ja auch zwei einzelne Kriege[1] umfaßt —, Kriege, die das ganze blühende Land zerstörten, ein Zusammenbruch von großer Höhe zu staatlicher Ohnmacht mit den wohl fast zwangsläufig politischen Nachwirkungen, dem Wechsel der Staatsform: Oligarchie, Monarchie, Demokratie, Tyrannis lösen sich ab. Geradezu Musterbeispiele des aristotelischen Pendelgesetzes, Kriegsprozesse, Amnestien und auch Versuche zur Restauration in politischer, sittlicher und religiöser Beziehung hat es schon vor 2350 Jahren gegeben.

Aber wie war die geistige Situation in jener Zeit? Sie wird gekennzeichnet durch die Namen des Staatsmannes Perikles, der Künstler Polykleitos und Pheidias, des Dichterdreigestirns Äschylos, Sophokles und Euripides, des Komödiendichters Aristophanes und des Philosophen Sokrates. Kein Wirtschaftswunder, aber ein wahrhaftes Kulturwunder, daß ein Volk in der Zeitspanne von drei Menschenaltern die geistigen Grundlagen des Abendlandes geschaffen hat, die sittlichen Ideen zum ersten Male gedacht hat, deren Richtigkeit erst in unseren Tagen vom Kommunismus stalinistischer Prägung bestritten wird. Es ging und geht auch heute wieder um die Frage der Freiheit des Glaubens und der

---

[1] Der Archidamische Krieg 431—421 und der Dekeleische Krieg 413—404 v. Chr.

Weltanschauung, der Lehre und Forschung. Sokrates hat diese Frage mit seinem Tode beantwortet.

So sehen wir die Dinge in einem Abstand von zweieinhalb Jahrtausenden. Allerdings ist eine solche Betrachtung zu vereinfacht. In Wahrheit führte die Entwicklung zu einer Umwertung aller Werte. Die naturwissenschaftlichen und vor allem astronomischen Entdeckungen, die Theorien der sich ablösenden philosophischen Schulen und Richtungen wirkten nicht nur aufbauend, sondern mußten überkommene Anschauungen radikal umstoßen. Die Zeit war zu kurz für eine allmähliche Evolution, die neuen naturwissenschaftlichen und philosophischen Erkenntnisse brachen sich Bahn mit der Gewalt einer Revolution. Der Olymp, auf dem die homerischen Götter seit Jahrhunderten wohnten und regierten, kam ins Wanken. Die Götter wurden vertrieben, sie entflohen. Der Glaube, der sie zwar mit übermenschlicher Größe und Gewalt ausgestattet hatte, hatte sich gleichzeitig von jeher mit der Vorstellung verbunden, daß auch sie mit menschlichen Schwächen behaftet seien. Der Mythos zeigte bei ihnen alle menschlichen Untiefen: Neid und Machtstreben, sinnliche Liebe, Haß und Eifersucht. Waren diese olympischen Wesen mit ihren menschlichen, allzu menschlichen Beziehungen, ihren nur halbgöttlichen Kindern und Nachkommen wirklich etwas anderes als Symbole des irdischen Geschlechts ? War die kultische Verehrung nicht eine leere Tradition geworden, die über Bord geworfen werden mußte ? Und wenn man dies in der Sprache des 20. Jahrhunderts sagen darf: Man zahlte die Kirchensteuer weiter, man trat nicht aus der Kirche aus, aber man ging auch nicht hinein.

So waren alle religiösen Grundlagen erschüttert.

Die Dichter waren es in erster Linie, die die Zweifel an die Allmacht der Götter ins Volk brachten. In einem leider Fragment gebliebenen Drama des Euripides[2] steigt Bellerophontes mit Pegasus zum Himmel, um sich die Gewißheit zu verschaffen, daß es keine Götter gibt, und spricht die Worte:

„Da sagt wohl einer, dort im Himmel seien Götter. Nein, nein! Es sei denn, daß der Menschen einer hier ohne Not dem alten Märchen Glauben schenken will."

So wird Bellerophontes vom mythischen Helden und Himmelsstürmer zum Atheisten.

---

[2] Siehe *Kranz*, Kulturgeschichte der Hellenen, S. 430.

Kritias (gest. 403) schildert in einem Satyrspiel „Sisyphos" den Untergang der Religion und läßt eine der handelnden Personen sagen:

„Zuerst war Chaos, dann sorgten die Strafgesetze für Ordnung, bis ein schlauer Mann die Götter und die Gottesfurcht der Sterblichen erfunden hat."

Die Erforschung des Menschen tritt an die Stelle des Glaubens an die Götter. Der Grundsatz der Gleichheit aller Menschen wird proklamiert. Alkidamos lehrt, daß Gott alle Menschen frei gelassen und niemanden zum Sklaven gemacht hat. Antiphon verkündet, daß Griechen und Barbaren allesamt durch Mund und Nase die Luft ein- und ausatmen und alle mit den Händen essen.

Die alten Sagen werden ihres mythischen Charakters entkleidet, und göttliche Wunder werden menschlich erklärt. Die Sage, die berichtet, daß Artemis, die Göttin der Reinheit und Jungfräulichkeit, den Aktaion, der es wagte, sie beim Bade zu überraschen, in einen Hirsch verwandelte, den seine eigenen Hunde zerfleischten, erscheint wieder in der Historie, daß Aktaion ein Opfer seiner Jagdleidenschaft geworden sei.

Die Hydra, jene furchtbare tausendköpfige Schlange, die Herakles erschlug und bei der für jeden abgeschlagenen Kopf immer zwei neue wuchsen, verwandelte sich realistisch in ein Kastell, das mit 50 Hopliten besetzt ist und in dem an die Stelle eines gefallenen Soldaten zwei andere treten.

Wir erleben die erste Entmythologisierung.

In diese Zeit fällt das Auftreten des Sokrates. Es beginnt etwa mit dem Peloponnesischen Krieg und endet kurz nach dem Zusammenbruch Athens im Jahre 404. Sokrates muß sich bald hervorgetan haben; denn schon im Jahre 423 verspottet ihn Aristophanes in den „Wolken" als Aufklärer, Naturphilosophen und Sophisten, der der Jugend Ideale predigte, die der älteren Generation neu und fremd waren und die Demokratie gefährdeten. Das ist ein Zeichen, daß Sokrates im Volke als Typ eines Sophisten galt. Aber die Komödie des Aristophanes fiel durch. Noch war es in aller Erinnerung, daß Sokrates in der Schlacht bei Potidäa seinen Mann gestanden, Alkibiades gerettet, zu dessen Gunsten auf den Siegespreis verzichtet und daß er in den Kämpfen um Delion sich durch besondere Tapferkeit hervorgetan hatte. Offenbar war die Figur des Sokrates verzeichnet; er war zu bekannt, als daß man ihn als Prototyp der geschäftstüchtigen Sophisten hinstellen konnte.

Aristophanes war nicht der einzige, der Sokrates verspottet hatte, auch Ameipsias ließ Sokrates auf der Bühne auftreten: er stieß auf einen ganzen Chor von „Denkern“ als wunderlichster Mann und wurde begrüßt als „Trefflichster von wenigen, Törichster von vielen“. In einer Komödie von Eupolis[3] sagt eine der auftretenden Personen: „Ich hasse auch den Sokrates, den armen Schwätzer, der über alles andere grübelt, aber nicht dafür sorgt, wie er zu essen bekommt.“ Diese Angriffe waren harmloser als die des Aristophanes. Immerhin: semper aliquid haeret.

In Wahrheit war Sokrates alles andere als ein Sophist. Schon äußerlich unterschied er sich von diesen Wanderrednern, daß er, abgesehen von den Feldzügen und einem einzigen Besuche der Festspiele auf dem Isthmus[4], Athen niemals verlassen hat. Er suchte nicht die großen Veranstaltungen und festlichen Versammlungen, um sich zu produzieren und Anhänger und Schüler zu suchen; er lehrte nicht gegen Geld in den reichen aristokratischen Familien, sondern führte seine Gespräche auf dem Markte, auf den Straßen, im Gymnasium und in den Werkstätten der Handwerker, aus deren Stand er ja stammte. Er verwickelte seine Mitbürger in Gespräche, wies ihnen in seiner viel nachgemachten, aber unnachahmlichen Dialektik ihre Unwissenheit nach, brachte sie zur Erkenntnis, daß ihr Wissen ein Scheinwissen, ein Nichtwissen sei. Er meinte damit nicht die Unwissenheit, die schlechte Schulbildung, die durch Erziehung und Aneignung von Wissensstoff zu beseitigende Unkenntnis; er kämpfte gerade gegen das auf Zahlen, Daten und anderen Gedächtniskram aufgebaute Scheinwissen, das stets mit Wissensdünkel verbunden ist, in der Überzeugung, daß derjenige, der viele Disziplinen: die Grammatik, die Rhetorik, die Mathematik, die Astronomie und die Philosophie wirklich durchdacht habe und sie beherrsche, ein Wissender sei. Man ist versucht, von der Absicht der Hochschulreform zu sprechen. Immer wieder diskutiert er in immer tiefer bohrender Weise nach der Quelle der richtigen Erkenntnis: Nur der, der das Gute kennt und weiß, kann gut handeln, und wer die richtige Erkenntnis gewonnen und das richtige Wissen erworben hat, der muß auch richtig han deln. So muß auch der glücklich, gerecht, gut und verständig sein der einmal erkannt hat, was glücklich, gerecht, gut und anständig,

[3] Siehe *Eduard Meyer*, „Geschichte des Altertums“ IV 1, 4. Aufl. S. 147.
[4] Siehe Kriton 52 B.

was, um es in einem griechischen Wort zusammenzufassen, ἀρετή ist, die Tüchtigkeit, die Gerechtigkeit, die Schönheit, das Glück. Mit diesem Streben erfüllt er die Jugend, zeigt ihnen den rechten Weg, lehrt sie die richtige Wertung zwischen körperlichem Sport und seelischer Haltung und beweist ihnen die Zweifelhaftigkeit der Massenherrschaft. Das ist seine Philosophie, die in keiner Zeile von ihm niedergeschrieben worden ist und die mit dem, was wir im Laufe von zwei Jahrtausenden darunter zu verstehen gelernt haben, nicht vergleichbar ist. Es ist mehr eine Ethik, zu der wir durch logische Induktion gelangen. Aber das Wesentlichste ist, daß Sokrates die menschliche Seele entdeckt hat. In der Apologie wiederholt er selbst seine gewohnten Ermahnungen: „Für den Leib, für Geld und Vermögen nicht zuerst und nicht so eifrig zu sorgen, wie für die Seele.“[5] Es ist kaum möglich, diesen Ausspruch zu zitieren, ohne an die Worte Jesu zu denken, die er an seine Jünger gerichtet hat[6]: „Was würde es dem Menschen nützen, wenn er die ganze Welt gewänne und nähme doch Schaden an seiner Seele.“ Aber die Pflege der Seele hat bei Sokrates keine religiöse Färbung, wenn sie auch zu einer Art Gotteskult, zu einem Dienst am Gotte, wird[7] und damit die beiden christlichen Begriffe der Seelsorge und des Gottesdienstes auftauchen. Dennoch haben sie noch eine andere Bedeutung; denn sokratisch gesehen sind Leib und Seele nicht getrennt, sondern eine Einheit, in der die Seele den Leib beherrschen soll.

Mit seinen Fragen und Antworten, die er aus dem Befragten herausholt, will er letztlich dem Staate dienen, daher erörtert er mit den Fragen nach dem Schönen, Guten, Verständigen und Gerechten, wie wir aus Xenophons Memorabilien wissen, politische Ver-

---

[5] Platon Apol. 29 E und 30 B.

[6] Matth. 16, 26; weitergehende Vergleiche zwischen Sokrates und Jesus, wie sie *Ernst von Lasaulx* in seinem 1857 geschriebenen, 1958 (im Verlag Freies Geistesleben) wieder neu herausgegebenen Buch „Des Sokrates Leben, Lehre und Tod“ (S. 55ff.) aufgestellt hat, sind ad hoc konstruiert. Wenn *Lasaulx*, um die Gleichheit des „Menschen Sokrates“ mit dem „Gottmenschen Christus“ zu beweisen, dartut, daß der Name des Sokrates dieselbe Wurzel hat wie σωτήρ, daß „gleicherweise beide mehr noch durch ihr Leben als durch die Lehre gewirkt haben“ (?), daß Christus in Jerusalem von den Pharisäern, Sokrates von den Demokraten Athens verfolgt worden sei und daß Christus für 30 Silberlinge verraten, während dem Sokrates seine treuen Schüler für 30 Minen loskaufen wollten, u. a. m., so grenzt dieses alles ans Absurde.

[7] *W. Jäger*, Paideia II, S. 87 u. 95.

hältnisse, die Verfassung und die Familie. Es wird kein politisches und militärisches Thema gefehlt haben. Dagegen befaßte er sich nicht mit Mathematik und naturwissenschaftlichen Problemen. Er behauptete, man brauche die Geometrie nur so weit zu lernen, daß man im Notfall ein Stück Land richtig ausmessen könne; die Beschäftigung mit den schwer verständlichen Figuren hielte nur von vielen anderen nützlichen Kenntnissen ab. Ebenso riet er ab, Astronomie zu studieren, denn auch in diesen Untersuchungen sah er keinen Vorteil. Vollends aber widerriet er, darüber nachzugrübeln, wie Gott die einzelnen Himmelserscheinungen eingerichtet habe, da er glaubte, dies sei für die Menschen weder erforschbar noch tue der den Göttern einen Gefallen, der suche, was die Götter nicht erklären wollten.[8]

Alle menschlichen und göttlichen Dinge waren in die Gespräche hineingeflochten und es erscheint zum ersten Male der Begriff der Selbstbeherrschung, der Askese[9] bei dem Problem der Herrscher-Erziehung. Die äußere und innere Unabhängigkeit und Freiheit der Menschen spielt eine besondere Rolle, und ihre Behandlung erstreckt sich daher auf die Polis und auf die Stellung der Familienmitglieder untereinander. Gewiß war dadurch die starre Autorität der Eltern gegenüber den Kindern in Frage gestellt, wenn man auch das Handeln des Vaters gegen seinen Sohn einer strengen sittlichen Prüfung unterwarf.

Seine Lehre befaßte sich allerdings nur mit der Kenntnis der menschlichen Verhältnisse, welche für das sittliche Leben notwendig ist[10], während Glaube und Metaphysik damit nichts zu tun haben, aber gerade dadurch entfernte sich seine Philosophie zweifellos von der Theologie, und wenn seine Ethik auch theoretisch neben dem Götterglauben bestehen konnte, so mußte sie den Glauben doch letzten Endes verdrängen. Das ändert nicht die Tatsache, daß er von den Göttern spricht, daß er bei „Zeus" und bei der „Hera" schwört, denn auch den Ausruf „beim Hunde" gebraucht er[11]. Wichtiger ist, daß er doch wohl Monotheist war, obwohl dieser Glaube eben kein wesentlicher Bestandteil seiner Dialoge und bedeutsam in dieser Beziehung nur sein Vertrauen auf

---

[8] Xenophon Mem. IV 7, 2—6.

[9] *Jäger* a. a. O. S. 102.

[10] Vgl. *Windelband*, Lehrbuch der Geschichte der Philosophie, 4. Aufl 1950, § 8, 4 (S. 79).

[11] Platon Apol. 25 C, 24 G und 22.

das Daimonion gewesen ist, die innere Stimme, die ihn warnte und führte, die Stimme der Erkenntnis, die Stimme Gottes oder das Gefühl, das dort entscheidet, wo der Intellekt versagt[12].

Es ist kein Zweifel, daß Sokrates durch seine Lehre, durch seine Fragen und sein Forschen nach der Tugend, insbesondere nach der politischen Tugend, durch seine Untersuchungen, die der Polis dienen sollten und daher die Grundlagen des Staates berührten, diese auch erschüttern konnten. Indem er alle menschlichen Vorgänge analysierte, indem er die Gesetze, Sitten und Gewohnheiten auf ihren ethischen Gehalt prüfte und die Jugend lehrte, daß das Gute nur nach sittlichen Maßstäben zu finden sei, stellte er die bisherigen Anschauungen in Frage. Die Autorität der Staatsführung, die Autorität des Vaters, die Autorität der Lehrer, die durch Gesetz und Tradition auf der bisherigen Weltanschauung beruhten, wurden bis ins letzte untersucht und damit angegriffen. Das alles erzeugte eine sittliche und politische Unruhe.

Darüber hinaus geriet die Einheit von Staat und Götterkult in Gefahr, gesprengt zu werden, eine um so größere Gefahr, als ein fast 30jähriger Krieg schon immer mehr die Grundlagen des Staates, die Sitten und die Sittlichkeit ins Wanken gebracht und das Wirtschaftsleben fast bis an den Rand des Unterganges geführt hatte. Wahrscheinlich kamen die Jünglinge nach Hause, begeistert und hingerissen von den Sokratischen Gedankengängen, und wollten nun ihren eigenen Vätern beweisen, daß diese nichts wüßten und daß die Kinder klüger seien als ihre Eltern, und sicherlich waren die Väter und Lehrer nicht darüber erbaut, wenn ihre Söhne und ihre Schüler ihnen vorhielten, daß ihre Lebensweise und ihre Anschauungen nicht gerecht und ethisch nicht vertretbar seien. Schon in den „Wolken", also 25 Jahre vor dem Prozeß, hatte Aristophanes, wie schon oben erwähnt, den Sokrates als einen Mann geschildert, der die Söhne lehre, sie täten recht und gut daran, ihre Väter zu verprügeln. Der alte demokratische Geist der Athener hatte im Jahre 403 die oligarchische Herrschaft der 30 gestürzt und Sokrates war einer der wenigen gewesen, der den Tyrannen den Gehorsam verweigert hatte; aber ebenso kritisierte er nach dem Sturz der Diktatoren die Allgewalt der Menge und predigte den Führungsanspruch der Aristokraten, der Besten des

---

[12] Vgl. hierzu die *Schleiermacher*sche Anschauung, die auch Gott zu einem Gegenstand des Gefühls macht.

Volkes. Vom Standpunkt der neuen, gerade erkämpften Demokratie waren diese oligarchischen Tendenzen, die die Unfehlbarkeit des Stimmzettels in Frage stellten, durch den die Masse ihre Herrschaft ausübt, und die die Auswahl der politischen Führer nach ihren geistigen Fähigkeiten forderte, destruktiv, undemokratisch, staatsgefährlich. Immer war also seine Denkweise verschieden von der herrschenden; er galt als atopos, eigenartig, merkwürdig, fremd, m. a. W. als ein Sonderling. Schon äußerlich mußte er auffallen: Das häßliche Gesicht ebenso abstoßend wie faszinierend, die platte Nase, „dem Satyr Marsyas gleich"![13]. In allen Dingen beherrscht; als der Frost so heftig war, daß man gar nicht auf die Straße ging oder nur in Pelzschuhen, da ging er hinaus in seiner gewöhnlichen Kleidung und ging barfuß weit leichter über das Eis als andere in Schuhen. Bei Gelagen hat ihn niemand je trunken gesehen; während die Sophisten mit ihren rhetorischen Kunststücken prangen, spricht er von Lasteseln, von Schmieden und Schustern und Gerbern, und dennoch enthalten seine Reden „die schönsten Götterbilder von Tugend in sich". So läßt Plato ihn von Alkibiades im Symposion beschreiben.

In der Tat bot Sokrates eine gute Zielscheibe für ernstliche Angriffe und Spott, zumal in einer Zeit, in der man nach völligem Zusammenbruch den Staat, die Verwaltung, die Sitten, den Glauben, die Erziehung wieder restaurieren wollte. Die alten demokratischen Parteigänger, die die Tyrannis der 30 gestürzt hatten, erhoben ihre Stimme und versuchten, den zu vernichten, der ihnen eine Gefahr für das Volk und vor allem für die Jugend erschien; Gesetz und Glauben mußten gestützt werden. Die politische Gesinnung des großen 5. Jahrhunderts war im Entschwinden, der Glaube war zur Tradition geworden. Die Entwicklung war in Wahrheit beängstigend. Die den alten Götterglauben in Frage stellenden Entdeckungen der Naturforscher, die die Jugend verwirrende Philosophie der Sophisten, die verführende Rhetorik, die neue Dichtkunst und die moderne Musik, all das rüttelte an den Grundfesten der Ideale der alten guten Zeit. In weltanschaulicher, sittlicher, philosophischer und religiöser Beziehung bestand ein Chaos[14]. Es

---

[13] Platon Symp. 215 A.

[14] Vgl. hierzu *Eduard Meyer* a. a. O. S. 134ff. und *Arnold J. Toynbee* „Der Gang der Weltgeschichte", 4. Auflage S. 540: „Der Niederbruch des hellenischen Gesellschaftskörpers läßt sich mit besonders großer Genauigkeit auf das Jahr 431 v. Chr. datieren."

drängte sich allerorts die Frage auf, ob der Glaube an den Bestand und die Führungskraft des athenischen Staates und der mit ihm untrennbar verbundene Glaube an die vom Staate sanktionierten Götter ein Irrtum sei. Man hatte Angst vor diesem Eingeständnis und sträubte sich dagegen. So ist die Anklage gegen Sokrates zu verstehen und auch verständlich, daß gerade er zur Rechenschaft gezogen wurde, obwohl andere in viel krasserer Weise und viel offener den alten Glauben an die Götter in Frage gestellt hatten. Euripides, der ganz offen auf der Bühne den Götterglauben als Konvention und Tradition geschildert hatte, war schon im Jahre 404 gestorben. Im übrigen erschienen die Sophisten, auch soweit sie Gottesleugner waren, politisch nicht so gefährlich. So ist die Anklage durchaus ernst und aus Überzeugung erhoben.

Drei Männer reichten die Anklageschrift beim Basileus ein: der Dichter Meletos, der Politiker Anytos, aus Handwerkskreisen stammend so wie Sokrates, und der Rhetor Lykon. Von ihm wissen wir gar nichts, von den anderen nur wenig. Anytos, wohl die treibende Kraft des ganzen Prozesses, war von den 30 verbannt worden und hatte wesentlichen Anteil am Sturze der Tyrannis. Er wahr ehrgeizig und beschränkt; ein Philister, ein Parteifunktionär; Sokrates spricht von ihm und „seinem Anhang". Ob zwischen den beiden persönliche Differenzen bestanden haben, ist nicht bekannt. Anytos Sohn, der oft Sokrates gefolgt war, war durch Trunkenheit verkommen; manche glauben, daß Anytos deshalb gegen Sokrates feindlich gesinnt war; aber das ist nur Klatsch, denn daß Sokrates die Jugend zum Trunke verführt habe, hat sein ärgster Feind nicht behauptet. Solche persönlichen Motive wären auch in den folgenden Jahren, als der Kampf um das Urteil durch Platon, Xenophon und Aristoteles geführt wurde, sicherlich gegen Anytos vorgebracht worden, jedoch im Gegenteil: Anytos hatte 15 Jahre nach dem Prozeß noch eine angesehene öffentliche Stellung inne.

Jeder Prozeß interessiert in vierfacher Beziehung: Wegen der Tat, wegen der Persönlichkeit des Angeklagten und seiner Gesinnung, hinsichtlich des prozessualen Ablaufs und des materiellen Rechts. Das attische Recht und die attische Gerichtsverfassung unterscheiden sich grundsätzlich von der unsrigen. Die attischen Gerichte waren Volksgerichte; die Richter wurden aus der gesamten Bürgerschaft Athens ausgelost, jährlich 600 aus jeder Phyle, also 6000. Die Zahl der Richter bei jeder einzelnen Sache war verschieden. Bei öffentlichen Prozessen saßen 501 Bürger zu

Gericht. Bei Anklagen von besonderer Bedeutung waren sogar noch mehr Richter beteiligt, und zwar bis zu 1001. Plutarch berichtet[15], daß in dem gegen Perikles wegen Veruntreuung und Bestechung beantragten Verfahren 1500 Richter sitzen sollten. Ob die Mitteilung des Andokides richtig ist, daß in einem Schwurgericht im Jahre 415 alle 6000 Geschworenen berufen worden sind, läßt sich nicht mehr nachprüfen. Die Athener waren streitlustig, aber die Annahme, daß es, wie bei uns, täglich Gerichtssitzungen gegeben hat, ist sicher übertrieben. So prozeßlustig wie wir waren die Griechen nicht, weil es nicht so viele Berufsjuristen und Advokaten gab und weil natürlich auch die Entwicklung der Großstädte mit ihrer Zusammenpferchung von Menschenmassen, der scharfe Wettbewerb der Industrie und des Handels und nicht zum wenigsten das Übermaß an Gesetzen sowie die Kompliziertheit des Rechtes zwangsläufig zu Differenzen und Streitigkeiten führen.

Im Prozeß Sokrates waren es 501 Richter, die den Gerichtshof (Dikastérion) bildeten, mehr eine Volksversammlung als ein Gericht. Durch diese Zahl und die Tatsache, daß das Gericht im Freien tagte — die Richter saßen auf Holzbänken, die mit Binsenmatten belegt waren —, war eine Beratung unmöglich. Die nach unserer Auffassung so wichtige und unumgänglich nötige geheime Aussprache zwischen den Richtern fiel weg.

Einen Vorteil hatte allerdings der Gerichtshof mit mehreren hundert Richtern, denn je mehr Richter zu Gericht saßen, desto weniger war es möglich, sie zu bestechen, eine Gefahr, die nach der Fassung des Richtereides, der alljährlich von den Ausgelosten abgelegt werden mußte, offenbar bestand. Der Eid war wie folgt formuliert:

> „Ich will meine Stimme abgeben gemäß den Gesetzen und Beschlüssen des Volkes von Athen und des Rates der Fünfhundert, in Fällen aber, über die es keine Gesetze gibt, nach gerechter Überzeugung. Ich will Geschenke in meinem Richteramte weder selbst annehmen noch ein anderer oder eine andere für mich mit meinem Wissen, auf keinerlei Art und Weise. Ich will den Kläger und Beklagten beide auf gleiche Weise anhören und mein Urteil nur auf den Gegenstand der Klage selbst richten. Das schwöre ich bei Zeus, bei Apollon, bei Demeter und wünsche Verderben auf mich und mein Haus herab, wenn ich etwas gegen meinen Eid tue, wenn ich ihm aber treu bleibe, werde mir viel Segen zuteil."[16]

---

[15] Lebensbeschreibung des Perikles Kap. 32.

[16] *Lipsius*, „Das Attische Recht und Rechtsverfahren", Leipzig 1908, I 152.

Die Eidesformel, die unsere Schöffen und Geschworenen zu sprechen haben, lautet (nach § 51 GVG) dahin, daß die Schöffen und Geschworenen „bei Gott dem Allmächtigen und Allwissenden schwören, die Pflichten eines Schöffen (bzw. Geschworenen) getreulich zu erfüllen und ihre Stimme nach bestem Wissen und Gewissen abzugeben". Stellt man diese Eidesformel der griechischen gegenüber, so ergeben sich keine wesentlichen Unterschiede, nur daß bei uns die besonderen Hinweise auf das positive und das ungeschriebene Recht und die Betonung, sich nicht von außergerichtlichen Vorgängen beeinflussen zu lassen, fehlen ebenso wie das Verbot der Bestechung; aber das liegt daran, daß das Verbrechen der Richterbestechung durch die besondere Vorschrift des § 334 StGB unter Strafe gestellt und mit Zuchthausstrafe bedroht ist. Und noch ein Unterschied ist zu erwähnen. Bei uns kann der Eid auch ohne religiöse Beteuerung, ohne Anrufung Gottes geleistet werden. Hätte ein Richter damals sich geweigert, bei Zeus, Apollon und der Demeter zu schwören, so hätte er sein Amt nicht ausüben dürfen. Die Folge wäre eine Anklage wegen Asebie gewesen.

Aber einen Nachteil hatte die Besetzung des Gerichtes mit 500 und mehr Richtern. Eine solche Menge von Menschen wird durch Rede und Gegenrede viel mehr beeinflußt, durch geschickte Rhetorik mitgerissen; sie unterliegt leicht der Massenpsychose. Die Disziplin und Beherrschung, die wir vom Richter und Richterkollegium verlangen, sind in dieser Volksversammlung nicht aufrechtzuerhalten.

Sokrates bittet gleich im Anfang seiner Verteidigungsrede, ihn nicht durch Lärm, Äußerungen des Beifalls oder des Mißfallens zu unterbrechen[17]. Es geschah häufig, daß bei solchen Verhandlungen, in denen mehrere Hunderte von Richtern teilnahmen, Lachen, Beifall oder ablehnende, zurückweisende oder widersprechende Zurufe geäußert wurden, deren psychologische Wirkung auf die übrigen Richter gar nicht überschätzt werden kann. Das war trotz des Ernstes der Lage, in der es um Freiheit, Leben oder Tod ging, bei dem südländischen Temperament nicht zu verhindern. Das war nicht nur im Prozeß Sokrates so, sondern auch in anderen Fällen, zumal wenn die politischen Leidenschaften geweckt wurden. Im Prozeß Sokrates scheint eine besonders erregte Stim-

[17] Platon Apol. 17 C.

mung geherrscht zu haben, denn immer wieder muß Sokrates die Richter beruhigen mit den Worten: μὴ θορυβεῖτε! lärmt nicht, hört mich ruhig an, unterbrecht mich nicht!

Es scheinen Zurufe gekommen zu sein, die sich gegen die lehrhafte, eindringliche und unausweichliche Methode der Fragestellung gerichtet haben, denn Sokrates ruft wieder dem Richterkollegium zu: sie sollten sich dessen erinnern, um was er sie bereits im Anfang gebeten habe, nämlich nicht zu lärmen, wenn er auf seine gewohnte Weise rede. Aber ebenso mußte er sich gegen das anscheinend anmaßende Verhalten des Anklägers Meletos verwahren, und er bittet die Richter einzugreifen, denn Meletos solle antworten und ihn nicht immer wieder unterbrechen[18].

Die Anklage gegen Sokrates haben drei Privatleute, und kein staatlicher Beamter, erhoben. Die Einrichtung der Staatsanwaltschaft, also einer Behörde, die den Anspruch des Staates auf Einhaltung der Ordnung, auf die Befolgung der Gesetze und auf Bestrafung im Falle ihrer Verletzung geltend macht, gab es nicht. Jeder Athener, der das Bürgerrecht besaß, hatte das Recht, Klage zu erheben, nicht nur, wenn seine eigenen Rechte verletzt worden waren, sondern auch dann, wenn er glaubte, daß die Bestrafung eines Rechtsverletzers im öffentlichen Interesse liege.

Aber ein solcher Prozeß war nicht ohne Risiko, denn wenn der Ankläger nicht mindestens ein Fünftel Stimmen der Richter auf seinen Klagantrag vereinigte, mußte er eine Buße von 1000 Drachmen zahlen und verlor außerdem das Klagrecht für die Zukunft. Das brachte Nachteile für das ganze Verfahren mit sich. Wir erleben es oft, daß auch bei uns der Anklagevertreter durch die Erörterung, durch die Zeugen, die er im Ermittlungsverfahren gehört hat, voreingenommen gegen den Beschuldigten ist und daß er die objektive Einstellung, die ihm in unserem heutigen Strafprozeß vorgeschrieben ist, verliert und auch durch einen vielleicht unerwartet für den Angeklagten günstigen Verlauf der Beweisaufnahme seine einmal gefaßte subjektive Meinung nicht aufgibt. Um so mehr mußte die drohende Gefahr, mit der Anklage nicht durchzudringen und Kosten bezahlen zu müssen, den Ankläger verleiten, mit allen möglichen Mitteln den Erfolg seiner Klage zu sichern. Hierzu kam noch der Umstand, der auch im Prozeß Sokrates bedeutsam ist,

---

[18] Vgl. a. a. O. 20 E, 21, 27 B, 30 C.

daß der Kläger sich als Vertreter einer Berufsgruppe fühlte und im Falle des Verlustes der Klage Vorwürfe seiner Kollegen oder Einbuße seines Ansehens zu befürchten hatte.

So wird der Ankläger zur Partei, er versucht sein Ziel, nämlich die Verurteilung des Gegners auch aus persönlichen und sogar finanziellen Gründen, zu erreichen und ist daher auch in seinen Kampfmethoden wahlloser und hemmungsloser. Dieser Anschauung, daß im Prozeß zwei Parteien, zwei Personen sich gegenüberstehen, entspricht auch der Grundsatz, daß der Angeklagte sich selbst zu verteidigen hatte. Nur in seltenen Fällen, bei völliger Sprachungewandtheit oder -unfähigkeit, wurde ein Fürsprecher zugelassen[19]. Die Erzählung Ciceros[20], daß Lysias dem Sokrates die Ausarbeitung einer Verteidigungsrede angeboten, dieser sie aber als seiner nicht würdig zurückgewiesen habe, ist geschichtlich nicht verbürgt, aber sie ist nicht unmöglich und nicht unwahrscheinlich, denn der größte Dialektiker seiner Zeit brauchte zu seiner Verteidigungsrede keine Hilfe. Jeder hätte es sofort erkannt, wenn er eine fremde Verteidigungsschrift verlesen hätte, da seine Diktion, seine charakteristischen Fragen und deren logische Beantwortung allgemein bekannt waren. Ein solcher Vortrag mit fremden Gedankengängen hätte seiner Persönlichkeit nicht entsprochen. Ob er die Freisprechung hätte erzielen können, ist eine andere Frage.

Nach unseren strafprozessualen Vorschriften würde die Verhandlung gegen Sokrates mit der Feststellung seiner Personalien begonnen haben, und er hätte folgendes erklärt:

„Ich bin geboren im Jahre 469 in Athen in der Vorstadt Alopeke, mein Vater hieß Sophroniskos und war Steinmetz, meine Mutter Phainarethe und war Hebamme. Ich bin verheiratet mit Xantippe und habe drei Söhne, Lamprokles, der schon erwachsen ist, sowie Sophroniskos und Menexenos, die noch Kinder sind. Ich

---

[19] *Alsberg*, „Der Prozeß Sokrates", 1933, S. 12, führt das Prinzip des Ausschlusses der Advokaten darauf zurück, daß im griechischen Recht nicht das Gesetz, sondern das Rechtsgefühl den Deliktstatbestand begrenzte und daß sich der Gesetzgeber daher des Wertes der Zuziehung des berufsmäßigen Verteidigers nicht bewußt werden konnte. Aber das scheint mir nicht ausschlaggebend zu sein, denn es wäre Raum geblieben für die berufsmäßigen Rhetoriker. Der Kampf der beiden Parteien vor Gericht ähnelte in etwa den athletischen Kämpfen, die auch persönlich ausgefochten werden mußten.

[20] De orat. I 54, 231; s. hierzu auch *Lipsius*, a. a. O. II S. 358.

bin Soldat gewesen, und zwar Hoplit[21]." Sokrates wird sodann weiter erklärt haben, daß er bei Poteideia von 432 bis 429, bei Delion 424 und bei Amphipolis 422, also noch mit 47 Jahren, gekämpft habe. Als Beruf wird er angegeben haben: Lehrer der Philosophie, und über seine Vermögensverhältnisse befragt, hätte seine Antwort gelautet: „Ich habe durch die Kriege alles verloren und besitze nichts mehr. Ich bin noch nicht vorbestraft."

Eine solche Feststellung der Personalien wird auch in Athen am Ausgang des 5. vorchristlichen Jahrhunderts nicht überflüssig gewesen sein, da die Polis seiner Zeit schon etwa 150000 Einwohner hatte, also ebenso groß war wie Bonn heute ist, eine Großstadt, in der keineswegs jeder dem anderen bekannt war. Nach der Verlesung der Anklage, der Vernehmung des Angeklagten und der Zeugenbefragung sowie der Verteidigung wurde abgestimmt und das Urteil verkündet, das wiederum in zwei Teile fiel, in den Schuldspruch und in die Festsetzung der Strafe wie in dem bei uns bis 1924 geltenden Schwurgerichtsverfahren.

Ob eine Zeugenvernehmung stattgefunden hat, wissen wir nicht. Es ist so gut wie sicher[22]. Aus der Apologie von Xenophon[23] kann man ungünstige Aussagen entnehmen, und es ist durchaus möglich, daß bei den vielen hundert oder tausend Unterhaltungen, die Sokrates auf der Straße, bei den Verkaufstischen auf dem Markt[24] stets offen geführt hat, auch Äußerungen gefallen sind, die, entweder mißverstanden oder ohne Zusammenhang wiedergegeben, als brauchbare Anklagepunkte für den Vorwurf der Asebie und der Jugendverführung aufgegriffen und vorgebracht werden konnten. Als Sokrates auf den delphischen Orakelspruch hinwies, den Chairephon veranlaßt hatte, beruft er sich auf das Zeugnis von dessen anwesendem Bruder Chairekrates, da Chairephon verstorben war[25].

---

[21] Dies bedeutete, daß er der dritten Steuerklasse angehörte, während die Begüterten der beiden ersten Steuerklassen Reiterdienst verrichteten.

[22] A. M. anscheinend *Alsberg* a. a. O. S. 24, der darauf hinweist, daß in den weiteren Reden Sokrates' in nichts darauf Bezug genommen wird. Ob damit auch eine Zeugenvernehmung im vorangegangenen Untersuchungsverfahren oder nach der Anklagerede des Anytos bestritten werden soll, ist allerdings nicht ersichtlich.

[23] Xenophon, Die Sokratischen Schriften, Alfred Kröner Verlag S. 312.

[24] Platon Apol. 17 C.

[25] Platon Apol. 21; dieses Beweisangebot ist um so bemerkenswerter, als die beiden Brüder verfeindet waren und Sokrates dem Chairekrates Vorhalte darüber gemacht haben soll, vgl. Xenoph. Mem. II, 3, 1.

Und an einer anderen Stelle, in der sich Sokrates gegen den Vorwurf der Verführung der Jugend richtet, führt er in schlagender Beweisführung an, daß, wenn dieser Vorwurf richtig wäre, doch einige von diesen Jünglingen, die jetzt ein reifes Alter erreicht hätten, auftreten müßten, um ihn zu belasten und die Anklage zu stützen, und er nennt mehrere seiner früheren Schüler, die zugegen waren und ruft Meletos zu: „Wenn er vergessen haben sollte, sie als Zeugen aufzurufen, so erlaube er, es jetzt noch nachträglich zu tun“[26].

Wir können annehmen, daß es zu dieser nachträglichen Beweisaufnahme nicht gekommen ist, denn die Aufforderung, die Schüler und Anhänger des Sokrates zu vernehmen, war natürlich mehr ironisch gemeint, und der Hinweis, daß doch seine früheren Schüler, die jetzt reife und geachtete Männer geworden waren, am ehesten wissen müßten, ob er Abgötterei getrieben und die Jugend verdorben habe, war ein schlagendes Argument, zu dessen Bekräftigung es keines weiteren Beweises bedurfte.

Wir müssen uns, wenn wir den Prozeßverlauf verfolgen, darüber im klaren sein, daß die beiden Quellen, aus denen wir schöpfen können, nicht ganz ungetrübt sind: Die Verteidigungsrede des Sokrates, die uns Platon in seiner Apologie überliefert hat, und der Bericht Xenophons sind keine Protokolle der Verhandlung. Platons Apologie hat man als „stilisierte Wahrheit“ bezeichnet[27]. Die viel spätere Schrift Xenophons ist vielleicht eine Ehrenrettung des Sokrates gegen eine Streitschrift des Sophisten Polykrates[28]. Schon die Tatsache, daß beide Werke erst nach dem Tode Sokrates erschienen sind, beweist, daß nur Gedankengänge wiedergegeben sein können, und auch dabei sind Gedächtnisfehler, Lücken und mehr oder weniger bewußte Ausschmückungen anzunehmen. In letzter Zeit hat Geißler[29] eine wohl vollständige Übersicht über die Frage gegeben, ob die Platonsche Apologie in ihrem wesentlichen Inhalt nach eine getreue Darstellung der Sokratischen Verteidigungsrede oder eine freie Schöpfung ist. Alle Schattierungen

---

[26] a. a. O. 34; auch dieses Beweisangebot stützt die Angaben Xenophons, daß eine Beweisaufnahme bereits stattgefunden hatte.

[27] *Gomperz*, Griechische Denker, II 81.

[28] Das gilt sowohl für die Apologie als vor allem für die beiden ersten Kapitel des ersten Buches der Memorabilien.

[29] „Über die Idee der Platonschen Apologie des Sokrates“, Diss. Würzburg 1905.

zwischen diesen beiden Ansichten sind vorhanden, von der extremen Bejahung einer historisch wahren Wiedergabe der Rede bis zur krassen Verneinung und der Ansicht, daß wir es bei Platon mit einem reinen Kunstwerk zu tun haben, dessen Inhalt dem geschichtlichen Verlauf des Prozesses widerspreche. So können wir im großen und ganzen drei verschiedene Gruppen unterscheiden, deren Ansichten man am besten und kürzesten mit den Überschriften „Wahrheit", „Wahrheit und Dichtung" und „Dichtung" kennzeichnen kann.

Unsere Betrachtung beruht im wesentlichen auf der Platonschen Wiedergabe der Verteidigungsrede. Mag sie im Wortlaut und selbst im Aufbau nicht vollständig der historischen Wahrheit entsprechen, zum mindesten wird sie ihr am nächsten kommen. Sie ist sicherlich getragen von dem Willen, den Athenern das schwere Unrecht, das sie einem ihrer größten Mitbürger zugefügt hatten, vor Augen zu führen, sie aufzurütteln und gleichzeitig dem geliebten Lehrer ein Denkmal zu setzen. Das konnte nur geschehen, wenn Platon den Inhalt der Rede, die ja von vielen hundert Athenern gehört worden und im Gedächtnis haften geblieben war, in ihrem wesentlichen Teile und ohne große Änderung wiedergab. Er hat allerdings nicht geahnt, daß er damit der Welt ein Dokument hinterlassen würde, das in geschichtlicher, kultureller und rechtlicher Beziehung eines der bedeutungsvollsten ist, das wir besitzen, ein Dokument, das die Geister jetzt mehr als zwei Jahrtausende beschäftigt.

Die Anklage lautete folgendermaßen:

„Sokrates tut Unrecht dadurch, daß er die Jugend verdirbt und nicht an die Götter glaubt, die der Staat anerkennt, sondern an andere göttliche Wesen."[30]

Die Anklage zeigt, daß es sich um einen politischen Prozeß handelt. Das Verbrechen der Jugendverführung und des Unglaubens war nicht etwa gesetzlich positiv geregelt. Die Anklage nennt daher auch weder ein Gesetz, noch erwähnt sie den Begriff der Asebie. Prozesse wegen Gottlosigkeit, also Ketzerprozesse, waren damals keine Seltenheit. Aber der Frevel gegen die Religion

[30] *A. J. Festugière*, „Sokrates" (Deutsche Ausgabe 1950) S. 99 u. 104, gibt einen anderen Wortlaut wieder: „Sokrates ehrte die Götter der Stadt nicht. Er ist schuldig, die Jugend zu verderben und macht aus seinen Schülern Lästerer der gegenwärtigen Gesetze." Diese Formulierung entspricht weder dem Platonschen noch dem Xenophonschen Text und ist mehr Auslegung als Übersetzung.

bezog sich auf Störungen oder Verletzungen des Kultus, auf Tempelraub oder Beschädigung von Götterstatuen u. ä. Phidias wurde, wie Plutarch berichtet[31], wegen Unterschlagung heiligen Goldes angeklagt, und da man ihm nichts anhaben konnte, warf man ihm vor, daß er auf den Schild der Pallas Athene sich selbst und ein schönes Bild des Perikles gesetzt hatte, wie dieser gegen eine Amazone kämpfte. Aspasia, mit der Perikles nach Trennung von seiner ersten Frau zusammenlebte und, wie man heute sagen würde, eine Onkelehe führte (wenn auch nicht aus steuerlichen Gründen, sondern weil er sie als Milesierin infolge des von ihm selbst eingebrachten Ebenbürtigkeitsgesetzes nicht heiraten durfte), wurde wegen ihrer liberalen Anschauungen und auch deswegen angeklagt, weil sie angeblich freigewordene weibliche Personen für Perikles zwecks verbotenen Umganges bei sich aufgenommen habe. Sie soll übrigens freigesprochen worden sein, weil Perikles für sie tausend Tränen vor den Richtern vergossen und diese flehentlich um Gnade gebeten habe. In diesem Zusammenhang berichtet Plutarch auch von einem Antrage des Diopeithes, alle zu bestrafen, welche nicht an die Götter glauben oder über die Erscheinungen am Himmel gelehrte Vorträge halten.

Sei dem, wie es wolle, jedenfalls beweisen diese Vorgänge, daß in dem Begriff der Gottlosigkeit und des Religionsfrevels auch die Sittenlosigkeit, der Jugendverderb u. a. enthalten waren. In demselben Maße, in dem die Freigeisterei um sich griff und durch die Entdeckungen der Naturwissenschaftler die Zweifel an den olympischen Göttern immer stärker wurden, wurden auch die Versuche der konservativen und reaktionären Kreise immer zahlreicher, die alten Sitten zu stützen und zu erhalten. Nur mit dieser erweiterten Interpretation des Asebieverbrechens kann man auch der Anklage gegen Sokrates gerecht werden. Eine Anklage, die lediglich gegen den Unglauben des Sokrates gerichtet gewesen wäre, hätte keinen Erfolg versprochen. Dazu war der alte Glaube an die Götter durch die Dichter und Philosophen schon zu sehr erschüttert. Aber daß Sokrates es unternahm, die Jugend nicht in religiöser, sondern sittlicher Beziehung aufzuklären, daß er die Autorität der Staatsmänner und der demokratischen Führer, das Verhältnis zwischen Eltern und Kindern nach sittlichen und ethischen Gesichtspunkten prüfte und in Frage stellte, daß er dadurch eine

---

[31] Perikles Cap. 31.

Umwertung aller Werte vollzog, indem er immer wieder predigte, daß die Sorge für die Seele wichtiger sei als für Leib und Gut: das mußte als ein Angriff auf die bisherigen Sitten und Anschauungen empfunden werden. Das war viel revolutionärer als die naturwissenschaftlichen Entdeckungen oder die Lehren des Anaxogoras, die Sonne sei ein glühender Stein u. a. Das alles bedeutete die Formulierung der Anklage, daß Sokrates die alten Götter, deren Kultus unter dem Schutze des Staates stand, nicht anerkenne, sondern an andere göttliche Wesen, die Daimonia, glaube[32].

Dieser Teil der Anklage war vielleicht der schwerste, aber auch er fand nur seinen Halt im Jugendverderb. Man konnte die Anklage wegen Gottlosigkeit nur so weit fassen, weil das Asebie-Verbrechen kein Verbrechen gegen irgend ein geheiligtes theologisches Dogma war. Der griechische Glaube war ebensowenig dogmatisch, wie das Recht systematisch war. So konnte man infolge des Fehlens einer Rechtssystematik und eines fest umrissenen theologischen Dogmas die umstürzlerische Gesinnung der Anklage wegen Asebie zugrunde legen[33].

---

[32] Schon bei Beginn des Peloponnesischen Krieges war Anaxagoras zum Tode verurteilt worden. Er entzog sich durch Flucht der Vollstreckung. 414 wurde der Dichter Diagoras verbannt, weil er die Existenz der Götter leugnete, da sie die Verbrechen der Menschen unbestraft ließen, und im Jahre 411 erging das Urteil gegen Protagoras wegen Religionsfrevel („Über die Götter bin ich nicht imstande etwas zu wissen, weder daß sie sind, noch daß sie nicht sind.")

[33] Exkurs: Nach unserem heutigen Recht würde eine Anklage wegen Gottlosigkeit gegen einen revolutionären Prediger wie Sokrates der Staatsanwaltschaft ebenfalls keinen Erfolg bringen, auch wenn der Tatbestand der Anklage richtig wäre. Nach Artikel 4 unseres Grundgesetzes sind die Freiheit des Glaubens, des Gewissens und die Freiheit des religiösen und weltanschaulichen Bekenntnisses unverletzlich. Die ungestörte Religionsausübung wird gewährleistet. Dementsprechend beschränken sich die in unserem Strafgesetzbuch behandelten Religionsdelikte auf das Verbot der Gotteslästerung, auf eine öffentliche Beschimpfung Gottes oder der bestehenden und anerkannten religiösen Gemeinschaften, ihrer Einrichtungen und Gebräuche (§ 166 StGB), und negativ wird die Behinderung eines anderen an der Teilnahme eines Gottesdienstes unter Strafe gestellt (§ 167 StGB), aber darüber hinaus ist das Recht der freien Meinungsäußerung verfassungsmäßig gesichert. Nicht Gott, sondern das religiöse Gefühl wird geschützt. Nicht der Atheismus wird verboten, sondern nur eine öffentliche Beschimpfung der göttlichen Existenz, die den Gläubigen heilig ist. So ist die Lästerung, einer Äußerung mit verletzender Roheit, strafbar, gleichviel, ob sie sich gegen

Die Begründung der Anklage gegen Sokrates kann nur aus dem entnommen werden, wie und gegen was sich Sokrates verteidigt hat. Der Hauptpunkt ist danach nicht der Vorwurf des Atheismus oder der Kultusverachtung, sondern seine staatsgefährdende Lehre. Die Ankläger konnten mit Recht behaupten, daß Sokrates öffentlich erklärt habe, daß man einen Steuermann oder einen Zimmermann erst dann beschäftige und beauftrage, wenn er sich als tüchtig und geschickt erwiesen habe, während man den Staatsmann durch Abstimmung wähle, und sie konnten solche Äußerung als Angriff gegen die demokratische Verfassung hinstellen. Sie konnten weiter die Richter daran erinnern, daß zwei Schüler des Sokrates, Kritias und Alkibiades, dem Staate nur Nachteile zugefügt hätten; sie mußten allerdings dabei verschweigen, daß diese

den christlichen Gott oder den jüdischen Joveh richtet. Wir meinen damit den alleinigen Gott. Lästerungen gegen Zeus, Hera oder Artemis oder andere Götter und olympische Gotteskinder gehen bei uns straffrei aus. Auch die Ausübung des Kultus schützen wir, indem wir vorsätzliche Verhinderung oder Störung des Gottesdienstes oder gottesdienstlicher Verrichtungen durch Lärm oder Unordnung bestrafen. Damit ist der Gottesdienst im weitesten Sinne geschützt: also auch sonntägliche Katechisationen, Trauungen, Taufen und sonstige kirchliche Casualien. Wesentlich bleibt, daß die offene Äußerung des Unglaubens, die Ablehnung des kirchlichen Kultus und die Lehre des Atheismus, also auch der Versuch, einen Gläubigen von seinem Glauben abzubringen, nicht verboten und nicht strafbar ist. Man müßte also andere Wege gehen, um einen Sokrates, wenn er unter uns heute auftreten würde, zu beseitigen; das würde nur unter denselben Voraussetzungen wie im alten Athen möglich sein, nämlich auf dem Umweg der Anklage wegen Staatsgefährdung. Die Zahl der Prozesse wegen Staatsgefährdung ist bei uns verhältnismäßig groß. 1955 sind in der Bundesrepublik wegen ihrer Handlungen gegen die verfassungsmäßige Ordnung (§§ 88—98 StGB) 246, 1956 153 und 1957 127 Personen verurteilt worden. Dabei darf man annehmen, daß die Verfolgung infolge der modernen Tarnungsmöglichkeiten nur einen Teil der Delikte trifft. — Den Angriffen von der äußersten Linken und Rechten zu begegnen, ist Aufgabe der Rechtsprechung. Die im Vergleich zu früheren Zeiten gewandelten Methoden, mit denen der Umsturz der verfassungsmäßigen Ordnung heutzutage betrieben wird, mußten eine ihnen sich anpassende Gesetzgebung hervorrufen, wie z. B. die Bestimmung des § 90a StGB. Ihr wiederum hat sich die Rechtsprechung anzugleichen. Während vor dem ersten Weltkrieg der Umsturz mit Waffengewalt organisiert wurde und die konspirativen Umtriebe in dieser Richtung vorbereitet wurden, werden Hoch- und Landesverrat in der Gegenwart mit den in einer Massengesellschaft üblichen Mitteln der hetzerischen Propaganda, der Tarnung und der Unterwanderung vorbereitet. Die Ergebnisse der Judikatur des Bundesgerichtshofes in den letzten 5 Jahren lassen sich nunmehr übersehen („Hochverrat und Staatsgefährdung“,

beiden später sich von der sokratischen Lehre abgewandt und sie gerade in ihrer Politik nicht befolgt hatten; das Wort Hesiods „Arbeit ist niemals Schande, Müßiggang ist aber stets ein Laster" habe Sokrates, so warfen sie ihm vor, so ausgelegt, als ob er jede Arbeit, also auch eine schimpfliche, für gut halte, wenn sie nur Gewinn bringe. Unverstandenes und Mißverstandenes haben die drei Ankläger vorgebracht, und das, was sie verstanden hatten, haben sie in übelster Rabulistik vertreten.

Sokrates ist anscheinend, wenn wir der Apologie von Platon folgen, nicht auf jede einzelne Behauptung der Anklage eingegangen. Wir dürfen uns seine Verteidigungsrede nicht als ein glänzendes, mehrstündiges Plädoyer vorstellen, sondern als eine Rede, die unterbrochen von Fragen an Ankläger und Zeugen und von

---

Urteile des BGH I [1957], II [1958]). Die Urteile zeigen eine anerkennenswerte Maßhaltung und Beherrschung, und zwar sowohl hinsichtlich der Auslegung als auch der Strafzumessung. Die Strafbarkeit wird durch das Erfordernis der zeitlichen und gegenständlichen Bestimmtheit der staatsgefährdeten Handlungen und der Absicht einer unmittelbaren Änderung der politischen Verhältnisse begrenzt. Dadurch ist ein Schutzwall errichtet, daß niemand, wie unter der Herrschaft des Nationalsozialismus, seiner Gesinnung und seiner politischen Überzeugung wegen zur Verantwortung gezogen wird, sondern daß eine Bestrafung nur dann eintritt, wenn diese Gesinnung durch eine Betätigung verwirklicht wird. Die Schwierigkeit liegt naturgemäß in der Grenzziehung. Der Bundesgerichtshof hat z. B. vor nicht langer Zeit einen Fall strafbarer Staatsgefährdung angenommen, obwohl nur in der Mitgliederversammlung einer Vereinigung Gedanken ausgesprochen worden waren, mit denen dem Nationalsozialismus, also einer der freiheitlichen Demokratie völlig entgegengesetzten Staatsauffassung, gehuldigt worden war und weil dadurch die Mitglieder dieses Kreises in der beharrlichen Ablehnung der freiheitlichen demokratischen Ordnung bestärkt worden seien (BGH Str. 9, 101). Das ist begreiflich, weil unsere Demokratie so jung ist und wir ständig von dem Einfluß und der Infiltration freiheitsfeindlicher Elemente, also von Feinden der Demokratie, links und rechts bedroht sind. Immerhin die — man möchte sagen — erschreckende Folge ist, daß wir unsere Demokratie mit undemokratischen Mitteln schützen müssen und daß wir dazu gezwungen sind, unsere freiheitliche Verfassung zu verteidigen mit einer Beschränkung demokratischer Grundrechte wie der der freien Meinungsäußerung und der Vereinsfreiheit. Keine der in den Jahren 1955—1957 wegen Staatsgefährdung verurteilten 526 Personen war ein Sokrates. Aber manche von ihnen waren doch das, was wir Juristen Überzeugungstäter nennen (s. U. v. 30. 1. 1958 a. a. O. II S. 225ff.), deren Wesen darin besteht, daß sie in ihrer Überzeugung eine stärkere Verpflichtungskraft sehen als in den allgemein gegebenen Gesetzen, und sie dadurch in einen oft tragischen Konflikt geraten, daß sie, von ihrem meist fanatischen Glauben getrieben, die gesetzlichen Schranken durchbrechen.

deren Antworten mehr ein dialektisches als rhetorisches Kunstwerk war. Sokrates ging aus von vielen Widersachern, die er habe, und den vielen Vorwürfen und unwahren Gerüchten, die gegen ihn in Lauf gesetzt worden seien, und spielte auch auf Aristophanes an, der ihm schon vor einem Vierteljahrhundert in den „Wolken" zu Unrecht alle möglichen Albernheiten angehangen hätte; er gießt nun seinerseits die Schale seines Spottes auf seine Feinde, die sich so weise dünken, und beruft sich für seine Weisheit auf den delphischen Gott, der ihn für den weisesten Mann erklärt hatte[34]. Allerdings hat ihm dieser Hinweis den ersten Mißerfolg gebracht. Er muß die Versammlung beruhigen: „μὴ θορυβεῖτε, macht keinen Lärm, ihr Männer!"

Aber seine Ausführung ist schlagend; er zeigt, wie er zu den Staatsmännern, zu den Dichtern und Handwerkern gegangen ist, und wie es sich herausgestellt hat, daß sie alle glaubten, etwas zu wissen, obwohl sie nichts wußten, und er selbst sich aber gar nicht einbilde, etwas zu wissen, und daher doch wohl weiser sei als sie alle. Aus diesen Gesprächen sei die Feindschaft entstanden und der Neid auf die Antwort des delphischen Gottes, obwohl sie nichts anderes bedeute als das, daß der der Weiseste sei, wer erkenne, daß er nicht verdiene, weise genannt zu werden.

An dem einzigen Verhandlungstage hat Sokrates drei Reden gehalten. Das erste große Plädoyer richtet sich gegen die Anklage[35], die zweite Rede ist nach Verkündung des Schuldspruchs gehalten worden[36] und die dritte nach dem Todesurteil[37]. Dem Vorwurf des Atheismus begegnet Sokrates mit dem Hinweis auf die Reden der Sophisten, auf die Schriften des Anaxagoras und die Schauspiele des Euripides, in denen die Gottesleugnung öffentlich gelehrt und gepredigt werde. Die jungen Leute, so ruft er aus, würden ihn ja auslachen, wenn er das als sein Geistesgut ausgebe, was sie bei den Sophisten jeden Tag lesen und hören könnten. Aber das traf nicht den Kern der Anklage, und es bedeutete auch keine Entschuldigung, daß es noch andere Gottesleugner gab. Weiter beruft er sich gegenüber dem ihm vorgeworfenen Glauben an dämonische Dinge darauf, daß er ja auch dann an Dämonen glauben

---

[34] Der Orakelspruch lautete: σοφὸς Σοφοκλῆς, σοφώτερος δ'Εὐρεπίδησο ἀνδρῶν δὲ πάντων Σωκράτης σοφώτατος.

[35] *Platon* Apol. 17—35 D.

[36] ebenda 35 E—38 B.

[37] ebenda 38 C—42.

müsse und Dämonen seien Götter oder Abkömmlinge von Göttern. Jedoch der Dämon, der ihn beherrsche, war ja seine innere Stimme, die ihn von irgendeiner Tat abhielt, wenn er sie auch als etwas Göttliches oder als eine göttliche Erscheinung ansah. Die Athener verstanden das nicht, sie lärmten und tobten, und Sokrates mußte sich immer wieder energisch Ruhe verschaffen[38].

Er war sicherlich von seiner göttlichen Sendung überzeugt. Er ist „von der Gottheit der Stadt geschenkt, sein Beruf ist ihm von dem Gotte auferlegt, durch Götterstimmen und Träume und auf jede Weise, wie nur je ein göttlicher Ruf einem Menschen etwas auferlegt hat"[39]. Wenn er etwa unter der Bedingung freigelassen würde, nicht mehr nach Weisheit zu suchen und im Falle der Übertretung dieser Bedingung die Todesstrafe zu erleiden, so würde er sagen:

> „Ich bin euch, Männer von Athen, zwar zugetan in Achtung und Liebe, gehorchen aber werde ich dem Gotte mehr als euch, und solange ich noch atme und es irgendwie vermag, werde ich nicht aufhören, nach Weisheit zu forschen und euch zu ermahnen und zu unterweisen."[40]

Und dann kommt die größte und erhabenste Stelle seiner Verteidigung:

> „So werde ich mit Jungen und Alten, wie ich sie eben treffe, verfahren und mit Fremden und Bürgern, am meisten aber mit euch Bürgern, die ihr mir als Stammverwandte näher steht. Denn so, wißt es wohl, befiehlt es mir der Gott. Und ich meinesteils glaube, daß noch nie ein größeres Glück dem Staate zuteil geworden ist als dieser Dienst, den ich dem Gotte leiste. Denn nichts anderes tue ich, als daß ich umhergehe, um jung und alt unter euch zu überreden, für den Leib und das Vermögen nicht zuerst und nicht so angelegentlich zu sorgen wie für die Seele, daß diese so gut wie möglich werde, wobei ich sage, daß nicht aus dem Reichtum Tugend entsteht, sondern aus Tugend Reichtum und alle andern menschlichen Güter sowohl im Privat- wie im öffentlichen Leben. Wenn ich nun durch solche Reden die Jugend verderbe, so müßten sie ja schädlich sein; wenn aber jemand sagt, ich rede etwas anderes als dies, so sagt er die Unwahrheit."[41]

Die Antwort ist wieder Unruhe und Lärmen der richterlichen Versammlung und der Schuldspruch, der mit 30 Stimmen Mehrheit erfolgt. Meletos beantragt hierauf die Todesstrafe gegen Sokrates. Das Verbrechen der Asebie gehörte zu den sogenannten schätzbaren

---

[38] ebenda 30 C, 31 C.
[39] ebenda 33 C.
[40] ebenda 29 D.
[41] ebenda 30—B.

Delikten. Eine fest bestimmte Strafe gab es hierfür nicht, und Sokrates konnte daher nicht nur die Freisprechung, sondern auch andere mildere Strafen beantragen. Er hat in seiner zweiten Rede mit beißender Ironie geantwortet und die Speisung im Prytaneion gefordert, die den Ehrengästen der Stadt oder den olympischen Siegern zuteil wurde. In zweiter Linie hat er gefragt, ob er Gefängnis, Geldstrafe oder die Verbannung beantragen solle. Die Haftstrafe lehnte er ab, da er nicht als Sklave der jeweiligen Obrigkeit leben wolle, und die Verbannung deswegen, weil er im Exil doch nur dasselbe erleben würde, da die Fremden ihn auch wieder ausweisen würden, wenn er dort durch seine Reden die Jugend verderben werde. Schließlich beantragte er eine Geldstrafe von einer Mine, vielleicht 75,— Mark, und als sich seine Schüler Platon, Kriton und Kritobulos als Bürgen anboten, eine Geldstrafe von 30 Minen[42]. Die Richter hielten das für eine Verhöhnung des Gerichts. Sokrates wurde mit weit größerer Mehrheit als beim Schuldausspruch zum Tode verurteilt. Seine Verteidigung war auch in den ersten beiden Reden nicht immer glücklich. Die geschliffene, fast überspitzte dialektische Redeweise konnte den athenischen Spießbürger nicht überzeugen. Die Ironie mußte provozierend wirken, und die geistige Überlegenheit wurde als Überheblichkeit empfunden. Und im Grunde verstanden die Richter nicht, daß Sokrates sich eigentlich überhaupt nicht verteidigte, sondern seine Lebensphilosophie vortrug.

In der Schlußansprache wendet sich Sokrates an die Richter, die ihn verurteilt hatten, und weissagt ihnen, daß eine weit schwerere Strafe über sie kommen werde, denn durch die Hinrichtung ihrer Kritiker könnten sie nichts erreichen, sondern nur dadurch, daß sie an sich selbst arbeiteten, um möglichst gut zu werden[43]. Aber er greift sie auch noch nach dem Todesurteil in beleidigender Weise an; er spricht davon, daß es wohl keine Verschlechterung

[42] Die Stellung dieses Antrages ist bestritten. Xenophon berichtet in seiner Apologie (23), daß Sokrates keinen Gegenantrag gestellt und auch seinen Freunden nicht die Erlaubnis hierzu erteilt habe, weil ein Gegenantrag „Sache eines Mannes sei, der zugebe, Unrecht getan zu haben". Aber die Schilderung Platons, der der Gerichtsverhandlung beigewohnt hat, ist überzeugender, zumal als psychologische Ursache der Verärgerung des Gerichts. Auch *Chr. Schrempf*, Sokrates, 3. Aufl. 1955 S. 24, folgt insoweit der Darstellung in der Apologie von Platon, ebenso *Romano Guardini*, „Der Tod des Sokrates", Rowohlt Deutsche Enzyklopädie 1956 S. 69.

[43] *Platon* Apol. 39 B.

des Aufenthalts sei, wenn man in der Unterwelt angelangt, von diesen sogenannten Richtern befreit die wahren Richter antreffen werde. Ein strenger deutscher Schwurgerichtsvorsitzender würde mit einer Rüge wegen Ungebühr vor Gericht oder gar mit Wortentziehung geantwortet haben. Aber dieses Mal haben die athenischen Richter den alten zum Tode verurteilten Mann reden lassen.

Und er wendet sich nun an diejenigen, die ihn freigesprochen haben, tröstet sie damit, daß wir hoffen dürfen, der Tod sei etwas Gutes, und es sei doch ein unbeschreibliches Glück, in der Unterwelt vielleicht mit dem, der das große Heer nach Troja geführt habe, mit Agamemnon, mit Odysseus oder Sisyphos sprechen zu können.

So hat Sokrates Abschied genommen. Die von seinen Freunden vorbereitete Flucht, die wahrscheinlich auch von vielen Richtern als die beste Lösung des Urteils angesehen worden wäre, hat er von sich gewiesen, da er nicht gegen die Gesetze verstoßen und damit ein Unrecht begehen wolle. Mit dem Tode hat er die Einheit seiner Lehre und seines Lebens bewiesen. Mit seinem Streben nach dem Wahren, Guten und Gerechten war er der philosophische Vorbereiter des Christentums. Er hat sein Leben für die Gedankenfreiheit geopfert, wenn auch insoweit vielleicht nicht bewußt. Damit ist er zu den größten der abendländischen Denker und Menschen aufgestiegen. Vielleicht hat es größere Philosophen gegeben als Sokrates, aber kaum einen größeren Menschen.

Am 1. Oktober 1754 erhielt Kant von Friedrich Wilhelm II. ein königl. Handschreiben, in dem ihm zum Vorwurf gemacht wurde, daß er seine Philosophie schon lange zur Entstellung und Herabwürdigung mehrer Haupt- und Grundlehren der Heiligen Schrift und des Christentums mißbraucht habe, und er wurde angewiesen, „sich nichts dergleichen zuschulden kommen zu lassen, widrigenfalls er sich bei fortgesetzter Renitenz unangenehmer Verfügungen zu gewärtigen habe". Kant hat diese Beschuldigung zurückgewiesen, „daß er als Lehrer der Jugend in seinen akademischen Vorlesungen jemals eine Beurteilung der Bibel und des Christentums eingemischt habe". Aber was Entstellung und Herabwürdigung anbetreffe, so erklärte er dennoch, „daß er als Seiner Königl. Majestät getreuester Untertan sich fernerhin aller öffentlichen Vorträge, die Religion betreffend, es sei die natürliche oder geoffenbarte, sowohl in Vorlesungen als in Schriften gänzlich enthalten werde".

Dieser Vergleich soll alles andere als eine Herabsetzung des großen Philosophen Kant sein, er soll nur beweisen, daß viele den Kampf für Freiheit und Forschung der Lehre geführt, aber wenige ihr Leben dafür eingesetzt haben.

Die große Frage, die bei so vielen Todesurteilen auftaucht, muß auch im Falle Sokrates gestellt werden: War das Urteil ein Fehlurteil? Beruht es auf einem Rechtsirrtum? Haben sich die Richter von den demagogischen Hetzereien verleiten lassen oder waren sie überzeugt, daß Sokrates ein Staatsfeind, ein Jugendverderber sei, daß er eine Gefahr für die Demokratie bedeute?

Wenn wir uns in die Zeit und die geistige, politische und religiöse Situation vom Jahre 399 v. Chr. versetzen — vielleicht können wir es besser als manche Generation vor uns —, so werden wir ein Justizverbrechen, einen Justizmord, verneinen müssen und nur einen Justizirrtum annehmen können. Vielleicht war diese richterliche Volksversammlung so verärgert und empört über das arrogant scheinende Verhalten des Angeklagten, der nicht — wie üblich — die um Gnade flehende Frau und weinende Kinder auf das Forum mitbrachte, um seine Freisprechung oder doch eine milde Bestrafung zu erreichen? Aber ich glaube, sie waren in der Mehrheit davon überzeugt, daß durch die Reden des Sokrates und durch den Einfluß, den er auf die Jugend ausübte, die eben erst wieder erkämpfte Demokratie erschüttert würde. Nicht der alte, schon entschwindende Götterglaube war in Gefahr, sondern die geheiligte Tradition; man wollte Sokrates beseitigen, um die Jugend vor revolutionären Ideen zu schützen, man wollte, indem man ihn vom Staat fernhielt, versuchen, das Rad der Geschichte zurückzudrehen. Man hatte Angst vor ihm und seiner Lehre und davor, daß er die alten Ideale und Institutionen, Thron und Altar, die — und das wußten sie alle — bereits ins Wanken gekommen waren, völlig zerstörte. Man glaubte, durch die Beseitigung des Sokrates den Fortschritt, den Gang der geistigen, politischen und religiösen Entwicklung aufhalten zu können.

All dies wird man ihnen zugute halten können. Aber ebenso wie Sokrates an den reaktionären und restaurativen Kräften seines Volkes gescheitert ist, so sind seine Richter daran gescheitert, daß die staatliche Macht auf die Dauer niemals stark genug ist, und daß kein Prozeß, kein Gesetz und kein Zuchthaus es vermögen, eine subjektive reine, wahre Überzeugung zu vernichten. Wir können auch dem Urteil nicht vorwerfen, daß es rechtsstaatlichen

Prinzipien widersprochen habe, einen Vorwurf, den wir heute sehr oft, und wir glauben mit Recht, gegen viele Urteile der Sowjetzone erheben, da die Unabhängigkeit und Unparteilichkeit der Richter nicht gewahrt sind. Aber auch abgesehen davon, daß der zur Zeit sehr strapazierte Begriff der Rechtsstaatlichkeit, den wir immer sehr laut für uns in Anspruch nehmen, nichts Feststehendes ist, können wir gegen das griechische Recht und das griechische Verfahren diesen Angriff nicht rechtfertigen. Das mangelnde positive Recht, die Weite und Unklarheit des Begriffs der Asebie, der Gotteslästerung, und die Formfreiheit sind keine Zeichen eines Unrechtsstaates. Ein Schwurgericht von 501 Personen erscheint uns als Monstrum, mehr ein Parlament als ein Gericht. Aber die Vielheit der Richter erhöht bei demokratischer Auswahl und Auslosung nur die Chancen für den Angeklagten. Auch gegen eine öffentliche Abstimmung wird man keine rechtlichen oder rechtspolitischen Bedenken erheben können. Die Geheimhaltung der Beratung und Abstimmung, die bei uns fast ein Sakrament ist, ist nur das Ergebnis einer mehr oder weniger zufälligen Entwicklung. Im amerikanischen Recht gibt es die sogenannte „dissenting opinion", d. h. ein Kollegialrichter, der mit dem Spruch nicht einverstanden und überstimmt worden ist, kann seine abweichende Meinung offen unter das Urteil schreiben, und im Schweizer Bundesgericht erfolgt die Beratung in Prozessen auch heute noch öffentlich.

Auch die Bedrohung des Verbrechens der Asebie neben der an sich höchsten Geld- und Freiheitsstrafe mit der Todesstrafe ist nicht rechtswidrig, da der Staat und Götterglauben eine Einheit bildeten und die Bedrohung des Glaubens zugleich zu einer Gefahr für die Existenz des Staates führte. Hier ist die Aufopferung des einzelnen für das Ganze gerechtfertigt.

Bei politischen Prozessen oder solchen, bei denen es um eine geistige und weltanschauliche Auseinandersetzung geht, wo die Grenzziehung zwischen einer antizipierenden evolutionären und einer staatsgefährdenden revolutionären Tat nötig wird, wird das Urteil durch die zwangsläufig konservierenden Tendenzen des an die jeweilige Staatsform gebundenen oder doch sich gebunden fühlenden Richtertums meist zu einem für den Angeklagten tragischen Ende führen. Dort aber, wo es um Glaubensfragen geht, wenn die Pilatusfrage „Was ist Wahrheit?" zu beantworten ist, muß in jedem Falle die Justiz scheitern.

Erasmus hat Sokrates sogar zum Heiligen erhoben und gerufen: „Sancte Sokrates, ora pro nobis“, aber Sokrates war kein Messias, er war kein Heiliger, er war nur ein Mensch, der unbekümmert um die Welt und ihre Meinung seinen Weg ging. Er war der große Erzieher der Griechen und ist für uns heute noch Vorbild und Symbol für die Macht des Geistes und der Selbstbeherrschung, für das Streben nach Wahrheit und Gerechtigkeit. Als ein Kämpfer für diese größten sittlichen Werte der Menschheit ist er in den Tod gegangen. Ich erwähnte oben schon, daß Sokrates hoffte, das unbeschreibliche Glück zu haben, in der Unterwelt mit Agamemnon, Odysseus und Sisyphos sprechen zu können. Er wird das von ihm erhoffte unbeschreibliche Glück genossen haben: Als er in den Hades gekommen ist, da werden, dessen können wir sicher sein, Agamemnon, Odysseus und Sisyphos ihn empfangen und sich in Ehrfurcht vor ihm verneigt haben.

FSC
www.fsc.org
MIX
Papier | Fördert gute Waldnutzung
FSC® C083411

Kolibri 360 GmbH
Ferdinand-Jühlke-Straße 7
99095 Erfurt, Deutschland
produktsicherheit@kolibri360.de